HEYNE
BÜCHER

Vom gleichen Autor erschienen außerdem
als Heyne-Taschenbücher

Schneesturm · Band 5247
Weiße Sonne · Band 5297
Steppenwind · Band 5347
Am Rande der Winde · Band 5407
Im Strom · Band 5562
Das Ahornblatt · Band 5603
Aus dem Dornbusch · Band 5633
Menschen an meinen Wegen · Band 5693
Gewinn und Verlust · Band 5757
Abenteuer der Ferne · Band 5804
Wo ich die Erde am schönsten fand · Band 7104

A. E. JOHANN

DIE WILDNIS

Roman

WILHELM HEYNE VERLAG
MÜNCHEN

HEYNE-BUCH Nr. 5828
im Wilhelm Heyne Verlag, München

Genehmigte, ungekürzte Taschenbuchausgabe

Printed in Germany 1981
Umschlagfoto: ZEFA Bildagentur, Düsseldorf
Umschlaggestaltung: Atelier Heinrichs & Schütz, München
Gesamtherstellung: Ebner Ulm

ISBN 3-453-01290-9

ERSTER TEIL

24. V. 1947.
Ich habe mich noch nie an einem Tagebuch versucht. Inzwischen bin ich zweiundsechzig Jahre alt geworden. Zwei und sechzig Jahre sind eine lange Zeit, wenn man so viel in seinem Leben erfahren hat wie ich und so weit umhergeworfen wurde.

Manche Nacht und manche Stunde hat mich das weiße Blatt schon angestarrt. Manch ein Güterzug und mancher Schnellzug klirrte draußen über die Gleise. Sie haben mich kaum gestört; dicht umdrängten mich die Gesichte der Vergangenheit. –

Wenn man so am Ende seines Lateins angelangt und so alt geworden ist wie ich, dann muß man allmählich mit der Vergangenheit abrechnen; ich muß feststellen, ob sie mir oder ob ich ihr etwas schuldig blieb – ob sich der schmerzliche Aufwand, den man Leben nennt, überhaupt gelohnt hat.

Ich glaube dies deutlich zu spüren: mein Dasein ist noch nicht verurteilt, nur vergangen zu sein.

Doch in der Flaute, die wie eine Krankheit die Gewässer rings um mich befiel, widerstehe ich der Versuchung nicht, mich über die Reling zu lehnen und in die glasklaren, unbewegten Wasser hinunterzublicken, die mein Fahrzeug tragen.

Und ich sehe sie unter mir in den Fluten versunken – und leise verzerrt die Spiegelung des Wassers ihre Umrisse: die Dörfer und Städte von einst, die Wiesen und Wälder.

Ich selbst wandele unter mir in der gläsernen Tiefe dahin und werde des kühlen Beschauers nicht gewahr, der sich über des Schiffes Bord herniederbeugt und starrt und lauscht, so inbrünstig, als könnte er wieder lebendig machen, was seit Jahrzehnten schon ins Vergessene hinabsank!

Seht ihn an, wie er hinschlendert, jener Wilhelm Barkholtz, der ich gewesen bin. Sein Schopf ist noch blond und dicht; seine mächtigen Schultern hält er breit und aufrecht. Mühelos trägt er seine Ein-Meter-neunzig und läßt sein Bambusrohr an der elfenbeinernen Krücke wirbeln, wobei er sich vergnügt eins pfeift — was kostet die Welt? So trug man sich damals auf dem Bund von Yokohama oder auf dem Market-Place von Sydney, damals vor dem ersten Weltkrieg. Und der griese Wilhelm Barkholtz oben knurrt zwischen den Zähnen, wie er den gläsernen da unten im Vineta der Vergangenheit spazieren sieht: »Warte nur, du Laffe, dir wird das Pfeifen schon vergehen!«

Es ist wohl eine Stunde her, daß mich Clar durch die verschlossene Tür aus dem Nebenraum anrief:

»Bist du immer noch auf? Es muß doch schon sehr spät sein.« Ich habe ihr geantwortet:

»Schlafe nur, Kind! Ich krame ein wenig in Erinnerungen. Morgen ist ja Feiertag!«

»Ach ja!« hörte ich sie erwidern und sich mit einem Seufzer auf die andere Seite drehen, wobei ihr dürftige Bettstatt wie gewöhnlich knarrte. Sie vermag ja unablässig zu schlafen. Gott sei Dank, daß sie es kann: so wird sie am ehesten die furchtbaren Erlebnisse und Entbehrungen verwinden, die sie seit dem Zusammenbruche erlitten hat.

Wie ein Wunder erscheint es mir, daß ich das zerrupfte, halb zerstörte Mädchen sozusagen von der Straße aufsammeln konnte. Ich hatte es schon aufgegeben, in dem gräßlichen Wirbelsturm den letzten halbflüggen Vogel aus unserem Barkholtzschen Nest noch zu retten. Denn Clar, oder Clarissa, wie sie eigentlich heißt, meiner Schwester letztes Kind, ist außer mir der einzige Mensch, in dem noch Barkholtzsches Blut fließt. Alle anderen sind auf dem ungeheuren Scheiterhaufen, auf dem sich Deutschland falschen Göttern opferte, mit verbrannt und als tote Asche in den Wind geblasen. —

25. V. 1947.
Pfingstsonntag —!

Mit den einzigen Freunden, die wir hier fanden, sind wir am Nachmittag auf den Schulterberg gestiegen: mit Geiger und seiner Frau. Geiger ist Bürgermeister des kleinen fränkischen Landstädtchens Hahnewald, in dem uns das wirbelnde Kielwasser des Krieges an den Strand spülte. Ich konnte dem Städtchen einen Dienst leisten: auf Soldaten der amerikanischen Besatzungstruppe war geschossen worden; warum und von wem, das blieb unklar, doch sollte an der Stadt ein Exempel statuiert werden. Mir kam das alles äußerst blödsinnig vor. Ich legte mich mit meinen besten Sprachkenntnissen ins Mittel. So angesprochen ließen sich die Fremden schließlich überreden, Gnade für Recht ergehen zu lassen.

Nach diesem handgreiflichen Beweis meines Könnens nahm mich die gute Stadt vom Fleck weg in ihre Dienste, um zu dolmetschen. Später bot mir der neue Bürgermeister, eben Geiger, an, als Lehrer am Progymnasium des Städtchens zu wirken — aushilfsweise! Ich nahm den Vorschlag an und konnte für Clar und mich diese kleine Wohnung herausschlagen.

Warum also nicht? Ich putzte meinen lang vergessenen Doktorhut, besann mich auf mein schönes Baseler Staatsexamen in den Naturwissenschaften, fand sogar unter meinen geretteten Papieren noch einen Beleg darüber und unterrichte nun zu meinem eigenen Erstaunen die Büblein des Städtchens in Mathematik, Physik und Chemie, das heißt: bis auf weiteres, provisorisch! Denn die echten Magister werden eines Tages wieder auftauchen.

*

Morgen ist abermals Feiertag, und ich darf mir die Nacht um die Ohren schlagen. Clar mit ihren achtzehn Lenzen lächelt mitleidig freundlich, wenn ich bis in die Puppen schlafe —!

Vor mir unser »häuslicher Herd« — wie prächtig sie das Ungeheuer wieder geputzt hat! Ich habe ihr schon hundertmal davon abgeraten; umsonst ist jede Mühe, die auf diese Mißgeburt der Technik verschwendet wird.

Denn ich schreibe dies natürlich in unserer winzigen Küche; hier steht der einzige Tisch, groß und fest genug, daran zu schreiben. In meinem Zimmer gibt es nur eine alte, grüngestrichene Waschkommode, die ich obendrein voller Bücher gepackt habe, und schließlich ein gebrechliches Möbel auf Rollen, das zwar an einen Tisch erinnert, aber keiner mehr ist. Wenn man viele Jahre unter dem blanken Himmel kampiert hat, dann nimmt man solche Kleinigkeiten mit Humor.

Draußen schreit ein Käuzchen. Wahrscheinlich hat es sich in dem zerschossenen Wasserturm der Eisenbahnstation ein Notquartier eingerichtet.

Es ist wunderbar still und kühl und dunkel. Kein Auto stört den Frieden mehr.

Wollt ihr euch wirklich nahen, ihr Gesichte der Vergangenheit?

*

Unauslöschlich haben sich mir die Ereignisse jener Nacht im September des Jahres 1917 ins Gedächtnis eingegraben. Von ihr ab rechne ich mein Schicksal, obgleich ich damals schon zweiunddreißig Jahre zählte. Die Tage zuvor waren von jener berauschenden Klarheit, jener schwermütigen Süße erfüllt gewesen, wie sie nur die Indianer-Sommer im Felsengebirge als letztes, holdestes Opferfest des Jahres aufblühen läßt. Ich arbeitete an meiner Fallenstrecke, die mir und meinem Gefährten Dan den Winter über Beschäftigung — und Pelze! — gewähren sollte. Aber stets kehrte ich früher auf meinen Berg heim: zu sehr verlangte mich danach, von der Höhe den Abend über Bergen und Wäldern verblassen zu sehen.

Das Blockhaus, in dem ich wohnte, duckte sich in eine Mulde an der Berglehne. Vor Jahren hatte hier ein Windbruch den Wald gelichtet. Die gestürzten Fichten lieferten im Überfluß das Baumaterial für die Hütte; meine Vorgänger hatten das niedrige, ziemlich längliche Obdach mit viel Kunst und Sorgfalt wie für die Ewigkeit gefügt. Die Stirn des Hauses war westwärts dem Tale zugekehrt, mit einer schlichten Veranda davor, die von dem vorspringenden Dach beschirmt wurde. Der Boden schwebte schon in mehr als Mannshöhe über dem felsigen Grund, denn der Hang fiel talwärts immer steiler ab, um schließlich senkrecht zum Fluß hinunterzustürzen. Er bahnte sich in der kühlen, feuchten Tiefe in wildem Gleichmut seinen Weg, an glatten Wänden vorbei, seine Gletscherwasser um bemooste Felsen gischtend, wütend und ewig.

Auf einem groben Schemel hockte ich. Hinter der Kette der Kaskaden war die Sonne zur Rüste gegangen. Aber noch brandete ihr Licht wie goldener Schaum über die fernen Gipfel und zeichnete die Felsentürme mit brennendem Pinsel nach. Waren die Berge nicht kristallen, aus nachtblauem Glase aufgebaut? Je dunkler es wurde, desto seltsamer spielten die Farben ins Violette hinüber. Über dem tief sich abwärts beugenden Tal schwebten zwei Raubvögel in weiten Kreisen ruhevoll.

In der unendlichen Stille vernahm ich den Gesang des Stromes aus den Abgründen. Wie ich ihn liebte, den verhaltenen Orgelton aus dem Innern der Erde! Seit ungezählten Sommern durchrauschte er das verschwiegene Tal. Ein Lied der unaufhaltsamen Zeit; sie sang es sich selber, niemand sonst zur Ehre, es sei denn einem Gotte – oder gar Gott!

Wenn mit den rinnenden Stunden die Schatten der Nacht mich dichter umringten, wenn die Sterne aufbrannten, zuerst die wandelnden, Venus oder Mars oder Jupiter, mit trostvoll ruhigem Licht, die festgehefteten dann, der mächtige Sirius, Aldebaran, der lodernde, diamanten die Wega, wenn der Gesang des meerwärts strebenden Stromes in der höher wogenden Dunkelheit stärker und selbstgewisser zu brausen begann, wenn tauige Kühle und die Düfte der Nacht mir Gesicht und Hände fächelten, so überfiel mich wohl eine sonderbare Erstarrung. Ohne ein Glied zu rühren, lauschte ich dann auf das dumpfe Klopfen meines Herzens; in den Ohren pochte es wie auf gedämpfter Pauke. Lebte ich noch? War ich noch ich? Ich verging, vermischte mich ganz mit den Säften der Einöde. Wuchsen nicht Wurzeln aus meinem Herzen tief ins felsigfeuchte Erdreich? Schwebte ich nicht auf den Schwingen der Steinadler über dem Abgrund der Nacht? Rann mein Blut nicht einsam und selbstverloren durch die Gefäße meines Leibes wie die Ströme tief in den Schluchten, Geäder des Gebirges? Wer war ich, der ich allein hier lebte, inmitten ungeheurer Berge? Ich wußte nicht einmal, ob sie alle schon Namen trugen. Gott hat sie namenlos erschaffen.

Erstarrt saß ich lange, nur noch ein winziges Teilchen der Nacht. Und bis in die letzte Faser, den feinsten Nerv durchwogte mich das hinreißende Glück, die zermalmende Qual vollkommener Einsamkeit.

Gewöhnlich weckte mich ein fallender Stern aus meiner Starre. Die Schnuppe stürzte ihren knisternden Silberbogen mitten in mein Herz und der Funken sprang über.

So auch in jener Nacht, von der ich erzähle. Ich erhob mich steif und reckte mich. Noch einmal warf ich einen Blick über das schlummernde Tal. Es war verwandelt nun; der Zauber hatte mich entlassen. Friedvoll schwieg die Wildnis mir zu Füßen; jenseits hoben sich sanft in den Nachthimmel die Schattenrisse der Kaskaden.

Ich trat ins Haus und entzündete die Kerze; ich goß mir ein Glas kalten Tee ein und setzte mich an den Tisch.

Bald würde der bescheidene Kerzenschein Besuch herbeilocken, eine Waldeule, die am Rand der Lichtung in einer hohlen Fichte wohnte. Da war sie schon! Ihr Ruf fuhr klagend zu mir herüber. Wie immer saß sie auf dem zugespitzten Felsblock, der sich ein Dutzend Schritte unterhalb der Veranda gleich einem Wächter drei Mann hoch aufreckte. –

Geheimnisvoll, schön und voll Wahrheit stiegen ewige Werke vor mir auf, gleich fernen Felsenküsten: herrlich und immer herrlicher sich entschleiernd grüßen sie heimkehrenden Schiffern trostvoll und heimatsüß entgegen, und ich fand mich verzaubert an den Quellen wieder, die im innersten Abgrund sprudeln.

In jener Nacht, als die Eule schrie, das Flämmchen der Kerze brannte und auf der Eisenplatte meines Herdes einen stumpfen Widerschein weckte –, in jener Nacht, in der mein Schicksal seinen Anfang nahm, denn bis dahin war das Leben nur Vorbereitung gewesen, las ich die Verse:

»Mein Herz ängstigt sich in meinem Leibe, und des Todes Furcht ist auf mich gefallen. Furcht und Zittern hat mich befallen, und Grauen hat mich übermannt.

Ich sprach: Oh, hätte ich Flügel wie die Tauben, daß ich flöge und wo bliebe! Siehe, so wollte ich ferne hinwegfliehen und in der Wüste mich verbergen!«

Und ich? Wovor bin ich geflohen?

Ich löschte endlich das Licht und trat noch einmal vors Haus. Es war Zeit, schlafen zu gehen. Am kommenden Tage wollte ich die beiden letzten Fallen meiner Strecke an die gewählten Plätze schaffen und verankern; das bedeutete einen Marsch von zwanzig Meilen hin und zurück, hin mit beträchtlicher Last.

Ich würde mir am anderen Ende der Fallenstrecke ein festes Obdach bauen müssen, denn ich hatte eine weite Strecke ausgelegt. Dreimal in der Woche wollte ich sie ablaufen, mich mit Dan abwechselnd. Es empfahl sich sehr, für den Fall eines plötzlich hereinbrechenden Unwetters oder gar Unfalls einen Nothafen anzulegen. Das würde mindestens eine Woche kosten. Hoffentlich hielt das trockene warme Wetter des Herbstes noch an. –

Kein Mond schien. Nur das Sternenlicht rieselte mild. Der Wind schlief. Aus der Tiefe sang der Strom. Ich stand auf dem Grunde der Nacht. Und über mir wogte das Meer der Ewigkeit.

Der Waldkauz strich von der Felsnadel ab, auf lautlosen Schwingen dicht an mir vorbei, daß ich kühl die Luft wehen fühlte.

Gerade schickte ich mich an, den Stuhl und einige Geräte ins Innere der Hütte zu tragen (manchmal kamen vor Morgengrauen Braunbären zu Besuch und verschleppten oder zerbrachen im Spiel, was draußen umherstand), als mich ein ungewohnter Laut aufhorchen ließ. Ich richtete mich auf, hielt den Atem an und lauschte.

Jetzt —! Ja, kein Zweifel war möglich: es rief jemand in der Nacht, ganz ferne, doch deutlich hörbar.

Wieder der Laut aus Süden! der Rufende mußte etwa dort zu suchen sein, wo der Pfad aus dem Felsen kletterte und den Talgrund erreichte. In der nächtlichen Stille, der unbewegten, kristallenen Luft, trug der Schall unglaublich weit.

Ob es Dan war, der mich rief? Doch der kannte den Weg auch bei Nacht. Wer aber auch immer des Nachts da unten rief, er war in Not! Nur mir konnte der Ruf gelten, denn außer mir atmete kein menschliches Wesen in diesen Bergen und Tälern weit im Umkreis.

In kurzen regelmäßigen Abständen hörte ich den Ruf nun, ein kaum vernehmbares Seufzen, von weit her. Ich sprang ins Haus, entzündete eine Sturmlaterne und eilte mit ihr wohl hundert Schritte den Pfad entlang bis zu einer Stelle, wo er sich um eine weit ins Tal vorspringende Felsnase wand; hinter ihr begann er sich sehr steil zu senken. Diesen Punkt, das wußte ich, konnte man vom oberen Ende der Talwiesen her erkennen. An der Bergnase also blieb ich stehen und schwenkte die Laterne einige Male auf und nieder, verhielt dann — und nochmals auf und nieder. Lauschte: da drang noch einmal der Ruf zu mir und verstummte dann. Man hatte mein Zeichen gesehen und verstanden.

Schon hatte ich die Laterne gelöscht — im Sternenschein

unterschied ich den Steig viel sicherer — und eilte bergab. Nur Dan Halvorsen wußte, daß sich hinter der Felsnase die Hütte verbarg! Nein, nicht er allein —!

Ich erschrak. Auch dem Thomas O'Flaherty hatte ich es anvertraut, als er mich mit seiner Schwester Anne vor einem Jahr besuchte. Auch der alte Mike O'Flaherty, ihr Vater, wußte davon. Die Vorbesitzer meiner Hütte waren ja seine Freunde gewesen. Als sie zu Beginn des Jahres 1915 in den Osten der Staaten zogen, wo sie sich leichteren Verdienst erhofften, hatten sie mir auf O'Flahertys Empfehlung gegen geringes Entgelt ihre Hütte mit aller Einrichtung abgetreten, denn O'Flaherty war mit einer Schwester meines Vaters verheiratet.

Mein Herz pochte wild; nicht bloß von der Hast des gefährlichen Abstiegs im unsicheren Sternenlicht!

Plötzlich stand wieder in meinem Hirn die Frage auf: wovor war ich geflohen, als ich mich in diese Berge zurückzog?

Vor mir selber?

Oder vor Anne O'Flaherty? —

Ich wundere mich heute noch, daß ich den Talgrund erreichte, ohne mir Knochen und Hals zu brechen, denn ich tobte bergab, als wäre es heller Tag und der schmale Pfad eine breite Treppe. Wahnsinn, auch nur zu vermuten, daß es Anne war, die gerufen hatte! Was wollte sie mitten in der Nacht in meinem entlegenen Tal? Unmöglich, es konnte Anne nicht sein!

Es war Anne!

Während ich die letzten hundert Schritte abwärts sprang, unterschied ich große Schatten, die sich auf dem Wiesenplan bewegten: Pferde. Da stand ein Mensch. Eine Frauenstimme rief:

»Bill, bist du es?«

»Ja!«

»Gott sei Dank!«

Ich näherte mich langsam, um die Pferde nicht zu schrecken.

»Anne, um alles in der Welt, was bringt dich hierher?« —

Ich sah eine dunkle Gestalt im Grase liegen; ich hörte einen Mann stöhnen. »Himmel, wer ist das, Anne?«

Sie reichte mir die Hand. Ihre Worte überstürzten sich: »Thomas ist es. Er blutet. Ich habe ihn gerade noch bis hierher bekommen; er konnte sich nicht mehr auf dem Pferde halten, obgleich ich ihn festband. Wir sind seit letzter Nacht unterwegs. Hier versagte er. Ich fand den Anstieg nicht. Die Pferde weigerten sich. Gott im Himmel sei Dank, daß du mich hörtest! Ich glaube, er stirbt! Bill, wenn er stirbt —!«

Ihre Kraft war am Ende. Sie lag an meiner Brust und weinte heftig. Ich bebte wie ein Baum, neben dem der Blitz in die Erde schlägt. Ich schob sie sachte fort: »Komm, Anne! Was ist mit Tom?«

Ich entzündete meine Laterne. Fast erkannte ich Thomas nicht wieder. Sein Gesicht blickte mich grau an, war von Schmerzen schrecklich verzerrt. An der rechten Schulter und Brust zeigte das feste, buntgewürfelte Hemd eine dicke Blutkruste, durch die ständig frisches Blut nachsickerte. An der rechten Hüfte schlug ebenfalls Blut durch die steife Cordhose. Mit dem Messer schnitt ich das Hemd fort. Ein Verband kam zum Vorschein; er bildete nur noch einen blutigen Knäuel. Ein Ausschuß dicht unter dem Kugelgelenk lag frei; unaufhörlich rann daraus der rote Lebenssaft. Der Einschuß am Schulterblatt war trocken und fest verkrustet, mit geronnenem Blut verklebt. Tom stöhnte entsetzlich, als ich ihn vorsichtig zur Seite drehte, um den Einschuß zu finden. Ich rührte die Kruste nicht an, schnitt die Fetzen des Verbandes rundum weg.

»Wir müssen das Blut zum Stehen bringen; es ist hellrot und schaumig. Die Lunge ist gestreift.«

»Ich habe noch Verbandstoff!«

Aus Mull drehte ich einen steifen Pfropfen und stopfte ihn in den Wundkanal, drückte dann den Handteller darauf. Tom stöhnte wie ein Tier und wand sich. Wohl eine halbe Stunde hielt ich den Pfropfen mit meiner Hand fest an seinem Platz. Er beruhigte sich, lag schließlich ganz still. Ich konnte die Hand endlich abheben: es hatte sich ein fester Wundverschluß gebildet. Ich hüllte die ganze Schulter abermals in einen festen Verband.

Er schien zu schlafen. Ich flüsterte:

»Wie schaffen wir ihn jetzt auf den Berg?«

»Wenn er sich etwas ausgeruht hat —. Hier können wir nicht bleiben.«

»Hole die Pferde, Anne! Dich kennen sie. Mir würden sie doch nur davonlaufen. Ich glaube, sie sind zum Fluß hinunter!«

»Ja, Bill!«

Sie ging durch das tiefe, taunasse Gras davon und war bald in der Nacht verschwunden.

Noch hatte ich keine Ahnung, was geschehen war. Sie hatten sich zu mir geflüchtet. Irgend etwas Schreckliches mußte geschehen sein. Es kümmerte mich kaum. Eins nur wußte ich: Anne in höchster Not war zu mir geflohen — zu mir! Anne, mitten in meine Einöde!

Da tauchte sie wieder auf, die beiden Pferde am Zügel führend. Ich rüttelte Tom sachte, er schlug die Augen auf, lächelte mühsam:

»Bill, du? Gott sei Dank!«

»Tom«, sagte ich, »du mußt noch einmal aufs Pferd. Wirst du's noch eine Stunde aushalten?«

»Es muß ja gehen!«

»Wir stützen dich beide!«

Ich hob ihn aufs Pferd. Manchmal ist es gut, wenn man so groß ist wie ich und Hufeisen auseinanderbiegen kann. Anne setzte sich rittlings hinter ihrem Bruder auf des Pferdes Kruppe und umschlang ihn mit ihren Armen. Ich führte den Gaul. Den Zügel des zweiten Tieres band ich an den Schwanz des ersten.

Es wurde ein hartes Stück Arbeit, denn das Pferd war müde und störrisch; aber wenn es nicht wollte wie ich, preßte ich ihm das Gebiß um den Unterkiefer, daß es knirschte. Es mußte mir die teure Last auf den Berg tragen. Ich konnte es jetzt nicht schonen.

Ehe es noch dämmerte, schlief Tom schon auf meiner Bettstatt, Anne auf einigen weichen Bärenfellen.

Ich lag auf einer Schütte trockenen Mooses, sah leise den Tag in den Fenstern meiner Hütte aufglimmen und horchte auf die tiefen Atemzüge der Schlafenden. Anne flüsterte zuweilen im Traum, aber ich konnte nichts verstehen.

Bis auch mir die Augen zufielen. –

31. V. 1947.

Als ich vor sechs Tagen die letzten Worte geschrieben hatte, muß ich bald darauf an meinem Küchentische eingeschlafen sein. Ein Wunder war es schließlich nicht. Über Pfingsten hatte ich mir nur wenig Schlaf gegönnt. Kühl wehte schon die Frühluft in das offene Fenster. Der Kopf war mir einfach auf die Brust gesunken. Die Hand lag noch auf dem Papier; aber der Stift war ihr entfallen.

Clar hat es mir berichtet. Ihr erschreckter Ausruf weckte mich. Ich fuhr verwirrt hoch. Im Traum hatte soeben die Eule geschrien. Aber nicht Anne stand vor mir, wie ich wohl vermutet hatte, sondern, in ihren alten blauen Bademantel gehüllt, Clarissa.

»Was ist denn?« fragte ich ärgerlich.

»Ach, Ohm, du hast mich so erschreckt! Du hast dagesessen, als wärst du tot! Ich hörte etwas in der Küche und kam heraus, um nachzusehen, was es wäre. Es ist ja schon Zeit zum Aufstehen. Warst du noch gar nicht im Bett?«

»Nein! Ich muß über meiner Schreiberei eingeschlafen sein. Sieh, da stehen sie noch, die letzten Worte: Bis auch mir die Augen zufielen.«

Sie blickte mit mädchenhafter Neugier auf das Blatt.

»Schreibst du ein Buch, Ohm?«

»Das nicht gerade. Ich notiere mir nur einiges, was ich nicht vergessen möchte. So eine Art nachgeholtes Tagebuch. Wenn ich dann einmal tot bin, darfst du es lesen!«

»Da kann ich ja noch lange warten!«

»Sehr schmeichelhaft! Aber wahrscheinlich deckt mich schon die Erde, wenn du erst gerade ans Heiraten denkst.«

»Ach, rede nicht so. Du willst mir bloß Angst machen. Ich will nichts vom Heiraten wissen. Warum kann nicht alles so bleiben wie es ist: daß ich dir die Wirtschaft führe und die Kragen plätte und die Strümpfe stopfe. Du bist doch jetzt so etwas Ähnliches wie Studienrat. Der braucht eine Haushälterin!«

»Gewiß, gewiß! Ich bin durchaus einverstanden mit dem jetzigen Zustand!«

Mir war etwas ungemütlich bei dem Gespräch. Diese jungen Dinger von heute reden wie ein Wasserfall, wenn sie etwas durchsetzen wollen. Aber wie sie da stand, noch kindlich schmal, ziemlich hoch aufgeschlossen, eng in ihren verschossenen Mantel gewickelt, das kastanienbraune Haar wirr um die reine, ungetrübte Stirn und die graugrünen Augen, die schon so viel Entsetzliches gesehen haben. Mit bestürzender Deutlichkeit erinnerte sie mich wieder an meine Mutter, ihre Großmutter.

»Laß uns jetzt Kaffee trinken. Ich lege mich dann hin und nachmittags wandern wir zum Gnevenwald, das heißt, wenn du nicht lieber schwimmen gehen willst. Ich täte das auch ganz gern; aber das junge Gemüse an der Wirle macht mir zuviel Spektakel. Morgen muß ich sowieso wieder so tun, als ob ich den Bakel schwinge.«

»Lieber gehe ich mit dir in den Gneven! Läßt du mich jetzt allein hier, damit ich mich wasche und fertigmache?«

»Natürlich! Rufe mich dann!«

Ich legte meine Papiere zusammen und verschwand in mein Zimmer.

So leben wir beide zusammen, die Achtzehnjährige und ich, der Zweiundsechzigjährige, der zwar noch schwimmt, beliebig lange, und acht oder zehn oder vierzehn Stunden im Sattel sitzen würde, wenn es üblich wäre, daß in Deutschland die Studienräte reiten – und nun gar die Hilfsstudienräte (die »im Zuge des Zusammenbruchs« auf ihre Posten gelangt sind!) – und wo Reiter den unbeweisbaren

Verdacht erwecken, entweder Militaristen oder Junker oder gar — entsetzliche Vorstellung! — beides zugleich zu sein!

Jetzt ist es nun mit Gottes Hilfe wieder Samstag geworden. Meine Bengels sind sicher mit mir zufrieden gewesen; die Hebelgesetze machten ihnen Spaß, und im übrigen war ich meist nicht bei der Sache.

*

Ich zergrüble mir das Hirn, wie sich damals vor zweiunddreißig Jahren auf meinem Einödberg über dem brausenden Shaggy-River das Schicksal weiter entfaltete.

Anne pflegte ihren Bruder mit Hingabe. Ich hatte eigentlich nicht viel mehr zu tun, als für Essen und Trinken zu sorgen. Tom lag im Fieber, vermochte kaum die Augenlider zu heben vor Schwäche. Es wird mir immer ein Wunder bleiben, daß er überhaupt mit seinen Wunden den weiten Ritt hat überstehen können. Aber er war auf Pferdesrücken in der Wildnis groß geworden und nie eine Stunde krank gewesen.

Sein Vater, der alte Mike O'Flaherty, züchtete Schafe auf einer riesigen Farm am Columbia. Der Ire O'Flaherty, der sich als einer der ersten in diesen entlegenen Landstrichen niedergelassen, hatte seine beiden Kinder in der gleichen schroffen Ablehnung Englands erzogen, die er als Knabe aus der Armut Irlands mitgebracht und die ihm sein Vater als ein heiliges Vermächtnis aufgetragen hatte. Seine deutsche Frau, meines Vaters Schwester, hatte nichts daran zu ändern vermocht. Wahrscheinlich hatte sie den schwarzhaarigen, schnellen, unbeugsamen Mann viel zu sehr geliebt. Die Barkholtz' stammen aus dem Kehdinger Land, von der Unterelbe, und soweit sie nicht Bauern oder Pastoren gewesen sind, waren sie zur See gefahren und hatten oft genug ihre großen Knochen in die fernsten Meere gesenkt.

Ein romantische Geschichte übrigens, wie die Cora Barkholtz an den Iren Mike O'Flaherty kam. Mein Vater, Lauritz

Barkholtz, segelte in der zweiten Hälfte des vorigen Jahrhunderts als Eigentümer und Kapitän eine Viermastbark über die Seven Seas. Er frachtete insbesondere Holz von der Westküste Nordamerikas nach Japan und China und brachte Seide und Kulis zurück. Auf diesem Schiff habe ich die ersten zehn Jahre meines Lebens verbracht, denn meine Mutter, ich und schließlich meine um fünfzehn Jahre jüngere Schwester Minna, wir lebten alle mit meinem Vater an Bord der »Barbara Veit« (so hieß meine Mutter, ehe sie heiratete). Wie andere Kinder im Kinderwagen festgebunden werden müssen, damit sie nicht auf den Rasen fallen, so mußte ich mit einem Gurt aus altem Segeltuch festgezurrt werden, um nicht in den Pazifischen oder Indischen Ozean zu stürzen.

Auf eine dieser Reisen hatte mein Vater seine Schwester Cora mitgenommen, die sich ein wenig die Welt ansehen sollte, ehe sie sich endgültig im Kehdinger Land niederließ. Denn eine Weile die Nase in Allerweltswind gehalten zu haben, das verstand sich für jeden und jede Barkholtz beinahe von selbst. Ich war damals neun Jahre alt und stand kurz vor meiner Übersiedlung nach Basel zu den Verwandten meiner Mutter; irgendwo mußte ich schließlich »richtig« zur Schule gehen; ich wuchs meiner Mutter, die mich bis dahin sehr sorgsam unterrichtet hatte, allmählich aus der Hand; und es machte ihr immer weniger Spaß, mir den alten Bootsmann Lührs in die Wanten nachsenden zu müssen, wenn Religion oder Kopfrechnen angesetzt waren. Mein Vater lachte nur zu meinen Streichen, und meine Mutter hatte oft genug zu beweisen, daß sie uns beide, den großen und den kleinen Barkholtz, nicht nur auf liebendem, sondern auch auf geduldigem Herzen trug. Nun deckt sie längst die grüne See, vor der sie eine geheime Furcht wohl nie ganz verwunden hat. Eine Baseler Bürgerstochter – auf allen Meeren daheim, das paßt gewiß nicht zusammen. Ob sie glücklich war? –

Tante Cora war weißhäutig, hellhaarig, blauäugig, kleiner und zierlicher als mein Vater, der überlebensgroß geraten war. Ich weiß noch, daß sie mir vornehm und stolz erschien, denn sie trug stets eine goldene, edelsteinbesetzte Brosche, die ein geflügeltes Insekt darstellte, einen breitrandigen Florentinerhut und einen mit vielen seidenen Rüschen besetzten Sonnenschirm. Diese drei Abzeichen ihrer Würde prägten sich mir fest ein.

Wir kamen nach Snohomish, nördlich Seattle. In San Francisco hatten wir eine Ladung chinesischer Kulis an Land gebracht; das war für mich eine aufregende Fracht gewesen. Die schlitzäugigen Männer schleppten alle ein Säckchen Heimaterde über den Ozean, um damit begraben zu werden, wenn sie in der Fremde sterben sollten. Ich fand die Beutelchen überaus erregend, und meine Mutter hatte einige Differenzen mit mir auszufechten, weil ich mir unbedingt einen Zopf wachsen lassen wollte, wie ihn meine schnell gewonnenen Freunde, die Söhne des Himmels, trugen.

In Snohomish wollten wir die »Barbara Veit« voll Schnittholz für die Kaiserlich Chinesische Regierung laden. »Für die alte Kaiserin in Peking!« sagte mein Vater und erzählte mir Wunderdinge von dem bösen Drachen in der Verbotenen Stadt. – Doch mußten wir aus irgendeinem Grunde auf unsere Ladung warten, und mein Vater beredete meine Mutter, mit ihm einen Ausflug in die Berge zu machen, die sich östlich und westlich des mächtigen Puget-Sundes erheben, an dem Seattle liegt. Er wußte, wie sehr meine Mutter sich stets nach Bergen und grünen Wäldern sehnte, und er nahm jede Gelegenheit wahr, sie für ein paar Tage vergessen zu machen, daß er sie um Haus und Hof und Garten gebracht hatte und ihr nur das schwankende Achterdeck eines hölzernen Schiffes als Heimat bieten konnte. Die »Barbara Veit«, die in der Bucht vor Anker lag, wurde der Obhut des Ersten Steuermanns, des ebenso schweigsamen wie unübertrefflichen Herrn Habersack, überlassen. Ich wurde indessen dem allkundigen Bootsmann Lührs anvertraut, der der einige Mensch war, der mich zuweilen verprügelte, sehr zum Schrecken meiner guten Mutter (mein Vater sah nicht hin; er wußte, was er an seinem Bootsmann hatte), Lührs, den ich bedingungslos als den Inbegriff aller Mannhaftigkeit und brotlosen Künste verehrte.

Selbst meine Mutter konnte nicht leugnen, daß Lührs, dieser kleine, scheinbar plumpe, glatzköpfige Mann, mit Muskeln wie eiserne Knollen, krummen Beinen und viereckigen Händen aus Teer, Horn und Leder, besser auf mich aufpaßte als zehn Kindermädchen, daß ich ihm vor allen Dingen besser an der Leine ging als der Pudel seinem Herrn. Wir lebten auf der »Barbara Veit« als eine einzige große Familie, will es mir in der Erinnerung, der wahrscheinlich schönfärberischen, erscheinen; und der Vater herrschte über uns alle unbeschränkt, wohl nicht immer voller Langmut, sicher aber mit Großmut und Anstand. So wuchs ich auf mit Vater und Mutter, dem Ersten und dem Zweiten Steuermann, dem Bootsmann und dem Zimmermann, dem Segelmacher und den anderen »Händen« allen, einschließlich Koch und Moses, dem Schiffsjungen, Claas Claassen aus Jadebüll, den ich mit seinen weidlich abstehenden Ohren nicht gut leiden mochte. Denn mit unbeschreiblichem Hochmut nahm er meine Winzigkeit nie zur Kenntnis, durfte er doch mit in die Wanten, selbst hinauf zur Royal-Rah, während mich Lührs stets herunterholte, wobei er mich unter den linken Arm klemmte wie ein Paket. Auf Deck bekam ich dann eine hinter die Ohren, die nicht von schlechten Eltern war, und Lührs sagte etwa: »Da hast du noch gar nichts auf zu suchen, da auf der Fock, du ungeteerten Nichtsnutz! Da –! (Ohrfeige.) Die wäscht dich kein Regen mehr ab!«

Nun gut! Vater und Mutter ließen sich an Land rudern; Tante Cora war natürlich mit von der Partie. In fünf Tagen sollten die Ausflügler wieder zurückkehren. Am sechsten Tage wollte Vater das Schiff zur Ladestelle verholen lassen. Am siebenten würde die Ladung bereit zur Übernahme sein. So war es abgesprochen. Aber das Beiboot wartete den ganzen fünften Tag über an der Pier; der Herr Kapitän und die Seinen stellten sich nicht ein. Habersack brachte das Schiff an den Ladeplatz. Wir luden Bündel auf Bündel von schönen glatten Brettern, Rot-Zedern müssen es gewesen sein. Die ganze Besatzung war von Unruhe und Besorgnis erfüllt. Am vierzehnten Tage, als wir längst wieder auf der Reede vor Anker lagen, denn die Laderäume waren voll, die Luken dicht, das Schiff segelfertig, erschienen Vater und Mutter — in düsterster Stimmung. Tante Cora fehlte. Noch am selben Nachmittag signalisierte Vater den Schlepper herbei. Der nahm uns an die Leine, und wir glitten über den weiten, stillen Sund der Juan-de-Fuca-Straße und der offenen See entgegen.

Auf meine Frage, wo Tante Cora geblieben wäre, erhielt ich nur eine ausweichende Antwort. Mit der Zeit reimte ich mir jedoch aus gelegentlichen Äußerungen bei Tische das Wesentliche zusammen: Tante Cora hatte an Land einen Mann gefunden, war vom Fleck weg geheiratet worden und kam nicht wieder mit nach Hamburg. An Land passierten so verrückte Sachen; auf See kam dergleichen nicht vor, da ging alles ordentlich und verständig zu. Das war Lührs Auffassung von der Sache und meine demzufolge auch.

Heute verstehe ich den Ärger meines Vaters, das beschämte Entsetzen meiner Mutter. Auf einem Fest in dem Städtchen Snohomish hatte Cora Barkholtz den Iren Michael O'Flaherty kennengelernt. Die beiden so verschiedenen Menschen, er fast schwärzlich zu nennen, feurig, witzig, leicht aufbrausend, sie in ihrer hochmütig wirkenden Langsamkeit, hellhäutig, doch offenbar fähig zu kühler Glut, entbrannten zueinander auf den ersten Blick. Noch am gleichen Abend beschlossen sie zu heiraten; sie führten den Beschluß auch aus gegen alle Bedenken, gegen alle heftigen Proteste meines Vaters und meiner Mutter. Die blonde Cora aus dem Kehdinger Lande erklärte mit der ganzen Starrköpfigkeit ihrer Rasse: »Wenn ihr beide meine Trauzeugen nicht sein wollt, dann mieten wir uns zwei von der Straße!«

Ein Pfarrer fand sich schnell, der die beiden zusammengab, nach katholischem Ritus übrigens, denn der irische Bräutigam war natürlich katholisch. Cora muß wohl völlig außer sich gewesen sein. Aber da sich die Eheleute wahrhaft liebten und achteten, hat es wohl wegen des Glaubens niemals Streit gegeben. Cora O'Flaherty, geborene Barkholtz, ist nie wieder nach Deutschland zurückgekehrt; sie zog mit ihrem Mann zu den Schwiegereltern in die östlichen Wildnisse des Staates Washington, pflegte die alten Leute bis zu ihrem Tode und trat dann die Stelle ihrer Schwiegermutter an. Die Ehe entwickelte sich wider alles Erwarten sehr glücklich. Cora brachte die geduldige Liebe auf, die der Mann brauchte, und er verlieh ihrem Leben den schnelleren Schwung, nach dem sie sich im geheimen gesehnt haben mochte.

Ich traue dem alten Glauben, daß nur ein wahrhaft liebendes Paar schöne und wiederum liebenswürdige Kinder zeugt. Wenn dies gilt, dann müssen der Ire O'Flaherty, der noch in Cahersiveen, in der Grafschaft Kerry, Irland, geboren war, und das helläugige Mädchen aus dem Kehdinger Land sich sehr geliebt haben, denn Anne, die Erstgeborene, und Thomas, der Jüngere, waren schön und liebenswürdig, wobei Tom mehr nach der Mutter, Anne mehr nach dem Vater geschlagen war.

*

Im April 1917 war Amerika in den Krieg gegen Deutschland eingetreten. Die O'Flahertys begeisterte das nicht sonderlich. Weniger, weil die Mutter aus Deutschland stammte, als vielmehr weil sie Iren waren —. Tom, der prächtige Bursche, ging an den ererbten irischen Überzeugungen zugrunde. Ich lernte damals, daß Haß immer sinnlos ist.

Tom wurde zu den Waffen gerufen; er gehorchte widerwillig. Der Drill wurde ihm, der nie in seinem Leben eingezwängt gelebt hatte, zur Qual. Wahrscheinlich verlieh er seinen Ansichten über den Krieg allzuoft und allzu deutlich Ausdruck; vielleicht hatte sich auch seine deutsche Mutter herumgesprochen. Bei einer Felddienstübung mit scharfen Patronen verlor er sich aus der Hand und schoß einen Kameraden namens Burley, der ihn hänselte und schon oft gehänselt hatte, über den Haufen. In der ersten Panik floh er. Wohin anders als nach Hause! Der Telegraf war schneller. Polizei erwartete ihn. Doch er näherte sich der heimatlichen Farm nicht ohne Vorsicht. So entging er dem Hinterhalt, den man ihm gelegt hatte, um Haaresbreite. Die Häscher sandten ihm einen Schauer von Kugeln nach, trafen aber erst, als er schon zu Pferde saß und über den Koppelzaun fegte — sonst hätte er sich wohl kaum noch auf den ungesattelten Gaul schwingen können. Eine Stunde lang verfolgte ihn die Polizei; dann verbarg ihn die Nacht in ihrem schützenden Mantel.

Anne aber, die zarte, zierliche, mit dem Antlitz einer süditalienischen Madonna, wußte ihn verloren, wenn er nicht vor Tagesanbruch weit war und jede Spur gelöscht. Sie glaubte auch, erkannt zu haben, wie ihn eine Kugel ereilte, packte also in fliegender Hast das Notwendigste zusammen, umarmte Vater und Mutter und zog im weiten Bogen mit den besten Pferden davon. Nach ihr würde niemand fragen; man hatte sie kaum beachtet. Gleich stand bei ihr fest: wenn ich Tom finde, bringe ich ihn in die Berge zu Bill. Dort vermutet uns niemand.

Der Vater hatte ihr beschrieben, wohin sich Tom wahrscheinlich gewendet haben mochte: in ein Gelände, wo ein unbeschlagenes Pferd kaum Spuren hinterließ, wo man dem Fliehenden nur mit großer Vorsicht folgen konnte. Anne, die nicht schlechter ritt als ihr Bruder und jeden Winkel des Landes kannte, stieß schon nach drei Stunden Weges auf den Verwundeten. Sie verband ihn, so gut sie konnte. Bald nach Mitternacht ritten sie weiter und gewannen bis zum Morgengrauen viele Meilen Vorsprung.

Die Verfolger haben den Fliehenden in ganz anderer Richtung gesucht, wie wir später vernahmen. Die Geschwister waren längst außer Gefahr, während sie noch wie gehetzt Stunde um Stunde vorwärts hasteten, den Pferden das Äußerste zumutend.

So gelangten sie schließlich zu mir.

5. VI. 1947, 3 Uhr morgens.
Es ist schon eine Stunde her, seit Clarissa wieder zu Bett ging. Ich stand soeben noch am offenen Fenster und sah dem Gewitter nach, dem ungeheuren, das ferne über den Waldbergen vergrollte, noch immer ganze Bündel von Blitzen zwischen den blauschwarzen Wolken und der geduldig finsteren Erde hin- und herschmetternd. Nun rauscht der Regen, der langersehnte. Die vergangenen Tage haben in schwüler Hitze geschwelt. Morgen, ich meine heute, ist Feiertag, Fronleichnam. Der Regen wird in einigen Stunden versiegen; dann werden die Straßen frisch und kühl zwischen ihren ins Pflaster gepflanzten grünen Bäumen und unter reichen Girlanden die Prozession von Altar zu Altar führen.

Die Einwohner des Städtchens sind überwiegend katholisch; ich wünsche ihnen einen Festtag ohne Staub, ohne Regen, mit leichter Sonne zwischen hellen Wolken und einem erfrischenden Wind.

Gewitter wie dieses habe ich in Europa selten erlebt. Es begann bei sinkender Nacht mit einem elektrischen Sturm in den höchsten Wolkenregionen, ohne Donner und Regen. Die Wolken, hinter denen das grelle Licht wie aus geborstenen Riesensternen unaufhörlich hin und wider flackerte, standen wie Steingebirge am Himmel. Clar hatte sich todmüde und erschöpft niedergelegt; die zitternde Spannung der Atmosphäre ließ sie nicht schlafen.

Plötzlich schlug eine weiße Lohe, knisternd wie Wälder von Silberpapier, in die Akazienallee jenseits der Landstraße; ein Knall von hunderttausend Kesselpauken auf einmal, mit schärfstem Hieb geschlagen. Und gleich danach nochmals, und nochmals. Die Luft, das Hirn, das Feld und jeder Nerv: nichts als Opfer dieses alles zersplitternden, furchtbaren Schlages. Die Blitze endlich hatten den Weg aus den Wolken zur Erde gefunden. Es flammte das Land fahl, eine einzige schaurige Geistererscheinung.

Ich war beim ersten scharfen Schlag zusammengefahren, vom Donner gerührt, buchstäblich! War es mir doch am offenen Fenster, als sei der furchtbare Funken mitten in meine Stirn gezielt.

Ein Arm drängte sich plötzlich hilfesuchend unter den meinen. Da war das Kind mit einem Male neben mir, vom Lager gestoßen, besinnungslos vor Angst, dem Urlaut des losbrechenden Gewitters nicht gewachsen. Zitternd schmiegte sie sich an mich:

»Ohm, was war das? Mein Gott, das ist furchtbar!«

Ich legte meinen Arm um die schmale, heiße Schulter und spürte, wie ihre Hand sich leise auf meine hob; die kleine verarbeitete Hand; rauh ist sie von Herd und Abwasch, aber auch mit Narben und Spuren der Arbeit im Steinbruch behaftet, zu der sie gezwungen wurde: länger als ein Jahr, dahinten in Schlesien, wo sie zu Hause war. Hier ihr Vater als ein »Gutsbesitzer«, ein »Ausbeuter«, erschlagen, hier ihre Mutter auf kopfloser Flucht verschollen und nie wieder aufgetaucht, und wo ein mir befreundeter polnischer Arbeiter sie schließlich ausfindig machte. Unter mancherlei Listen führte er sie über zwei grüne Grenzen mir schließlich zu.

Meine Antwort wurde von den Donnern halb verschlungen:

»Gewitter, Kind! Eine Stunde lang hat es getobt. Solch furchtbaren elektrischen Aufruhr habe ich eigentlich nur auf den Prärien und im nordwestlichen Felsengebirge erlebt — !«

Und indem ich die Worte aussprach, öffnete sich abermals jäh und groß ein Vorhang des Erinnerns. Als wäre es gestern gewesen, stand jene Nacht im Frühling 1918 vor meiner Seele, als Anne mir endlich anheimfiel und ich ihr für immer. Und während mein Arm das Kind neben mir umfangen hielt, den verflogenen Vogel, wähnte ich Anne an mich gelehnt, warm und wortlos —. Im menschenleeren Gebirg über dem Shaggy vor meiner Hütte, des Nachts, umloht vom Widerschein elektrischer Stürme, willig endlich, beide wir, nach einem halben Jahre scheuer Qual und verlorenen Zauderns. Meine Sinne haben unbestechlich das bewahrt, was damals war: die Wärme ihrer Schulter, den

Duft ihres Haares, das leise, stille Wehen ihres Atems und den sanften Glanz ihrer dunklen, weitgeöffneten Augen, die sie zu mir hob, wenn die Berge in maßlosem Feueraufschrei flammten. —

Ich weiß nicht, wie lange wir so standen, Clarissa und ich, und das Gewitter sich zu voller Majestät entfalten, dann langsam weiterwandern und versinken sahen.

»Ich glaube, ich friere, Ohm!«

»Daß ich daran nicht gedacht habe! Du wirst dich erkälten! Das Gewitter kommt nicht wieder! Du wirst schön schlafen. Der Regen kühlt wunderbar!«

»Ja, ich gehe schon!«

Und ich zog die Tür ins Schloß. Wollte allein sein.

Steige herauf aus der Tiefe der Zeit, selige Nacht von einst! — —

Der Anblick des ferne und ferner verlodernden Wetters hielt mich fest. Eindringlich und voll göttlichen Gleichmuts strömte der Regen zur Erde, Wolken zauberischer Düfte aus allen Poren pressend. Der Vorhang, der sich vor meinem inneren Auge aufgetan — er enthüllte nicht nur die geheimnisschwere Fülle jener lang versunkenen Nächte und Tage; er gab auch den Blick in einen höhnisch hohlen Abgrund frei.

Die unbeschreibliche Absurdität dieses Daseins!

Mir will kein passenderes Wort einfallen als dieses Fremdwort! Absurd, wahrhaft absurd, mein Leben! Aber nicht nur dieses: aller Menschen Leben in dieser Zeit! Millionenhügel von Toten, Pyramiden von Totenschädeln, Scherbengebirge von Idealen, Zielen, Grund- und Glaubenssätzen in allen Farben des Regenbogens, bis zur Unkenntlichkeit befleckt, überströmt von den Springfluten des Blutes der Menschen; sie haben sich zur höheren Ehre der Götzenbilder geopfert, die sie zuvor selbst ausgeschwitzt.

Wir wissen nun, wie man hunderttausend Seelen in einem Wimperzucken zu Staub zerbläst, zerglüht. Wir könnten in wenigen Tagen ganze Länder leertöten, wie man Ameisenhaufen mit Benzin übergießt und ansteckt. Wir können ehrwürdige Städte verbrennen und zerschmettern und sie binnen einer halben Nacht in stinkende Ruinen verwandeln. Verflucht sind meine Tage, in denen sterbliche Geschöpfe dieser kleinen, kalten Erde die Kraft entfesselten, welche die Sterne leuchten läßt von Ewigkeit zu Ewigkeit.

Können wir die Tränen auch nur einer Mutter trocknen, deren Sohn aus stahlzerhackten Nachthimmeln in die Feuerorkane der Städte stürzte, die zu entfachen ihm befohlen war, deren Tochter im Gas gräßlicher Kammern erlosch? Können wir die Hungernden speisen, die Bloßen bekleiden, die ohne Obdach behausen? Die Vögel haben Nester, und die Füchse haben Höhlen, aber die Söhne der allwissenden, allmächtigen Menschen, die schneller fliegen als Schwalben, tiefer tauchen als die Haie in tropischen Meeren, sie haben nichts, wo sie ihr Haupt hinlegen.

Wir sind allesamt ins Nichts geworfen, in den wirbelnden Strom, der nach gewaltigem Umtrieb in der Wüste verschlammt und versickert.

Ach, wo bist du, meine Gefährtin? Alt und grau bin ich, und kalt bin ich nun und sehne mich nach der Glut des Anfangs. Damals aber verzehrte ich mich vor Verlangen nach der vollkommenen Stille des Endes.

Ich spüre eine milde Hand auf meinen grauen Haaren wie immer, wenn ich verzweifle. Ohne sie wäre ich längst des kreiselnden Treibens müde geworden. Sehnsucht zerschneidet mein Herz; ach, wie es mich tröstet, leise zu sprechen:

»Ich denke der alten Zeit, der vergangenen Jahre. Ich denke des Nachts an mein Saitenspiel und rede mit meinem Herzen —.«

»Führe ich gen Himmel, so bist du da. Bettete ich mich in die Hölle, siehe, so bist du auch da. Nähme ich Flügel der Morgenröte und bliebe am äußersten Meere, so würde mich doch deine Hand daselbst führen und deine Rechte mich halten. Spräche ich: Finsternis möge mich decken! — so muß die Nacht doch Licht um mich sein. Denn auch Finsternis nicht finster ist bei dir, und die Nacht leuchtet wie der Tag, Finsternis ist wie das Licht!«

So muß die Nacht doch Licht um mich sein –? Da ich es flüstere, scheint es schon auf, milde und einer sanften Ahnung gleich.

Ich beuge mich über meine Vergangenheit.

Ich beuge mich *vor* meiner Vergangenheit –!

Von der Nacht an, als die Stimme aus der Tiefe mich talwärts rief, war ich also nicht mehr allein in meiner Hütte. Auf meiner Bettstatt kämpfte Tom mit Zähigkeit gegen den Tod an. Durch den niedrigen Raum wanderte hin und her, mich langsam und leise ganz und gar verwandelnd, dies Mädchen, schmal und dunkel. Ich war nicht für mich allein. Des Stromes Gang aus dem Abgrund, die Gesänge des Windes von den Bergen füllten mir Herz und Ohren nicht mehr allein. Immer war sie da mit einem sanften Blick aus den großen schwarzen Augen; immer war alle Hausarbeit getan, wenn ich von der Fallenstrecke kam; immer hatte sie einen Wunsch bereit, nie für sich selbst, stets nur für den schmerzhaft leidenden Bruder. War ich überhaupt für sie vorhanden in jenen endlosen Monaten, als der Winter die Berge deckte und der Schnee uns von aller Welt schied?

An Toms Schulterwunde heilte der Durchschuß, wenn auch nur zögernd, zu. Wir konnten ja nichts tun, als die Wunden sauber halten, solange sie offen waren, sie kühlen, wenn sie brannten, und mußten uns im übrigen auf die gesunde Natur des Verletzten verlassen.

Die Hüftwunde war es, die das Siechtum Monat für Monat hinzog, ohne daß ein Ende sich abzeichnen wollte. Trotz sorgsamster Pflege, kräftiger Nahrung und ungestörter Ruhe wollte Tom nicht wieder zu Kräften kommen.

Als Dan Halvorsen, der Norweger, mein Kamerad von See her, zehn Tage nach der Ankunft der Geschwister, wie verabredet, wieder auf meiner Höhe eintraf, merkte ich ihm schon nach wenigen Stunden an, daß ihn unsere unerwarteten Gäste hoffnungslos verwirrten. Nicht Tom – den kannte und schätzte er wie ich. Dan, der auf Walfischfängern gefahren war und Segelschiffe und Dampfer verachtete, hatte schon genug Unfälle erlebt, um sich noch viel über eiternde Wunden aufzuregen. Das gehörte mit zum Alltag der Männer; man pflegte und ermunterte die Kameraden geduldig, aber ohne überflüssiges Mitleid, bis sie wieder die Glieder regten oder eben mit dem Tode abgingen. Dann senkte man sie in die grüne See oder an einer fernen Küste ins Grab – und sprach noch nach vielen Jahren von ihnen, als lebten sie und hätten nur zufällig auf einem anderen Kahne Heuer genommen.

Dan war mit mir in Manzanillo an Land gegangen, als der deutsche Frachter, auf dem er als Vierter, ich als Dritter Offizier gefahren war, nach listenreichem Versteckspiel quer über den ganzen Pazifik endlich im Spätherbst 1914 den schützenden neutralen Hafen an der mexikanischen Westküste erreicht hatte. Des tatenlosen Daseins in dem heißen Fliegenloch wurden wir bald überdrüssig, und mir fiel ein, daß ich mich ja bei meines Vaters Schwester, bei Tante Cora, melden konnte, die den Iren O'Flaherty geheiratet hatte. Wir wurden hocherfreut eingeladen. Und wenn ich meinen Freund Dan Halvorsen mitbringen wollte – so wäre auch er willkommen; es gäbe Arbeit genug für jeden. So waren wir denn von Manzanillo losgegangen; aber es dauerte fast ein Jahr, ehe wir von Süd-Mexiko aus den Staat Washington an der kanadischen Grenze erreichten. Wir taten dies und jenes unterwegs, wären fast in Texas auf einer großen Rinderfarm geblieben – dann wieder in San Francisco, wo Dan prächtige Landsleute aus Romsdal entdeckte, die mit Schiffsausrüstungen handelten und uns seetüchtige Leute gern behalten hätten.

Eines regnerischen Abends im Spätherbst 1915 fielen wir meinem Onkel O'Flaherty ins Haus. Zwei Tage waren wir von der nächsten Bahnstation über die öden Hochflächen des Columbia-Plateaus gewandert. Dann standen wir vor Anne, dem Mädchen voll dunkler Anmut, die das väterliche Geschlecht ihr mitgegeben, voll stolzer Klugheit und Beständigkeit, die sie von der Mutter hatte. Wenn man sie anschaute, so glaubte man die alte irische Sage, daß der schwarzhaarige, fein gebildete, nervige Schlag aus dem Westen und Süden der Insel von den Söhnen eines spanischen Königs Milesius abstammte, die vorzeiten an die neblige, sturmumtoste Küste Irlands verschlagen wurden. Anne war ganz »Milesierin« mit ihrem ovalen, bräunlichen Gesicht, den glänzend schwarzen, schweren Flechten, die den zierlichen Kopf umkränzten; ihr Wesen aber glich dem der Mutter, die von dem weiten hellgrünen Flachland an der Niederelbe stammte. Vielleicht war es dieser Gegensatz, der uns zwei ungeschlachte Kerle beinahe magisch anzog: die geheimnisvolle Fremdartigkeit im Äußeren, das verwandtschaftlich Vertraute im Denken und Fühlen. Denn das Fremdartige verlockte uns mit tausend süßen Stimmen aus allen Winkeln der Windrose. Sonst wären wir nicht zur See gegangen, hatten es beide nicht nötig: er, der Sohn reicher Bauern aus dem Romsdal, und ich, Sohn eines sparsamen Vaters und Adoptivsohn wohlhabender Bürgersleute aus Basel. Zugleich aber webte uns zwei See- und Landfahrern die Heimat im Blut, ganz in der Tiefe, ohne daß je darüber gesprochen wurde. In dem Mädchen Anne schien beides auf schier bestürzende Art vereint, seltsam durchdrungen; zwei Traumwelten waren in einem Wesen lebendig geworden: die Heimat und die Ferne.

Wir sprachen nicht darüber; wir dachten nicht einen Augenblick daran, uns als Rivalen zu beargwöhnen. Denn daß wir halbgaren Männer ohne Haus und Hof dies schöne Wesen je erringen könnten, lag völlig jenseits der Grenzen unserer Einbildungskraft. So befanden wir uns wohl unter der etwas strengen, aber gütigen Fürsorge meiner Tante Cora. Mit Tom, der innerlich dem Vater, äußerlich der Mutter glich, und dem alten O'Flaherty, der sich unter den weißen Haaren den jugendlichen Feuerkopf unverändert bewahrt hatte, waren wir den ganzen Winter über ständig unterwegs, zu Pferde und zu Fuß, um die vielen tausend Schafe der Farm zu versorgen (in den weiten Hochebenen jenseits der Kaskaden gibt es nicht viel Schnee). Aber recht heimisch konnten wir nicht werden, weil wir nicht heimisch genug werden konnten. Anne behandelte uns gleichmäßig freundlich, fast schwesterlich zärtlich zuweilen. Aber Dan zog stets ein Gesicht dabei wie die Katze, wenn's donnert.

Ich tat, als wenn ich nichts merkte. Am besten wär's auf See oder sonstwo allein, damit man sich wieder in die Hand bekäme. Der alte O'Flaherty merkte nichts, aber der Tante blieb unser Zustand nicht verborgen. Ob wir ihr nicht gut genug für ihre Tochter waren, ob sie Anne nicht verwirren wollte, ob sie meinte, das große Gefühl müsse stets wie eine Offenbarung hereinbrechen, wie es ihr ergangen war – wie dem auch sei: als wir im Sommer 1916 Gelegenheit hatten, die Nachfolge zweier alter Freunde O'Flahertys in den Bergen über dem Shaggy anzutreten, hielt sie uns nicht zurück. Die Fallenstrecke lag weit westlich der Schaffarm, hoch in den Kaskaden, wo die Wälder schon dicht und hoch und üppig werden, weil bis hierher noch die Regenwolken reichen, die der Stille, der ewig unruhige Ozean herübersendet. –

Wir griffen mit beiden Händen zu, ließen uns von den zwei Graubärten das Handwerk der Pelzjägerei mit allen seinen Schlichen und Kniffen ein paar Monate lang erklären und legten uns dann allein ins Zeug. Schlecht und recht trappten wir bis zum Ende des Winters 1916 und verdienten wenigstens so viel Geld, daß wir uns den Sommer über halten und eine verbesserte Fallenstrecke anlegen konnten.

Der Winter 1916/17 brachte uns schon reichere Beute, aber wieder verwandten wir unseren ganzen Verdienst für eine bessere Ausrüstung. Wir lernten jeden Tag hinzu, unsere Instinkte schärften sich mit jeder Woche; die Einöde, der große Wildgarten Gottes, wurde uns vertraut; sie zahlte uns ihren Zoll; denn ein Wesen lebt vom anderen, Fuchs und Marder, Skunk und Berglöwe, der Vielfraß und die Menschen.

*

Ja, Dan Halvorsen fiel aus allen Wolken, als er bei seiner Rückkehr Anfang Oktober 1917 die Geschwister O'Flaherty bei mir vorfand. Der riesige Mann (er stand noch zwei Finger breit höher in den Stiefeln als ich) zitterte am ganzen Leibe; ich trat nach der ersten Begrüßung mit ihm vor die Hütte, um ein paar freundschaftliche Worte auszutauschen.

»Was soll das wohl werden, Bill! Anne ist hier und Tom in schwerem Siechtum! Am liebsten drehte ich um und käme nicht wieder!« –

»Unsinn, Dan! Mich hier allein lassen mit vierzig neuen Fallen! Wer soll Anne beistehen? Einer von uns wird bald ständig unterwegs sein müssen! Willst du sie hier mit dem Kranken allein lassen?« Er schüttelte hilflos den Kopf. Das wollte er natürlich nicht. Vierteilen hätte er sich gern für sie lassen, aber Abend für Abend mit ihr in ein und derselben Hütte zusammensein – nein, das konnte kein Mensch aushalten.

»Ich bin mit unserer Nothütte am anderen Ende, drüben am Yelling Yellow, nicht fertig geworden bei all dem Hin und Her und der Aufregung. Ich mußte für Anne ein Bett zimmern und ihr eine Kammer bauen mit ein paar Pfosten und Decken. Wir konnten nicht auf die Dauer in Kleidern schlafen, verstehst du. Wie wäre es aber, wir bauten die Hütte am Yelling Yellow geräumiger aus, als wir vorhatten, damit du dauernd dort wohnst und auch ich da unterschlüpfe, wenn Anne hier mit Tom allein sein will. Den Zugang um die Felsnase könnten wir einfach abriegeln; die beiden wären dann hier ganz sicher!«

Dan nickte: »Ja, das geht! Wenn nur nicht alles so verflucht naß wäre!«

»Werden am Regen nicht eingehen, Dan!« antwortete ich. Es regnete schon seit einer Woche. Die Wolkenfetzen wallten den Hang entlang. Kalt und verhangen gähnte das verwandelte Tal. Zwei Tage nach der Ankunft der Geschwister war der holde Traum des späten Herbstes zerweht. Ich trauerte ihm diesmal nicht nach, denn der Regen löschte in wenigen Stunden alle Spuren, die die Fliehenden für kundige Augen hinterlassen haben mochten. Er fesselte Anne und mich an die Hütte und zwang mich, den Ofen in Gang zu setzen. Ich dankte heimlich dem Himmel, daß ich so viel zu verrichten hatte; ich war wie von einem Fieber ergriffen, die Hütte für meine Menschenschwester umzubauen. Nichts schien mir gut genug. Hätte nicht die Rücksicht auf den Kranken mich gehindert, so hätte ich wohl von früh bis spät gehämmert und geklopft. Ich weiß noch, wie sie entdeckte, daß ich alle Pelze, die Tom nicht brauchte, zusammengelegt hatte, um ihr Lager so weich und warm wie möglich auszustatten; denn es wurde schon kalt; ewig weinte der Wind um die Ecken und im blechernen Schornstein; ich selbst lag auf einer Moosschütte; sie war nur sehr mager – und als der Regen einsetzte, konnte ich kein Moos mehr sammeln.

»Bill, du hast mir alle deine Hirschdecken und die Bärenfelle gegeben, und du selbst liegst auf den Brettern,« sagte sie. Es klang wie ein Vorwurf und doch – Tau auf mein Herz. Ich antwortete ungeschickt und sah ihr in die Augen dabei, was ich selten tat:

»Anne, sieh, hier, alles ist dir!« ich zuckte mit den Achseln, wußte nicht weiter; meine Augen irrten ab. Wir standen ein paar Herzschläge lang ganz still. Dann fuhr sie mit veränderter Stimme fort:

»Wie recht ich hatte, als ich Tom hierher brachte –«

Ja, was sollte ich darauf sagen! Ich wußte es nicht. Nach einer Weile ganz unerwartet:

»Bill, lieber Bill!« Sie sank auf einen Schemel am Tisch, legte den Kopf auf die Arme und schluchzte:

»Wenn er uns stirbt! Und die Eltern wissen nicht, wo wir sind. Wenn man uns findet!«

Ich tröstete sie, so gut ich konnte: »Er bleibt am Leben, Anne. Tom ist zähe. Den Eltern bringen wir bald Nachricht. Dan ist jetzt da. Wir stopfen den Weg um die Nase zu; die Pferde kommen fort. Schnee wird sein. Niemand findet uns hier!«

Ich streichelte ihre Schulter. Sie haschte nach meiner Hand, legte ihren Kopf an meinen Arm und flüsterte:

»Weißt du, daß du dich für Tom in Gefahr bringst?«

»Da frag' ich wenig nach —. Für Tom, gewiß —« ich stockte. Sie blickte hoch: »und für mich, sag's nur, Bill!« —

»Ja, für dich!« knurrte ich.

Wir erschraken beide, als plötzlich von meinem Bette her Tom dazwischensprach. Wir hatten ihn schlafend gewähnt.

»Ihr seid zum Schießen, ihr beide!« — Aus seinem hohlwangigen Gesicht blitzte ein Schimmer des alten Übermutes, der ihn seinem Vater ähnlich machte, sowenig der grauäugige, fahlblonde Mann ihm sonst auch glich.

»Zum Schießen! Komm, Anne, bedauernswertes Schwesterherz, der Lappen auf meiner Schulter ist schon wieder heiß!«

Tom hatte kein Talent, irgend etwas romantisch zu nehmen. Er lachte uns schlichtweg aus, der zerschossene Bursche. Ohne Tom wäre ich wohl nie ans Ziel gelangt! — —

Dan war also da. Unsere Fallenstrecke führte auf etwa gleicher Höhe mit dem Haus am Hang entlang ins Gebirge hinein, bis sie schließlich auf den donnernden Oberlauf des Shaggy stieß. Hier stürzte sich einen Steinwurf weiter stromab der Fluß über einen Felsenriegel in die Schlucht hinunter, in welcher er dann tief unterhalb meiner Hütte bis zum Austritt in das flache Wiesental dahintobte. Ein Windwirbel hatte uns zwei riesige Douglasfichten quer über das Wildwasser geworfen. Wir benutzten sie als Brücke. Jenseits führte die Fallenstrecke in vielen Windungen über den nächsten, höheren Gebirgszug. Ein flacher Sattel im Verlauf des sonst äußerst schroffen Kammes erleichterte den Übergang ins weiter westliche nächste Tal, das des Yelling Yellow; an seinem Ostufer fand die Fallenstrecke ihr Ende. Dort, unter einer steilen Wand, die den Ost- und Nordwind abschirmte, sollte die zweite, viel kleinere Hütte entstehen. Der Platz lag knapp eine Fichtenhöhe über dem hier schnell, aber glatt und lautlos dahinsausenden Yelling Yellow. Das

Gewässer machte erst viel weiter talab seinem Namen Ehre; hier fegte es noch glasklar, hellgrün und über weite Strecken katzenleise die scharfe Felsfurche entlang.

Am fünfzehnten Tag nach der Ankunft der Geschwister schien Tom zum ersten Male ein wenig erholt; er nahm auch schon für Stunden Anteil an unseren Verrichtungen. Wir besprachen uns mit Anne. Natürlich, wir sollten uns nicht abhalten lassen, die trapping-line bis zum letzten vorzubereiten. Sie fürchtete sich nicht. Doch der Zugang um die Felsnase würde besser geschlossen! Und wilde Tiere, wenn sich solche zeigten, denen wollte sie heimleuchten. Gewehre wären ja genug da.

In der Tat, wenn man den schmalen Felsvorsprung verbarrikadierte, auf dem sich der Pfad zu meiner Hütte um das senkrecht aus der Shaggy-Schlucht aufragende Vorgebirge schmiegte, dann saßen wir sicher und geborgen in einem ungeheuren Felsenschloß. Denn von oben her, von den schließlich senkrechten Wänden in unserem Rücken stieg niemand herab; in der Schlucht des Shaggy duldeten die wütenden, zusammengepreßten Wasser keinen noch so kühnen Kletterer; und vom Tal des Yelling Yellow her führte der einzig mögliche Weg über jenen Sattel, dem auch unsere Fallenstrecke sich einschmiegte; wer den Sattel aber überschreiten wollte, der mußte zuvor an dem Blockhaus vorbei, das wir am Yellow zu errichten vorhatten; nur von ihm aus war der Anstieg zum Sattel zu entdecken.

Den Pfad um die Felsnase sperrten wir bald. Dan kletterte über der kritischen Stelle ein Stück in die Wand und schlug ein paar Dynamitpatronen in passende Spalten. Als die Dinger losbrannten, stürzte eine Lawine von Schutt und Geröll herab. Nun war überhaupt nicht mehr zu erkennen, daß hier jemals ein Durchlaß sich geöffnet hatte.

Da wir ohnehin die Pferde mitnehmen mußten, konnten wir uns den mühseligen Marsch an den Yellow erleichtern. Die Tiere fanden noch überall Futter; Schutz vor dem Wetter brauchten sie nicht, sie hatten nie einen Stall gesehen, weder sommers noch winters. Wir packten ihnen also alles, was wir nötig hatten, auf die Sättel: Äxte, Beile, Sägen, Zimmermannswerkzeug, die schwere Nagelkiste, zwei Rollen Dachpappe, eine kleine Eisenplatte zu einem Herd und Ofen, Ofenrohr, Stricke, ein paar kostbare Bretter, die wir selbst im Schweiße unseres Angesichts vor Monaten schon aus glattem Stamm geschnitten hatten, und natürlich ein paar Töpfe, etwas Proviant, Decken — mit einem Wort, die Pferde würden sehr vorsichtig treten müssen, wenn wir sie hoch oben, wo der Shaggy noch flach floß, sicher über die Felsen lotsen wollten.

»Leb wohl, Anne! In vier, fünf Tagen bin ich wieder da!«

»Leb wohl, Bill!«

Sie stand in der Tür unter dem Vordach; die Schwaden des Regens fegten eiskalt über den Hang. Dan war schon mit den Gäulen voraus. Und dann, als hätte sie es nicht sagen wollen:

»Komm bald, Bill! Damit ich nicht so allein bin.«

Ich hob nur noch die Hand zum Gruß und machte mich eilig davon; Dan hatte seine liebe Not mit den unwilligen Pferden. Ehe mich am Rande der Lichtung der Wald aufnahm, blickte ich mich um. Sie stand noch immer unter dem Vordach. Wußte sie, daß ich zurückschauen würde? Sie winkte. Die Stämme rückten bald dazwischen ...

Von unserem Marsch über den Gebirgszug, der das Tal des Shaggy von dem des Yelling Yellow trennte, ist nicht viel zu berichten. Es regnete, das ist alles. Unser Ölzeug von See, das wir bis hierher auf den Berg geschleppt hatten, bewährte sich. Der Waldboden verwandelte sich hier und da schon in Sumpf. Dan, der die Spitze hielt, hatte den jeweils besten Weg zu finden, damit die vorsichtig stelzenden Pferde nicht versackten; sie mißtrauten dem unbekannten, unwirtlichen Gelände. Die Wolkenfetzen krochen zwischen den Stämmen und über die Abhänge hin, schlaff und zähe wie nasse Watte. Die Stämme reckten sich feucht und schwarz. Das Moos, längst vollgesogen wie ein Schwamm, schmatzte unter unseren Stiefeln und quoll über. Und aus den kaum sich regenden Wipfeln tropfte es, tropfte.

So zogen wir auf dem Grunde der schweigenden Wälder mühselig dahin; hoch über uns, von den Kämmen der Berge her, hörten wir zuweilen wie die Stimmen ferner, wüster Geister den Sturm heulen, der in sausender Fahrt den Regen heranführte. Weit draußen hatten die Lüfte sich über der gischtenden, brüllenden See, über den öden, grauen Unendlichkeiten des Großen Meeres mit Feuchte vollgesogen. Am Stauwehr der Küstengebirge entluden sie nun ihre nasse Last.

Über moosige, schleimig glatte Felsen, weit flußauf der Baumbrücke, die wir sonst benutzten, überquerten wir mit den Pferden den schwellenden Shaggy. Einen der Gäule brachten wir leidlich hinüber. Der andere scheute mitten im Wasser, als ein Raubvogel dicht vor seiner Nase von einem überhängenden Uferbaum mit heiserem Schrei davonstrich. Schnaubend vor Schreck setzte sich die braune Stute auf die Hinterhand und rollte im gleichen Augenblick, von der Gewalt des schießenden Wassers breitlings gepackt, auf die Seite. Glücklicherweise hatte ich die Zügel in der Hand behalten, fand sicheren Fuß, konnte ihr den Kopf stützen, daß ihre Vorderfüße wieder Halt gewannen; sie stöhnte in Todesangst, schlug hinten unter sich und war wieder hoch. Irrsinnig vor Schrecken fegte sie mich mit einem Ruck ihres Kopfes beiseite, erreichte mit ein paar wilden Sätzen das andere Ufer und drängte mit schlagenden Flanken zu ihrem Gefährten. Dan hatte alle Hände voll zu tun, die verängstigten Geschöpfe wieder zu beruhigen. Und ich – ich rollte im eisig kalten Wasser kopfüber davon, schlug mir die Knochen an den Felsen blau und blutig und kam erst zwanzig Schritt weiter stromab wieder auf die Beine. Mir blieb nichts übrig, als meinen alten, mir immer noch getreulich dienenden Seesack aufzuschnallen und mich umzuziehen. Ich vermochte mich kaum zu bewegen. Dan lachte mich natürlich aus, voll jener reinsten Freude, die das Menschenherz empfindet. Dan meinte, als sich wieder der gewohnte Gleichmut über seine Züge gebreitet hatte:

»Wir werden die Pferde fortschaffen müssen. Sie finden

hier oben kein Futter mehr, wenn erst Schnee liegt. Und dann: Annes Eltern werden sich ängstigen. Sie wissen nicht, wo ihre Kinder geblieben sind.«

Auch er dachte nur daran, was man Anne Gutes tun könnte. Ich sagte bloß: »Ja, wenn die Hütte unter Dach und Fach ist!« –

Der Rest der langen Wanderung verlief ohne Zwischenfall. Auf dem Puma-Sattel (wie wir ihn nannten, weil wir dort Spuren von Berglöwen beobachtet hatten, ohne daß uns je einer in die Falle gehen wollte) fiel uns der Sturm mit voller Gewalt an. Wir kämpften uns mühsam vorwärts; den Pferden wehten die Mähnen wie zerschlissene Fahnen flach und knatternd vom Nacken. Wir dankten Gott, als wir nach einer harten halben Stunde wieder in den Schutz der Wälder tauchten.

Am gleichen Nachmittag noch richteten wir die vier Wände der Hütte auf. Die notwendigen Stämme hatten wir schon im Sommer passend zugehauen. Die Pferde drängten sich in den Schutz der überhängenden Felsen, um sich zu trocknen. Sie nibbelten am nassen Gras und Kraut und Buschwerk, das sich überall noch bot. Als die Dunkelheit zögernd zwischen den Stämmen niederzurieseln begann, breiteten wir Dachpappe über eine der schon fertigen Hausecken und schufen uns so einen geschützten Unterstand. Ein Feuer prasselte bald. Im Kessel brutzelten Bohnen und Speck. Eine Kanne Tee stand schon am Feuer.

Wir besprachen in sparsamen Worten die Arbeit des nächsten Tages. Das Dach würde Mühe machen, der Fußboden viel Sorgfalt erfordern, die Tür dann, der Herd, die Bettgestelle, zwei Schemel und ein Tisch, vor allem aber ein Fenster: zwei zugeschnittene Scheiben Glas, jede vier Handbreit groß, hatte ich in der Shaggyhütte auf Vorrat gehalten. Das Feuer knisterte dicht vor unseren kotigen Stiefeln. Wir hatten unser Mahl verschlungen, hungrig wie Wölfe. Um die Pferde brauchten wir uns nicht zu sorgen.

Die Tiere drängten sich dicht an die Holzwand; sie schnoberten ein wenig am Boden; einer der langen schweren Schweife peitschte die Außenseite der Stämme, hinter denen wir vorm Feuer saßen. Sonderbar tröstliches Empfinden, wie wir uns alle, wir lebendigen Wesen, Tiere und Menschen, vor der Nacht zusammendrängten.

Nie ist der Tag so einsam in der Wildnis wie die Nacht. Dann ist die kleine verlorene Insel des Lichtscheins um dein Feuer gleich einer von innen her glimmenden Kugel in die weglose, leere Schwärze der Unendlichkeit gehängt. Du atmest und schweigst in ihrem innersten Kern, ein winziger Funke, umzingelt rundum von aller Verlassenheit der Welt.

Dan sagte, während er ein glimmendes Ästchen aus der Glut zog, um seine Pfeife neu anzuzünden:

»Ob alles in Ordnung ist, drüben am Shaggy?«

»Sie hat keine Furcht, und Tom ging es besser!«

»Ja, aber es könnte doch etwas Unerwartetes geschehen sein!« Und nach langer Pause:

»Wir hätten nicht zusammen fortgehen sollen, Bill!«

Wie auf Verabredung hoben wir den Blick und sahen uns in die Augen. Dan klopfte seine Pfeife am Absatz aus und meinte mißmutig:

»So geht das nicht, Bill! Anne muß entscheiden. Nicht wir!«

Wieder schwiegen wir, bis das Feuer zusammenfiel und uns aus unserem Brüten weckte.

»Wir wollen uns nichts Böses, Bill! Wir bleiben Freunde, so oder so!«

»Weiß Gott, Dan!«

Bald danach schoben wir noch zwei gute Kloben zur Flamme, wickelten uns in unsere Decken und Ölmäntel, packten uns auf die mitgebrachten Bretter mit dem Rücken zum Feuer und sanken nach den Unbilden des Tages bald in einen tiefen Schlaf.

*

Es ist längst hell: ich schreibe noch immer. Für heute mag's genug sein. Ist heut nicht mein Feiertag, so will ich ihn doch ehren. Clar ist schon eine Weile wach. Sicherlich fürchtet sie, die Prozession zu verpassen. Wie gern sie schauen, die jungen Dinger, gierig nach jeder Spiegelung des Daseins.

Ich will Clar nicht auf die Folter spannen, will ihr das Feld räumen, damit sie sich anzieht und das Frühstück bereitet. Dann mag sie mitansehen, wie das Allerheiligste an diesem Fronleichnamstag von Altar zu Altar getragen wird.

Ich werde fest schlafen nach der durchwachten und durchdachten Nacht. Wenn von ferne die feierliche Prozessionsmusik und die Glocken in meine Träume dringen, so wird mir sein, als gälten sie mir und diesen Seiten, durch die auch ich das trage, was meinem Herzen am teuersten war — und ist.

7. VI. 1947.

Während wir am zweiten Tage nach unserer Ankunft am Yelling Yellow sägten und hämmerten und langsam das Dach erstehen ließen, erörterte Dan zwischendurch, wie er sich unbemerkt vor O'Flahertys Ranch in den Hinterhalt legen wollte, um zu erkunden, ob fremde Aufpasser die Gegend unsicher machten: »Die Pferde lasse ich natürlich laufen, wenn sie begriffen haben, wohin es geht, und wenn sie von selber heimwärts drängen. Sättel und Zaumzeug verstecke ich. Ich hätte mir aufschreiben sollen, was ich mitzubringen habe. — Sicherlich fehlt Anne vieles!«

Während unsere Gedanken zwischen der Arbeit unter unseren Händen, der Hütte über dem Shaggy, der Schaffarm draußen in der Columbia-Ebene hin und her glitten, quälte uns unablässig die Frage: Ist alles in Ordnung da drüben jenseits des Sattels, wo Anne mit dem Kranken allein blieb? Wenn nun wieder, wie schon manchmal, Bären spielerisch die Hütte belästigten, wenn an der Felsnase der Regen weiteres Gestein gelöst hat und der Zugang zu der verschwiegenen Lichtung vielleicht offener klafft denn je, wenn Toms Befinden sich plötzlich zur Katastrophe wandelt —

»Wenn ihr der Herd zusammengefallen ist —! Wie die Idioten, wir! — Gehen einfach auf und davon, als ließen wir zwei alte Waldläufer zurück, die sich in jeder Lage zu helfen wissen!« knurrte Dan.

»Sie weiß sich auch zu helfen —!«

»Bezweifle ich nicht, Bill! Wozu braucht sie uns dann überhaupt noch?«

»Ja, wozu?«

Der Abend fiel ein. Das Dach war fertig; doch ließen wir eine Ecke offen, um dem Rauch des offenen Feuers Abzug zu gewähren; der Herd sollte erst am nächsten Tage errichtet werden. Wir bereiteten unser Abendbrot, schluckten Bissen für Bissen wortlos hinunter, sahen uns kaum an dabei. Als aber der Augenblick kam, die Pfeifen anzustecken, blieb mir der Tabaksbeutel in der Hand liegen; ich blickte darauf nieder, als hätte ich ein solches Ding noch nie gesehen:

»Ich werde jetzt hinübergehen und nachsehen, ob alles in Ordnung ist. Morgen früh bin ich wieder da!«

Dan saß wie versteinert.

»Einer muß gehen, das ist wohl klar. Gut, geh du Bill! Du bist ihr Vetter. Einer muß hierbleiben, wegen der Pferde. Das bin ich. Morgen und übermorgen — nur noch leichte Arbeit!«

Ach, Dan, guter Junge, der nichts vorweghaben wollte! Das mit den Pferden war natürlich nur ein Vorwand. Die Pferde liefen uns ohnehin nicht fort. Das Gelände war nicht danach; sie zockelten höchstens unserer Spur nach, wenn wir gemeinsam zum Shaggy wanderten. —

Ich steckte mir ein Stück trockenen gebratenen Fleisches in die Tasche; das konnte man essen wie Brot; hängte mir das zusammengerollte Ölzeug an einem Riemen über die Schulter, die Flinte dazu, zog die Ledersenkel meiner bis unter die Knie reichenden Schnürsenkel nach, stülpte den Hut fester:

»Auf morgen also, Dan!«

»Mach's gut, Bill!« und tauchte in die Nacht. Die Pferde wandten mir verwundert die Köpfe nach.

Teufel, da streifte ich hart einen Stamm! Hatte zu lange ins Feuer gestarrt; mußte vorsichtig ausschreiten, bis sich meine Augen an das Dunkel gewöhnten.

Hinter den Wolken glimmte der Mond; zwei Tage zuvor war Vollmond gewesen. Mildes, blasses Licht geisterte zwischen den Bäumen auf. Hoch über mir weinte der Wind.

Die Nacht war grau und groß. Das sanfte Dämmerlicht des verhängten Nachtgestirns warf keine Schatten. Bäume, Felsen, Berge hatten ihre Körperhaftigkeit vollkommen eingebüßt. Ich wanderte lautlos dahin; die Nässe machte den Untergrund weich und nachgiebig. Kein trockenes Kraut raschelte, kein dürres Gezweig knackte unter meinen Füßen. Nur das vollgesogene Moos gab zuweilen mit verstohlenem Geräusch unter meinen Sohlen nach. Wieder war mir in der makellosen, gleichsam dicht um mich gepreßten Stille, als schritte ich nicht über fest gegründete Erde.

8. VI. 1947.

Ich verhöhnte mich bitter, als ich durch die geisterhafte Nacht dahinzog. Die schattenlose milchige Nacht veränderte die Landschaft auf so rätselvolle Weise, daß ich mich wie am Faden durch ein Labyrinth hindurchtasten mußte.

Spottend flüsterte ich mir zu: wie ein Primaner, der nächtlich unter den Fenstern der Angebeteten vorbeistreicht! Dabei bist du zweiunddreißig Jahre alt, ein Alter, in dem normale Erdenbürger längst Haus und Hof, Weib und Kind, Titel und Bauch ihr eigen nennen. Was hast du statt dessen aufzuweisen, unrasierter Waldläufer? Fortgelaufener Offizier eines Frachtdampfers, du ungenutztes Patent für große Fahrt? Ein schäbiger Doktorhut schmückt dein unzulänglich frisiertes Haupt.

Erdbeschreibung lag mir immerhin am nächsten, da ich auf einem Schiffe groß geworden war. Doch bin ich den Freiburger und Baseler Professoren so bald wie möglich entlaufen, entwischt zur See, meiner Väter Element, nach schnell zusammengeschusterten Semestern. Um dann in den Rocky Mountains zu entdecken, daß mir der Mutter Gebirgs- und Waldblut ebenso heftig die Pulse klopfen ließ. Und den alten Veits — meine Mutter war die einzige geliebte Schwester des um fünfzehn Jahre älteren Kaufherrn und Seidenfabrikanten Georg Veit in Basel, der ehrwürdig schönen, stocksteifen Stadt —, ihnen habe ich sicher, wie man so sagt, das Herz gebrochen, als all ihre Liebe nicht ausreichte, um mich auf dem gut bürgerlichen Baselschen Pfade zu halten. Ich ging auf und davon, ich, der sorgsam umhütete und erzogene Adoptivsohn. Sie pflanzten mir sehr gegen meinen Willen den Namen Veit vor meinen ehrlichen Barkholtz, damit der Name Veit am Leben bliebe. Als ich erst frei war, zu tun, was ich wollte, kehrte ich zu dem einfachen Wilhelm Barkholtz zurück. Ich kannte nur ein einziges Ziel, dem ich mit beinahe krankhaftem Eifer nachstrebte: dorthin zu fahren, wo Erde und Tiere und Menschen sind, wie sie am Anfang waren, als Gott sie aus seiner Hand entließ. Aber das bedeutet wahrlich keine Lebensaufgabe; es ist nicht viel mehr als eine Marotte. Bewähren kann man sich nur inmitten der Menschen; bewähren oder versagen. Und lieber versagen, als auf einem toten Seitengleis verrosten!

Damals, als ich auf dem kahlen Pumasattel stillehielt, die Berge und die Wälder mich umringten, gewaltige Menetekel an den fahlen Wänden des nächtlichen Horizontes, als zwischen den ruhelos wallenden Wolkengebilden ein Strahl des Mondes aufblitzte, damals begriff ich noch nicht, daß ich meine Jahre zubrachte wie ein Geschwätz — aber ich ahnte es!

Wie mit feinen Widerhaken zog und zerrte es an meinem Herzen! Natürlich, es würde »alles in Ordnung« sein in der Hütte über dem Shaggy, die den Kranken und seine Pflegerin umschloß. Trotzdem trieb mich die Unrast weiter, ließ mich wortlose Stoßgebete zum Himmel senden, ließ mich weder Bedenken noch Müdigkeit spüren.

Heute, nach drei Jahrzehnten auf mich selbst zurückblickend, erschauere ich, wenn ich der untrüglichen Sicherheit gedenke, der zwingenden Gewalt des namenlosen Gefühls, das mich damals durch die grabeskühle Nacht in die Nähe des einzigen Herzens trieb, an dem ich mich gewandelt, durch das ich mich entzaubert, in dem ich mich endlich gefunden hätte.

Wenn ich es recht überlege: es hat sich nichts seitdem verändert. Ich horche immer noch, ob nicht aus dem Dickicht eine Stimme von ferne sich vernehmen läßt, die mich meint, mich ganz allein.

Als ich den Wasserfall des Shaggy rauschen hörte, schlug die tödliche Lust in mir auf, mich hinabzustürzen. Hatte ich nicht, indem ich sie liebte, das Äußerste erreicht, was jemals zu erreichen war? Darüber hinaus barg diese Erde nichts Vollkommeneres! Wozu also weiter den Aufwand des Lebens?

Der Versucher stand neben mir im Dunkeln. Ich hörte die Wasser in die gähnende Schlucht hinuntertoben. Doch war noch nichts erfüllt —. Von weither aus der Nacht rief mich das andere Herz. Seit jener Stunde schlägt nun meines in immer gleichem, eintönig süßem Takt: Anne, Anne, Anne. — Bis es einmal stillstehen wird.

Je mehr ich mich meinem Ziele näherte, desto eiliger trieb mich die Unruhe vorwärts. Aufatmend trat ich schließlich auf die Lichtung, wo sich die Hütte erhob. Dunkel duckte sich ihr Schattenriß gegen das Vorgebirge. Totenstille ringsum. Wohl eine Stunde nach Mitternacht. Nebelfetzen um den Mond. Das Gewölk fast vergangen. Gesang des Stromes aus der Tiefe.

Hinter jenen Wänden, unter jenem flachen Dache schläft sie! Wie sie wohl schlafen mag? Einmal hatte ich den Anblick schon erhascht: mit hinter dem Kopf verschränkten Händen — das entspannte Oval des Gesichtes leicht zur Seite geneigt — die sanften Kränze der Wimpern — und überall wie Schaum einer Brandung die Flut des schwarzen Haares.

Voller Vorsicht umschritt ich das Haus in weiterem und engerem Kreis: nichts Auffälliges. Trat ans Fenster, dicht neben dem ihre Bettstatt stand, und klopfte leise. Als hätte sie darauf gewartet, so gleich darauf fragte ihre Stimme sachte aus dem Innern – ich täuschte mich nicht: zugleich war das leichte Knacken zu vernehmen, mit welchem ein Gewehr entsichert wurde –:

»Wer ist da?«

»Ich bin es, Ann! Ich – Bill!« –

»Warte einen Augenblick! Ich komme!«

Ich trat vom Fenster zurück. Es blieb dunkel dahinter. Ich ahnte Bewegung hinter den Wänden. Nach wenigen Minuten trat sie auf die Veranda und zog die Tür leise hinter sich zu. Sie hatte ein großes kariertes Plaid um Kopf und Schultern gelegt. Die dunklen Augen schimmerten groß aus ihrem von Schatten umflossenen Antlitz; schmal und blaß blickte es zwischen den geraden Falten des Tuches hervor; nur die Brauen wie Flügel eines schwebenden Vogels; und die zierlich geblähten Nüstern; und der holde Dreiklang der Linien des Mundes –. Sie stand erhöht unter dem Vordach, ich vor ihr im Gras. Der volle Glanz des Mondes über sie ausgegossen – nie vergeß ich's!

»Ist etwas geschehen, Bill?«

»Nichts, Anne. Wir waren unruhig, daß etwas nicht in Ordnung sei. Deshalb kam ich nachsehen.«

»Fünf Stunden weit vom Yellow über den Berg? Und jetzt?«

»Jetzt gehe ich wieder zurück, wenn du mich nicht brauchst.« –

»Nicht brauchst –? Wenn du hier bist, ist mir wohl.« – Wie ein beseeltes Bild stand sie vor mir, in ihr großes Tuch gehüllt. Ich wußte nichts weiter zu sagen als:

»– ist dir wohl –« und stand mit den Händen am Riemen des Gewehrs und blickte sie an. Funken entfachte in ihren Augen das Mondlicht, Blinkfeuer vor unbekannten Küsten, wunderbaren Häfen. Halb unbewußt formten meine Lippen ihren Namen:

»Anne –«

Aus den weiten Falten ihres Tuches tauchte wie ein

scheues Nachttier ihre Hand, schmal, in zärtlich zögernder Gebärde, legte sich für einen Augenblick auf meine Schulter – und verbarg sich wieder in dem großen Tuch, als wäre schon zuviel geschehen. Ihre Lippen bewegten sich, aber ich verstand nicht, was sie lautlos flüsterten.

Sie schlug die Augen nieder; ihre Brauen zogen sich um einen Hauch zusammen, als sei sie nicht ganz einverstanden mit sich selbst.

»Soll ich dir etwas zu essen machen?«

»Nein, danke, ich habe etwas bei mir. Aber wenn noch ein Schluck Tee übrig wäre –!«

»Gewiß!«

Sie wandte sich wieder ins Haus; nach wenigen Sekunden brachte sie mir ein volles Glas, hielt den Topf in der Hand.

»Was macht Tom?« fragte ich.

»Es geht ihm nicht schlechter. Er schläft viel und tief.«

»Das ist sicher gut!«

Ich trank. Dann:

»Sei mir nicht böse, daß ich dich aus dem Schlaf gestört habe, Anne. Ich – ich gehe jetzt, damit Dan nicht auf mich zu warten braucht.«

»Ja, grüße ihn!«

»Will ich bestellen. Gute Nacht, Anne! Alles Gute für Tom!«

»Gute Nacht, Bill!«

Ich gab ihr die Hand; sie reichte die ihre ganz ohne Scheu. Dann nahm ich den Weg wieder unter die Füße, den ich gekommen war. Ich wußte wieder, daß sie mir nachblickte. Aber erst am Waldrand drehte ich mich um. Sie stand noch immer unter dem Vordach; ich konnte sie kaum noch erkennen.

Nichts war geschehen, aber alles entschieden. – –

Schneller als den Hinweg bewältigte ich den Rückweg. Fünfundzwanzig Meilen in einer Nacht – zähe wie eine Sky-Rah, so war man damals. Ich spürte den Weg in den Gliedern, aber ich stolperte nicht und trat nicht einmal fehl. Auf jenem langen Rückweg über den Sattel fühlte ich mich einig mit mir. Ich spüre sie noch, die geheime Freude, mit der ich mich über die Felsen federte. Wenn ich hätte singen können, damals hätte ich gesungen, mitten in der Mondnacht. So stemmte ich meine Schulter unter einen gestürzten Baum und rollte ihn mit einem Ruck zur Seite, bloß so, zum Spaß! Stark, ja, Anne! Könnte dich den ganzen Weg tragen, vom Shaggy zum Yelling Yellow und würde nicht einmal straucheln.

Dan wusch sich gerade, als ich ankam: »Sie läßt dich grüßen, Dan, und es wär' alles in Ordnung!«

Gewiß, ich war müde wie ein Hund an diesem Tage; aber es wäre gegen alle Ehre gewesen, mir etwas anmerken zu lassen. Im Gegenteil, ich wendete mehr Sorgfalt auf die Hütte, in welcher Dan den Winter über hausen sollte, als ich ursprünglich vorgehabt. Es erfüllte mich eine seltsame Art von Glück, die mich nicht leicht, sondern schwer machte. Mir war, als hätte das Schicksal mir eine Last aufgeladen; keine drückende oder schmerzende, sondern eine, nach der man sich lange gesehnt hat, um zu proben, wieviel die Schultern tragen.

Dan merkte wohl, daß ich verändert war. Am Nachmittag erst fragte er:

»Warst du lange drüben?«

»Nein« – sagte ich –, »nur eine Viertelstunde; sie sagte mir, daß alles in Ordnung sei. Ich bat sie noch um ein Glas Tee, und dann ging ich wieder.«

»Sie hat sich gewundert, wie? Hielt uns für verrückt, daß einer kam mitten in der Nacht – oder nicht?«

»Doch! Wenn sie es auch nicht aussprach. Aber vielleicht freute sie sich, daß wir uns um sie sorgten.«

Eine Weile später meinte er plötzlich, ohne die Pfeife aus den Zähnen zu nehmen:

»Wenn du nicht gegangen wärst, wäre ich gegangen. Aber da du zuerst davon sprachst, hattest du den Vorrang.«

»Vorrang?«

»Natürlich, Vorrang! Machen wir uns nichts weis, Bill!« Sein schmales, knochiges Gesicht glänzte vor Vergnügen:

»Aber mach dir keine Sorgen. Zwischen uns bleibt alles beim alten!« Er klopfte gemächlich seine Pfeife aus und nahm die Schaufel wieder auf. Ich sagte gar nichts; offenbar hatte auch er in der vergangenen Nacht sich mancherlei überlegt.

Kein Mißton störte die Tage, die nun über die Berge stiegen. Das Wetter besann sich noch einmal eines Besseren. Durchsichtig blau schimmerte der hohe Himmel über dem verwunschenen Tal. Vollkommene Windstille umfriedete uns. In der Ferne klopfte ein Specht. Selbst die Spinnen ließen sich betören, ihre Netze auszuhängen; jeden Morgen prunkten sie im Silbergeschmeide des Taus.

Es kostete uns eine volle Woche, die Hütte winterfest und wohnlich einzurichten. Wir verrieten uns nicht, daß wir in Gedanken unablässig das Haus über dem Shaggy umwanderten. Wir taten so, als hätten wir viel Zeit. Aber der Tag kam, an dem beim besten Willen nichts mehr zu verbessern war.

»Morgen früh ziehe ich also mit den Pferden los. Dann bin ich übermorgen vor Tagesgrauen auf O'Flahertys Ranch, wenn alles glatt geht«, sagte Dan.

»Gut. Ich will noch einmal Falle für Falle prüfen. Du kannst in vier, fünf Tagen zurück sein, Dan!«

»Das kann ich wohl, wenn ich auch schwer zu schleppen haben werde!« Er sah mich lange und ernst an; seine guten harten Augen unter den blonden Brauen brannten in den meinen; er fuhr fort:

»Du brauchst dich nicht im Wald herumzudrücken. Geh lieber hinüber und sieh nach dem Rechten.«

Spät am Abend, als wir die Pferde schon an einen Pfosten der Hütte gebunden hatten, um sie am nächsten Morgen nicht erst einfangen zu müssen, als wir in der neuen Behausung auf unseren kunstlos gezimmerten Schemeln vor der dunkelrot glühenden Herdplatte saßen — es roch so gut nach Fichtenharz; die Wärme, die sich unter dem Dach sammelte, trieb den braunen Saft aus den Stämmen; er tropfte hier und da herab, so daß wir unsere verharzten

Hüte aufbehalten hatten; die breitkrempigen, weit ins Genick geschoben –, als nichts weiter mehr zu vernehmen war, es sei denn zuweilen ein Pferdehuf und das dumpfe Sausen der heißen Luft im Schornstein, nahm Dan den Faden des Gesprächs vom Vormittag noch einmal auf. Er stützte die Ellenbogen auf die Knie, faltete die Hände vor sich und starrte in das von innen her glosende Feuerloch. Seine Gedanken kamen von weit her:

»Sieh, Bill, wir sind nun fünf Jahre zusammen, erst zwei auf See. Damals in Marseille hast du mich herausgehauen, als sie mich schon unter den Füßen hatten, angeschlagen wie ich war. Dann hat uns der blöde Krieg in Mexiko auf den Sand gespült, und wir krabbelten beide an Land, allein war's uns zu langweilig. Als du in Texas vom Roß fielst, habe ich nicht gelacht, sondern dir so lange unter die Arme gegriffen, bis du so weit warst wie ich – und hättest wie ich schon als Bengel im Romsdal Fohlen zugeritten – und das ohne Sattel und Sporen und Kandare, nicht so wie die Affen da unten mit ihren hohen Absätzen und verrückten Hosen und den mörderischen Sporen und den Sätteln, aus denen nicht einmal ein Toter fallen kann. In San Francisco wären wir beinahe klebengeblieben. Und dann hast du mich zu deinem Onkel O'Flaherty mitgenommen, als müßte es so sein. Und wir waren da mit Tom zusammen, wie Brüder. Und dann roch es uns beiden brenzlig wegen des Mädchens und weil die Alte keinen von uns für voll nahm, und wir gingen in die Wälder, machten auch das auf Halbpart. Wir sind also immer fair miteinander gewesen.

Jetzt ist uns doch die See durch die Dämme gebrochen, und der Korsar schwimmt mitten im Land. Wer von uns soll ihm den Weg abschneiden? Ich kann warten, Bill. Ich weiß ganz genau, daß keiner dem anderen die ehrliche Chance hinterrücks verderben wird. Du brauchst dich also nicht mit den Fallen abzurackern. Geh ihr lieber drüben zur Hand. Und ich werde mich nicht abhetzen. Der Winter ist noch lange. Es ist sowieso alles ein Luftschloß, eine Rechnung ohne den Wirt!«

Er nahm ein paar Scheite und füllte den Ofen von neuem. Ich sagte:

»Oder ohne die Wirtin, Dan! Wozu reden wir darüber? Das versteht sich alles von selbst, Dan!« Eigentlich hätte ich ihm gram sein sollen. Aber so lange Ansprachen hielt er sonst nie; höchstens wenn er betrunken war. Im Allerinnersten aufgestört, das war er! Es ging bei ihm auf Tod und Leben. Das konnte ich nach seiner ausführlichen Bestandsaufnahme unserer Freundschaft nicht mehr bezweifeln. Auch sie stand auf dem Spiele. Er war zu jedem Verzicht bereit; nur eine Bedingung stellte er: ehrliches Spiel zwischen uns! Das sollte er haben!

»Versteht sich alles von selbst –. Natürlich, Bill, was sonst! Gehen wir schlafen! Will morgen bei Helligkeit schon ein paar Meilen weit talab sein!« Er stand auf und schlug mir im Vorbeigehen mit der Hand auf die Schulter.

Ich lag noch lange wach in jener Nacht. Meine Gedanken durchwanderten ein helles, glückliches Kanaan, in das ich weit hineinzublicken wähnte.

12. VI. 1947.

Alles, was ich bisher schrieb, habe ich nachts geschrieben. Und immer nur dann, wenn ein Sonntag oder Feiertag folgte. Schien es mir doch, als bedürfte ich des Friedens und der Kapsel der Dunkelheit, um das Vergangene ungetrübt aus seinen Gräbern zu beschwören. Was mir auch begegnet, was ich auch beginnen mag, jedes winziges Ereignis bietet sich als Gleichnis an. Selbst die toten Dinge scheinen im geheimen Einverständnis, Sonnenschein und Regen, die der Himmel spendet, und all die ewig wechselnden Stimmungen, die über das Gemüt hinziehen gleich hellen und dunklen Wolken an böigen Nordwestwindtagen wie diesen, wenn die See ihr Wetter weit ins Land sendet. Selbst in der Schule, diesem trüben Ort – wie lange ertrage ich den Unsinn noch? –, umspringen mich die fröhlich dunklen Geister. Hatte ich zum Beispiel den Kindern vom Winddruck zu sprechen, dann hörte ich meine Hütte in den Bergen ächzen unter den ungeheuren Stößen des Sturmes, der vom Mount Tiffany her bläst wie ein Rammbock; und ich stemme mit Dan ein paar schwere Fichtenbohlen gegen die Giebel, damit sie der rasende Wind nicht eindrückt. Und wenn ich von guten und schlechten Wärmeleitern erzähle, fällt es mir plötzlich ein, zu verstummen, und meine kleinen Weisheitsbeflissenen werden ganz verwirrt und halten mich für einen komischen Alten, der an Gedankenflucht leidet. Was wissen sie davon, daß ich dann zum Greifen deutlich ihren – Annes – Lammpelz am Zapfen hängen sehe. In der weißen, zierlich gelockten Wolle des Kragens hat sich ein schwarzglänzendes, langes Haar verfangen! Das fränkische Städtchen mit seiner bäuerlichen Schule wird plötzlich so unwirklich, als läge es im Mond. Nur das Gewesene lebt in Wahrheit noch, füllt diese gleichgültigen Tage bis zum Rande, läßt mich den Lärm und Plunder, die wüste, sinnlose Bedrohtheit der Gegenwart vergessen und macht mich glücklich.

Das Mädchen Clarissa, ein Kind, das sich vor Gewittern fürchtet, waltet in meiner kleinen Wohnung – und welche Mühe es sich gibt! Mag auch nicht alles gleich gelingen, denn im Steinbruch bei den Polen hat sie manches vergessen.

Vor zwei Tagen – ich hatte nicht aufgepaßt, was sie mir durch die Türe zugerufen – betrat ich versehentlich die Küche, während sie sich wusch. Ich prallte zurück und ärgerte mich zum hundertsten Male, daß sich die Küchentür nicht abriegeln läßt.

»Entschuldige!« rief ich von unserem engen Flur aus, »ich dachte, du hättest dich schon gelegt, Clar!«

»Macht nichts, Ohm! Ich entschwinde gleich!«

Ich stand an meinem Fenster; vor mir flimmerte die edle Kurve ihres Nackens, über die Schüssel gebeugt, und der holde Bogen des Rückens.

Narr, der ich bin! Will die Torheit gar kein Ende nehmen?

Nicht Clarissas Nacken war es, dessen sanfte Beugung

fast wie eines Blitzes Bahn mich blendete. Die List eines der alten Götter stellte mir diese Falle. Denn sie sind längst nicht tot, wie man immer behauptet. Vielleicht war es Aphrodite, die mich angejahrten Esel aufs Glatteis führte! –

Weißt du noch, Anne, als ich früher von der Jagd heimkehrte als erwartet, damals im Frühling, unserem einzigen Frühling, denn der Bock war mir geradenwegs in die Flinte gelaufen? Du hattest meine Abwesenheit zu einem großen Waschfest benutzt. Die Töpfe mit Wasser dampften vom Herde, als wolltest du zugleich eine Sauna probieren. Ich öffnete die Tür, nichtsahnend. Da standst du, über die Schüssel gebeugt – und der Fußboden schwamm –, und so schwarz dein schwarzes Haar vor dem matten Glanz der Schultern. Ich stand starr und starrte. Du riefst nur ein Wort hinter dem schwarzen Vorhang der halb gelösten Flechten:

»Hinaus!« Und ja doch, du tatest es: du stampftest mit dem Fuß auf, dem bloßen. Ich machte, daß ich davonkam und pfiff mir eins.

In der Nacht, die folgte, huschten die großen Eulen ums Haus. Manchmal scholl ihr wilder Ruf durch die flüsternde Nacht, als hätte die ungezähmte Wildnis selbst Stimme gewonnen und riefe den Himmeln zu, was sie erfüllte. Von unserem Lager durch die offene Tür sahen wir die lautlosen Schatten der Nachtvögel; sie jagten sich in uraltem Spiel. Wir hatten uns längst gefunden. Der Engel hatte uns das Paradies nicht verwehrt. Nein, er wachte über uns, damit wir ohne Arg und Harm ruhten, atmeten, lebten eine kleine Ewigkeit, auf Fittichen der Nacht! –

Es ist noch zu früh, dies zu erzählen! Ich bin gar nicht mehr hier und jetzt. Es ist alles gegenwärtig, was war, alles zu gleicher Zeit, rund um mich aufgebaut, wie eine trunken tiefe Landschaft den Blick hinauszustürzen lockt, wohin er sich auch wendet; überall winkt zum Turm hinauf beglänzte Ferne. Indessen darf ich nicht in Stücke reißen, was nacheinander geschah. Aber eilen will ich mich. Die Ungeduld treibt mich voran. Versäume ich etwas? Was versäume ich denn? Ich weiß es nicht, oder: noch weiß ich's nicht. So will ich die hellen Tage zu Hilfe nehmen. So tief bin ich schon in die alten, reichen Schächte des Vergangenen hinabgedrungen, daß mich die gleichgültige Sonne dieser Tage nicht mehr findet und beirrt.

Der Winter 1917/18 schüttete Schnee über unseren Teil des Gebirges, als sei das ganze himmlische Heer mit Wurfschaufeln am Werke. Wir verließen unsere entlegenen Gefilde nur, wenn wir sicher waren, daß gleich hinter uns Neuschnee die Spuren deckte. Aber nur wenige Male vertauschten wir die Einsamkeit mit bewohnteren Gegenden; immer handelte es sich um Tom. Es ging ihm nicht eigentlich schlechter; aber ebensowenig hätte man behaupten können, daß sich sein Befinden merklich besserte.

Ich merkte allmählich, daß es nicht die Wunden waren, die ihn am unerbittlichsten peinigten. Fortwährend unterhöhlte er in bohrender Geschäftigkeit den eigenen Willen zu genesen. Seine Lage und Zukunft erschienen ihm hoffnungslos. Schlimmer quälte ihn sein Gewissen. Auf ihre einfache Art waren seine Eltern fromme Leute; sie hatten ihre Kinder gottesfürchtig und nach dem Katechismus erzogen. Nur selten verirrte sich ein Pfarrer in ihre Einöde; jeder wurde gastlich und erfreut aufgenommen, gleich, welcher Schattierung er zuzurechnen war. Was immer dem Lobe der Heiligen Dreieinigkeit diente, was Anstand und Frieden förderte, war gut in ihren Augen und wurde andächtig und willig empfangen. War nicht alles ganz einfach und ohne Zweifel? Wer Ohren hatte zu hören, der hörte schon! Du sollst nicht stehlen, sollst nicht ehebrechen, sollst den Feiertag heiligen und Vater und Mutter ehren! Das war den Kindern von klein auf in Liebe und Strenge eingeprägt worden, wie denn die Eltern selber danach lebten, soweit nicht der alte Adam auch ihnen von Zeit zu Zeit einen Strich durch die Rechnung machte; da hieß es dann bereuen und wieder in Ordnung bringen, was gefehlt worden war.

Vor Toms Gewissen stand das Wort: Du sollst nicht töten! – Er hatte einen Menschen getötet; in der Erregung, gewiß, und aufs giftigste gereizt. Aber dies änderte nichts daran, daß Blut an seinen Händen klebte. Was half es ihm, daß wir nie darüber sprachen. Er war unser Freund und Bruder, den Unglück betroffen hatte und den man pflegen und verbergen mußte, bis er wieder kräftig genug war, sein Schicksal selbst in die Hand zu nehmen. Die kanadische Grenze war keine hundert Meilen entfernt. – Er hatte der ersten instinktiven Regung nachgegeben und war geflohen; die Eltern und die Schwester hatten ihn gerettet, wir ihn verborgen – und was nun?

Er glaubte im Grunde nicht mehr daran, daß er noch ein Recht hätte zu leben. Sein Wille war gebrochen. Sich einem gleichgültigen Richter zu stellen, widersprach zunächst allen seinen Instinkten. Dann lieber in einem Winkel langsam eingehen wie ein Tier des Waldes.

Wir andern hatten es viel leichter als er. Es war nicht unseres Amtes, ihn zu verurteilen. Er, ein Hilfloser, war auf uns angewiesen. Wir hatten ihm beizustehen gegen jeden Richter und Verfolger. Diese Zusammenhänge brauchten unter uns nicht erörtert zu werden. Was für jeden daraus folgte, ergab sich von selbst.

Tom nahm mit der Zeit wieder Anteil an dem, was um ihn vorging. Die Schmerzen wurde er bis zu einem gewissen Grade gewöhnt. An guten Tagen stand er für ein oder zwei Stunden auf, hütete das Feuer, schnitzte an einem Holzgerät, tauschte mit Anne, der um zwei Jahre älteren, Erinnerungen aus der Kindheit oder ließ sich von uns die kleinen Abenteuer der trapping-line berichten. Dann wieder lag er Stunde um Stunde auf dem Rücken, blickte zur rauchgeschwärzten Decke unverwandt. Wir gingen leiser durch den Raum und ließen ihn am liebsten mit Anne allein. Sie war die ältere Schwester, vertrat in solchen Stunden der Mutter Stelle. Was sollten wir Männer ihm sagen? In solchen Augenblicken weiß nur die Mutter zu trösten, mag sie auch manchmal die Gestalt der Schwester oder der geliebten Frau annehmen.

Oft aber ruhte er wortlos auf seinem Lager und folgte mit

den Augen jedem unserer Schritte, forschend, eindringlich und aufmerksam. Manchmal wurde ich mir des stummen Beobachters bewußt. Je weiter der Winter voranschritt, desto häufiger wollte es mir scheinen, als siedelte ein leiser, freundlicher Spott, ein heiter wissendes Lächeln um seine Augen und Mundwinkel. Von seinem vergilbten Antlitz las ich deutlicher ab, was sich zwischen uns anderen abspielte, als ich selber zu begreifen imstande war. Hinter der unverändert guten Kameradschaft zwischen Dan und mir war ein bitterer Wettstreit ausgebrochen. Anne spürte es natürlich. Glaubte ich mich auch ihrer geheimen Zustimmung sicher seit jener Nacht, die mich über die Berge zu ihr getrieben, so durfte ich doch nicht ins Feld führen, daß sie mir die Hand auf die Schulter gelegt hatte, als nähme sie meine Bitte an. Denn Daniel Halvorsen war nicht schlechter als Wilhelm Barkholtz, und wir hatten uns ehrliches Spiel versprochen. Auch verriet Anne mit keinem Wort, keiner winzigen Gebärde, daß sie mich dem anderen vorzog. Es beunruhigte sie im Verborgenen sehr, von zwei Männern umworben zu werden. Selbst wenn sich damals ihr Herz vielleicht schon für mich entschieden hatte, so besaß größeres Gewicht die Sorge, den nie ermüdenden, zuverlässigen Dan zu betrüben.

Wir gingen ihr zur Hand in vielen kleinen Liebesdingen, suchten aber einander nicht zuvorzukommen. Wir waren beide nicht sehr geschickt, sie unserer Zuneigung zu versichern, gar von »Kunstgriffen« verstanden wir nichts, wollten auch nichts verstehen! Und im Hintergrund lag Tom auf seinem Schmerzenslager mit einem freundlich spöttischen Zug um den Mund und ließ seine Augen vom einen zum anderen schweifen.

Es war keine Rede mehr davon, daß die Hütte am Yelling Yellow Dans Standquartier bedeutete, während ich mit Tom und Anne zusammen hauste. Man hätte sonst nicht mehr von »gleicher Chance« sprechen können. Am Montag früh schnallte ich mir die indianischen Schneeschuhe unter die Stiefel und machte mich auf, die Fallenstrecke abzustreifen, löste die Tiere aus den Fallen, wo sich welche gefangen hatten, spannte die Fallen neu, ersetzte die Köder, auch dort, wo sie nur abgefressen waren, grub die Fallen aus dem Schnee, wenn sie verweht, eine gefährliche Arbeit, verankerte sie neu, wenn sie losgerissen waren, und was es dergleichen mehr zu tun gab. Bei Dunkelheit erreichte ich den Yelling Yellow, zündete Feuer im Herd an, meine Mahlzeit zu bereiten, und balgte die Tiere ab, die ich aus den Fallen genommen, wenn die steifgefrorenen Körper wieder auftauten. Selten wurde ich am gleichen Abend mit der Arbeit fertig; gewöhnlich ging noch der Dienstag drauf, denn die Pelze mußten aufgespannt und gesalzen, die trokkenen vorsichtig geschabt und locker gelagert werden. Am Mittwoch machte ich mich auf den Rückweg, wobei ich gewöhnlich die abgebalgten Kadaver mitnahm, um sie als Köder zu verwenden. Auch schleppten wir all unsere Felle zum Shaggy; sie dünkten uns dort sicherer. Der Winter ließ sich übrigens gut an; da der Schnee hoch lag, kam das kleine Raubzeug nur schwer an seine Beute, ging leicht auf die Köder; auch größere Tiere fielen in die für sie bestimmten Fallen; zwei Wölfe, eine Wolverine, und am Yelling Yellow, der sich an zwei Stellen zu kleinen Gebirgsseen erweiterte, zwei Ottern.

Am Donnerstag machte sich Dan auf den Weg. Wer am Shaggy blieb, richtete dort die Felle zu, die der Rückweg vom Yellow erbracht hatte, sah im Hause nach dem Rechten, sorgte für Wasser und Feuerholz und ging auf die Jagd, um Fleisch zu schießen. Auf weiten Märschen tief ins Gebirge oder auf großen Umwegen in die dichteren Wälder stromab spürten wir unser Wild. Wenn wir zu vieren im Haus am Shaggy übernachteten, krochen ich oder Dan auf den Dachboden, wo es zwar dunkel, man aber warm und trocken aufgehoben war.

Bis dann eines Tages die geheime Spannung zwischen Dan und mir sich heftig entlud!

Weihnachten hatten wir ohne besonderen Aufwand vorübergleiten lassen. Keinem von uns lag daran, Erinnerungen zu wecken oder den anderen das Herz schwer zu machen. Das taten wir lieber jeder für sich allein. So hatte Anne lediglich vor einem kleinen Tännchen aus einem englischen Neuen Testamente die Weihnachtsgeschichte vorgelesen; wir hörten wortlos zu, reichten uns dann, allesamt von einer drückenden Trauer angefallen, zum Weihnachtsgruß die Hand und sahen den Lichtern zu, wie sie am Bäumchen niederbrannten. Ehe noch das letzte verlosch, hatte ich mich schon auf meinem Dachboden verkrochen, und die anderen legten sich ebenfalls. Ich haderte sehr mit mir und meinem Schicksal.

Vom Neujahrstage nahmen wir überhaupt keine Notiz – wenn man nicht erwähnen will, daß Tom an diesem ersten Januar des Jahres 1918 brummte: »Wenn doch der verdammte Krieg in diesem Jahr zu Ende ginge!« Wahrscheinlich verband er nur ungewisse Wünsche mit dieser Beschwörung –, daß sich nur irgend etwas ereignen möge, irgend etwas –!

Ich habe es allerdings nicht selbst mit angehört; Dan erzählte mir später davon. Ich lag in der Silvesternacht auf meiner Pritsche in der Hütte am Yelling Yellow, den der Frost noch nicht bezwungen hatte, der immer noch seine glasgrünen, eisigen Fluten lautlos vorüberschießen ließ – lag auf meiner Pritsche allein und blickte in die rote Herdglut. Es roch nach verbrannten Tannennadeln. Wie wir's als Kinder gewohnt gewesen, hatte ich ein paar auf dem heißen Eisen verzischen lassen. Unendliche, makellose Stille –! Der Schnee weit über Gebirg und Wald und Tal verschluckte jeden Laut. Nichts hinderte mich in dieser abgeschiedenen Stunde, mit ihr, die mich allmählich bis in den Grund verwandelte, Zwiesprache zu halten. Ich wußte alles, was ich ihr sagen wollte. Ich wußte, daß ich ihr nichts davon sagen würde, denn vor ihren dunklen, ernsten Augen war ich hilflos wie ein Kind. Immer noch hieß der Klang in meinem Herzen, das einzige Liebeslied, das mich je erfüllte: alles für dich, Anne, alles, was du willst!

Ich dachte an Dan. Wahrlich, ich fühlte mich ihm so

zugetan, daß er der einzige sein sollte, dem ich Anne gönnte, wenn sie sich für ihn entschied.

Ihm also zerbrach dann die Geduld. Wir hatten es auf Annes Wunsch zur Gewohnheit gemacht, am Sonntagvormittag einen Abschnitt aus der Bibel vorzulesen. »Damit man merkt, daß Sonntag ist, und ihr Männer mir nicht unter die Räder kommt!« Sie lächelte dabei so hinreißend, so zaubervoll, wie eine Mutter, eine Schwester, eine ewige Geliebte. Wir großen, schweren Kerle tranken ihr Bild in uns ein, als hätten wir Herrlicheres nie gesehen; das traf wohl auch zu! Nach diesem ihr selbst unbewußten Zwischenspiel fuhr sie fort: »Und außerdem haben wir es zu Hause auch immer so gehalten!« Das war es! Was daheim von Jugend auf gegolten hatte, das galt für alle Zeiten und war gut. Wie sehr sie eine Frau war!

Meist fiel mir die Rolle des Vorlesers zu: ich ging länger als die anderen mit Büchern um! Ich benutzte eine englische Ausgabe, die sie von daheim mitgebracht hatte; es war eine alte katholische Übertragung, die ihrem Vater gehörte.

An einem Sonntag in den ersten Tagen des Februar geschah es, daß ich an den neunzigsten Psalm zu lesen kam. Doch wollte es mir scheinen, als entbehre er in der englischen Wiedergabe ganz der unvergänglichen Erhabenheit, die ihn in der Lutherschen Übersetzung auszeichnet. Fortgerissen von der Feierlichkeit des Augenblicks, nicht bedenkend, daß Dan nur wenige deutsche Ausdrücke der Seemannssprache beherrschte, begann ich: »Ein Gebet Moses, des Mannes Gottes.

Herr Gott, du bist unsere Zuflucht für und für.

Ehe denn die Berge wurden, und die Erde und die Welt geschaffen wurden, bist du, Gott, von Ewigkeit zu Ewigkeit.

Der du die Menschen lässest sterben und sprichst: Kommt wieder, Menschenkinder! Denn tausend Jahre sind vor dir wie der Tag, der gestern vergangen ist, und wie eine Nachtwache.«

Ich hielt inne, denn ich merkte, wie Dan mir gegenüber am Tisch unruhig wurde. Mit seiner großen Hand wischte er nicht vorhandene Krümel zur Erde. Seine Brauen zogen sich zu einem Strich zusammen, und seine Augen waren eng und hart. Als ich den Blick zur Seite wandte, dorthin wo Anne saß, leuchteten mir ihre Augen weit geöffnet entgegen, in einem so strahlenden Einverständnis, daß ich fast erschrak; es war meine Absicht nicht gewesen, sie mitten ins Herz zu treffen. Tom auf seinem Lager am anderen Ende des Raumes hatte sich hochgerichtet; aus dunklen Höhlen glühten seine Augen groß zu mir herüber. Anne flüsterte:

»So hat ihn uns die Mutter gelehrt, als wir noch Kinder waren. Vater wollte es nicht mehr, als wir erst größer wurden. Der Priester soll es wohl verboten haben. Aber wenn ich dich so sprechen höre –, es kann keine Sünde sein! Sag' es weiter auf!«

Und Tom mit heiserer Stimme, erschütternd in seinem unverhüllten Hunger nach dem Brot der Tröstung, rief nur das eine Wort:

»Weiter!«

Ich hob abermals an, den uralten Psalm zu sprechen:

»Du lässest sie dahinfahren wie einen Strom; sie sind wie ein Schlaf; gleichwie ein Gras, das doch bald welk wird –, das da frühe blühet und bald welk wird und des Abends abgehauen wird und verdorrt.

Das macht dein Zorn, daß wir so vergehen, und dein Grimm, daß wir so plötzlich dahinmüssen.

Denn unsere Missetaten stellst du vor dich, unsere unerkannte Sünde ins Licht vor deinem Angesicht. Darum fahren alle unsere Tage dahin durch deinen Zorn; wir bringen unsere Jahre zu wie ein Geschwätz.

Unser Leben währet siebzig Jahre, und wenn es hoch kommt, so sind's achtzig Jahre, und wenn's köstlich gewesen ist, so ist es Mühe und Arbeit gewesen, denn es fähret schnell dahin, als flögen wir davon.

Wer glaubt aber, daß du so sehr zürnest, und wer fürchtet sich vor solchem deinem Grimm?

Lehre uns bedenken, daß wir sterben müssen, auf daß wir klug werden!«

Ich hielt zum zweiten Male inne, denn ich spürte Dans Schweigen, die Starre, in die er verfallen war, als gefährliche Drohung. Er hob langsam den Blick zu mir unter buschigen Brauen; seine Lippen formten nur mir verständlich die Worte: »Hör auf!«

Aber der Kranke rief aus seinem Winkel; ein Hilferuf war es: »Weiter, Bill, weiter!« Und aus den Augen Annes leuchtete mir zum ersten Male ein offenes Bekenntnis zu. Wie unter einem Banne fuhr ich fort:

»Herr, kehre dich doch wieder zu uns und sei deinen Knechten gnädig!

Fülle uns frühe mit deiner Gnade, so wollen wir rühmen und fröhlich sein unser Leben lang.

Erfreue uns nun wieder, nachdem du uns so lange plagest, nachdem wir so lange Unglück leiden. Zeige deinen Knechten deine Werke und deine Ehre ihren Kindern!

Und der Herr, unser Gott, sei uns freundlich und fördere das Werk unserer Hände bei uns; ja das Werk unserer Hände wolle er fördern!«

Tom ließ sich wieder auf sein Lager zurücksinken. Sein Seufzer erfüllte den ganzen Raum. Er hatte uns ganz vergessen. Er flüsterte heiser – oder war es ein Gebet aus dem dunklen Schmerzensabgrund seines Innern:

»Kehre dich doch wieder zu uns –, erfreue uns nun wieder, nachdem du uns so lange plagest –!« Dann lag er ganz still, mit geschlossenen Augen wie ein Gestorbener. Wir wagten kaum zu atmen; zum ersten Male hatte er seine Not enthüllt; uns fror. Wie ohnmächtig wir waren! Ich blickte zu Anne hinüber. Ihre Augen waren fest auf mich gerichtet. Sie standen voll Wasser. Eine Träne suchte sich langsam den Weg über ihre Wange abwärts. Sie schloß ihre Hand um meine Rechte, die immer noch auf dem englischen Testamente lag, in dem ich anfangs gelesen hatte, ehe mich die Versuchung anwandelte, deutsch zu sprechen. Sie sagte leise:

»Gut, Bill, gut, daß du's mit den Worten der Mutter gesprochen hast, wie sie es tat, als wir noch Kinder waren; ich wußte schon nicht mehr, was ich Tom sagen sollte –.« Und sie fügte fast unhörbar hinzu: »– denn es fähret schnell dahin, als flögen wir davon – flögen wir davon; ach, Bill!« Ihre Augen quollen über. Sie schien es nicht zu merken. Sie saß unbeweglich.

Plötzlich knallte ein Stuhl zu Boden; ein Geräusch wie von knirschenden Zähnen war zu hören; die Tür fiel hart ins Schloß: Dan hatte den Raum verlassen.

Toms Tarnkappe war zu dicht und schwer; er hatte nichts gehört. Aber Anne fuhr erschreckt zusammen: »Was ist denn?« fragte sie. Ich erhob mich, strich ihr mit der Hand über ihren dunklen Schopf: »Er kann kein Deutsch, Anne. Ich will nach ihm sehen!«

Als ich vor die Tür trat, hatte Dan schon den Rand der Lichtung erreicht und verschwand unter den Stämmen. Das Gewehr an seiner Schulter verriet mir, daß er sich auf den Weg zum Yelling Yellow gemacht hatte. Wenn ich nicht wollte, daß wir Feinde wurden, so durfte ich ihn nicht sich selbst überlassen.

Anne hatte ihren Lammpelz umgelegt und trat zu mir ins Freie. Der dünne Wind aus Nordosten, der lange Schneefahnen von den Berggipfeln wehte, schnitt wie mit Messern. Er jammerte wie ein krankes Kind um die Felsnadel vorm Haus, auf der in Sommernächten die Eule zu thronen pflegte. Anne fror. »Wo ist er hin? Warum geht er fort?«

»Er ist außer sich. Er denkt, ich wollte ihn mattsetzen!« Sie zog den weiten Pelz fester um sich. Unmut gewann die Oberhand. Sie blickte an mir vorbei:

»Ihr seid unerträglich. Seht ihr nicht, wie ich mich mit Tom quäle? Aber geh nur, lauf ihm nach, sonst richtet er irgendein Unheil an. Ach, ich wollte, wir wären nie hiergekommen!«

Sie wandte sich und trat ins Haus zurück. Ich war wie vor den Kopf geschlagen: mich traf doch kein Verschulden; ich begriff kein Wort.

Was blieb mir übrig: auch ich trat ins Haus, nahm die Flinte vom Pfosten, zog die Kappe über die Ohren, winkte ihr einen wortlosen Gruß zu, den sie kaum erwiderte, und trollte mich davon, meine Schneeschuhe in die Stapfen setzend, die Dan getreten hatte.

Wo über die Baumbrücke der Pfad den Shaggy kreuzte, der unter zerklüftetem, getürmtem Eis immer noch ein Rinnsal rastlosen Wassers murmeln ließ, dort ließ ich mich auf einer gestürzten Fichte nieder. Ich merkte kaum, wie mich die Kälte ankroch, mein Himmel war eingestürzt! –

13. VI. 1947.

Daß ich gestern den ganzen neunzigsten Psalm hingeschrieben habe – warum tat ich's? Wollte ich mich selber mit den uralten Worten trösten, wollte ich sie Silbe für Silbe auf dem Papier erstehen sehen, als wenn sie eben erst geboren würden – und haben doch schon seit dreitausend Jahren die Menschen getröstet? Es hat sich nichts seitdem geändert. Der Mensch war niemals verlassener als heute: dürres Gras, hinweggemäht, ehe es noch Abend wird. Sie sind mir stets ein Spiegelbild der wahren Menschenwirklichkeit gewesen, diese Worte; je älter ich werde, desto weniger wage ich, sie einzuschränken. Immer vollständiger erfasse ich, daß nur Demut, die sehr verachtete, uns die Ohren zu schärfen vermag, wenn wir dem Sinnlosen doch noch einen Sinn ablauschen wollen. Lehre uns bedenken, daß wir sterben müssen, auf daß wir klug werden.

Wahrlich, wir bringen diese Jahre zu wie ein Geschwätz! Die Leute tanzen nicht mehr ums goldene Kalb, denn es gibt kein Gold mehr, und selbst die Kälber sind rar geworden. Dafür stopfen sie sich dem Leviathan der Macht in den unersättlichen Rachen, dafür lassen sie sich willig Blut und Seelen aufsaugen. Sie leben nicht: sie werden gelebt. Das eigentliche Furchtbare daran aber ist, daß sie gerade dies und nichts anderes wollen; sie sind übertünchte Gräber, von außen manchmal prächtig ausgestattet und aufgetakelt, von innen aber leer und voller Unrat, Automaten, die jeden Tag neu aufgezogen werden müssen, sonst zerfallen sie vor schauriger Langeweile, vor tödlicher Nichtswürdigkeit zu scheppernden Blechfetzen. –

Welche Vermessenheit, solches zu denken! Sprach ich nicht gerade von Demut? Und ich flüchte mich abermals mit verhülltem Haupt zu meinen uralten Versen; ich schlage sie auf und lese: » – wie ein Baum, gepflanzt an den Wasserbächen – .«

*

Ich weiß nicht, ob die Lust noch ausreichte, weiterzuleben, wäre nicht Clar bei mir. Mir ist unendlich zuwider, was mich allerwärts umgibt. Die Zeit ist ein zähe wirbelnder, schlecht riechender Strom, bevölkert von steuerlosen Flößen, auf denen genormte Masken dahintreiben, auf Pfosten gesteckt, in die stinkigen Fluten versinkend, wenn sie aneinanderkreiseln.

Verwundert zuweilen werde ich des Mädchens gewahr, das mich versorgt, wie man einen Vater nicht besser versorgen könnte. Ich vermag nicht zu begreifen, daß die furchtbaren Erfahrungen, die hinter ihr liegen, den perlmuttergleichen Schmelz nicht zerstört haben, der ihr Wesen umgibt. – Es bleibt mir ein Rätsel, wie ein unberührtes Geschöpf hundertfach das gelle Gekreisch vergewaltigter Frauen und Mädchen, die blutigen Spuren scheußlicher Greuel an Männern und Alten und Kindern erleben konnte, ohne in seiner Lebenswurzel zu verdorren. Wenn sie einem der harmlosen Soldaten in fremder Uniform auf der Straße begegnet, so schrickt sie zusammen. Aber sie schritt im Letzten unberührt durch alle Schrecken, an allen Fratzen vorbei. Das sehnsüchtige Verlangen, dem Leben, ihrem Leben entgegenzugehen, erfuhr keine Einbuße.

Ich merke wohl, daß Clar sich immer gespannter damit beschäftigt, was ich hier wohl schreibe. Die Neugier, vermischt mit echter Anteilnahme, macht ihr offensichtlich zu schaffen. Anscheinend habe ich in den letzten Tagen einen finsteren, abweisenden Eindruck gemacht, denn vorhin fragte sie mich:

»Habe ich irgend etwas versäumt, Ohm? Du sprichst kaum noch mit mir!«

Ich konnte mir nicht genug tun, sie zu beruhigen. Sie lebt in ihrer, so Gott will, helleren Zukunft. Mich aber hat die Vergangenheit gefressen mit Haut und Haar. Die Fehler, die ich und andere begingen, die Irrtümer, denen ich und andere verfielen, sie brennen mich bitter. Die Tage sind mir verleidet. Wenn dies Kind nicht wäre, das auf mich baut und sich Mühe gibt, mir wohlzutun, was sollte ich mit meinem Leben anfangen? Niemand, der danach fragt. Ich bin hoffnungslos, bin ganz allein, bin mitten in der Wildnis! –

*

Die Nacht deckte längst Gebirg und schweigendes Tal, als ich am Ende jenes Sonntags im Februar 1918 die Hütte am Yelling Yellow betrat, nachdem ich draußen die Schneeschuhe abgeschnallt und unters Dach gehängt hatte. Dan saß an die Wand der Hütte gelehnt, die Beine weit von sich gestreckt und starrte in die Glut der Herdstatt. Er zeigte keine Verwunderung, hatte mich natürlich draußen schon trampeln hören. Auf meinen kurzen Gruß antwortete er mir nur mit einem Brummen. Ich zog mir einen Schemel an die andere Wand und setzte mich. Von meinen Stiefeln tauten Schneereste und bildeten eine kleine Lache. Die verbrennenden Scheite fielen knisternd zusammen. Ich wartete. Er würde schon fragen. Er tat es endlich: »Warum bist du gekommen?«

»Sie hat mich weggeschickt. Wir quälten sie. Sie hätte mit Tom schon Kummer und Sorgen genug. Wir benähmen uns wie dumme Jungens!«

»Wir! Höchstens doch ich?«

»Sie sagte: wir!«

»So?«

Nach einer Weile stand ich auf, um frisches Holz nachzulegen. Während ich noch die Scheite ins Ofenloch schob, meinte er trocken:

»Wenn ich nicht gegangen wäre, hätte ich dich niedergeschlagen!«

»Ich merkte, was mit dir los war. Du bist ein Dummkopf, wenn du annimmst, ich hätte aus bestimmter Absicht gehandelt. Ich wollte dir keinen Vorrang abgewinnen. Aber durfte ich wegen deiner Verrücktheit Toms Wunsch abschlagen?«

»Nein, das sehe ich jetzt auch!«

»Höchste Zeit, daß du's begreifst!«

Wieder schwiegen wir. Er erhob sich und begann im Raume auf und ab zu schreiten – wie ein Tier im Käfig:

»Ich halt's nicht mehr aus, Bill!«

»Was?«

»Das Warten! Und die Unentschiedenheit!«

»Und? Wie kannst du's ändern? Tom leidet, und sie hat anderes im Kopf als unsere Verrücktheiten!«

»Ich weiß es. Aber wir könnten doch unter uns eine Entscheidung herbeiführen!«

»Du meinst, wer verliert, scheidet aus!«

»Ja, so eine Art Gottesgericht!«

»Na schön, machen wir also dunkel und schießen so lange mit Pistolen aufeinander, bis einer erledigt ist. Du bist nicht recht bei Sinnen, Mann! Glaubst du, sie würde sich dann hübsch brav mit dem Mörder abfinden?«

»Unsinn! Es handelt sich darum, herauszufinden, wem sie eigentlich mehr zuneigt, dir oder mir. Wenn wir das wissen, brauchen wir sie nicht länger mit einer Wahl zu quälen. Es handelt sich doch um sie, nicht um uns!«

Ach, Dan, ich glaubte dich schon gut zu kennen; aber ich kannte dich noch nicht genug; ich hatte dich immer noch unterschätzt. Ich war beschämt:

»Und wenn sie sich keinem zuneigt?«

»Dann geht sie uns beiden verloren. Aber so wie jetzt – das darf nicht weiter andauern. Eines Tages fahren wir uns an die Kehle – und hätten bei ihr verspielt. Um unsere Freundschaft wär's nebenbei auch schade.« –

Es war richtig, was er sagte; je länger ich seinen seltsamen Vorschlag bedachte, desto mehr leuchtete er mir ein:

»Ja, aber wie wollen wir es anstellen? Wir können schwerlich vor sie hintreten – zu einem Paris-Urteil mit vertauschten Rollen. Für Göttinnen sind wir zu klobig!«

»Laß die dummen Scherze! Natürlich können wir das nicht. Sie darf nicht merken, daß sie überhaupt eine Entscheidung trifft. Sonst bedrängen wir sie erst recht!«

»Wie willst du's also einrichten?«

»Ja, wie?« – –

Und dann hockten wir lange, und die Zeit stand still. Draußen begann es zu schneien, nachdem der Wind verstummt war. Dies zarteste aller Geräusche, wenn bei harter Kälte die Schneekristalle eilig zu Boden rieseln – es erfüllte unsere Hütte wie mit gläserner Watte. Wir schwiegen. Manchmal schlief ich fast. Sonderbare Gesichte umwehten mich im Halbschlaf – Gottesurteil – Gottesgericht – was wagten wir da, wir Toren! – –

Es mochte Mitternacht vorbei sein, als wir anfingen, die ausgefallensten Pläne zu erörtern: wir sollten beide in eine Wolfsfalle treten; wem sie zuerst hülfe, der wäre ihr dann der Liebere; wir sollten uns in dem niemals gefrierenden Eissumpf oberhalb der Shaggy-Hütte verirren, wo die warme Quelle entsprang, die uns mit Wasser versorgte. Es mochte einen Tag dauern, ehe wir ganz versackten. Bis dahin konnte sie unser Rufen gehört und uns gefunden haben. Wir würden uns so weit voneinander in den Sumpf stecken, daß sie würde wählen müssen, wen sie zuerst vor dem völligen Versinken bewahrte –; wir sollten nur mit einem Geschoß im Lauf und dem Messer im Gürtel den Graubären aus seinem Winterquartier aufstören.

Heute erscheint mir als aufgeblasene Dumme-Jungen-Manier, was wir damals vor uns selber aufführten. Ich kann mich eines unguten Gefühls in der Erinnerung an jene

Nachtstunden nicht erwehren. Wir waren zwei riesige Kerle, strotzend vor Kraft und ungenutztem Wagemut. Uns ritt der Teufel. Unser ganzes Dasein – mangels sonstiger Sorgen – hatte sich auf ein Ziel versteift. Ein Ziel wahrlich, das Kampf und Gefahr lohnte. Im Grunde war es uns zu brav, zu leicht, daß Anne einfach entscheiden sollte, und wir uns damit abzufinden hätten. Unsere Instinkte, die sich täglich in der ungebändigten Wildnis ringsum bewährten, forderten uns heimlich auf, dem anderen, der sich dem stärksten Verlangen hindernd in den Weg stellte, den Schädel einzuschlagen.

Wenn ich heute auf die Tage und Nächte jenes schneereichen Winters herniedersehe, mich selbst und die mir nahestanden betrachte, dann spüre ich einen schalen Geschmack auf der Zunge. Der theatralische Faltenwurf des Daseins in seiner tragikomischen Unangemessenheit macht mich lachen. An anderen Stellen der allzu geduldigen Erde lagen sich damals Hunderttausende von Männern in Erdlöchern gegenüber und lauerten darauf, wer zuerst dem anderen den Tod in die Eingeweide spießte. Gezackter Stahl zerwühlte brüllend dort und pausenlos die geschändeten Äcker auf der Suche nach Leibern feindlicher Männer. Warum feindlich? Sie sahen sich nicht, die Gegner, sie kannten sich nicht, sie hatten sich nie etwas Böses angetan, sie wußten kaum, wofür sie ihre heilen Glieder auf den Schlachtbänken der Gefechte zusammenhacken ließen. Der Schellenbaum des Völkerstolzes, das Tamburin des Glücks und die Querpfeifen der Ehre quinquilierten die possenhafte Begleitmusik.

Dicht daneben aber saßen Bill und Dan, wohlgenährt, mit sich selbst beschäftigt als mit dem Mittelpunkt des Weltgeschehens, von ihren Herzenswünschen gebannt wie das Huhn vom Kreidestrich, und bedachten, wie einer dem anderen zuvorkäme. Warum nahmen sie nicht einfach Würfel? Würfel boten noch stets die schnellste und auch gerechteste Lösung! –

Nach einem der letzten Bombenangriffe auf die große Stadt, in der ich damals wohnte, sah ich dies:

Mücken tanzten über einem verendenden Pferde. Es ruhte in der langsam sich ausbreitenden Lache seines Blutes wie auf einem dunklen Teppich. Manchmal hob es noch den Kopf, aber matter stets klappte er wieder zu Boden. Darüber tanzte hoch und zierlich die flirrende, glückselige Säule der Insekten.

Hinter mir verbrannte die wunderschöne Stadt; mit ihr der Rest der Dinge, die ich liebte. Ich wanderte irgendwohin, ins Freie, ins Freie! Am Wegrand spielte selbstvergessen ein kleines Kind mit einer Handvoll Silberstreifen, wie sie die feindlichen Todesvögel im Anflug abwarfen, um die Ohren der Abwehrenden zu täuschen. Wem gehörte das kleine Wesen! Sein Röckchen zeigte Brandstellen wie Taler so groß; dort war das Feuer hindurchgetropft, das die Söhne anderer Menschenmütter vom Himmel hatten regnen lassen. Wem gehörte es? Wem gehörte ich? Wem des Kindes Mutter, die wohl sein Körperchen mit ihrem Leibe gedeckt hatte und dann mit flammenden Kleidern und Haaren in den Fluß gesprungen war, um lieber zu ertrinken als zu verbrennen? Wem gehören wir alle, wir Mücken, wir sterbenden Pferde, wir Schwalben, helle Schreie schrillend in der Abendsonne? Wem die Kasperle-Figuren, die Helden alle und die Heiligen, die Lumpen und Narren?

»Unsere Tage sind nur eine Handbreite, unser Leben gleich wie nichts vor dir! Wie gar nichts sind alle Menschen, die doch so sicher leben! Wir wandern umher wie Schemen und machen uns viel vergebliche Unruhe; wir sammeln und wissen nicht, wer es genießen wird!«

Warum also nicht auch Dan und Bill, die doch so sicher lebten und nicht zufrieden damit waren. Es ist alles eins und ebenso wichtig wie unwichtig, mit den Augen des Alters gesehen, ein Mückenschwarm am Waldrand, ein Tropfen Harz am Baum, wo der Specht nach Würmern gehackt hat.

Ich liebe sie jetzt, die beiden einsamen Männer in der verlorenen Hütte am Yelling Yellow, die mit ihrem Dasein um ihr Dasein spielten. Ihr lebtet euer Leben und ließet euer Herz euch nicht entgleiten, obwohl der Versucher eine ganze Nacht zwischen den vier Balkenwänden auf und ab schlich. Doch vielleicht ist es gar nicht besonderen Lobes würdig, daß wir Leben und Gesundheit nicht verluderten wie ein Strolch seinen Bettelsack. Wir hatten beide die Dreißig schon überschritten, waren Leute aus dem Norden, wo Extravaganz nicht hoch im Kurse steht und wo man zuletzt zur Besonnenheit zurückfindet. So kochten all unsere verrückten Pläne zu einem sehr einfachen zusammen:

Wir würden ihr gemeinsam sagen, daß wir die Absicht hätten, für immer vom Shaggy und von ihr Abschied zu nehmen; mochte ihr Vater für einen anderen vertrauenswürdigen Mann sorgen, sie und Tom in der Einsamkeit zu schützen. Wir waren überzeugt, daß sie sich bei dieser Ankündigung deutlich und unwillkürlich verraten würde; danach wollten wir uns richten. Wer verlor, hatte Abschied zu nehmen – oder sich endgültig zu bescheiden.

»Denn ich mag dir nicht den Schädel einschlagen!« sagte Dan – »Du bist der einzige, dem ich Anne gönne – außer mir!«

»Gilt auch umgekehrt, Dan!« gab ich zur Antwort.

»Weiß ich, Bill!«

14. VI. 1947.

Wir warteten einige Tage, überlegten jeden Schritt, jedes Wort genau, um sie nicht nach dieser oder jener Richtung vorher zu beeinflussen; ernst wie die Kinder im Spiel. Mich juckte es oft zu lachen; doch nun hatte das Verhängnis seinen Lauf begonnen. Um es offen auszusprechen: ich konnte mir im Grunde nichts anderes vorstellen, als daß Anne mir früher oder später zuwachsen würde, denn ich war für sie und sie für mich bestimmt; ich wußte es, ohne es je deutlich zu denken. Aber gerade darum ließ ich Dan freie Hand. Er war der treueste Gefährte; er sollte die Wahrheit so ausfindig machen, daß er selbst Genüge fand.

Wir blieben die ganze Woche fort.

Am Samstagnachmittag traten wir gemeinsam aus dem Waldrand auf die Lichtung am Shaggy und wanderten breitbeinig auf unseren Schneeschuhen dem Hause zu. Was wir erwarteten, geschah: Anne trat aus der Hütte auf die Veranda hinaus. Sie hatte sich nicht einmal Zeit genommen, ihren Pelz anzuziehen; wieder hatte sie nur das große, dunkelkarierte Plaid um Kopf und Schultern geworfen.

Mir klopfte das Herz. Alles war ungewiß. Dann sah ich's: aus ihrem blassen Gesicht flackerten mir allein ihre Augen erregt entgegen. Ich spürte schon aus der Ferne, wie zornig sie war; aber von mir allein forderte sie Rechenschaft, nicht von dem Freunde neben mir.

Wir waren keine zehn Schritt von ihr entfernt, da sagte mit einem Male Dan neben mir mit rauher, dürrer Stimme:

»Ach, zum Teufel, wozu das noch!«

Und damit drehte er sich in seiner Spur um und stapfte ebenso langsam, wie er gekommen, den Weg in den Wald zurück.

Er ließ mich mitten im feindlichen Feuer im Stich, denn nun mußte ich den flammenden dunklen Augen allein standhalten. Er lief einfach davon, warf die Flinte, an der wir so eifrig und lange gebastelt, kurzerhand ins Korn. Schon fragte sie mich:

»Da bist du also! So lange hast du mich allein gelassen! Damals trieb's dich schon am zweiten Abend herüber! Und der andere? Was ist mit dem? Läuft fort wie ein Schuljunge? Kannst du mir erklären, was ich jetzt von Dan halten soll?«

Wenn sie blaß gewesen war, so von dem Zorn, der in ihr bebte. Es fiel mir wie Schuppen von den Augen: was mochte sie in dieser einsamen Woche ausgestanden haben! Ja, weiß Gott, ich hätte mitsamt meinen zweiunddreißig Jahren in meiner ganzen Überlebensgröße in die Erde versinken mögen. Ich stammelte:

»Wir hatten vor, dich entscheiden zu lassen – –« weiter kam ich nicht. Sie unterbrach mich:

»Ein Dummkopf wie du ist mir mein Lebtag nicht begegnet. Du bist ja, du, der sich nicht – –«

Glühend vor Unmut über sich selbst, über mich, brach sie ab, wandte sich und warf die Tür hinter sich ins Schloß.

Da stand ich im Schnee. Ohrfeigen hätte ich verdient, kräftige. Ich verfiel nicht zum zweitenmal auf die Idee, Dan nachzulaufen. Ich hockte mich auf die Stufen vorm Haus. Wie brannte mein Herz! Aber um alles in der Welt, ich wußte nicht, was weiter zu tun war. Als sich die Dämmerung zur Nacht wandelte und ich mehr einem Eisklumpen ähnelte als einem Trapper, öffnete sie endlich die Tür. Gleichmütig, als wäre nichts vorgefallen, bat sie mich zum Essen. Auch Tom ließ sich nichts anmerken; es ging ihm leidlich; er begrüßte mich freundlich!

15. VI. 1947.

Am Sonntag nach diesem völlig verfehlten Feldzug schien mir die Hütte unbeschreiblich eng. Mir war, als stände ich Anne fortgesetzt im Wege. Ich hatte einen ungeheuren Haufen Porzellan zerschlagen, ein höchst peinlicher Zustand! Tom lag auf seinem Bett und beobachtete uns. Mehr als einmal umspielte ein Zug stiller Heiterkeit seine Mundwinkel. Ich hätte ihn backpfeifen mögen.

Jedesmal aber, wenn ich mich Anne in der Enge des Raumes nähern mußte, spürte ich die Luft um sie wie geladen. Sie blickte mich nicht an; ihre Augen hafteten nirgendwo. Wenn sie das Wort an mich richtete, so geschah es in gekünstelter Gleichgültigkeit; sie gab mir bittere Rätsel auf.

Ich war im ganzen unzweifelhaft ein später Jüngling. Meine Erfahrungen mit dem anderen Geschlecht beschränkten sich auf einige sehr unvollkommene Erlebnisse in meinen Studenten- und Seemannsjahren. Die Blumen am Wege zu pflücken, wie sie sich boten, dazu war ich von Natur zu schwerfällig und auf Blumen zu wenig erpicht. Jetzt aber war mir, wie es so langstieligen Petern zuweilen passiert, der Blitz bis in die Wurzel gefahren; ich loderte von innen und von außen. Die Angst, alles verdorben zu haben, hatte mich vor Schreck erstarren lassen und mir die Sprache verschlagen. Ich hätte in die Knie fallen mögen, um sie anzuflehen, kein so böses Gesicht mehr zu machen. Aber da lag Tom und lächelte. Sie bat mich nicht, einige Kapitel aus der Bibel vorzulesen — denn es war ja Sonntag. Wortlos saßen wir beim Mittagessen. Ich hätte ihr beim Abwaschen helfen können – das taten wir oft. Aber ich genierte mich. Sie schien es auch nicht zu erwarten; sie regte sich schnell und bestimmt. Ich kam mir allmählich so überflüssig vor, daß ich überlegte, ob ich nicht lieber doch mein Heil in der Flucht suchen sollte.

Dann war sie fertig, legte die Schürze ab, zupfte sich ihr dunkelgrünes Tuchkleid zurecht, setzte sich an den Tisch und blickte mich an. Ich stand mit dem Rücken am Fenster und konnte ihrem Blick nicht ausweichen. Ich suchte verzweifelt nach irgendeinem Wort; ich war wie verhext. Vielleicht stünde ich heute noch da, hätte sich Tom nicht meiner oder unser erbarmt. Als die Spannung unerträglich zu werden drohte, sagte er plötzlich:

»Also, ihr komischen Vögel, wenn ihr nicht bald Ernst macht, dann stehe ich auf, ziehe mich an, sperre euch hier ein und lasse euch nicht eher heraus, als bis ihr endlich den Mund aufbekommen habt!«

Er irrte sich, wir bekamen ihn auch jetzt nicht auf. Aber das Stichwort war gegeben; der Funken, so lange schon zitternd, sprang endlich über.

Unter einem unerklärlichen Zwang, halb unbewußt, öffnete ich meine Arme. Ihre Augen wurden ganz groß, die Farbe wich aus ihrem Gesicht. Und weiß der Teufel, wie: sie lag in meinen Armen und lachte und weinte zu gleicher Zeit.

Ich vergesse nie, was ich stammelte, als ich endlich der Sprache wieder mächtig war; oft wiederholte ich die wenigen Worte wie eine Zauberformel:

»Für immer, Anne, für immer —!«

Sie blickte zu mir auf mit tränenfeuchten Augen. Ach, welch Glanz der Liebe und Hingabe! Bis in meine Grundfesten wurde ich damals verwandelt. Ihr Vertrauen flößte mir plötzlich ungeahnte Kräfte ein; ich brannte darauf, das Leben, unser Leben, noch einmal, nein, erst jetzt zu beginnen!

Ich sagte: »Beim nächsten Mal wird nicht Dan zur Farm hinuntergehen, sondern ich. Mit deinen Eltern will ich so bald wie möglich ins reine kommen.«

An dieser Stelle nahm Tom, heiterer und sarkastischer denn je, den Faden wieder auf:

»Kannst du dir sparen, Bruderherz. Die Eltern haben längst gemerkt, was gespielt wurde – schon vierzehn Tage, nachdem du zuerst bei uns aufgekreuzt warst. Aber du brauchst einen langen Anlauf, weiß der Himmel! Ihren Segen hast du; darüber kann ich dich, glaube ich, beruhigen!«

Unter lauter Sehenden scheine ich der einzig Blinde gewesen zu sein, denn auch Anne sagte, und ein Rest ihres Zornes zitterte in ihrer Stimme nach:

»Du hast mich lange warten lassen, Bill! Du warst mir beinahe schon zuwider. Lasse mich nie mehr so lange warten. Ich verstehe mich nicht sehr auf Geduld!«

»Nie mehr, Anne!« beteuerte ich. Wie sehr ich sie, wie sehr ich mich damit täuschte; wer kann sich für die Zukunft verbürgen? Nicht einmal der Treueste!

Ich fragte Tom, als wir uns langsam gefaßt hatten:

»Du hast natürlich die ganze Geschichte längst durchschaut und dich scheckig über mich gelacht?«

»Und wie, Bill! Es war meine beste Medizin. Selbst Dan hat mehr geahnt als du. Aber tröste dich: Anne war mir genauso ein Born des Vergnügens. Sie hat ganz recht: Geduld ist nicht ihre stärkste Seite!«

So sind Brüder! Ich sah sie erglühen, ihre feinen Nüstern blähten sich vor Unmut.

»Anne!« sagte ich. Sie lächelte schon wieder. Nach einer Weile fragte sie:

»Was wird mit Dan? Du mußt dich um ihn kümmern, Bill!«

Ja – Dan! Der saß jetzt allein in der Hütte am Yelling Yellow und grämte sich, während ich glücklich war.

»Am liebsten ginge ich heute abend noch hinüber.«

»Ich habe nichts anderes erwartet! Ich bin froh, daß ihr befreundet seid. Und ihr sollt's auch bleiben!«

»Komm, begleite mich bis zum Wasserfall; du kannst ohne Schneeschuhe gehen; der Pfad ist ziemlich festgetreten!«

»Ja, heute kann ich mitkommen; Tom geht es gut!«

»Mir geht es so gut, wie seit langem nicht«, sagte Tom. Wir gingen in den sinkenden Wintertag.

Die Sonne tauchte hinter die schneeglänzenden Berge, die sich dabei in taubenblaue Glaswände verwandelten, um schließlich die Farbe schwarzer Stiefmütterchen anzunehmen. Die Himmel flammten westwärts in Purpur und Gold, spielten im Zenit in ein kostbares Jadegrün hinüber und ließen im Osten schon die violen heraufwölkende Nacht ahnen.

Der Schnee knirschte unter unseren Schritten; zuweilen stäubten die reglosen Tannen weißsilbernes Geriesel herab, wenn ein Windhauch die Wipfel bewegte.

Die Welt war jung wie am ersten Tage. Und ich so jung wie nie zuvor, durchglüht vom schönsten Glück der Menschenwelt. Anne nahm das Wort zu einem Bekenntnis:

»Als du vor zwei Jahren zum allerersten Male zu uns ins Zimmer tratst, so groß und dumm, um Vater und Mutter zu begrüßen und dann mich belangloses Wesen, da wußte ich gleich, daß ich auch nicht klüger war als du!« So redete sie mit mir, die glückliche Braut! Und diesen mütterlichen und zugleich spöttischen Ton überlegener Frauenliebe hat sie mir gegenüber immer beibehalten. Immer blieb ich ein wenig unfertig und knabenhaft vor ihr. Aber so und nicht anders hatte der gütige Gott unser Verhältnis gewollt.

Am Wasserfall, der über seltsamste Zaubergewächse von Eis nur noch mühsam tröpfelte, nahmen wir Abschied.

Dort küßten wir uns zum erstenmal.

Ich sah ihr nach, wie sie davonschritt, bis sie unter den stummen Bäumen verschwand. Sie blickte sich nicht mehr um; mit gesenktem Kopf, nachdenklich ging sie davon, ein Anblick, der mich seltsam aus mir selbst warf, mich fast erschütterte. – Ich wurde von ungefähr des Wagnisses inne, dem sich jede liebende Frau ausliefert, sobald sie sich einem Manne anheimgibt.

Was sind Hoffnungen, was sind Entwürfe! Wie viele Schmerzen mag ich ihr bereitet haben! Und wie lange ließ ich sie allein!

Ich fand Dan wie eine Woche zuvor auf einem Schemel sitzend, an die Wand der Hütte gelehnt und ins Feuer starrend. Er begrüßte mich gleichmütig, aber nicht unfreundlich.

»Nun«, sagte er, »da bist du! Hoffentlich seid ihr euch einig geworden!«

»Ja, wir sind uns einig!«

»Weißt du, ich habe die ganze Zeit gewußt, daß ich keine Chance hatte; aber man will sich nicht sagen oder sagen lassen, daß man vor der Zeit aufgegeben hätte. Und dann will man auch probieren, ob der andere es ehrlich meint.«

»Ich habe es ehrlich gemeint, Dan!«

»Ja, das hast du wohl. Deshalb können wir auch unser Geschäft hier ruhig weiter betreiben, bis der Winter vorüber ist. Ob ich allerdings danach noch hierbleibe, weiß ich nicht. Die hohe See ist in solchen Fällen wie dem meinen der beste Aufenthalt!«

Ich vermochte nichts einzuwenden. Die grüne See ist eine wunderbare Medizin. Ich meinte:

»Ehe Anne und ich heiraten, wird noch eine Menge Wasser den Berg hinunterlaufen. Erst muß Tom gesund und irgendwo in Sicherheit sein. Das wird nicht eher geschehen, als bis der verdammte Krieg vorüber ist.«

»Was wissen wir davon. Vielleicht ist er schon beendet. Wir haben nur nichts davon gehört!«

»Glaubst du? Ich denke, das würde man spüren.«

»So —? Vielleicht! Aber, warum meinst du, daß ihr warten müßt, bis Tom genesen und auf und davon gegangen ist? Die Sache ist doch sehr einfach: ich hause von jetzt ab hier, und sobald Tom einigermaßen dazu imstande ist, zieht er auch hierher. Dann habt ihr euer Reich am Shaggy allein. Ihr wäret mir auch ohne Brief und Siegel recht.«

Dan war mir schon ein paar Meilen voraus. Er kam aus bäuerlichen Verhältnissen und nahm das Natürliche natürlich. Mir klebte noch der Staub aus den guten Stuben bürgerlicher Familien am Ärmel. Dazu kam, daß nichts in mir sich überstürzen ließ. Den Gedanken, den Dan geäußert hatte, konnte ich noch gar nicht denken. Ich antwortete in deutlicher Befangenheit:

»Tom ist längst noch nicht so weit. Und überdies will ich erst einmal mit dem alten O'Flaherty und ihrer Mutter sprechen. Es muß alles seine Ordnung haben. Wir leben hier wild genug!«

Dan lächelte; aber das focht mich nicht an. Ich ging und gehe meinen Weg, wie ich ihn richtig finde; und ob die Leute mich für gut oder schlecht, klug oder dumm, lächerlich oder bewundernswert halten, ist mir damals ebenso ungeheuer gleichgültig gewesen wie heute!

Wir legten uns früh nieder; am darauffolgenden Montag wollten wir schon vor Morgengrauen auf den Beinen sein.

Alle meine Gedanken und Träume in jener Nacht standen Wache um das einsame Blockhaus am Shaggy. Und ich bin gewiß, daß auch die ihren meine Hütte wie auf lautlos scheuen Eulenflügeln umschwebten.

17. VI. 1947.

Clarissa sagte heute zu mir: »Seit du beinahe jeden Tag über deinen Seiten sitzt, bist du gar nicht mehr hier. Manchmal frage ich dich etwas, und du gibst keine Antwort. Als wäre ich dir im Wege — so ist mir!«

Ich war sehr erschrocken. Ist es schon so weit mit mir? Da ich mich in Gedanken ausschließlich mit der Vergangenheit beschäftige, lebe ich auch wie damals: durch nichts Äußeres beirrt. Wie die Gefühle damals aufwuchsen: gerade, steil, stark, makellos in ihrer reinen Bestimmtheit!

O Wildnis, o Einsamkeit, o herbe Luft über unendlichen Wäldern, über schimmernden fernen Küsten. O Freiheit über den Bergen, die noch keinen Namen tragen! Dir bin ich verschrieben, damals wie heute! – –

Clar hat recht: ich bin gar nicht hier, durchschweife glücklichere Gefilde. Das Grau dieser Tage belästigt mich kaum! Aber Clar soll sich nicht mehr zu beklagen haben. Ich weiß wohl, daß das Kind sich allmählich zu einer guten Fee auswächst, die mir alles Störende fernhält. Ich sehne mich nach freier Luft, nach menschenferner Stille. Ach, wäre ich doch enthoben dieser Zeit!

Das entsetzliche Gedränge ekelt mich. Ich werde zerfressen von Mitleiden und kann nicht helfen. Ich verkrieche mich in mich wie ein krankes Tier in eine dunkle Höhle.

*

Als ich – vorsichtig und zögernd – die Farm erreichte, fand ich die Eltern Annes bekümmert und versorgt. Wir lebten ja auf unseren Bergen nur für uns und, nach menschlichem Ermessen, sicher vor Verfolgern. Was eigentlich geschehen war, begriff ich erst, als ich die alten O'Flahertys vor mir sah. Sie hatten vor der Welt für ihren Sohn einzustehen, hatten häufigen und stets unerwarteten Nachsuchen und Verhören standzuhalten, stets zitternd um uns vier. Mike O'Flaherty war schneeweiß geworden; er ging gebückt – sein angeborener Übermut hatte einen scharfen, bitteren Beigeschmack bekommen. In Tante Coras Antlitz hatte der Gram tiefe Falten gegraben; ihre Lippen waren dünn geworden, und das Lachen schien sie nur noch vom Hörensagen zu kennen. Zum ersten Male kam mir zum

Bewußtsein, wie Tom vor der Welt dastand: Mörder und Deserteur.

Noch heute nach so vielen Jahren, während ich dies schreibe, spüre ich den alten Widerwillen. Mörder und Deserteur! Ich hatte mit diesem »Mörder« Monate in engster Gemeinsamkeit verbracht. Ich kannte seine körperliche und ahnte seine seelische Qual. Er war ein Mensch in großer Not, erstickte fast vor Gram. Er war besser und wertvoller als tausend andere, die sich nie zu einer unbesonnenen Tat hinreißen lassen. Die Schachteln, in die das sogenannte Recht die Menschen einordnet, sind aus schlapper Pappe. Wenn ich nicht wüßte, daß eine höhere Gerechtigkeit und ein unbestechlicher Richter, der das Herz, nicht die Kostüme der Menschen ansieht, dereinst die Böcke von den Schafen scheiden wird –.

Ja, ich liebte Tom, den Mörder und Deserteur! Wir alle, die wir manche Stunden an seinem Schmerzenslager verbracht hatten, liebten ihn und waren entschlossen, ihn, koste es, was es wolle, vor seinen Verfolgern zu schützen, ihn, den Mörder und Deserteur.

*

Es muß den alten O'Flahertys ein Trost gewesen sein, als sie meinen Reden entnahmen, wie wir auf Tom nichts kommen ließen und ihn einem neuen Leben in irgendeinem neuen Lande erhalten wollten. Vielleicht hatten sie selbst schon im stillen an ihrem Kinde gezweifelt? Mußten sie doch viel Böses anhören, was über ihr Fleisch und Blut geredet wurde. Sie waren nicht zu sättigen in ihrem Hunger, von ihrem Sohn erzählen zu hören. Sie wollten jedes Wort wissen, das er gesprochen hatte; sie erlabten sich an der hohen Achtung, die ich seiner Geduld und seiner Standhaftigkeit gegen den Schmerz zollte; sie vernahmen mit beidem, Freude und Gram, wie bitter er seine gewaltsame Tat bereute. Ich fühlte mich in die schwer erträgliche Rolle eines Schenkenden versetzt, der kostbare Gaben auszuteilen hat, ohne sie vorher erworben zu haben. Was sie mir zum Dank Gutes erweisen konnten, das erwiesen sie mir. — Aber sie mit dem Anliegen zu behelligen, dessentwegen ich gekommen war, dazu gelangte ich nicht.

So rückte schnell der Tag heran, an dem ich mit schwerem Gepäck wieder abmarschieren mußte. Inzwischen war es März geworden; ein weicheres Wehen verriet zuweilen, daß sich das Ende des Winters näherte. Ich war unzufrieden mit mir selbst. Am letzten Abend faßte ich mir endlich ein Herz. Ich durfte nicht mit leeren Händen zu Anne zurückkehren! Sie sollte nicht abermals meine Unschlüssigkeit belächeln.

Mitten in ein Gespräch in die schon hundertmal erörterte Frage, was aus Tom werden sollte, sagte ich plötzlich:

»Ich wollte noch etwas anderes mit euch besprechen. Anne und ich – wir wollen heiraten. Seid ihr damit einverstanden?«

Es folgte eine lange Pause. Dann räusperte sich der alte Mike O'Flaherty; mit rauher Stimme, von weit her, sprach er endlich:

»Du bist uns lieb wie ein Sohn, Bill! Wir wissen auch, daß du tüchtig bist; außerdem hast du Vermögen. Was in aller Welt sollte uns bewegen, dich abzulehnen, wenn Anne mit dir einig ist? Du bist da mit beiden Beinen in unser Unglück eingestiegen, hast dich sogar schon mitschuldig gemacht. Begehst du nicht einen Fehler, wenn du auch noch Toms Schwester heiratest?« Während ich mir überlegte, was ich auf diese abweisenden Worte sagen sollte, erhob sich Tante Cora und begann im Zimmer auf und ab zu gehen. Als ob sie ein Gespräch nur mit sich selbst führte, begann sie:

»Unsinn natürlich, das mit der Schuld! Selbstverständlich muß man Tom retten, wenn er gerettet sein will. Und Anne liebt dich schon lange, Bill. Warum soll es euch anders gehen, als es deinem Vater und deiner Mutter gegangen ist oder mir und meinem Mann? Die Vorbereitung dauert lange; aber dann entscheiden wir uns ein für allemal. Da sitzt Mike O'Flaherty, mein Mann. Wir sind beide alt geworden im letzten halben Jahr, sehr alt. Fragst du mich, Bill, ob ich ihm heute ebenso blindlings folgen würde wie damals, als wir uns in Snohomish am Puget-Sund zum ersten Male trafen, ich würde ohne Besinnen sagen: noch einmal! – Ich glaube dich gut zu kennen, Bill, du bist der Sohn meines Bruders, und gewiß kenne ich meine Tochter. Ich hoffte, was euch bewegt, würde unausgesprochen bleiben. Aber nun ist es ausgesprochen – früher oder später werdet ihr nicht länger warten wollen oder können! Ich weiß, wie es geht. Anne aber darf den Kranken nicht allein lassen; und du und Dan, ihr sollt ihn nicht allein lassen, bis er in Sicherheit ist. Kann ich es verantworten, daß auch ihr noch in Sünden fallt, wie Tom schon gefallen ist? Ihr seid da oben immer mit euch allein, seid jung, und die Sehnsucht ist groß. Das Unglück des einen soll das Glück des anderen nicht verhindern. Ich weiß, daß nichts auf der Welt euch scheiden wird – –«

Sie zögerte und wußte nicht weiter. Sie blickte ihren Mann über die ganze Breite des Zimmers hinweg an. Mich schien sie vergessen zu haben. Der alte Mike hatte regungslos zugehört, den Kopf in die Hand gestützt, und durchs Fenster in die bleiche Schneenacht hinausgestarrt. Ohne den Kopf zu erheben, richtete er das Wort an mich:

»Lieber Bill, Mutter hat ganz recht. Sie hat immer recht in solchen Sachen. Die Frauen sehen weiter darin als wir. Warum soll ich euer beider Glück auch noch verderben, wo Tom schon sein Leben zerstört hat. Auch ich weiß, wie es geht mit jungen Liebesleuten. Die Natur behält zuletzt die Oberhand. Wenn die Geschichte mit Tom nicht dazwischengekommen wäre, dann wäret ihr wahrscheinlich schon Mann und Frau. Nein, Bill, ich will nicht auch noch euch auf dem Gewissen haben. Es ist ja alles meine Schuld! Ich habe den Kindern unseren alten irischen Haß gegen alles Englische eingegeben. Haß bringt keine guten Früchte. Ich sehe es jetzt. Mutter hat es immer gesagt. Die Einsicht kommt zu spät. Ich bitte euch, Tom nicht entgelten zu lassen, was eigentlich ich angerichtet habe. Bleibt so lange bei ihm, bis er gesund ist und über die Grenze in Sicherheit. Ich werde dafür sorgen, daß er irgendwo, in Australien oder Neuseeland, wieder Fuß faßt.

Aber ihr beiden, Bill, du, und Anne, meine liebe Tochter, nein, ihr sollt mir nicht auch noch in Sünde fallen! Mutter hat recht: einen Pfarrer kann ich euch nicht schicken, aufs Registeramt könnt ihr erst recht nicht gehen. Wie soll ich's sagen, Bill? Wir geben euch unseren Segen. Schon jetzt! Wir trauen dir wie unserem eigen Fleisch und Blut. Versprecht euch einander. Tom ist ja da und kann euch das Gelöbnis abnehmen, und Dan ist Zeuge. Wenn wir alle wieder auf gerader Bahn sind, dann holen wir die Kirche und die Papiere nach. Gott wird uns Eltern schon verstehen; wir wollen doch nur euer aller Bestes. Ist es nicht so, Mutter?«

Er stand auf, trat auf mich zu und reichte mir die Hand. Ich drückte sie wortlos. Ich war viel zu verwirrt, um etwas zu sagen. Tante Cora umarmte mich; sie weinte; über ihr immer noch schönes, stolzes Gesicht rannen die Tränen. Sie flüsterte:

»Ja, Bill, Vater hat recht! Werdet glücklich, Kinder! Aber laßt mir Tom nicht allein, bis er in Sicherheit ist. Ich kenne ihn: es wird ihn bitter gereuen, was er getan hat, und er verzweifelt leicht. Lieber Junge, sei gut zu Anne! Sie hat es verdient. Und laßt mir Tom nicht im Stich, Bill!«

»Ich verspreche es, Mutter!« Auch mir rollten die Tränen über die Backen.

Als ein Himmelsgeschenk empfand ich das Vertrauen der beiden Alten. Der Anker, den ich ausgeworfen, hatte Grund gefaßt. Wenn Tom außer Landes ging, so würde ich allmählich meines Schwiegervaters Stelle antreten müssen — hier, in der weiten, großartigen Einsamkeit des Columbia-Lava-Plateaus. Beides hätte ich dann gewonnen, wonach mein Herz sich damals wie heute verzehrte: Einsamkeit und Heimat, die Wildnis und darin ein geliebtes menschliches Herz für mich allein.

Eine Welt wartete auf mich, wenn es mir nur gelang, sie

ganz zu vollenden. Ich fühlte mich stark. Es schien mir nichts mehr unmöglich.

Ich wanderte in die sternklare Nacht; es war nicht sehr kalt. Das schwere Gepäck auf meinem Rücken drückte mich kaum.

21. VI. 1947.

Der Mond hängt hoch im Westen, eine zarte Silbersichel; es ist der dritte Tag nach Neumond. Über Tag war es schwül; dann zogen Gewitter um den Horizont wie wilde Herden himmlischer Pferde, stampfend in der Ferne und die lockig wallenden Mähnen werfend. Ein Regenschauer schwang sein Füllhorn aus. Die zauberische Kühle nun, streng und zärtlich zugleich wie Seide, haucht allen Druck von Schläfen und Stirn. Im Norden hängt noch schweres Gewölk, stahlblau; nicht alle seine Blitze sind verzuckt. Bald wird das milde Nachtgestirn hinter die fernen Wolken tauchen.

Wie in allen Nächten, in denen ich vor diesen Blättern sitze, heult in der Ferne ein Zug, klagend gleich einer verdammten Seele.

Clar hat es verstanden, bei gutherzigen Leuten einen richtigen Tisch zu beschaffen und in mein Zimmer stellen zu lassen. Sie strahlte, als sie mich eines Tages damit überraschte. So kann ich nun immer allein sein mit mir und meiner Vergangenheit – und doch nicht allein. Das junge Mädchen breitet einen Frieden um mich her, der dem lange verwehten von damals gleicht. Ich brauche mir nichts zu wünschen. Es ist, wie es einstmals war – als Anne mir die wenigen Monate meines Glückes schenkte.

Verdiene ich, daß die kleine Clar mich so freundlich mit ihrer schweigsamen Fürsorge umgibt?

In diesen Tagen hatte sich am Rande der Stadt eine Vogelwiese aufgetan, mit Karussells, Schießbuden und Luftschaukeln. Ich dachte, daß es ihr Spaß machen würde, sich für ein Weilchen in den harmlosen Spektakel zu stürzen.

Zuerst schien sie recht begeistert. So machten wir uns gestern auf den Weg, als es etwas kühler geworden war. Doch als wir der Menge ansichtig wurden und der vergnügte Lärm aus Leierkästen, juchzenden Stimmen, Glockengebimmel und dem Surren einiger Motoren auf uns eindrang, spürte ich, daß sie zurückschreckte; sie trägt ihr Schneckenhäuschen immer bereit, sich schnell dareinzustülpen. Sie hat mir unlängst verraten, daß sie seit dem Zusammenbruch von unerklärlicher Angst ergriffen wird, wenn sie in eine Menge von Menschen tauchen soll; denn immer, wo sie sich in einer Menge befand, geschah Schreckliches.

Ihr Arm hing schwerer in meinem. Ich tat, als merkte ich nichts; sie muß doch wieder heil werden, und sie ging auch tapfer mit. Wir stritten uns schon, ob wir lieber mit dem Karussell oder der Luftschaukel beginnen wollten. Sie schwang sich angesichts der Schießbuden sogar zu einem Scherz auf: »Was, Schießbuden? Diese Brutstätten des Militarismus sind noch erlaubt? Unglaublich! Da mußt du mit dem Bürgermeister ein sehr ernstes Wörtchen reden, Ohm!« Sie sagte es in so drolligem Ernst, daß ich lachen mußte. Gleich darauf geschah es:

Ich spürte, wie sich ihre Hand hart in meinem Ärmel verkrampfte. Ein paar Soldaten waren mit ihren Mädchen – ziemlich zweifelhaften Wesen – auf dem Plan erschienen und tobten in ihrer jungenhaften Art zu den Luftschaukeln, beherrschten im Nu mit ihrem lauten unbekümmerten Geschrei den ganzen Platz. Es war sehr harmlos, wenn auch etwas zu laut für uns. Ich glaube nicht einmal, daß die geräuschvollen Burschen getrunken hatten –.

Clar aber war vor Entsetzen fast erstarrt:

»Komm fort, komm fort!« flüsterte sie, »da sind sie wieder. Komm, komm! Gleich fallen sie über irgendwen her!«

Ich machte, daß ich mit ihr davonkam. Ihre Furcht grenzte an Hysterie. Erst als wir die Leierkästen nicht mehr hörten, beruhigte sie sich und ging langsamer. Ich unternahm keinen Versuch, sie zu besänftigen.

Den ganzen Tag lang war sie verstört. Sie versuchte, sich wegen ihres unbeherrschten Benehmens bei mir zu entschuldigen. Als ich abwehrte, brach sie in Tränen aus. Man muß sie dann sich selbst überlassen. Heute verschwand sie gleich in ihr Zimmerchen, als wir unsere schwärzlichen Pellkartoffeln mit Salat verzehrt hatten. Hoffentlich nahm der Schlaf sie gleich unter seine Fittiche und ließ sie Furcht und Schrecken vergessen.

Die Engel haben sie zwar behütet, daß ihr das Ärgste nicht geschah; aber die Augen konnten sie ihr nicht verbinden und die Ohren nicht verschließen.

Wie Clar ist damals auch Anne aus allen gewohnten Geleisen gerissen worden; auch Anne mußte sich vor aller Welt verbergen; Sicherheit und Ansehen ihrer Familie waren aufs höchste gefährdet. Ich frage mich, warum sie, verglichen mit Clar, so gar nicht in ihrem Innersten verändert war, warum ihre Natur jetzt erst wahrhaft zu sich selbst gerufen schien — während Clars Wesen einen Sprung bekam, der vielleicht noch gekittet, aber nie mehr geheilt werden kann —?

In unseren verfluchten Tagen erleben wir, daß alles, was einst fest gegründet schien, unter die Füße getrampelt wurde!

O über die Ohnmacht der Menschen!

Sie enthüllen ihre Verfallenheit, ihr Ausgeliefertsein gerade da, wo sie sich darüber zu erheben meinen.

»Sie sind alle abgefallen! Sie sind allesamt untüchtig! Da ist keiner, der Gutes tue! Auch nicht *einer*!«

Wenn ich den Unterschied zwischen Clar und Anne begriffen habe, dann habe ich auch den Absturz der Jahre verstanden, so will es mir scheinen. Ich sehe sie, wie sie zeitlos nebeneinander stehen, die beiden jungen Frauen — und ich bin außerhalb jeden Alters. Der Grat wird schmaler und steiler, auf dem ich mich fortbewege. Bin ich ein echter Seiltänzer, kühn, schwindelfrei, der sein Ziel klar ins Auge gefaßt hat? Oder nur ein Nachtwandler, der abstürzt, wenn er erwacht? Das »Mea culpa, mea maxima culpa!« gilt für mich genauso wie für Deutsche und Russen, Franzosen und Amerikaner – und wenn ich mich zehnfach mit schweizerischem Paß »neutralisiert« habe. Mag ich auch täglich beten: »Vergib uns unsere Schuld, wie wir vergeben unseren Schuldigern!« Der Dämon der Versuchung flüstert mir täglich zu: »Ist auch dies Bekenntnis nicht nur Maske? In welcher Tiefe eigentlich, endlich bis du echt? Wie weit hinab mußt du durchgraben werden, um ganz sauberes Erdreich zu finden, damit die Samenkörner Gottes wirklich darin Wurzel schlagen?«

Ich weiß es nicht! Ich bin grenzenlos unwissend und ohnmächtig.

An den Rand der Verzweiflung geworfen, das bin ich!

23. VI. 1947.

Im April des Jahres 1918. Die Kraft des Winters war gebrochen. Wir hatten unsere Fallen schon eingezogen, denn die Pelze waren nicht mehr, was sie auf der Höhe der kalten Zeit gewesen. Wir neigten nicht dazu, auch nur ein Tier mehr zu fangen, als sich wirklich lohnte. Wir sichteten und verpackten die Beute des Winters. Wir konnten sehr zufrieden sein. Der Schnee zerfloß an den Hängen und Sümpfe versperrten alle Pfade.

Der Shaggy donnerte wie ein ganzes Paukenorchester durch die Schlucht. Auch der vor unserer Hütte sonst eilig glatte Yelling Yellow war hoch über die Ufer getreten und strudelte, schaumige Flocken aufwerfend, ungebärdig vorüber. Schon atmete die Erde ihre ersten Düfte aus. Die Lungen, die so lange nichts als Winterluft in ihrer leeren Makellosigkeit gekostet, füllten sich weit.

Aus den noch blassen Abenden tönte der Schrei der nordwärts wallenden Graugänse, herber Herolde des Frühlings.

An einem Sonntag ereignete sich dann dies:

Tom, den die länger werdenden Tage ebenso belebten wie die Grüße und Beschlüsse der Eltern, die ich mitgebracht, stand schmal und blaß, aber aufrecht hinter dem Tisch, den

Dan und ich auf die Veranda hinausgetragen hatten. Sein junges Gesicht war sehr ernst. Seine noch immer übergroßen Augen blickten erregt von der Würde der Stunde. Es ging kein Wind. Der Tag hing wolkig warm und nicht ohne erste Schwüle über den schweigsamen Bergen. Tief unten grollte der Shaggy.

Vor den Tisch traten Anne und ich. Ihr Antlitz, wie immer in Augenblicken höchster Anspannung, von elfenbeinerner Blässe, was ihr Haar noch schwärzer und kostbarer, ihre Lippen noch röter und blühender schimmern ließ. Sie trug ihr altes Sonntagskleid mit dem eng anliegenden Mieder, den leicht gebauschten Ärmeln und dem locker fallenden, reich gefältelten Rock und nichts weiter zum Schmuck als einen kleinen Strauß erster Blumen.

Sie stand für sich; es war, als fürchtete sie, mich zu berühren. Sie hatte mir kaum einen Blick geschenkt an diesem Tage, und jetzt richtete sie ihre Augen nur auf den Bruder.

Ich selbst? Ich weiß nicht mehr, wie ich aussah. Was soll ich anders getragen haben als meine Kleider jedes Tages?

Dan stand zur Seite, die Hände vor sich gefaltet, wie aus Holz geschnitzt. Er war sehr still. Tom hielt die Bibel aufgeschlagen in der Hand: seine Lippen zitterten; er war zu aufgeregt, um zu lesen.

Endlich riß er sich zusammen und begann:

»Im Namen meiner Eltern spreche ich hier. Und im Namen des Pfarrers, der später euch einsegnen wird – und im Namen des Beamten, der eure Ehe registrieren wird! Seid ihr gewillt, mich als ihren Vertreter anzunehmen, so sprecht: Ja, wir sind es, du, Wilhelm Barkholtz, und du, Anna O'Flaherty, mein Vetter und meine Schwester!«

»Ja, wir sind es!« antworteten Anne und ich wie aus einem Munde leise.

Fast eine ganze Nacht hatten Tom und ich die Worte besprochen, die bei dieser seltsamen Feier zwischen uns gewechselt wurden. Ich hatte sie, nachdem auch Dan und Anne ihr Einverständnis gewährt, auf einen Zettel geschrieben. Den legte sich Tom in die Bibel, denn er fürchtete, den Faden zu verlieren. »Auf mich kommt es doch an!« sagte er mir, »ich darf nicht steckenbleiben, sonst bringe ich euch Unglück!« — »Ich bin nicht abergläubisch, und Anne ist es auch nicht!« hatte ich geantwortet. Er schüttelte nur den Kopf und hatte den Text, den ich aufgeschrieben, wohl hundertmal gelernt. Trotzdem sah ich das Papier auch während der Feier in der aufgeschlagenen Bibel liegen. Tom wandte sich halb zur Seite und richtete das Wort an Dan:

»Willst du, Daniel Halvorsen, Zeuge dessen sein, was heute hier geschieht, und willst du es auch in Zukunft jederzeit bestätigen, so antworte: Ja, ich will es.«

»Ja, ich will es!« kam es heiser und fest aus Dans Munde. Ein kleiner Vogel mußte sich auf dem First des Hauses niedergelassen haben. Er schmetterte sein kunstloses Frühlingsliedchen in den hellen Tag, daß uns ein leises Lächeln kam. Tom fuhr fort:

»Auf Wunsch meiner Schwester Anne lese ich euch jetzt zur Feier und zum Gedächtnis dieses Tages für alle kommenden Jahre das dreizehnte Kapitel des ersten Korintherbriefes. Es lautet:

Wenn ich mit Menschen- und mit Engelzungen redete und hätte der Liebe nicht, so wär' ich ein tönend Erz oder eine klingende Schelle. Und wenn ich weissagen könnte und wüßte alle Geheimnisse und alle Erkenntnisse und hätte allen Glauben, also daß ich Berge versetzte, und hätte der Liebe nicht, so wäre ich nichts.

Und wenn ich alle meine Habe den Armen gäbe und ließe meinen Leib brennen, und hätte der Liebe nicht, so wäre mir's nichts nütze.

Die Liebe ist langmütig und freundlich, die Liebe eifert nicht, die Liebe treibt nicht Mutwillen, sie blähet sich nicht, sie stellt sich nicht ungebärdig, sie sucht nicht das Ihre, sie läßt sich nicht erbittern, sie rechnet das Böse nicht zu, sie freuet sich nicht der Ungerechtigkeit, sie freut sich aber der Wahrheit; sie verträgt alles, sie glaubt alles, sie hofft alles, sie duldet alles.

Die Liebe höret nimmer auf, so doch die Weissagungen aufhören werden und die Sprachen aufhören werden und die Erkenntnis aufhören wird; denn unser Wissen ist Stückwerk und unser Weissagen ist Stückwerk. Wenn aber kommen wird das Vollkommene, so wird das Stückwerk aufhören.

Da ich ein Kind war, da redete ich wie ein Kind und hatte kindische Anschläge; da ich aber ein Mann ward, tat ich ab, was kindisch war.

Wir sehen jetzt durch einen Spiegel in einem dunklen Wort; dann aber von Angesicht zu Angesicht. Jetzt erkenne ich's stückweise; dann aber werde ich erkennen, gleich wie ich erkannt bin.

Nun aber bleibt: Glaube, Hoffnung, Liebe, diese drei. Aber die Liebe ist die größte unter ihnen!«

Die Anfangssätze hatte Tom nach der Art befangener Schüler in leierndem Tonfall gesprochen. Bald aber hob die unsterbliche Schönheit und Weisheit des Textes selbst diesen ungeübten Vorleser über sich hinaus. Er spürte die ganze Fülle der Empfindungen, die in diesen Worten ewigen Ausdruck fanden. Zögernd und seltsam abgehackt sprach er schließlich, als wagte er nur mit letzter Kraft, weiterzulesen. Seine Erregtheit strahlte in zitternden Wellen auf uns über: ja, dies war alles für uns gesagt! So, mit solcher Liebe, wollten wir uns lieben – und sie sollte niemals aufhören!

Tom hielt inne. Er blickte auf das Buch in seiner Hand hinunter, als stände er unter einem Bann, wie auch wir.

Der kleine Vogel schwieg; lauschte auch er den Worten nach, die ersehnt und erlebt wurden, seit es Menschen gibt – und die klingen werden, solange sie sich in himmlischer und irdischer Liebe lieben werden? –

Die königliche Einöde, unsre Heimat, schwieg ringsum und blickte uns aus unergründlichen Augen an.

Aus der Tiefe nur grüßte uns der Shaggy, das wilde Gewässer, mit seinen feierlich verhaltenen Paukenwirbeln. –

Nach einer kleinen Ewigkeit stimmte die Goldammer auf

dem Dach über uns von neuem ihr Liedchen an. Die Pulse fielen wieder in den gewohnten Takt.

»Ich frage euch nun, die ihr hier vor mir steht: wollt ihr geloben, alles daran zu setzen, euch so zu lieben, wie es hier geschrieben steht? Du, mein Vetter Wilhelm Barkholtz, so antworte: Ja, ich gelobe es!«

»Ja, ich gelobe es!«

»Und du, meine Schwester Anna?«

»Ja, ich gelobe es!«

Ach, so genau hat sich die blühende Stunde mir ins Gedächtnis gegraben, daß ich noch alle die englischen Fragen und Antworten höre, die uns damals Herz und Verstand vorschrieben. Seit jener Stunde liebe ich die andere Sprache wie meine eigene; sie kann mir nie mehr eine fremde sein.

Nach einer kurzen Pause begann Tom abermals:

»Willst du, Wilhelm Barkholtz, vor Gott und vor Daniel Havorsen und mir als Zeugen dich verpflichten, meine Schwester Anna O'Flaherty auch Rechtens und nach dem Brauch der Kirche zu deiner Ehefrau zu machen, sobald die Umstände dies ehestens gestatten, so antworte: Ja, dazu verpflichte ich mich!«

»Ja, dazu verpflichte ich mich!«

»Und du, Anna O'Flaherty, verpflichtest du dich, alles auszuführen, wozu dieser Wilhelm Barkholtz dich auffordern wird, damit ihr auch Rechtens und nach dem Brauch der Kirche ein Paar werdet, sobald die Umstände dies ehestens gestatten, so antworte: Ja, dazu verpflichte ich mich!«

»Ja, dazu verpflichte ich mich!«

Tom trat einen Schritt vom Tisch zurück:

»Tretet also hierher zu mir!«

Wir gingen um den Tisch, bis wir links und rechts vor ihm standen. Dan trat Tom gegenüber; der hob nun die Stimme. Winzige Tröpfchen standen auf seiner Stirn.

»Im Namen meiner Eltern, im Namen des Pfarrers, der euch einsegnen wird, im Namen des Beamten, der eure Ehe registrieren wird, gewähre ich euch nun, euch von diesem Augenblick an zu halten als Mann und Frau, bis daß – –«

In diesem Augenblick hob ein leichter Windstoß das Blatt Papier, von welchem er ablas, und ließ es aufflattern. Dan fing es im Fallen und legte es auf seinen Platz in die Bibel zurück. Nur einen Herzschlag lang war Tom unterbrochen worden; Dan hatte rechtzeitig zugegriffen. Schon sprach Tom, plötzlich heiser, weiter:

»– der Tod euch scheide. Und zum Zeichen, daß ihr's so halten wollt, reicht euch die Hände, und wir als Zeugen, Daniel Halvorsen und ich, Tomas O'Flaherty, wollen unsere Hände auf eure legen, und dann sprecht beide: bis daß der Tod uns scheide!«

»Bis daß der Tod uns scheide!«

Kühl barg sich ihre schmale Hand in meiner. Tom und Dan schirmten unsere mit den ihren. Während ihre Blicke in die meinen sanken, füllten sich ihre Augen mit Tränen. Über dem Kreuz, das unsere Hände bildeten, sprachen wir gemeinsam ein Vaterunser.

Amen –!

Der kleine Vogel sang sein eintönig süßes Lied. Dan und Tom reichten uns stumm die Hände und traten ins Haus. Wir wandten uns den leuchtenden Bergen zu und den duftenden Wäldern. Ich legte ihr den Arm um die Schulter. Wortlos umwanderten wir die grünende Lichtung, glücklich und gestillt. Bis uns Dan von der Veranda winkte und rief:

»Kommt, Kinder, das Festmahl ist bereitet!«

Denn so hatten wir alles verabredet.

27. VI. 1947.

Tom und Dan verließen uns noch am gleichen Sonntag. Tom war noch keineswegs so weit genesen, daß er den weiten Weg zum Yelling Yellow hätte auf einmal zurücklegen können. Dan hatte, um ihn zu schonen, die Strecke zur Hütte am Yelling Yellow in drei Teile zerlegt und zwei angenehme Rastplätze eingerichtet, wo er mit Tom die

Nacht zum Montag und die zum Dienstag trocken und warm verbringen wollte.

Am frühen Nachmittag schulterte Dan den schweren Packen, den er zum Yellow schleppen mußte. Tom konnte und sollte noch nichts tragen.

Wir standen vor dem Hause. Der Abschied machte uns befangen. Es fiel uns schwer, voneinander zu scheiden. Bis jetzt hatten wir als eine Familie gelebt. Anne war trotz der verborgenen Spannungen wie unser aller Mutter gewesen. Nun zerriß unser Bund in zwei Teile. Tom und Dan wurden sozusagen verstoßen und empfanden es auch wohl so. – Wir besprachen noch dies oder das, was längst besprochen war. Als Vorwand, noch ein wenig zusammenzubleiben, war es uns recht. Tom endlich schnitt den dünnen Faden ab. Ohne jeden Übergang sagte er mit einem Male:

»Also nun genug! Leb wohl, Anne! Leb wohl, Bill! Komm Dan, wir wollen uns auf den Weg machen!«

Wir drückten uns die Hände. Anne hätte den Bruder wohl umarmt; ich spürte es. Aber eine Scheu, über die ich mir keine Rechenschaft ablegen konnte, hielt sie zurück.

Dan hatte uns schon zweimal die Hand gereicht. Er wandte sich, etwas gebückt unter seiner Last, dem Pfade zu, sagte nur über die Schulter, ohne uns anzuschauen:

»Ja, lebt beide wohl, beide!«

Und wanderte langsam davon. Wir sahen ihnen nach, bis sie am Rande der Lichtung zwischen den Stämmen verschwanden. Wir waren allein –.

Und noch nie waren wir uns so fremd gewesen! –

Mochten die anderen auch gewillt sein, uns goldene Brücken zu bauen – wir wuchsen uns nur langsam entgegen. Was geeignet schien, uns vor der angemessenen Zeit zueinander zu führen, verwirrte uns nur.

Tagsüber ging ich meiner Arbeit nach; es war nicht viel zu verrichten. Doch mußte einiges am Hause geflickt werden. Das Wasseräderchen, das uns versorgte, wollte ich sicherer und bequemer einfassen, so daß man schöpfen und auch waschen konnte. Und dann war es Annes Herzenswunsch gewesen, ein Gärtchen zu besitzen; wenn sie sich heimisch fühlen sollte, durfte es nicht fehlen. Den Samen in die jungfräuliche Bergerde zu senken, machte sie glücklich; fast war dann der eigene Hausstand vollständig.

An den langen Frühlingsabenden saßen wir auf den Stufen der kleinen Veranda und blickten über die stillen Täler und Berge. Wir schwiegen die meiste Zeit; gelegentlich nur besprachen wir, wie wir dies oder jenes anfangen wollten, wenn erst – –. Ja, wenn erst –! Tom war zwar nicht mehr bei uns; doch war uns stets gegenwärtig, daß wir erst ihn in Sicherheit bringen mußten, ehe wir unsere eigene Zukunft bedenken durften.

Daß wir unser Glück nur auf Vorschuß genossen, machte uns bescheiden und mengte allem, was wir taten, einen Wermuttropfen bei. Ich frage mich, ob es auf der Menschenerde überhaupt ein völlig schwereloses, ungetrübtes, sozusagen göttliches Glück geben könne. Macht nicht dieser Wermuttropfen, der im Grunde stets Vergänglichkeit bedeutet, das größte Glück erst möglich?

Wie einen zahmen Vogel in zärtlich gewölbten Händen bot mir Anne ihr ganzes Dasein an, als könnte es nirgendwo besser aufgehoben sein als bei mir. Ich war so behutsam mit ihr wie noch mit keinem anderen Menschen oder Ding zuvor.

Wenn sie mir zuhörte, mich mit ihren dunklen Flammenaugen anblickend, wenn sie von mir Aufschluß über Gott und die Welt verlangte, dann mußte ich in meine tiefsten Schächte hinabtauchen, um zu antworten. In der Erinnerung will es mir so scheinen, als ob ich nur in den seligen Stunden mit Anne ganz der gewesen bin, der ich eigentlich sein sollte.

Des Nachts saß die Eule auf der Felsnadel und wartete, bis ihre Gefährtin herbeistrich. Auf unhörbaren Flügeln umflatterten die Vögel das Haus. Ihr rauher Schrei gewährte der lautlos atmenden Wildnis Stimme. Ich horchte ihm lange nach, wenn ich, wie so oft, nicht einschlafen konnte, zu wach, zu sehr von nachtblauen Wünschen bewegt. Kaum hörbar wehte der Geliebten Atem. Wie nahe sie mir war, so ganz in meine Hand gegeben, so ruhig neben mir in ihren Träumen!

28. VI. 1947.

Im Mai fiel plötzlich ohne Übergang bleierne Hitze ein. Die Luft, glühend und regungslos zwischen den Wänden der Berge lastend, schien uns ersticken zu wollen. Wolkenberge wuchsen über den Zinnen auf und verharrten Stunde für Stunde, hingemauert in augenblendender Weiße. Der Wald schwitzte angstvoll und irre im verfrühten Hochsommer. Der Geruch des rinnenden Harzes umwölkte uns in nicht enden wollenden Schwaden. Die Nächte brachten nur anfangs Kühle; dann luden auch sie sich mit Wärme — und Spannungen. Ja, je wilder die Tage loderten, desto dichter sammelten sich versteckt die Gewitter. Sie knisterten im trockenen Reisig, sie ließen Annes Haar unter dem Kamme wie winzige Schlangen zischen und die Insekten in gezackten Blitzen über die Waldblößen zucken. Die Luft waberte über den Hängen. War es ganz dunkel geworden, so zeichnete mattglänzend ein Saum den Umriß des fernen Gebirges nach.

Die Glut war nicht mehr zu ertragen. Uns floh der Schlaf. Der Mai neigte sich dem Ende zu. Eine neue Nacht brach an, heißer noch als die vorigen. Dunst verschleierte die Sterne. Ein halber Mond schwamm, blutrot vorm Untergehen, über den Zinnen im Westen; ich sah ihn durch die Tür der Hütte, die wir weit offengelassen hatten. Die Luft im Raum drückte zähe und heiß. Anne war endlich eingeschlummert, so glaubte ich. Ich meinte, ersticken zu müssen. Vorsichtig erhob ich mich und schlich mich leise ins Freie, von der Veranda ins Gras; wie angenehm kühl es meine nackten Füße umfing. Mit dem Rücken lehnte ich mich an den Pfosten des Vorbaus und blickte in die Nacht hinaus, die unruhig schien, von ungewohnten Lauten durchflüstert.

Ganz hinten, zwischen den fernen Gipfeln, glimmte zuweilen matter Schimmer auf: vielleicht Gewitter weit unterhalb des Horizontes; wenn sie doch endlich auch uns erlösen wollten –!

Der Shaggy schien müder, gedämpfter zu rauschen als sonst. Obwohl im Freien die Luft kühler wehte, brannte meine Haut. Um die Brust zwängte sich eine Klammer; Unbehagen schnürte meinen Hals. –

Keinen Laut hatte ich vorher vernommen: ich erschrak heftig, als mit einem Male ihre Stimme hinter mir flüsterte:

»Du, ich vergehe vor Hitze!«

Ich fuhr herum. Sie stand vor mir auf den Stufen der Veranda, mit bloßen Armen, barfüßig. Ganz groß und dunkel die Augen in dem blassen Antlitz, in die der untergehende Mond zwei rötliche Funken zauberte. Rührend zerbrechlich schien sie, so kindhaft, so warm in der bedrängten Nacht.

Sie schwankte ein wenig, schlaftrunken noch. Wollte sie die Treppe in das kühlere Gras herabsteigen, verfehlte sie den Schritt? Sie taumelte, drohte zu stürzen, schon hielt ich die leichte Last in meinen Armen – ganz nahe, wie ich sie noch nie in den Armen gehalten.

Sie richtete sich zögernd wieder auf. Sie strich sich ihr dunkles Haar zurück. Ungeahnt schön stand sie vor mir; über den sanften Hügeln hob das Linnen sich zärtlich. Sie seufzte:

»Bill –!«, ganz ratlos. Sie wandte sich und trat in das Haus zurück; sie zog die Tür hinter sich ins Schloß. Ich hörte, wie sie die beiden Fenster weiter aufstieß.

Ich war ausgeschlossen. Uneins mit mir und der Welt, von ungewissen Vorstellungen quälend bedrängt, hockte ich mich auf die Stufen, streckte mich schließlich aus, als der herannahende Morgen frischere Luft voraussandte. Ehe die Sonne aufging, griff ich mir durch eines der offenen Fenster leise meine Winchester, die dicht daneben an einem Zapfen hing, und machte mich den Hang hinauf davon. Ohnehin hatte ich uns ein paar Waldhühner schießen wollen; es war ein guter Vorwand, ihr nicht zu begegnen.

Der Tag wurde noch heißer als der vorige. Kein Federwild, das zu schießen sich gelohnt hätte. Die Tiere hielten sich irgendwo im tiefsten Dickicht verborgen, wo sie von der unbarmherzigen Hitze nicht erreicht wurden. Verzweifelt und schlaff barg ich mich schließlich im Schatten eines bemoosten Felsens, wo es ein wenig kühler schien. Ich spürte eine ungeheuerliche Zerfallenheit mit mir selbst.

Dann war ich mit einem Male eingeschlafen, die Arme unter dem Kopf verschränkt. Die nickenden Farnwedel zu meinen Häupten, das schöne Sausen in den Wipfeln der Fichten und des Bergahorns hatten mich eingeschläfert.

Ich erwachte erst, als sich die Sonne schon neigte. Moskitos hatten mich zerstochen, ohne daß ich es wahrgenommen. Ich taumelte hoch, halb benommen. Ich spürte, heftigen Hunger. Ich hatte mir keinen Proviant eingesteckt. Meinen Durst stillte ich bald, denn auf dem Heimweg kreuzte ich einen schnellen Bach. Der Schweiß rann mir in Strömen. Die Luft glühte. Die Sonne dunstete aus einem milchig verhangenen Himmel. Ein dicker Vorhang war vor die vergangene Nacht gezogen. Ich strebte heim. An Anne dachte ich kaum.

Der Nachmittag senkte sich schon, als ich endlich die Lichtung erreichte. Anne stand vor dem Haus, hielt die Hand über die Augen und hielt Ausschau – nach mir, nach wem sonst? Ich sandte einen Ruf voraus. Sie drehte sich mir zu und winkte, kam mir ein paar Schritte entgegen. Ich sah es; sie hatte sich gesorgt. Was erstarrt war, löste sich, und alles Blut strömte mir zum Herzen. Ich sagte:

»Anne, da bin ich wieder. Mit leeren Händen –!« Sie blickte mich an und ihre Augen wurden groß:

»Wie siehst du aus? Ganz verstört!«

»Die Hitze. Der weite An- und Abstieg über die Berge! Und nichts vor die Büchse bekommen. Und nichts zu essen!«

»Ich begreife dich nicht! Komm! Alles steht bereit!«

Es war wie alle Tage. Oder blickte sie doch anders? War sie nicht blasser als sonst?

4. VII. 1947.
Ich hielt mich abseits vom Hause, bis es ganz dunkel geworden war. Die glühende Luft lastete wie dicke, schwüle Watte auf Berg und Tal, unbeweglich, als wäre sie geronnen. Unerträglich gespannt wartete die Welt ringsum, wartete lautlos und atemlos.

Die Wäsche im kalten Quellwasser bedeutete eine unwahrscheinliche Erleichterung. Das glasige Gerinnsel brachte mich wieder einigermaßen zu mir. Ich sah die Eichhörnchen über die gestürzten Stämme huschen. Die glänzend gefiederten Blackbirds mit den roten Punkten klapperten noch einmal, ehe die Nacht hereinbrach, ihren schnellen, metallischen Ruf. Am Waldrand gurrten die Tauber. Die Sonne war hinter einen Vorhang von Purpur geglitten. Rund um den Horizont türmten sich eigentümlich unbestimmte Wolken von stählerner Farbe. Gleich schwerfälligen Ungeheuern hockten sie bewegungslos über den Bergen ringsum; sie stießen den Glutatem aus, der die Luft zu Schleim verdickte.

Die Finsternis sank schneller herein als sonst. Langsam machte ich mich auf, unter dem Dach der Veranda mein Lager aufzuschlagen. Das Haus lag dunkel und still. Die Fenster standen offen.

Doch ehe ich mich noch niederlegte, begann das ungeheure Schauspiel: der elektrische Sturm über den Bergen. Plötzlich zuckten Faustschläge glühweißen Lichts über die Kämme im Norden und Osten. Im gleichen Augenblick verstummte jeder Laut. Ich meinte, es knistern zu hören: ein furchtbares Knistern!

Die ganze Welt war vergangen, zerlodert im lautlos tobenden Feuerorkan wie dürres Stroh.

Und ich inmitten, ein winziges Stäubchen im Aufruhr des Lichts.

Nichts war ich zu denken fähig; ich fieberte.

Zeit verging, die keine mehr war. – –

Wie ein Raubtier jäh aus dem Hinterhalt, sprangen die Blitze urplötzlich zur geduckt sie erwartenden Erde hinüber. Grell fuhr ein Strahl neben der Felsnadel in den Grund; und ein prasselnder Donnerschlag schlug mich zurück.

Die Luft um mich lohte. Durchdringender Duft verbreitete sich.

Lebte ich noch?

Die Blitze sausten ins Tal hinab, in die Wälder; ein trockener Baum brannte, mit einmal flammend vom Wipfel bis zur Wurzel, gelbrot auf, eine riesige Fackel.

Anne war bei mir; ich weiß nicht, wie. Sie bebte.

»O Gott, Bill!«

Die Wolken barsten. Gleich einer stürzenden Wand rauschte der Regen, durchnäßte uns im Nu bis auf die Haut.

Ich hob mein Mädchen und trug es ins Haus zurück.

»Bleibe bei mir!« flüsterte sie.

Und ich blieb.

Draußen tobte das Wetter sich aus, langsam nach Südwesten schreitend in immer ferneren Blitzen, immer zögernder grollenden Donnern. Der Regen rauschte seine süße Melodie. Durch die weit offene Tür drang der herbe Atem der mit allen Poren trinkenden Erde.

Im bleichen Licht der verlohenden Blitze nahm ich zuweilen ihr Antlitz wahr, so aufgetan, so ernst, so seltsam verwandelt. Um die geschlossenen Augen, den leicht geöffneten Mund schwebte ein nie zuvor gesehener Ausdruck unbeschreiblichen Schmerzes oder unbeschreiblichen Glükkes – wer wollte es sagen! Als sich das erste Morgenlicht hereinstahl, erhob ich mich leise von ihrer Seite. Sie schlief noch tief. Ihr bleiches Antlitz mit den schwarzen, dichten Wimpern und Brauen und dem tiefroten Mund ruhte, ein kostbares Kunstwerk aus Elfenbein, auf den Wellen ihres gelösten Haares, der dunkel glänzenden Flut. Kaum merklich hob ein Lächeln im Schlaf ihre Mundwinkel und verlieh ihrem Antlitz einen Zug unendlicher Zärtlichkeit.

Ich küßte sie behutsam. Mir war, als ob das Lächeln um ihre Mundwinkel sich vertiefte.

Dann ging ich in den Regen hinaus, mich zu waschen. Über allen Bergen hingen die Wolken tief: es würde lange regnen! Ich war froh darüber. Das schloß uns von der übrigen Welt sicherer als hohe Wände ab.

Ich trödelte sehr. Als ich endlich zurückkehrte, stieg schon Rauch aus dem Schornstein. Sie stand am Herde und schwenkte die Eier in der Pfanne. Auf dem Tisch dampften die frischen Pfannkuchen. Der süße Ahorn-Sirup stand bereit. Sie empfing mich fröhlich und ohne jede Befangenheit:

»Nun, lieber Mann? Das Frühstück wartet!« Sie entwand sich mir, als ich sie umfangen wollte:

»Nein, was denkst du dir? Das geht nicht so von früh bis spät! Jetzt wird Frühstück gegessen und dann wird Holz besorgt und Wasser geholt. Und dann werden wir weiter sehen!«

Gehorsam, aber seufzend, setzte ich mich zu Tisch. Ihre Augen lachten. Ihr Mund blühte.

So begannen meines Lebens glücklichste Tage —!

5. VII. 1947.

»So begannen meines Lebens glücklichste Tage« — das schrieb ich. Ich hätte schreiben sollen: »So begannen die einzigen glücklichen Tage meines Lebens —!« Denn was mir später noch zufiel, das war das Vollkommene nicht mehr! Ich kann die Tage zählen, in denen mir ein Menschenglück ohne Vorwürfe und Schuld gewährt wurde. Es sind auf den Tag genau 60, in Worten sechzig, gewesen, vom 29. Mai 1918 bis zum 27. Juli 1918. Am 28. Juli erschien Dan in aller Hergottsfrühe und brachte uns die erste bedrohliche Botschaft. Von ihr nahm dann das Ende seinen Anfang.

Sechzig ganze Tage, in denen ich ohne Reue glücklich

war, so glücklich wie die frühesten Menschen, ehe der Engel sie aus dem großen Garten vertrieb.

Niemals, vorher oder nachher, hat mir Gott ein zweites Mal jenes vollkommene Einigsein mit meinem Geschick und mir selbst geschenkt. So arm also bin ich! Oder muß mich die Mehrzahl der Menschen um jene sechzig seligen Tage beneiden? Viele schleppen nur ein blasses Ahnen durch ihr Dasein, daß sie eigentlich anders leben, anders sein sollten, als sie sind. Ich aber weiß, wie es war, als die ersten Menschen noch im Paradiese lebten.

Die Lerchen sangen zu ihren Häupten. Die wilden Tiere spielten vor ihrer Hütte ohne Scheu. Der Himmel strahlte ihnen offen jeden Tag wie die Vorhöfe Gottes, und der Mond und die nächtlichen Vögel auf den samtenen Flügeln kamen dicht zu ihnen, vertrauter noch als Geschwister. Die kühlen Quellen sprudelten, sie zu erquicken. Die Wälder breiteten weit die Wipfel, sie in ihren blauen Schatten zur Ruhe zu betten. Die wilden Ströme in den Schluchten sangen ihnen das ewig süße, wunderbare Lied von der Herrlichkeit des Geschaffenen. Denn siehe: es war alles sehr gut!

Wie es im Paradiese war: die Welt weit weg, ja, die Welt nicht vorhanden! Kein Laut von jenseits der Berge! Wir allein in unserm glückseligen Tal! Die Wälder und Berge unberührt, wie seit den Tagen der Schöpfung! Die Zeit war gestorben.

Die verschwiegene Wildnis umgab uns, baute ihre schützenden Wälle um uns auf, die königliche Einöde, der grüne Lobgesang!

Sechzig Tage –! Sechzigmal standen wir mit der Sonne auf und und sahen sie wieder versinken. Wenn sie allzu hoch in den Mittagshimmel gestiegen war, dann ruhten wir im kühlen Wald oder badeten tief unten im Shaggy. Ich hatte einen versteckten, wenn auch gefährlichen Abstieg in die Tiefe erkundet und unten zwischen steilen Felsen einen Kessel entdeckt, in dem die kristallenen Wasser nur bedächtig kreisten, ehe sie sich über seinen Rand weiter bergab ergossen. Die Beeren reiften, Brombeeren und Erdbeeren ohne Zahl, und üppig gedieh das Gärtchen. Selten nur schoß ich ein paar Tauben oder ferne, jenseits des Kammes, ein Stück Wild; denn weit um unser einsames Haus war allem Leben eine Freistatt gewährt.

Meine alte Gefährtin, die Eule, grüßte und behütete uns jede Nacht; eine Stachelschweinfamilie gab sich gewöhnlich in der zweiten Morgenstunde vor unserer Veranda ein Stelldichein. Ehe noch die Sonne aufging, erschien mit großer Pünktlichkeit ein Braunbär vor unserem Fenster neben dem Herd und sammelte die Küchenabfälle auf, die ihm Anne am Tag zuvor hinausgeworfen.

Jeden Abend traten die Hirsche aus den Dickungen und ästen am Rande des Windbruchs und zwischen den verrottenden Stämmen, wo das süße Gras und der Neuwuchs mir schon bis zum Gürtel reichten, wenn ich hindurchschritt, um Brennholz zu holen. Wir saßen still vor dem Hause und sahen den schönen Geschöpfen zu. Manchmal nur warfen sie den Kopf auf, äugten zu uns herüber, sogen mißtrauisch die Abendluft ein, um dann gleich wieder die Nasen ins frische Gras zu stecken.

Gelegentlich fegte ein befreundetes Eichhornpärchen, das in einer riesigen alten Bergulme weiter unterhalb seine Nisthöhle hatte, die Verandapfosten hinauf, quer über das backwarme Dach und an der Hinterwand wieder herab. Half ich dann Anne gerade beim Abtrocknen des Geschirrs oder las ihr aus ihrem Lieblingsbuche vor, so unterbrach sie mich, sah mich lächelnd an und sagte:

»Daß die beiden sich schon wieder gezankt haben –!«

Ernsthaft entgegnete ich etwa:

»Das kommt vor, Anne! Es läßt sich nicht immer vermeiden! Kleine Gewitter reinigen die Atmosphäre!«

Sie blitzte mich aus ihren dunklen Augen an – ach, alle Heiterkeit der Welt! Ich nahm mein Buch wieder auf und las weiter. Es war übrigens die Ausgabe der Gedichte von Rudyard Kipling von 1912, das einzige Buch, das sie sich von daheim hatte mitbringen lassen. Anfangs wunderte ich mich, daß die harten Soldaten-Gesänge sie so begeisterten. Aber dann verstand ich's: sie, in der Stille und Einsamkeit der väterlichen Farm aufgewachsen, sehnte sich nach dem freien Atem ferner Länder, großer Taten, einfacher, starker Gefühle. Nie hatte die Stadt sie verlockt, immer aber die Ferne. Das hatten ihr Vater und Mutter, jeder auf seine Weise, vererbt. Und in den Balladen Kiplings nahm ihre Sehnsucht Gestalt an, in diesen männlichsten Versen, die seit Shakespeare gedichtet worden sind.

Sie haben mich alle bis heute begleitet – hinter ihnen sehe ich wie eine Erscheinung zart und blaß die großen, dunklen Augen Annes leuchten, sehe das vollkommene Oval ihres Antlitzes und die edle Kurve ihres Halses, sehe ihre dichten, schwarzen Brauen und den warmen Ton der Haut wie nachgedunkeltes Elfenbein, und die Last der glänzenden, lockeren Wellen des Haares, wie Rabenflügel. Und ihr mutiges, ihr niemals rechnendes, ihr immer verschwenderisches Herz höre ich pochen wie damals so manche Nacht – voller Kraft und Sehnsucht, Güte und Treue.

So viele Jahre sind vergangen, so viel ist geschehen! Die Welt taumelt in blicklosem Wahnsinn am Rand des Untergangs dahin. Millionen starben und sterben, des Todes Sichel ist schon schartig.

Im Winkel des Zimmers sitzt der schattenhafte Begleiter, hebt das Haupt, sieht mich aus uralten Augen an und sagt, was ich zu sagen habe:

»Meine Tage sind vergangen wie ein Rauch.

Mein Herz ist geschlagen.

Ich vergesse, mein Brot zu essen.

Ich bin wie eine Rohrdommel in der Wüste, wie ein Käuzlein an verstörten Stätten.

Ich wache wie ein einsamer Vogel auf dem Dache.

Ich esse Asche wie Brot und mische meinen Trank mit Tränen.

Meine Tage gleiten dahin wie Schatten.

Ich verdorre wie Gras.«

Ich esse Asche wie Brot – die Asche der lang erloschenen Vergangenheit.

*

Draußen weint der Nachtwind um den Hausgiebel. Ein schwerer Autolastzug aus Dänemark donnert auf der Straße vorüber; er trägt nahrhafte Fracht in die Schweiz; er trägt Überfluß zum Überfluß.

*

Dan oder Tom besuchten uns manchmal. Tom fühlte sich leidlich. Den Marsch zum Yellow hatte er in den von Dan vorbereiteten Etappen gut überstanden. Jetzt kam er zuweilen zu uns herübergestiegen, saß ein paar Stunden auf dem Schemel oder vor dem Hause, beobachtete uns freundlich-ironisch aus den Augenwinkeln, ließ sich von seiner Schwester umsorgen, sprach wenig und machte sich nach einigen Stunden wieder auf.

Wenn Dan kam, brachte er Anne stets etwas mit. Sobald sie aber den Versuch machte, sich zu bedanken, winkte er ärgerlich ab und blickte beharrlich an ihr vorbei. Unser beider Freundschaft war erhalten geblieben. Wir fanden unseren alten trocken-herzlichen Ton wieder.

Dan hatte die Ausbeute des Winters nach Vancouver gebracht, um in unserem eigenen Staate möglichst niemand auf uns aufmerksam zu machen. Wir mieden Seattle und Tacoma ebenso wie Spokane und die anderen Städte und Städtchen im weiteren Umkreis, Ruby zum Beispiel und Chelan und Fort Okanagan, seit Tom bei uns war. Er wurde nach wie vor gesucht; wir durften in der Vorsicht nicht nachlassen. – Danny hatte gutes Geld auf die Bank of Montreal in Vancouver getragen. Wir wußten nicht recht, was damit anfangen. Die Frage, was aus Tom werden sollte, hing wie ein Schleier vor jeder Entscheidung.

Eines Abends saß ich nach einem heißen Tage mit Anne auf den Stufen vor unserm Hause. Immer warteten wir auf die Sterne oder den Mond, ehe wir uns in die Hut des geliebten Daches gegaben. Sie lehnte sich an mich und blickte über die dunkelnden Wälder dem verglimmenden Tage nach. Ihre Hände spielten mit einem Grashalm. Kein Vogel sang mehr, nur die Grillen zirpten. Über die stillen Weiten war jene unsagbare Bläue ausgebreitet, jener Hauch zartester Schwermut, denn der hohe Sommer begann schon zu welken.

»So kann es nicht bleiben, Lieber! Wir sind zu glücklich!« Ich zog sie fester an mich.

Konnte es wirklich nicht so bleiben? Ich war willens, es mit allen Gewalten aufzunehmen.

6. VII. 1947.

Ich war sofort hellwach. Schritte näherten sich auf dem Pfade über die Lichtung. Ich schlug leise die Decken zurück, um Anne nicht zu stören, und richtete mich auf. Eine Gestalt auf dem Vorplatz der Hütte war mit einem leisen Sprung auf der Veranda, zeichnete sich groß und dunkel im Türrahmen ab: Dan.

Er flüsterte, kaum hörbar: »Bill!«

Ich ebenso: »Ja –?«

Er winkte und wandte sich wieder ins Freie. Ich griff nach meinen Hosen und folgte ihm lautlos. Wir gingen die wenigen Schritte zur Felsnadel hinunter.

»Was ist?«

»Gestern sind drei Männer mit Pferden bei uns angekommen. Glücklicherweise fischte ich gerade weiter unten am Yellow und sah sie, wie sie anfingen, einen Weg aus dem Flachen in die Hänge zu suchen. Der Yellow füllt ja den Canyon immer noch aus.

Sie trauten sich nicht im Wasser durch die Schlucht, sind also zum erstenmal hier.

Ja! Ich machte, daß ich zur Hütte kam. Tom war im Nu

angezogen. Wir warfen sein Zeug zusammen, soweit es als das eines zweiten Mannes erkannt werden konnte. Ich kletterte vom Dach in die Felsen; es ist da die Spalte in der Wand, wo wir unsere besten Pelze versteckten. Da stopfte ich sein Zeug hinein.«

»Du konntest ja sagen, Dan, es wären deine oder meine Sachen!«

»Natürlich. Aber Vorsicht ist besser. Weiter stromauf, wo das Bett felsig wird, brachte ich Tom über den Yellow. Wir kletterten auf der anderen Seite wieder zurück; die Wand ist dort viel steiler. Nichts für Pferde. Gegenüber unserer Hütte fanden wir einen geschützten Platz, von wo man übersehen kann, was bei der Hütte geschieht, ohne selbst gesehen zu werden. Tom stöhnte sehr, aber ich brauchte ihm nicht zu helfen. Die Nächte sind ja warm. Es ist eine entwurzelte Zeder da. Der Stamm liegt am Fußende hohl. Darunter schläft Tom warm und trocken; auch der Tau erreicht ihn nicht. Man kann fünf Schritte entfernt an ihm vorbeigehen und sieht ihn nicht – oder noch näher!

Ich hörte ein Pferd wiehern. Es war also höchste Zeit. Bin einfach quer durch den Yellow! Verdammte Sache sage ich dir! Die sechs Meter Breite zu überwinden, bin ich hundert stromab gerissen worden; bin dreimal unter Wasser gestrudelt. Aber ich kenne die Tricks von daheim aus den Bergflüssen. Kletterte also an Land, etwas zerbeult, sauste zur Hütte, schälte mir das nasse Zeug vom Leibe, warf's hinter das Haus und stand bereit, als die Brüder ankamen.«

»Und? Wie führten sie sich ein?«

»Sind Landmesser und Geologen, sagten sie. Sind auf metallführende Gesteine aus.«

»Geologen, so? Kann ihnen ja mal auf den Zahn fühlen! Glaubst du, daß sie die Wahrheit sprechen?«

»Ich weiß es nicht. Sie machen keinen üblen Eindruck. Wir kamen bald ins Gespräch. Sie wußten von unserer Fallenstrecke. Wollten wissen, wie wir abgeschnitten hätten letzten Winter. Und warum wir in Vancouver verkauft hätten und nicht in Seattle? Ich sagte ihnen, das ginge sie einen Dreck an, und ob sie gekommen wären zu schnüffeln?«

»Hätte ich nicht gesagt, Dan. Sieht nach Unsicherheit aus!«

»Glaube nicht, daß sie was gemerkt haben. Spielte mich als einsamen Waldläufer auf, der seine Ruhe haben will.«

»Und wie ging's weiter?«

»Ob sie übernachten könnten und ob sie auch hierherkommen könnten? Am Shaggy hinauf käme man besser ins Gebirge und zur kanadischen Grenze. Sicher, sagte ich, sie könnten bleiben, solange sie wollten. Ich hätte mich allerdings mit dir verabredet: wir wollten heute früh zusammen auf einen Wapiti, der uns bisher stets durch die Lappen gegangen wäre. Aber sie sollten sich nur zu Hause fühlen. Folgen konnten sie mir nicht, das sah ich gleich. Sie waren viel zu schlapp; ihre Pferde keine Bergsteiger; diese Nacht mußten sie mir Vorsprung lassen, ob sie wollten oder nicht.«

»Noch was?«

»Ja, alle ihre Sachen waren Regierungszeug. Sie fragten nebenbei, ob wir ganz allein hier wären zwischen Shaggy und Yellow; oder ob andere Leute manchmal durchkämen oder durchgekommen wären. Ich sagte: ganz allein!«

»Das kann auch ganz harmlos gemeint gewesen sein, Dan!«

»Natürlich! Kann es. Oder auch nicht!«

»Sie können die Hütte ruhig durchsuchen und die Umgegend auch. Was werden sie groß finden! Über den Yellow trauen sie sich nicht; und von morgen ab kann Tom sie beobachten. Was soll also passieren?«

Es war inzwischen hell geworden. Dan blickte mich eine Weile an:

»Bill, sie dürfen keine Spur von Anne entdecken. Merken sie, daß hier ein weibliches Wesen wohnt, so gibt es ein großes Geschrei im ganzen Land. Sollten sie aber drauf kommen, wer es ist, dann sind überall die Hunde los. Daß Anne ebenso verschwunden ist wie Tom, hat man längst gemerkt. Jeder wird sofort sagen, wo Anne ist, wird Tom nicht weit sein. Und selbst wenn es nicht so wäre, dürfen wir Anne nicht ins Gerede bringen!«

Was Dan sagte, war richtig. Ich mußte Anne verbergen, bis die Männer wieder abzogen. Alle Spuren, die verrieten, daß hier oben ein Mädchen mit uns wohnte, hatten wir sorgfältig zu tilgen. Das war schwerer, als Tom zu verstecken. Es dauerte nicht lange, dann wußte ich es.

»Unten am Shaggy, Dan! Ich erzählte dir, daß wir da eine Badestelle gefunden haben. Der Weg hinunter ist halsbrecherisch; an den schlimmsten Stellen kommt man nur auf allen vieren weiter; ich habe ihn nicht bezeichnet. Wer sich da nicht auskennt, findet ihn bestimmt nicht. Der Kessel unten hat keinen weiteren Zugang. Ein Obdach habe ich schon gebaut, damit wir unten bleiben können, wenn uns schlechtes Wetter überrascht. Sie ist nicht ängstlich. Komm, wir wollen sie wecken!«

Das war nicht mehr nötig. Schon kräuselte feiner Rauch aus dem Schornstein. Sie trat uns auf der Veranda entgegen, fertig angezogen.

»Was ist? Geht es Tom schlechter oder kommen Fremde?«

Ich sagte ihr mit kurzen Worten, worum es sich handelte. Sie begriff sofort, daß sie sich vorläufig verbergen mußte.

»Erst wollen wir frühstücken. Die Zeit reicht. Selbst wenn die drei nur wenige Stunden geschlafen haben, ist ihnen Dan noch immer voraus!«

»Ich habe mich sehr geeilt; und sie müssen aufpassen, daß sie den Weg nicht verlieren.«

Wir aßen und berieten, was alles zu verrichten war, was Anne mitnehmen mußte, was wir in der Hütte zu ändern hatten. Nach einer Viertelstunde wußte jeder genau, was er zu tun hatte. Sie packte alles zusammen, was den Aufenthalt eines weiblichen Wesens verraten hätte; es war nicht allzu viel: ein paar Kleider, ein kleiner Stapel Wäsche und die wenigen Dinge, die sie zur Toilette brauchte. Auch den Band Kipling legte sie zu ihren Sachen. Ich sagte:

»Anne, den kannst du hierlassen. Wir trennen uns höchstens für einen oder zwei Tage!«

»Ach, laß ihn mir. Er wird mir Mut geben, wenn ich allein da unten im Abgrund hocke und nicht weiß, was hier oben geschieht.« Sie legte das Buch zu ihren Kleidern.

Ich nahm die Teppiche und Decken fort, die wir ausgebreitet hatten. Was an Näh- und Flicksachen über ein bescheidenes männliches Maß hinausging, legte ich in ihre Kiste.

Dan packte Proviant für ein paar Tage zusammen und schnürte die Bündel, die wir in das Versteck hinunternehmen wollten; auch beobachtete er den Waldrand auf verdächtige Bewegungen. In einer guten halben Stunde waren wir fertig. Noch einmal schritten wir das Haus und seine Umgebung ab. Ich war es, der unweit des Fensters ein Büschelchen schwarzer Haare in einer Silberdistel hängen sah, die sie sich ausgekämmt und zum Fenster hinausgeworfen hatte. Der Wind hatte es nicht wie sonst davongeweht, die Vögel es noch nicht geholt. Sie lachte, als ich es von den Dornen pflückte. Ach, war nicht alles nur ein Abenteuer?

Ich also würde Anne mit dem Gepäck in der kühlen Tiefe in Sicherheit bringen. Dan aber sollte sich in den Hinterhalt legen, dort, wo unser Abstieg begann, und die Männer beobachten. Die Haustür würden wir, wie üblich, von außen mit einem gegenangestemmten Pfosten verschließen. Das bedeutete: niemand daheim, Eintritt verboten! Nach den Gebräuchen der Einöde durfte ein unangemeldeter Besucher nur dann eindringen, wenn er in Not war, wenn Nacht oder Wetter ihn zwangen, sich ein Obdach zu suchen. Brachen die Fremden dies Gesetz, so hatten wir es entweder mit Dieben zu tun oder mit Männern, die uns von Amts wegen ausforschen wollten. Auf alle Fälle sollte Dan so lange warten, bis ich aus der Tiefe zurückkehrte. Wir wollten uns dann gemeinsam dem Hause nähern, als ob wir gerade von vergeblicher Jagd heimkehrten.

Wir stemmten also einen schweren Pfosten gegen die Tür

und warfen nochmals von allen Seiten einen Blick auf unser Haus, dessen Dach nun schon so viele Geheimnisse hütete. Anne nahm zwei leichtere Bündel auf, ich die schwereren und ein langes Seil, an denen wir sie über die steilsten Stellen abwärtsgleiten lassen konnten. Dann machten wir uns auf. Die Sonne blickte schon über den Kamm, es war inzwischen acht Uhr geworden.

Bald blieb Dan zurück. Er legte sich in hohes Kraut. Die Salbeibüsche rochen würzig. Mit wenigen Bewegungen konnte er sich den Hang hinunterrollen; dort verschwand er ganz in niedrigem Unterholz aus Ahorn-, Ulmen- und Tannenstämmchen.

»Zwischen den Salbeibüschen, Dan! – Du wirst einschlafen und dich durch Schnarchen verraten.«

Er lag schon lang im Grase und antwortete entrüstet:

»Erstens schnarche ich nie, und wenn ich zehnmal in der Nacht zuvor kein Auge zugemacht hätte. Und zweitens bin ich viel zu gespannt darauf, was die Kerle wollen!«

Wir seilten die Bündel ab; es ging ganz gut. Aber der Weg hinunter, der uns sonst kaum eine halbe Stunde kostete, hielt uns diesmal länger auf. Wie unerschrocken mein Mädchen mit den schwierigen Umständen fertig wurde! Wenn sie ebenso sicher wie vorsichtig auf den schmalen Bändern vor mir herschritt oder sich über Felsstufen abwärtsgleiten ließ, die ihr bis unter die Schultern reichten, dann tat mir das Herz weh vor lauter Liebe. Wie ein edles Tier der Berge, so leise und stolz und ohne sich zu stoßen, bewältigte sie den gefährlichen Abstieg.

Endlich hatten wir unsern verschwiegenen Kessel erreicht. Um eine Ecke der Schlucht schoß das Wasser in die tiefe Mulde, kreiste darin und schwoll an der andern Seite über ein breites Felsbrett hinüber, um sofort an neuen Gesteinsbarrikaden aufzugischten, grünsilbern zu zerschellen, sich talwärts zu schleudern mit den tobenden Urweltgesängen, die bis zu unserer Hütte hinaufklangen. Auf allen Seiten fielen die Wände steil in den Kessel ab, und nur in den Mittagsstunden des hohen Sommers drang die Sonne in seinen Grund. Goldgrünes Moos an den Wänden. Auf der Geröllbank neben dem Kreiselsee, nicht größer als das Deck eines 500-Tonnen-Dampfers, hatten sich zwei Gelbkiefern und ein Bergahorn angesiedelt; sie waren lichthungrig kerzengerade aufgeschossen. Das letzte Hochwasser hatte viel Treibholz am Ufer abgelagert. Aus solchen Stämmen hatte ich ein Obdach gezimmert; ich dichtete es nun mit einem halben Dutzend Decken ab, schichtete trockenes Gezweig und Gestrüpp hinein, breitete eine schwere Hirschhaut darüber, um die Kälte des Bodens abzuschirmen. Denn Anne durfte nicht wagen ein Feuer anzustecken; oder nur spät in der Nacht und nur dort, wo die Felsen überhingen.

Wie glücklich waren wir an heißen Tagen hier gewesen! Nun hatte sich der Platz in ein Versteck verwandelt, fast in ein Gefängnis. Ich fürchtete, daß Anne frieren würde; wir hatten ihre Pelze mitgenommen.

»Länger als zwei Tage bleibe ich hier unten nicht; dann sehe ich oben nach dem Rechten. Ich passe schon auf. Krieche höchstens bis zu der Stelle, wo Dan gelegen hat.«

»Gut, Anne! Übermorgen bei Sonnenuntergang bin ich an eben der Selle, wenn die Luft noch nicht rein ist. Oder du findest dort eine Nachricht!«

»Ich wollte, es wäre erst so weit. Wie in einem Kessel bin ich hier, wie in einer Falle!«

Wir küßten uns; dann stieg ich wieder in die Wand. Die Sonne näherte sich schon der Scheitelhöhe, als ich mich dicht am Boden neben Dan schob.

»Sieh! Gerade stemmen sie den Pfahl wieder vor die Tür, damit wir nicht merken, daß sie im Haus gewesen sind!«

So war es. Die Pferde grasten ruhig auf der Lichtung; sie waren abgesattelt und trugen Knie-Fesseln. An diesem Tag zogen die Besucher also nicht mehr weiter. Wir beobachteten, wie sie ein paar Steine zusammenschichteten, Feuer dazwischen anzündeten und ihren Kochtopf daraufstellten.

Wir hielten es für an der Zeit, aufzutauchen. Wir schlichen uns außer Sicht um die halbe Lichtung und wanderten dann, die Gewehre umgehängt, vom Hang herab auf das Haus zu.

Die Männer begrüßten uns freundlich; sie hätten mir unter anderen Umständen gut gefallen. Kluge, anständige Gesichter. Landmesser? Geologen? Das konnte stimmen; sie führten die richtigen Geräte mit sich. Wir gerieten bald in ein lebhaftes Gespräch, denn ich hatte die geologischen Verhältnisse der Bergketten gut einen Tagmarsch im Umkreis längst studiert. Metalle waren kaum zu vermuten. Warum hatten sie aber unser Haus durchsucht? Sie erzählten von neuen feineren Methoden der Landesaufnahme, die sie erprobten.

Doch kam es mir wieder so vor, als wollten sie uns unmerklich ausfragen. Wie von ungefähr fiel auch der Name O'Flaherty. Ob wir gehört hätten, daß der junge O'Flaherty – –? Ja, das hätten wir wohl gehört. Dan fügte hinzu:

»Weiß der Teufel, wo der geblieben ist. Sie haben ihn doch auf der Flucht angeschossen, erzählte mir neulich einer in Fort Okanagan. Wahrscheinlich lebt er gar nicht mehr.«

»Kann schon sein!« antwortete kurz einer der Besucher und lenkte das Gespräch auf etwas anderes.

Sie haben nichts Verdächtiges im Haus gefunden, sagte ich mir, sonst träten sie sicherer auf!

Ob sie hier einen Tag ausruhen dürften? Morgen früh wollten sie am Shaggy aufwärts weiterziehen, dann über die Berge ins Okanagantal hinübersteigen, um schließlich die kanadische Grenze zu erreichen.

Gewiß, sie wären willkommen; und ich gäbe ihnen gerne das Geleit; denn für die Pferde seien da oben nur wenige Wege, die man aber kennen müßte.

Für den Rest des Tages und während der Nacht ließen wir sie nicht aus den Augen. Einer der drei mochte vierzig oder fünfundvierzig Jahre zählen; ihm trat ich mein Bett ab. Auf dem andern schlief Dan; ich selbst mit den beiden jüngeren Männern auf der Veranda.

Um es kurz zu machen: ich brachte sie am nächsten

Morgen den Shaggy aufwärts zu einer Stelle, wo die das Tal im Osten eingrenzende Kette am besten zu überqueren war. Von der Höhe zeigte ich ihnen die Paßkerbe in der nächsten Parallelkette im Osten. Sehr viel dürrer und spärlicher bewachsen zeigte sich hier schon das Land. »Hinter jenem Paß da drüben müßt ihr euch zum Okanagan hinuntertasten; dem braucht ihr nur nordwärts zu folgen, um zur Grenze zu gelangen. Das sind dann noch gut zwanzig Meilen!«

Wir verabschiedeten uns höflich und freundlich. Kaum aber hatte ich den Rücken gewandt, so spürte ich wie leisen körperlichen Schmerz die Spannung, von der ich sowohl wie sie beherrscht gewesen war. Mit langen Schritten strebte ich durch das gürtelhohe Knieholz, das auf der Kammhöhe den Boden bedeckte, wieder bergab. Ich sah mich nicht um. Erst als ich sicher war, daß der mählich zusammenwachsende Wald mich vor mißtrauischen Beobachtern in meinem Rücken verbarg, hielt ich inne, machte kehrt und schob mich vorsichtig und gedeckt wieder bergauf. Da! Es geschah: der Älteste, den sie »Chief« genannt hatten, erhob sich oben zwischen den Felsen und blickte den Weg hinunter, den ich zurück genommen hatte. Nach einer Weile schien er sich Gewißheit verschafft zu haben, daß ich wirklich verschwunden war.

Wie unter einem Zwange habe ich dann die drei Reiter von ferne begleitet. Ich kam, wenn ich wollte, schneller voran als sie. Das Gelände war zu schwierig, als daß man mit Pferden leicht fortschreiten konnte. Ich folgte ihnen bis zum Abend, bis sie jenseits der zweiten Kette die Wagenspur erreichten, die sich auf dem schmalen Plateau neben dem tief unten schäumenden Okanagan entlangschlängelt. Hier hätten sie nach Norden einbiegen müssen. Sie wandten sich jedoch nach Süden, also fort von der Grenze.

Auf alle Fälle hatten sie uns nicht die volle Wahrheit verraten. Erst weit nach Mitternacht langte ich wieder, völlig zerschlagen, bei Dan im Hause über dem Shaggy an. Wir wurden beargwöhnt, das war sicher. Wir mußten

Kriegsrat halten. Dan machte sich noch in der gleichen Nacht auf, um Tom zu benachrichtigen; ich wollte bei Sonnenaufgang zu Anne hinabsteigen – jetzt in der Dunkelheit war's zu gefährlich. In der Nacht darauf würden wir uns alle dann bei Dan am Yellow treffen.

7. VII. 1947.

Mit einem Schlage war das Gefühl der Geborgenheit von uns gewichen, das uns bis dahin freundlich umhüllt hatte. Wir wußten mit einem Male wieder, daß wir am Rande der Gesellschaft, ja, gegen ihre Gesetze lebten.

Der unmittelbare Zugang zu unserem Haus am Shaggy war immer noch versperrt. Wir hatten den verschütteten Pfad um die Felsnase nicht wieder ausgegraben. Wer zur Shaggyhütte wollte, mußte am Yelling Yellow stromauf ziehen und unsere Hütte dort passieren. Oder er hatte den beschwerlichen und gefahrvollen Weg über die Berge von Norden her zu wählen, was kaum einer wagen würde. Gefährdet war also in erster Linie, wer in Dans Haus am Yelling Yellow wohnte. Dort konnten wir jederzeit ohne Warnung überrascht werden, wenn wir keinen Wachtdienst einrichteten.

Wir saßen um die Mitternachtsstunde zu vieren vor dem Hüttchen am Yelling Yellow. Hinter uns reckte sich die Felswand steil und schwarz ins Ungewisse. Der Wald schwieg. Vom Strome, der nur wenige Schritte vor uns in seiner Felsenrinne eilig vorüberglitt, hörten wir nichts; es sei denn, daß zuweilen ein Fisch aufschnellte und klatschend in sein Element zurückfiel. Die Sterne funkelten durchs Gezweig der Bäume. Die Felswand hauchte den letzten Rest der Tageswärme aus. Der Friede der Nacht schien vollkommen. Ich stellte es manchmal fest, wie gut wir vier nach Amerika paßten mit unseren vielen verschiedenen Vaterländern, den vielen Strömen guten alten Blutes, die in uns flossen, bereit, nun in den einen großen amerikanischen einzumünden: schweizerische und englische, deutsche und norwegische, irische und amerikanische Vergangenheiten hatten bei uns Pate gestanden. Doch blieb dies belanglos. Nur das Menschliche entschied. Es greift über alle Grenzen und Sprachen, alle Sitten und Hautfarben hinweg. Es gibt nur diesen einen sicheren Kompaß.

Anne saß neben mir, dicht an mich geschmiegt in der Dunkelheit. Als ich sie am vorausgegangenen Tage aus ihrem Verließ am Kreiselsee befreite, wußte ich, daß sie geweint hatte.

Auch Tom schien mir gezeichnet, als ich ihn wiedersah nach den drei Nächten, die er wie ein Tier des Waldes versteckt in seiner Höhle zugebracht hatte. Seine Augen blickten, als ob sie nie mehr lachen könnten.

Wir ahnten es alle; die Zeit der Windstille ging ihrem Ende entgegen. Wolken des Schicksals ballten sich über dem Horizont.

Ohne mein Zutun war mit der Zeit mir die Rolle des Anführers zugefallen. Ich war der Älteste. So warteten die anderen auch in dieser stillen Sommernacht, daß ich aussprach, was wir uns zur Richtschnur machen müßten.

»Das erste ist: Wir dürfen Tom erst dann über die Grenze in Sicherheit bringen, wenn er ganz gesund ist. Er muß imstande sein, sich allein zu versorgen und anderswohin weiterzureisen, nach Australien etwa oder nach Südamerika. Vielleicht geht er auch einfach nach Mexiko, vielleicht auch nur nach Neu-Schottland oder Neufundland.

Zweitens dürfen wir unter keinen Umständen den Verdacht oder gar die Gewißheit aufkommen lassen, Dan und ich lebten nicht allein hier oben. Sonst sind wir alle verloren.

Drittens müssen wir im geheimen engere Fühlung mit den Eltern halten. Nur sie erfahren genau, wie der Hase läuft und wie wir uns zu verhalten haben, wenn der Krieg vorbei ist.

Viertens waren die Männer, die uns besuchten, zwar keine Polizeibeamten; aber sie hatten irgendeinen Haupt- oder Nebenauftrag, bei uns nach dem Rechten zu sehen und zu erkunden, ob wir irgendwie mit Tom oder Anne in

Verbindung ständen. Dan und ich sind schließlich Ausländer; es ist Krieg. Vielleicht hat man erfahren, daß ich mit den O'Flahertys verwandt bin.

Fünftens: Tom muß endlich gesund werden, und das an einem Platz, wo weder er noch Anne zu entdecken sind. Denn nur Anne kann ihn wirklich pflegen. Wir müssen irgendwo noch eine Hütte bauen, die vor jeder Überraschung sicher ist!«

Damit war alles gesagt. Manches auch, was Anne und mich im besonderen anging, hatte ich nicht in Worte gekleidet. Wir verstanden uns auch so.

Schweigend horchten wir alle in die ruhevolle Nacht. Sie gab keine Antwort; sie schwang in sich den ungeheuren Kreis voll es ewigen Gleichmuts der Einöde, ohne Freuden und Leidenschaften wie seit je, sich selbst genügend.

Tom endlich sagte nach langer Weile mit rauher Stimme:

»Ich habe keine Lust mehr, Kinder! Ich werde doch nicht gesund. Ich will's auch im Grunde gar nicht. Ich habe einen Menschen getötet. Mag's auch zehnmal ein Lump gewesen sein – was hilft mir das! Ich werde euch noch alle verderben. Laßt mich fallen! Ich bin so oder so verloren!«

Mit unaussprechlichem Seufzen war die Nacht erfüllt. Daß Tom im stillen an solchen Gedanken spann, wußten wir alle. Aber es ging uns gegen die Ehre. Wir hatten uns die Aufgabe gestellt, ihn dem Leben wiederzugewinnen. Ihn durften wir am allerwenigsten im Stich lassen, wenn er verzagen wollte. Wir hatten nicht mit ihm zu rechten; wir hatten ihn zu retten.

Anne flüsterte zärtlich:

»Ach, Tommy, ja. Wir wissen ja alles! Komm nur wieder in meine Hände. Wenn du erst gesund bist, Tommy –! Wir trauen dir alle und halten dich wert, Vater und Mutter auch! Büßen kannst du noch ein ganzes Leben lang, aber dazu mußt du leben!«

Wieder Schweigen. Dann erhob sich einer und ging zwischen den dunklen Stämmen davon: Tom. Wir sollten nicht hören, daß er schluchzte. Aber wir hörten es doch.

Was soll ich weiter jede Einzelheit berichten! Sie fließen mir in der Erinnerung zu einem trüben Wirbel zusammen. Nur das bittere Ende steht so klar vor mir, als wäre es gestern erst über mich hereingestürzt.

Wie wir eine geheime Hütte jenseits des Yelling Yellow bauten, von der aus der Pfad am Yellow weit zu überschauen war.

Wie wir im August vernahmen, daß der Krieg in Europa auszubrennen schien –.

Wie Anne einen stummen, zähen Kampf um den Lebenswillen ihres Bruders führte, einen Kampf, der ihr wenig oder gar keine Zeit für mich ließ –.

Wie wir uns beide nur noch in Gegenwart Dans oder Toms begegneten, denn seit wir uns entschlossen hatten, Tom, koste es was es wolle, zur Freiheit und Gesundheit zu verhelfen, wichen wir von dieser Linie nicht mehr ab. Mir wäre es ebenso unmöglich gewesen wie ihr, auch nur anzudeuten, daß wir beide einen Tag oder gar eine Nacht mit uns allein sein wollten –! Das war vorbei.

Wie das Jahr in den Herbst hinüberglitt, den zauberhaften; doch nur selten nahmen wir ihn wahr –.

Wie plötzliche Haussuchungen bei den O'Flahertys uns ängstigten –.

Wie plötzlich im Oktober, als unsere Fallenstrecke schon für den Winter bereit lag, Polizei auf unseren Bergen auftauchte. Schon die Sommermonate hatten uns merkwürdig viele Besucher beschert. Wie die Beamten höflich, aber sehr kühl und kurz nach unseren Pässen fragten, mir auf den Kopf zusagten, daß die O'Flahertys Onkel und Tante von mir wären –.

Wie sie uns offen verhörten, ob wir über den Verbleib des gesuchten Thomas O'Flaherty oder den seiner Schwester Auskunft erteilen könnten –.

Wie sie schließlich abzogen, nachdem sie unsere Hütten am Yelling Yellow und Shaggy und das Gelände dazwischen durchstöbert hatten. Unbefriedigt blieben sie und mißtrauisch. Übrigens haben sie den Yellow nicht überschritten; der schien weit ober- und unterhalb der Hütte unüberwindlich. In der Tat: mochte die geheime Hütte der Geschwister kaum fünfhundert Meter entfernt sein, so weit wie die Krähe fliegt, es brauchte doch ein geübter Fußgänger und Kletterer, der außerdem mit dem Gelände gut vertraut sein mußte, mehr als zwei Stunden, um von unserer Hütte östlich des Yellow zu jener westlichen zu gelangen. Und selbst wenn die Männer das verborgene Dach gefunden hätten – das Nest wäre leer gewesen. Denn schon zehn Minuten nach der Ankunft der Polizisten hatten wir das Signal »höchste Gefahr« hinübergegeben: wir verschoben einen von drüben gut sichtbaren, geschälten, also hell schimmernden Fichtenstamm so am Ufer des Yellow, daß er nicht mehr in der Längsrichtung, sondern senkrecht zur Strömung zu liegen kam. Tom und Anne waren daraufhin sofort weiter in die Berge gestiegen, ohne eine »weibliche« Spur zu hinterlassen.

Wie Anne mir eines Abends in den letzten Oktobertagen das Geleite gab – es regnete kalt; zwischen den Bäumen wallte die Düsternis auf wie nasser Rauch.

»Ich halte es kaum noch aus, Bill. Er quält sich selbst zu Tode.« – Wie ich da erschrak; denn seine Wunde hatte sich sehr gebessert. Dan und ich schmiedeten schon Pläne, wie wir ihn noch vor dem endgültigen Schnee nach Vancouver und auf See bringen wollten; war doch der Krieg so gut wie vorbei.

Und wie schließlich unter einem Hagel von Schlägen und Unglück alles zerbrach, was unseren Herzen teuer, was wir geplant und mit ganzer Seele erhofft hatten –.

8. VII. 1947.
Je weiter der Herbst vorrückte, je häßlicher das Wetter sich anließ, desto sicherer fühlten wir uns. Die Tage dämmerten nur kurz; und in den Nächten überraschte uns niemand.

Der Boden an den Hängen war trügerisch und aufgeweicht. Die Wälder glichen Sümpfen. Die Nächte, in denen kein Mond schien, lagerten wie schwarze Watte über der Welt; nicht die Hand vor den Augen war sichtbar. Es regnete fast ununterbrochen. Der Yellow war über seine Ufer getreten und strudelte böse schäumend dahin.

Ihn weiter oberhalb, wo er über grobe Felsen hinstolperte, zu überschreiten, war so gefährlich geworden, daß ich kurzerhand Tom und Anne wieder in unser Haus am Shaggy holte, ohne allerdings ihren »Haushalt« jenseits des Yellow aufzulösen; sobald der Frost die Wildnis begehbar machte, würden sie sich wieder verbergen müssen. Dan und ich hielten am Yellow Wache. In den Nächten waren wir völlig sicher: und am Tage brauchten wir auch nur vom Mittag bis zum Abend Ausschau zu halten. Es genügte, wenn einer von uns am Yellow vor dem Zugang zu unserm heimlichen Wildnisbereich auf Posten lag. So konnte ich im Haus am Shaggy den Geschwistern oft genug Gesellschaft leisten, wenn Dan an der Reihe war, Wache zu halten. Auf die Fallenstrecke hatten wir diesmal keine besondere Sorgfalt verwendet: wir legten die Fallen genauso aus wie im Jahre zuvor. Aber in Gedanken waren wir längst über alle Berge.

Auch jetzt sah ich Anne nie allein. Aber wir waren bescheiden geworden; es genügte uns, zuweilen einen Blick, einen Händedruck zu tauschen. Wir konnten unser nicht froh werden, mußten wir doch täglich und stündlich mitansehen, wie Tom sich abquälte. Er gab sich redlich Mühe, seine Wunden zu heilen, vor allem sich zu stärken. Tom hackte Holz, hatte den Garten für den Winter umgegraben und schon wieder einen Baum gefällt, was er freilich mit zwei Tagen Krankenlager bezahlte. Mich stimmte die Sorgfalt, mit der sich Tom um seinen Zustand kümmerte, hoffnungsvoll. Bis mir Anne eines Abends traurig sagte:

»Glaube nur nicht, Bill, daß er gesund werden will, um irgendwoanders von vorn anzufangen. Es peinigt ihn, daß er uns zur Last liegt. Er will nicht mehr auf unsere Pflege angewiesen sein, will sich allein durchschlagen!«

»Hat er irgend etwas Bestimmtes vor?« fragte ich beunruhigt.

»Ich weiß es nicht, Bill. Ich ahne es nur –«

Eines Abends in den ersten Tagen des November – am siebenten oder achten muß es gewesen sein – saßen wir beim Schein der Kerze um den Tisch. Wir hatten unser einfaches Mahl beendet. Anne und Tom hatten das Geschirr abgewaschen und weggeräumt. Manchmal fürchteten wir uns im geheimen vor den langen Stunden zu Beginn der Nacht. Harmlose Gespräche boten sich nicht an. Keiner hätte es zugegeben. Unsere Gedanken kreisten beständig um die eine Frage, ob und wie Tom schuldig geworden war. Längst hatte ich ihn ins Herz geschlossen wie einen Bruder. Die körperliche und seelische Qual veredelte sein Gesicht. Die Ähnlichkeit mit der geliebten Schwester trat deutlicher als früher hervor.

An den langen Abenden bat Tom mich oft, aus meiner deutschen Bibel vorzulesen. Beide sprachen das Deutsche nur noch unvollkommen. Doch die bekannteren Texte der Lutherschen Übersetzung waren ihnen vertraut; gerade ihr dem Alltag fernes Deutsch umwob sie mit einem frommen Schimmer. Tom schien danach zu hungern.

Draußen sang der Herbstwind; am Tage war für eine halbe Stunde die Wolkenlast aufgerissen und hatte mir den Blick auf die hohen Berge im Nordosten freigegeben, den Mount Tiffany; er trug schon eine Schneehaube. Zum ersten Male hatte die bei aller Unwirtlichkeit immer noch weiche Luft sich härter angelassen, nach Schnee und Eis schmeckend –. Während die dunklen Sterne der Geliebten auf mein Gesicht gerichtet waren, Tom vor sich auf die gefalteten Hände blickte, las ich:

»Die irregingen in der Wüste, auf ungebahnten Wegen, und fanden keine Stadt, da sie wohnen konnten, hungrig und durstig, und ihre Seelen verschmachteten; die zum

Herrn riefen in ihrer Not, und er errettete sie aus ihren Ängsten und führte sie einen richtigen Weg, daß sie gingen zur Stadt, wo sie wohnen konnten:

die sollen dem Herrn danken für seine Güte und für seine Wunder, die er an den Menschenkindern tut, daß er sättigt die hungrige Seele und füllt die durstige mit Gutem.

Die da sitzen mußten in Finsternis und Dunkel, gefangen in Zwang und Eisen, darum daß sie Gottes Geboten ungehorsam gewesen waren und das Gesetz des Höchsten geschändet hatten, dafür ihr Herz mit Unglück geplagt werden mußte, daß sie dalagen und ihnen niemand half; die zum Herrn riefen in ihrer Not – und er half ihnen aus ihren Ängsten und führte sie aus Finsternis und Dunkel und zerriß ihre Bande,

die sollen dem Herrn danken für seine Güte und für seine Wunder, die er an den Menschenkindern tut, daß er zerbricht eherne Türen und zerschlägt eiserne Riegel.

Die Narren, die geplagt waren um ihrer Übertretung und um ihrer Sünden willen, daß ihnen ekelte vor aller Speise und sie todkrank – –«

Anne legte mir die Hand auf das aufgeschlagene Buch und unterbrach mich: »Horch!«

Ich hob den Kopf: ja, ein langgezogener Ruf über dem Sturm »Halloooo«.

Das konnte nur Dan sein. Wir hatten verabredet, daß er sich durch einen Ruf anzeigte, wenn er käme, damit wir wüßten, daß jeder lautlos sich Nähernde ein Feind sei. Ich schlug das Buch zu, stellte das Licht aufs Fensterbrett, damit es ihm als Wegweiser diente, und erhob mich.

Der Wind schwoll ins Haus wie eine Wasserwoge. Noch sah ich niemand; es war zu dunkel draußen und mein Auge noch nicht an die Finsternis gewöhnt. Ich ging ein paar Schritte ins Freie und rief:

»Dan?«

»Ja, Bill! Dies ist Dan!«

Was war geschehen, daß ihn selbst die mondlose Nacht nicht aufgehalten hatte, sich hierher zu schlagen? Endlich unterschied ich eine schattenhafte Gestalt. Eine? Nein, zwei! Dan kam nicht allein. Er brachte jemand mit. Wer war es? Blitzschnell erwog ich, was am Yellow geschehen sein mochte. Noch war es Zeit; noch konnte Tom aus dem Hinterfenster springen. Ob Dan meine Unruhe spürte; wieder rief er:

»Keine Gefahr, Bill!«

Dann standen Dan und der andere vor mir. Alles hatte ich erwartet, nur nicht diesen zweiten Besucher: es war der alte Mike O'Flaherty!

Sie traten in die Hütte. Tom und Anne wurden weiß wie die Wand, als sie den Vater erkannten; länger als ein Jahr hatten sie ihn nicht gesehen. Dan und der Alte troffen vor Nässe; sie waren durch eisigen Regen marschiert. Anne schürte das Feuer im Herd: heißes Wasser brauchte der Vater. Der Alte schien aufs äußerste erschöpft. Die dunkelbraun gegerbte Haut war blutleer, eingefallen und verriet den schmalen Knochenbau des Gesichts. Die weißen Haare zottelten ihm feucht um die Stirn. Nur aus den Augen glühte unverändert der alte Wille. Wir wagten nicht, ihn zu fragen, was ihn so überraschend auf unsern Berg getrieben hatte.

Die Männer schälten sich das nasse Zeug vom Leibe, trockneten sich und zogen gewärmte Sachen von Tom und mir an. Langsam kehrte ein wenig Farbe in des Alten Gesicht zurück. Er schlürfte den heißen, starken Tee, den Anne bereitet hatte. Ich bewog ihn, die Füße in ein heißes Bad zu stecken, das ich mit weiterem heißen Wasser an der Grenze des gerade noch Erträglichen hielt.

Ich sehe ihn noch vor mir, den Alten. Wir umsorgten ihn mit einer uns kaum bewußten Zärtlichkeit. Er hatte sich zu uns gekämpft, allein, bei diesem grausigen Vorwinter-Wetter! Er gehörte zu uns! So, während er dasaß, die Beine in der dampfenden Wanne, begann er zu berichten.

»Kinder, also, es geht so nicht weiter! Ich habe mit Mutter alles genau besprochen; wir sind uns einig geworden. Wir hatten wieder Vernehmung und Haussuchung. Die Nachbarn werden rebellisch. Der Krieg liegt in den letzten

Zügen; sie wollen reinen Tisch machen. Wir haben sichere Kunde, daß in der nächsten Woche mit einem größeren Aufgebot das ganze Tal des Yellow und Shaggy abgesucht werden soll. Jack Feale, der Polizist aus Pateros, hat es uns verraten; er ist ja auch Ire und meinte: bloß für alle Fälle sag ich dir's, Mike, ich habe keinen Verdacht gegen dich. Tom und Anne müssen hier fort. Und da wir euch beiden, Dan und Bill, nicht noch mehr zumuten wollen, bin ich selbst heraufgekommen, euch zu warnen.

Wir können nicht länger verantworten, Annes Schicksal weiter an Toms zu binden. Wir haben nicht nur einen Sohn, sondern auch eine Tochter. Und wir wollen, Anne und Bill, daß ihr endlich heiratet, wie es sich gehört. Denn wir sind alt und müde. Ihr sollt uns die Farm abnehmen!

Aber Bill muß zuvor Tom in Sicherheit bringen. Bill gehört ja jetzt zu uns und wird das nicht scheuen. Es wäre gut, wenn auch Dan dabei wäre, damit alles glatt geht.

Ich aber reise mit Anne für ein paar Wochen nach dem Süden, bis die Polizei einsieht, daß bei uns nichts zu holen oder zu finden ist. Mutter ist tapfer; sie will mit allem allein fertig werden. Auf der Farm wird ja nichts mehr passieren. Anne und ich bleiben im Süden, in San Francisco, wo uns keiner kennt. Dort weiß ich ein kleines Hotel; da wollen wir auf dich warten, Bill, bis du kommst und uns Nachricht bringst, was aus Tom geworden ist. Die Adresse mußt du dir aufschreiben, Bill. Dann reisen wir bald auf die Farm zurück und sagen den Leuten: wir hätten Anne ein Jahr zu andern Leuten gesteckt, damit sie sich überlegt, ob sie Bill wirklich heiraten will oder nicht.

So müßte es gehen, meinen wir. Selbst wenn Tom noch schwach sein sollte, es bleibt keine Wahl. Ich habe Pferde mitgebracht; wir ließen sie am Yellow. Morgen oder besser übermorgen will ich mit Anne abreiten. Ihr müßt morgen eure Fallenstrecke aufheben, alle verdächtigen Spuren beseitigen und dann fort mit euch, nach Norden, ehe der Schnee die Pässe verstopft! Nun sagt, was ihr davon denkt!«

Schweigen herrschte zunächst. Unser bergendes Nest am

hohen Baume der Wildnis war schon aus seiner Astgabel gestoßen; bald würde es zerfetzt am Boden liegen.

Tom erregte plötzlich meine Aufmerksamkeit; seine Brauen waren eng zusammengezogen; er spielte nervös mit einem Schnitzel Holz. Plötzlich schoß mir klar durchs Hirn, was ich schon geahnt hatte: er will nicht fliehen; er will sich stellen und die Verantwortung übernehmen! Und Anne –! Anne würde sich nicht in Sicherheit bringen, stiegen ihr jetzt Zweifel an seiner Rettung auf. Tom begann zögernd:

»Wozu noch so viele Umstände machen meinetwegen? Ich habe mir gedacht – –«

»Tom —!« rief ich dazwischen. Ich war plötzlich zum Äußersten entschlossen, den Vater und Anne den drohenden Gefahren zu entheben. Er blickte mich erschrocken an und stockte.

»Tom, wir bringen dich schon auf den richtigen Weg, weißt du! Der vorhin beim Vorlesen gemeint war. Laß nur, dein Vater hat recht!«

Beinahe furchtsam sah er mich an, nickte dann. Ob er mich verstanden hatte? Anne fiel ein:

»Wir werden erst übermorgen fortreiten, Vater. Ich muß unbedingt noch einmal über den Yellow. In der Hütte dort liegen noch allzu viele Sachen von mir. Ich muß sie mitnehmen.«

Täuschte ich mich, oder schwang in ihrer Stimme wirklich ein Ton der Erleichterung mit? Sie war wohl kaum noch fähig, die Last der Verantwortung für den Bruder weiterzutragen, und dies Zusammensein mit mir, das uns doch trennte. Auch in mir selber spürte ich etwas wie ein Aufatmen: wir waren alle froh, daß die Zeit der Ungewißheit sich plötzlich und ohne unser Zutun dem Ende zuneigte; wir fühlten uns wohl alle am Rande unserer seelischen Kräfte. Dan warf ein:

»Bill sollte mit Anne gehen und den ganzen Kram jenseits des Yellow anstecken. Wenn alles verbrannt ist, muß man Buschwerk und tote Zweige über die Stelle packen, daß keiner Verdacht schöpft.«

Jeder war einverstanden.

Hab Dank, Dan! Du bester und selbstlosester aller Freunde! – Ich nahm den Faden wieder auf:

»Dan müßte Anne und Vater begleiten. Es wird ein schwerer Ritt bei diesem Wetter werden und ein gefährlicher: der Regen hat alle Hänge aufgeweicht; leicht rutschen sie ab. Bis zur Bahn müßt ihr sicher ein- oder zweimal draußen übernachten. Ich wäre heilfroh, wenn ich Dan bei euch wüßte. Ich schlage mich mit Tom schon allein zur kanadischen Grenze durch. Außerdem muß Dan die Pferde auf die Farm zurückbringen; ihn kennt kaum einer.«

Eigentlich war nun alles Nötige besprochen. Nein, Dan ließ sich noch einmal vernehmen:

»Wir brauchen die Fallenstrecke nicht abzubauen. Es mag alles bleiben, wie es ist. Wenn ich die Pferde heimgebracht habe, komme ich wieder hierher und werde den Winter über trappen. Kein Mensch kann mir etwas nachweisen. Wo soll ich den Winter über bleiben? Wenn ich erst eingeschneit bin –«

Er machte eine Handbewegung, als wollte er sagen: wer kümmert sich schon um mich –? Ach, Dan, es hat nicht viele Freunde wie dich gegeben!

Ich fragte: »Bist du nun warm, Vater?«

Er meinte: »Ja, ja, es geht schon; es ist schon in Ordnung!« Aber die Worte klangen nicht sehr überzeugend.

Wir bereiteten uns zur Ruhe vor. Dan und ich wollten umschichtig wachen und das Feuer in Gang halten. Die nassen Kleider mußten trocknen.

Nach Mitternacht weckte mich Dan. Der Wind klagte noch immer ums Haus. Ich schürte das Feuer und hockte mich davor, halb schlafend, halb wachend. Die Flamme fraß sich mit leisem Knacken und Knistern durchs Holz. War meine Probezeit bestanden? Fing nun nach dieser letzten bevorstehenden Bewährung unser »eigentliches« Leben an? Ach Anne!

Am nächsten Morgen machte ich mich mit Anne auf den Weg zum Yellow. Die drei Männer blieben zurück, um das

Haus zu bestellen. Dann sollten Dan und Annes Vater uns zum Yellow nachfolgen, während Tom mich am Shaggy erwarten würde; vom Shaggy aus wollten wir uns gemeinsam zur kanadischen Grenze aufmachen.

Anne und ich wanderten durch die nebelverhangenen Wälder. Wir sprachen nicht viel. Es war ein beschwerlicher Weg. Überall stand Wasser. Wir wateten manchmal bis über die Knöchel durch Sumpf und Morast. Erst am Nachmittag erreichten wir das Haus jenseits des Yellow. Es hatte Mut und Geschick gekostet, den Strom, der nun wirklich ein »Yelling«, ein brüllender, geworden war, zu überschreiten.

Alles fühlte sich feucht an in der Hütte. Bald prasselte ein Feuer im Herd; es wurde warm. Anne war beschäftigt, ihre Sachen zu packen. Ich schleppte von weither Zweige, Gestrüpp und altes Kraut herbei, um es später über die Brandstelle zu breiten.

Früh fiel die Nacht ein; es regnete schon wieder. Ich trat ins Haus. Was getan werden mußte, war getan. Die Stunden bis zum nächsten Morgen gehörten uns allein. Nacht und Wildnis und Regensturm enthoben uns der Welt.

Der Herd verglühte ein sanftes Licht. Das Rauschen der Tannen über unserem Dach: ein dunkler, ewiger Gesang! Ihr geliebtes Haupt ruhte in meinem Arm. So warm und nahe lag sie bei mir, gestillt und glücklich! Mitten in der Nacht flüsterte sie:

»Wenn ich ein Kind habe, Bill, ach — unser Kind!«

Und sie schlief. Mit dem letzten lieben Wort waren ihr die Lider leise zugeweht.

So ruhten wir noch einmal beieinander, zum allerletzten Mal. Aber das ahnten wir noch nicht.

9. VII. 1947.

Am nächsten Morgen regnete es nicht mehr. Die Wolkendecke hatte sich gehoben und war in schnell dahintreibende Fetzen zerrissen, zwischen denen hier und da der blaue

Himmel aufschimmerte. In der Luft war eine herbe Schärfe zu spüren. Man konnte unendlich weit sehen. Hell, kalt und windig war der Tag – der Tag, an dem wir zum letzten Male miteinander sprachen, Anne und ich.

Noch vor dem ersten Morgengrauen zündete ich die vier Wände an, die uns verschwiegenes Obdach gewährt hatten. Die Flammen, die sich von innen her eilig durch Balken und Dach fraßen, verbrannten auch mein Herz. In einer Stunde war alles vorbei. Jede Spur gelöscht und verloren.

Als wir die Hütte am Yellow erreichten, wo der Vater und Dan uns erwarten sollten, fanden wir alles zum Abmarsch gerüstet. Der alte Mike befand sich in einem jammervollen Zustand. Er fieberte. Von Zeit zu Zeit quälte ihn ein würgender Husten, der Schlimmstes befürchten ließ. Anne mußte sich auf das Äußerste gefaßt machen. Der Gewaltritt zu uns in die Berge, die eisige Nässe, der Marsch durch Nacht und Sumpf vom Yellow zum Shaggy waren zuviel für ihn gewesen.

Anne flüsterte mir zu: »Was soll das werden? Zuerst Tom so krank, jetzt der Vater. Bill, laß mich nicht lange allein. Wer weiß, was mir noch bevorsteht!«

In einem Wirbel von Sorge und letzten Vorbereitungen ging unser Abschied unter. Gegen zehn Uhr morgens saßen sie auf: der alte Mike O'Flaherty, zitternd vor Schwäche, Anne, mir angelobt für alle Zukunft, und Daniel Halvorsen, ein riesiger Reiter, ruhig, zuverlässig.

Anne küßte mich vom Pferd herab. Ich drückte dem Alten die Hand: »Alles Gute, Vater! Auf bald, Dan! Bring sie gut hinunter!«

Dem schwer beladenen Packpferd gab ich einen leichten Schlag, damit es sich anschloß.

Zwischen den nassen Bäumen verschwand der kleine Trupp. Eine knappe Stunde später sah ich die Vier noch einmal tief unten im Tal auftauchen, klein, aber scharfen Augen klar erkennbar.

Ich hatte indessen das Haus am Yelling Yellow bestellt,

stemmte die Tür fest zu, schulterte den schweren Packen mit meinen Sachen und machte mich auf den weiten, mühseligen Marsch zum Haus über dem Shaggy, wo Tom auf mich warten sollte.

Mein Herz brannte vor Sorge und Traurigkeit.

Der Shaggy war in den letzten vierundzwanzig Stunden mächtig angeschwollen. Ich mußte weit stromauf wandern, ehe ich eine Stelle fand, wo ich ihn von Fels zu Fels springend überwinden konnte. Den gestürzten Baum, der uns sonst als Brücke gedient hatte, überspülten die wilden Wasser.

So fiel schon die volle Nacht ein, als ich mich endlich unserer Hütte näherte.

10. VII. 1947.

Die Lichtung lag dunkel vor mir. Dunkel: kein gelblich glimmendes Viereck verriet ein erleuchtetes Fenster. Das Haus stand tot und still.

Ich fand die Tür zugestemmt. Auch die Fensterläden waren fest geschlossen. Ich verschaffte mir Einlaß und trat in den dunklen Raum.

»Tom?« rief ich leise. Keine Antwort. Ich tappte zum Herde. Auf dem Wandbrett darüber mußten Streichhölzer liegen. Ich bekam sie in die Hand und strich ein Hölzchen an. Da wartete die Kerze. Gehorsam brannte die kleine Flamme auf. Das Haus war leer. Jedes Ding stand an Ort und Stelle, gut aufgeräumt. Sofort sah ich den Brief, der auf dem Tisch lag. Ich nahm ihn auf.

»To William Barkholtz« stand auf dem Umschlag zu lesen. Ich schloß die Tür hinter mir, nachdem ich meinen Packen in die Stube geholt hatte. Nur Ruhe, sagte ich mir, du erfährst noch alles früh genug. Ich zog mir die schwere Joppe aus, kniete mich vors Feuerloch, schichtete ein paar trockene Späne hinein, schob größere Scheite darüber; und erst, als das Eisen zu glühen begann, setzte ich mich an den Tisch, zog das Licht herbei, schnitt sorgsam mit einem

Küchenmesser den Umschlag auf, zog das beschriebene Blatt heraus und las:

»Lieber Bill,
Du hast es schon gemerkt, daß ich etwas anderes will als Ihr. Erst vorgestern, als Du vorgelesen hattest und Vater kam, wurde mir endgültig klar, was ich zu tun habe. Ihr habt mich mit Eurem Versteckspielen, Eurer Liebe, Euren abenteuerlichen Plänen nur verwirrt!

Ich bin also entschlossen, mich dem Richter zu stellen. Ich fühle mich jetzt auch körperlich stark genug, den Weg dorthin zu bewältigen, wo ich meine Untat beging. Wenn mich damals die Flucht bis hierher gebracht hat, wird die Reue mir auch auf dem Rückweg helfen. Ich muß dies ganz auf eigene Faust unternehmen, damit sich weder Du noch irgendwer verantwortlich zu fühlen braucht und damit Ihr mich nicht etwa mit Gewalt zurückhaltet.

Ich weiß, daß meine Mutter mich verstehen wird; vielleicht ist sie auf dem Grunde ihres Herzens sogar glücklich über meinen Entschluß. Mein Vater wird mich wohl nicht verstehen. Er müßte dann den ganzen irisch-englischen Haß, in dem er und seine Vorfahren groß geworden sind, verleugnen. Krieg und Haß unter den Völkern, Blut und Trauer und Schmerzen! Wozu das alles? Ich für mein Teil will sühnen, was ich begangen habe. Denn in welches ferne Land ich auch mit Eurer Hilfe fliehen würde: die Tat würde neben mir herlaufen, bis ich eines Tages den Verstand verliere. Jetzt bin ich aber froh, denn ich beschreite nun ›den richtigen Weg‹.

Es hat keinen Zweck, Bill, mir zu folgen. Du kennst die Richtung nicht, die ich einschlagen werde. Und selbst wenn Du sie kenntest; ich habe zwei Tage und zwei Nächte Vorsprung. Du erreichst mich nicht mehr. Mich hält niemand mehr, das Rechte zu tun!

Seid alle bedankt für Eure Liebe und Treue, besonders Du, liebe Schwester! Ich umarme und küsse Dich, liebste Mutter! Vergib Deinem Tom. Und auch Dich umarme und küsse ich, lieber, lieber Vater, der mich den Haß gelehrt hat, an dem ich nun zugrunde gehe! Ich kann Dir nicht gram sein. Du bist mir ein lieber Vater gewesen. Aus den Zeitungen werdet Ihr vernehmen, was mit mir geschieht. Laßt nur alles seinen Weg gehen, wie es muß, und vergeßt mich, wenn Ihr könnt.

Nochmals Dank Euch allen!

Lebt wohl! Euer Tom.«

Ich brütete mit dem Brief in der Hand vor mich hin: du bist geschlagen; es ist alles vergeblich gewesen!

Er hatte sich verraten: Er wollte sich nicht hier den Gerichten stellen, sondern dort, wo der Zorn mit ihm durchgegangen war. Ich wußte, wo er Soldat gewesen und von wo er ein gutes Jahr zuvor geflohen: aus einem Ausbildungslager im nördlichen Pfannenstiel des Staates Idaho, nördlich des Pend-Oreille-Sees.

Er hat sich also vorgenommen, Idaho zu erreichen. Dazu kann er nach Süden zur Bahn vorstoßen, um sie etwa von Wentachee aus über Spokane zu benutzen. Auf diesem Wege aber läuft er bestimmt Bekannten oder der Polizei in die Arme. Nein, er wird versuchen, nördlich des Columbia-Lava-Plateaus auf dem Nordufer des Columbia ostwärts vorzudringen, sich also immer in der Colville-Indianer-Reservation halten, wird dann den Columbia oberhalb seines nach Westen gerichteten Knies überschreiten, sich durch die Spokane-Indianer-Reservation winden, um schließlich in einer Gegend, wo man ihn nicht kennt, die Nebenbahn von der Stadt Spokane nach Colville zu erreichen, von wo es dann nicht mehr weit ist.

Je länger ich nachdachte, desto fester wurde meine Überzeugung, daß er nur diesen Weg gewählt hatte. Auf zweihundert Meilen schätzte ich ihn; in dieser Jahreszeit brauchte man mindestens vierzehn Tage, sie zurückzulegen — Zeit genug, den Fliehenden einzuholen! Das mußte gelingen. Sicherlich war er über die gleiche Route abmarschiert, über welche ich damals die Landmesser geleitet hatte. Die Sache ließ mir keine Ruhe: noch in der gleichen Stunde untersuchte ich die Stelle, an welcher früher der Pfad um das steile Vorgebirge bog. Ich glaubte auch im Dunkeln mit Sicherheit zu erkennen, daß nichts verändert war.

Nein, nein, Tom hatte den Weg ostwärts über die Kämme zum Okanagan genommen; er würde sich irgendwie hinüberbringen und durch die Colville-Reserve weiter vorrücken. Wenn er sich ein Pferd beschafft, erreiche ich ihn nicht mehr . . .

Wie dem auch sei. In der Frühe des nächsten Tages würde ich aufbrechen.

Ich aß viel und bedächtig an diesem Abend. Früh legte ich mich. Ich schlief tief und ohne Traum.

11. VII. 1947.

Soll ich im einzelnen berichten, wie ich Tom folgte?

Mir altem Manne liegt wenig daran, die Geschichte meiner Abenteuer zu schreiben.

Was ich hier festhalten wollte, war die Geschichte meines Herzens.

Tom hatte sich tatsächlich jenseits des Okanagan in einer Indianersiedlung ein Pferd beschaffen können. Aber auch ich erwarb dort einen alten Klepper für Geld und gute Worte.

Ich kam ihm sehr nahe. Seine Spur stand oft deutlich vor mir im Sand, zuletzt nur noch wenige Stunden alt.

Dann überfiel mich jener entsetzliche, eisige Sturzregen. Ich kroch abgesessen einen ziemlich steilen, baumlosen Hang über dem Columbia entlang. Unter mir zur Rechten gurgelte die wütende Flut.

Eine Viertelstunde zuvor hatte ich eine Stelle passiert, wo sommers eine Furt über den Fluß führt. Dort wohnte in einem geräumigen, mit Waren vollgestopften Blockhaus ein

Indianerhändler, bei dem die Eingeborenen der Reservation eintauschen konnten, was ihr Herz begehrte. Ich fragte dort nach jenem Reiter. Ja, es wäre einer dagewesen, vor zwei Stunden, und hätte sich nach dem Weg ostwärts erkundigt; der indianische Helfer des Händlers hätte ihm einen Umweg durch die Berge empfohlen; denn die Hänge über dem Columbia rutschten bei solch anhaltendem Regenwetter gern ab, wenn sie unvorsichtig begangen werden.

Sofort stand mein Entschluß fest: ich wollte den Ritt über die Hänge wagen. Vielleicht gelang es hier, Tom einzuholen und aufzuhalten.

Der Händler, Jordan war sein Name, und Jimmy, sein indianischer Gehilfe, rieten mir dringend ab. Ich ließ mich nicht halten.

Kaum war ich recht in den Hang hineingestiegen, brach der Himmel. Der Gaul weigerte sich, mir durch den Sturzregen weiter zu folgen. Er trampelte hinter mir drein, wild und böse, und strebte zurück.

Mit einem Male setzt sich der ganze Hang in Bewegung, Felsen kollern. Ich stürze. Das Pferd macht ein paar verzweifelte Sätze, rollt über — die zappelnden Hufe in der Luft! Ein Hufschlag trifft mich zwischen den Schultern. Oder war es ein Felsbrocken? Ich pralle mit dem Kopf irgendwo auf.

Und ich fühle heute noch mit einem Schauer über dem Rücken jenen letzten furchtbaren Augenblick: schon halb erstickt im Schlamm, zerschlagen vom Geröll, klatsche ich in die jagenden Wasser des Columbia.

Dann nichts mehr.

Als ich endlich wieder fähig war, mich des Vergangenen zu entsinnen, als ich wieder mit Bewußtsein die Menschen und Dinge wahrnahm, die mich umgaben, schien die Sonne sommerlich ins verstaubte Fenster.

Monatelang war ich dem Tode näher als dem Leben gewesen. Jordan und Jimmy hatten meinen Absturz aus der Ferne beobachtet und mich unterhalb ihres Hauses aufgefischt, ein Wagnis, bei dem sie ihr Leben aufs Spiel setzten. Ich blutete aus Mund, Nase, Ohren und vielen Wunden. Meine Beine und Arme waren gebrochen.

Jordan verschwieg mich allen Besuchern –. Die Indianer verstanden ebenfalls zu schweigen. Ich wurde nichts gefragt –!

Erst im August 1919 war ich wieder ganz meiner Sinne und Glieder mächtig.

Den beiden Männern, die mir das Leben gerettet, verschrieb ich unsern Besitz an Fallen und sonstiger Ausrüstung zwischen dem Shaggy und dem Yelling Yellow. Wir verabredeten, uns am letzten Sonntag im September am Yelling Yellow zu treffen. Dann wollte ich ihnen die Strecke übergeben. Vielleicht traf ich Dan dort oben?

Was auf den Bergen geschehen war, schien mir damals in grauer Vergangenheit versunken. Zu lange hatte ich am Ufer des Todes kampiert.

Müde und im Innersten stumpf machte ich mich auf, die alten Spuren zu suchen. Es war alles zerschlagen. Unendlich quälte mich die Vorstellung, wie Anne auf mich gewartet haben mochte. War ich nicht wie vom Erdboden verschlungen gewesen! Siedend heiß schoß es mir durchs Hirn: wenn sie nun ein Kind erwartet –! O Qual dieser Zweifel und Fragen!

In Idaho fand ich nur wenige kurze Notizen in den Zeitungen. Ja, Tom hatte sich dort den Gerichten gestellt, mußte aber sofort ins Krankenhaus eingeliefert werden. Dort ist er nach wenigen Tagen seinen alten Wunden und den furchtbaren Strapazen der Flucht erlegen. Nichts weiter als ein schweigendes Grab – das war alles, was ich von ihm noch entdeckte —!

Wer beschreibt mein Entsetzen, als ich auf der O'Flahertyschen Farm fremde Besitzer vorfand, die schon seit Monaten darauf wirtschafteten.

Der alte O'Flaherty wäre kurz nach Weihnachten in Seattle gestorben. Im April darauf hatte Tante Cora den

Besitz verkauft und war nach Osten abgereist; wie man sagte nach Chicago.

Chicago ist groß –!

Und Dan? – Als ich Ende September wieder in die Berge stieg, fand ich auch von ihm keine Spur. Im vergangenen Winter war er nicht dagewesen. Meine beiden Retter freuten sich: ein Jahr lang war weit im Umkreis keine Falle mehr gestellt worden. Das versprach gute Beute.

– – Dieser Winter 1919/20! Noch jetzt liegt mir die Erinnerung wie eine Alpdruck auf der Seele. Ich habe gewiß nichts unversucht gelassen, die Vermißten aufzuspüren. Ich reiste nach Chicago.

Chicago ist groß –!

Ich reiste nach Vancouver, wo Dans und meine Gelder auf der Bank standen. Aber ich erfuhr nichts weiter, als daß Dan im Juli Auftrag gegeben, sein Guthaben auf mein Konto zu übertragen und sein Konto zu löschen. Ich ließ mir seinen Brief zeigen; er war aus Chicago datiert, jedoch ohne Angabe einer näheren Adresse.

Ich schrieb an die Barkholtzschen Verwandten in Deutschland, versuchte es mit den O'Flahertyschen in Cahersiveen, Kerry, Irland. Aber in Deutschland wußte keiner etwas von Tante Cora. Aus Irland kam aber keine Antwort.

Ich fuhr nach Seattle, suchte und fand des alten O'Flaherty Grab. Aber es schwieg.

Ich fuhr nach San Francisco und suchte das Hotel auf, das mir Annes Vater bezeichnet hatte. Vergeblich!

Ich bestürmte den Postmeister, zu dessen Bezirk die Farm gehörte. Nein, er hatte keine Briefe nachgesandt. Ich besuchte den Arzt, die Pfarrer, den Kaufmann, die Polizei. Nach dem Tode von Vater und Sohn seien die beiden Frauen nicht allein abgereist; ein Mann hätte ihnen in den letzten Monaten beigestanden, ein Norweger, wie es hieß. Das konnte nur Dan gewesen sein. Der Treue hatte sie nicht im Stich gelassen. Das war mein einziger Trost.

Allmählich zweifelte ich, das unbegreifliche Rätsel zu lösen.

Ich zergrübelte mir den Kopf, was weiter ich noch versuchen könnte. Ich verabredete mit John Jordan, dem Indianerhändler, daß ich ihm von Zeit zu Zeit meinen Aufenthalt mitteilen wolle. Denn sollte Dan noch einmal nach mir fahnden, würde er am Shaggy mit der Suche beginnen. Dort mußte er irgendwie Jordan begegnen. Jordan würde ihn auf die richtige Spur setzen.

Das Rätsel blieb ungelöst. Es ist im Grunde auch heute noch ungelöst, denn was ich inzwischen erfuhr, hat mich nur tiefer noch verwirrt. Seit siebenundzwanzig Jahren schleppe ich die Ungewißheit mit mir um die ganze Erde wie einen Fluch. Ich bin so müde, sie zu tragen!

Im Frühjahr 1920 nahm ich von San Francisco aus Heuer auf einem holländischen Frachter, dem der Dritte und Vierte Offizier weggelaufen waren.

*

Der Regen klopfte an die nachtdunklen Scheiben. Wie kalt dieser Juli sich anläßt nach der Hitze im Juni und Mai. Es will mir scheinen, als richte sich das Wetter nach dem, was ich auf diesen Seiten gerade zu schreiben habe.

Der Regen rinnt; – zum Abschiednehmen just das rechte Wetter. Lebt wohl, ihr Berge am Shaggy, ihr wilden Wälder am Yelling Yellow!

Und ihr seligen Tage in der königlichen, der zaubertiefen Einöde –

lebt ewig wohl!

ZWEITER TEIL

20. IX. 1947.
Mehr als zwei Monate sind vergangen, seit ich zum letztenmal vor diesen Blättern saß. Ich habe sie damals in den Tischkasten geschoben und nicht mehr daran denken wollen. Aber die Geister, die ich heraufbeschwor, waren nicht wieder zu bannen.

Sie sitzen in den Zimmerecken still auf den Stühlen und sehen mir zu; oder sie fallen mir gar ins Wort und werfen mich mit ihren Fragen urplötzlich aus dem Sattel. Mache ich des Abends meinen Spaziergang durch die verdorrten Felder dieses regenlosen Sommers, so verstellen sie mir unvermutet den Weg wie Straßenräuber, setzen mir die Pistole auf die Brust und verlangen die Wahrheit oder das Leben.

Seit Wochen vermeide ich jede persönliche Aussprache mit anderen Menschen. In meinem Beruf brauche ich nur mit Kindern umzugehen. Ich halte gute Freundschaft mit ihnen, verstumme dabei oft mitten im Unterricht. Es wird still in der Klasse. Die Kinder spüren, wie manche Tiere, daß ich von Geistern umgeben bin –

und sind doch nur die Gefährten und Geliebten der Vergangenheit, nichts weiter als die Schatten meiner früheren Taten. Und ich habe das Böse, das ich tat, nicht gewollt. Nur geirrt habe ich mich, und schuldlos bin ich schuldig geworden; das ist Menschenlos! Wer kann merken, wie oft er fehlet –!

Von fernher dringt eine Stimme zu mir: »Seit ich dich kenne, Wilhelm Barkholtz, bist du auf der Flucht!«

Ja, ich spüre das seltsame Ziehen, die sonderbare Schwere in meinen Gliedern, die mich immer überfiel, wenn ich dicht vor dem Aufbruch in eine neue, noch unbekannte

Provinz des mir bestimmten Daseins stand. Ich werde im nächsten Februar dreiundsechzig Jahre alt, ein Alter, in dem man daran denken sollte, sich zur Ruhe zu setzen. Ich weiß noch nicht, wann die Springflut aufstehen wird, die den Kiel meines auf Grund geratenen Schiffes aus den saugenden Sänden hebt, woher der Wind und wohin er wehen wird, der mir von neuem die Segel füllen soll: aber daß es geschehen wird, das weiß ich!

Vor kurzem wurde Clar neunzehn Jahre alt. Natürlich hatte ich ihren Geburtstag vergessen. Als ich merkte, was ich versäumt hatte, schämte ich mich sehr. Denn sie erträgt meine Marotten nicht nur mit Geduld, sondern mit einer heimlich lächelnden Zustimmung.

Mir wird zuweilen bewußt, daß Clar mich ständig mit einer Aufmerksamkeit beobachtet, die mich warnen sollte. Wir wohnen zu eng beieinander, als daß sie mich bei ihrer Klugheit und der Sicherheit ihres Instinktes nicht schließlich durchschaut. Zudem wird sie von der Neugier der Jugend getrieben, Geheimnisse aufzudecken, wo sie sich bieten.

Doch wenn ich auch diese Blätter ängstlich vor Clar geheimhalte, ich scheue mich nicht, ihr mancherlei aus meiner Jungend zu erzählen — die ja auch die ihrer Mutter war. Was können wir Alten schließlich den Jungen Besseres geben, als ihnen von unserer Vergangenheit Rechenschaft abzulegen. Weise Lehren fruchten nichts. Nur das wirklich gelebte Leben zwingt Respekt ab und überzeugt trotz all seiner Irrtümer, Abenteuer und Leidenschaften, es bezaubert uns ja alle mit seinem Elend und seinem Glück, seinem Mißmut und endlich seiner schwer errungenen Geduld. Diese Jugend, die in einer Götterdämmerung ohnegleichen von wüsten Stürmen umtobt ihren Weg sucht, ist nur durch Taten und Tatsachen, nicht durch Worte zu belehren.

Clar hört mir gerne zu, und ihre großen Augen locken mehr aus mir heraus, als ich eigentlich preisgeben will. Sie sagt dann: »Das hat mir Mutter nie erzählt.« Ja, meine gute Schwester Minna! Sie war für einen gesetzten Lebenswandel. Die Vorstellung, daß sie sozusagen auf der hohen See geboren und groß geworden ist, hat sie stets ein wenig beunruhigt. Sie mag sich gefürchtet haben, in der Tochter die Sehnsüchte des großväterlichen Blutes zu entfachen. Clar wird nicht müde, mir zuzuhören, wenn ich berichte, wie die Winde unter anderen Sternen wehen, wie die weiten Steppen duften, und die ewigen Wälder unabsehbar die Wipfel wiegen.

Menschliche Verhältnisse wandeln sich unablässig; so auch das meine zu Clar. Manches, was sie heute zu mir sagt, hätte sie noch vor einem Vierteljahr schwerlich auszusprechen gewagt. So meinte sie neulich:

»Seit du nicht mehr Tag für Tag vor deinen Blättern sitzt, Ohm, bist du gar nicht mehr du selbst. Manchmal spüre ich deine Unruhe so stark, daß ich abends nicht einschlafen kann.«

Sie blickte mich fragend an.

»Weißt du, ich habe verschiedenes aufgeschrieben, was ich früher erlebt habe. Oder richtiger: ich habe das einzige aufgeschrieben, was sich zu erleben lohnte. Nun habe ich nichts mehr zu sagen. Und so am Ende zu sein, das vergrämt mich ein bißchen.«

Eifrig erwiderte sie:

»Am Ende —? Ach, das glaube ich nicht! — Unlängst fragte ich mich, ob ich die gräßlichen Erlebnisse in Schlesien missen möchte. Ja, wenn ich Vater und Mutter wieder zum Leben erwecken könnte — —! Darüber brauche ich nicht zu sprechen. Ich verstehe mich selbst nicht: sind die Schrecken mit der Zeit verblaßt, oder bin ich so viel stärker geworden, nachdem ich sie bestanden habe? Ich möchte auf nichts von dem verzichten, was ich an Schwerem erlebt habe. Früher war ich ein dummes Ding. Jetzt weiß ich viel, was ich wohl sonst niemals erfahren hätte. Das Schlimmste ist, nichts zu erleben!«

Es kommt einem Wunder gleich, wie schnell junge Menschen fertig und fest werden. Frauen wissen manches aus heiterem Himmel, was ihnen niemand sagte.

23. IX. 1947.
Gestern traf wieder ein Lebensmittelpaket von John Jordan aus den Vereinigten Staaten ein. Welche Wohltat! Der wackere Jordan muß jetzt nahezu siebzig Jahre zählen. Aber immer noch scheint er frisch und ungebrochen der Gruppe von Eisenwaren-Geschäften vorzustehen, die er vor fünfundzwanzig Jahren in Seattle im Staate Washington aufzubauen anfing. Er ist heute ein wohlhabender, wenn nicht gar ein reicher Mann, auch nach amerikanischen Begriffen. Seit ich mich wieder bei ihm gemeldet und ihm gestanden habe, daß wir schlicht und einfach hungern, versieht er uns laufend mit prächtigen Sendungen. Er behauptet, die Pelzjägerei zwischen dem Shaggy und dem Yelling Yellow hätte ihm neben seinem Eingeborenen-Laden die Mittel verschafft, seinen ersten Hardware-Store in der Hafengegend von Seattle zu eröffnen. Damit hätte sein Aufstieg begonnen.

Wie dem auch sei: er hat mich aus dem Columbia gefischt und mit viel Mühe und Geduld langsam wieder zurechtgeflickt. Ohne ihn hätten mich die Aale und Lachse gefressen. Er gab mir schließlich den Hinweis, den Faden dort wieder anzuknüpfen, wo er abgerissen war, als Anne mit Dan und ihrem todkranken Vater davonritt. Daß nichts Gutes daraus wurde, daß ich nur noch heftiger verstört wurde, ist nicht Jordans Schuld.

Wie mag er jetzt aussehen, der breitschultrige, rundgesichtige Mann? Sicher schlingt sich ihm ein Kranz von weißen, buschigen Haaren um eine gewaltige, glänzende Glatze; seines Hauptes Zier war schon damals recht schütter, als ich mich auf seinem völlig ungefederten Feldbett wiederfand, ein Haufen gebrochener Knochen und gezerrter Muskeln.

Er ist im Grunde ein ganz schlichter Mensch. Er nimmt die Hämmer, Feilen, Nägel und Drähte, die er reichlich verkauft, für den Mittelpunkt der Welt, betrügt keinen und läßt sich nicht betrügen, geht eifrig in die Kirche und versucht, zu verwirklichen, was der Pastor von der Kanzel im Namen des Herrn und Heilandes verkündet. Er erscheint mir immer als Amerikaner vom alten Schrot und Korn, wie es deren viele gegeben hat, als man noch an ungezähmten Grenzen gegen Indianer, wilde Tiere und die Schrecken der Einöde zu Felde lag. Und es gibt sie auch noch heute, wenn auch nicht mehr ganz so reichlich!

Er schrieb mir: »Es ist mir offenbar bestimmt, daß ich Dich von Zeit zu Zeit am Schopf zu fassen und zu retten habe, bald aus dem Columbia, bald mitten aus dem finstersten Afrika, bald mitsamt jugendlicher Nichte — alter Sünder! — aus dem Tränental des Hungers. Natürlich, lieber Billy, hungern sollt Ihr nicht, das wäre ja noch schöner! Ich habe meinen Sekretär beauftragt, monatlich zwei Pakete mit vernünftigen Nahrungsmitteln an Euch abzuschicken. Denn von tausend oder fünfzehnhundert Kalorien kann allerdings kein ausgewachsener Mensch existieren, besonders, wenn er so ausgewachsen ist wie Du! Beim Jupiter, die esse ich allein zum Frühstück auf, und ich bin ein mäßiger Mensch.«

Ganz so sicher bin ich seiner Mäßigkeit beim Frühstück nicht; die Meinungen darüber gehen ja weit auseinander. Aber recht hat er: er scheint vom Schicksal dazu bestimmt, mich aus der Ferne hilfreich zu begleiten, und er erfüllt diesen Auftrag unverdrossen.

Gestern abend — das elektrische Licht war gerade wieder erloschen, lautlos und ohne Warnung — saßen Clar und ich in der Küche. Das Feuer brannte noch in unserem kleinen schwarzen Ungeheuer von Herd und war uns nicht unangenehm, denn es ist mit einem Male kaltes, nasses Herbstwetter eingebrochen. Wir hocken also gemütlich und satt im Finstern, da geht mich Clar, während ich an nichts Böses denke, mit der Frage an:

»Dieser Mr. Jordan, Ohm, wie ist das mit ihm? Er hat dich herausgeholt, als du in den großen Columbia gefallen warst —. Deswegen solltest eigentlich du ihm Pakete schikken! Ich finde es wunderbar, daß es Freundschaften gibt, die jahrzehntelange Trennungen überdauern. Ich wollte, ich hätte auch so viel erlebt und gesehen wie du, Ohm, und hätte solche Freunde gewonnen. Aber das wird mir wohl nie gelingen.«

– Wirklich, ihr Herz heilt, wenn sie mich schon um meine Erlebnisse beneidet! Die Freude darüber ließ mich meine sonstige Vorsicht vergessen.

»Glaube nur nicht, Clar, daß ich in deinem Alter ein gewaltiger Eroberer gewesen bin. Lieber Himmel, alles andere als das! Auf See oder im Urwald, schön, da legen die Barkholtze los und fürchten nichts. Aber sonst stehen wir da wie die Schildbürger nach einer ihrer Heldentaten und wissen nicht, ob wir Männlein oder Weiblein sind. Jordan – ja, er hat in meinem Dasein Schicksal gespielt und ich in seinem –!«

»Du auch in seinem? Was war es denn?«

»Er verdankt mir seine Frau. Allerdings ohne mein Verdienst; mag er es auch behaupten.«

»Das ist aufregend. Hast du ein Heiratsbüro unterhalten oder Sklavenhandel getrieben?«

Sieh mir einer an, sie entwickelt sich, die Kleine. Ich lachte im stillen:

»Du willst also, daß ich dir die Geschichte erzähle?«

4. X. 1947.

Anderthalb Wochen sind vergangen, seit ich die letzten Zeilen niederschrieb. In dieser elenden Zeit erfordert das Alltäglichste viel Zeit, Nerven und Geduld. Unser Feuerholz für den Winter zu beschaffen, hat mich Tage, viele Zigarren und nebenbei mehr Geld gekostet, als ich für das Holz selbst zu zahlen hatte.

Nun gut! Ich bin vom Schicksal in den Wartestand versetzt. Inzwischen ergehe ich mich weiter in den Gärten des Vergangenen.

Clar wollte wissen, wie John Jordan seine Frau fand? Wir haben in den vergangenen Tagen oft darüber gesprochen; ich fürchte, sie hat mehr aus mir herausgefragt als nur die

Geschichte der Marguerite Duboise, späteren Mrs. Jordan. Sie fragt leise und geschickt. Ich gebe ihr gar nicht ungern nach.

Doch will ich zuvor berichten, was ich gestern abend Clar erzählte, als wir spät durch die kühle, gestirnte Oktobernacht gingen, ehe noch der abnehmende Mond aufging. Sie hat schon immer hören wollen, wie meine Eltern auf See ihr Leben ließen. Die wilde, dunkle Mär bewegt sie tief.

Es bleibt sich im übrigen gleich, ob ich zuerst vom Untergang der Viermastbark »Barbara Veit« oder von John Jordan berichte und seiner Marguerite Duboise. Es hängt alles auf geheimnisvolle Weise zusammen wie das Geflecht der Fäden in einem großen, kunstvoll erdachten Teppich. Allerdings erkennen wir das Muster erst später, denn »was er webt, das weiß kein Weber«.

4. X. 1947.

»Ich bin natürlich nicht dabeigewesen, Clar. Sonst läge ich längst bei den Fischen. Was ich weiß, hat mir zum Teil deine Mutter erzählt; das meiste aber der bärbeißige Beschützer meiner Kindheit, der Bootsmann Jakob Lührs von der ›Barbara Veit‹. Als Lührs im Sommer 1911 deine Mutter von Südwest-Afrika abholte, um sie nach Deutschland zu bringen, verstand es der treue Mann, auch mich zu treffen.

Ich fuhr damals schon selbst zur See, war als Vierter Offizier auf einem Frachtdampfer mehrere Male zur afrikanischen Westküste und wieder zurück nach Hamburg gegondelt. Wir frachteten heimwärts. Tropenhölzer aus Spanisch Rio-Muni, aus Kamerun und von Cabinda. Mir gefiel der Gegensatz zwischen den gefährlichen, undurchdringlichen tropischen Mangrove-Küsten und der kühlen heimatlichen Luft in den Elbe-Niederungen.

Es war abenteuerlich genug, wenn wir bei Flut über die Barren vor den Mündungen der Urwaldströme dampften, etwa den Gabun aufwärts, uns dann vorsichtig stromauf tasteten, Stunde für Stunde, bis man von der offenen See, die uns allein vertraut war, nichts mehr ahnte und uns dunkelgrüne Urwaldmauern von allen Seiten umgaben. Da zogen unsere Barkassen los. In irgendeinem verschlammten Winkel unter schweigend ragenden Baumkronen – Lianen hingen wie Schlangen daraus hernieder; manchmal leuchteten seltsame Blüten gleich erstarrten großen Schmetterlingen –, dort nahmen wir die klobigen Flöße an die Trosse. Gewaltige Eisenholzblöcke, schwerer als Wasser und deshalb Block für Block zwischen zwei andere aus leichterem Holz gehängt; tropische Eiche, Stämme, bis zu zwei Metern dick, Okumé, schleppten wir aus stillen, brodelnden Seitenarmen der Tropenströme längsseits, wo die Dampfwinden sie stöhnend an Bord hievten. Manchmal allerdings strudelte uns die laufende Ebbe am Schiff vorbei, wenn es nicht gelang, rechtzeitig das Seil herüberzuwerfen, um das Floß am Schiff festzumachen, oder wenn die Trosse zerknallte wie Bindfaden. Dann trieben wir samt Floß und Barkasse munter mit der Ebbe dem offenen Meere zu. Mir war dann nicht sehr wohl zumute; gegen die voll laufende Ebbe kam unsere Dampfbarkasse nicht an. Die gewaltigen Flöße lagen viel zu tief im Wasser und machten mit uns, was sie wollten; wir konnten sie gerade mit List und Tücke ein wenig lenken. Also hieß es, am Floß und seinen Hölzern bleiben! Warten, bis man sechs Stunden später mit der wendenden Tide wieder landeinwärts dampfen konnte, vorausgesetzt, daß man nicht vorher auf der Barre festlief oder in die Brandung geriet, die das Floß schnell zerriß und die Mammutblöcke wie Kinderklötzchen durcheinanderschüttelte. Dann hatte die Barkasse schleunigst die Schleppseile loszuwerfen und ihr Heil in der Flucht zu suchen – das heißt, wenn sie nicht selbst vorher in der Brandung koppheister gegangen war. Und an diesen langen, flachen Küsten Nieder-Guineas steht manchmal eine Brandung, daß einem Hören und Sehen vergeht. Mir ist es übrigens nur einmal passiert, daß ich die Leine nicht zu fassen kriegte, die sie mir von Bord herüberschmissen, als ich mit meinen Flößen im Schlepp –«

Hier unterbrach mich Clar. Wir waren auf der Höhe über dem Städtchen angelangt. Ein paar Lichter im Tal zeigten es gerade noch an. Die Nachtluft ging milde und weich, schmeckte noch gar nicht nach Oktober. Es war sehr still. Eine Eule strich unhörbar vorüber. Auf dem weit entfernten, jenseitigen Hang, der das Tal begleitet, tastete sich der Scheinwerfer eines Autos durch den Schatten.

»Du wolltest erzählen, wie meine Großeltern untergingen, Ohm. Statt dessen höre ich, wie man Urwaldbäume verlädt. Mutter wollte immer, daß ich mich nur der väterlichen Familie zugehörig betrachtete. Die Zimmermeisters, du weißt ja, erst schlesische Bauern, denn Inspektoren, dann Gutsbesitzer und schließlich wegen ihrer Verdienste um die Zuckerrübe vom letzten Kaiser geadelt. Mein Herz zieht mich auf die andere Seite, wo die Männer und Frauen über See gefahren sind und merkwürdige Schicksale erlebten. Seit ich mit dir allein zusammen bin, Ohm, merke ich, daß ich eigentlich eher Barkholtz als v. Zimmermeister heißen sollte. Die Zimmermeisters sind alle tot.«

Ich gab zur Antwort: »Sie sind alle in Schlesien geblieben; wenigstens liegen sie in ihrer Heimaterde begraben. Ja, Clar, ich habe auch das Gefühl, daß wir hier nicht sauer werden sollten. Die Welt ist groß und noch so leer!«

Sie schob ihren Arm in meinen: »Ach, Ohm, wenn es doch schon so weit wäre! Ich kann eine leise Angst nicht verwinden. Ich will nicht nochmals mitansehen, daß alles brennt. Laß uns fortgehen, Ohm! Du bist doch Schweizer –!«

So brach es mit einem Male aus ihr hervor, ganz unvermutet. Ich war erschrocken und mußte mir doch sagen: wie sicher ihre Instinkte arbeiten; sie ist noch immer auf der Flucht. Vielleicht findet sie erst Ruhe, wenn ein Weltmeer zwischen ihr und diesem Lande liegt, wo sie das Grauen gelernt hat.

»Ach, Clar, die Schweiz –! Die wird uns nichts nützen, wenn ein neuer Krieg alle Grenzen überflutet. Doch wirf nicht die Flinte ins Korn! Es ist noch nicht aller Tage Abend.

Sag, soll ich dir nun eigentlich von deinen Großeltern erzählen oder nicht?«

»Natürlich sollst du! Wir verlieren immer wieder den Faden.«

»Wo war ich vom Wege abgekommen? Richtig, beim Bootsmann Lührs. Ich erkannte ihn nicht gleich wieder, als ich ihn auf der Pier erblickte und er mir mit seinem schwarzen, steifen Hut winkte, während ich mich über die Reling beugte, um darauf zu achten, daß der Kasten richtig vertäut wurde. Wir waren mit guter Flut die Elbe heraufgelaufen, an einem Sonntagnachmittag, wie es der Zufall wollte; erst am Montag früh wollten wir mit dem Löschen der Fracht beginnen. Ich hatte keine Ahnung, daß meines Vaters Bootsmann mich erwartete.

Seit mich im Jahre zuvor mit einer Verspätung von drei Monaten die Schreckensnachricht erreicht hatte, daß die ›Barbara Veit‹ an der Küste von Sao Tiago gestrandet war und meine Eltern ertrunken wären, fühlte ich mich immer noch wie vor den Kopf geschlagen. Nur wenige waren mit dem Leben davongekommen, darunter Lührs und der ehemalige Schiffsjunge Claas Claassen, der Moses, der inzwischen zum Vollmatrosen aufgerückt war. Auch Herr Habersack, der Erste Steuermann, sollte noch am Leben sein, lag aber mit schweren Verletzungen in Dakar, wohin man ihn von den Kap-Verdischen Inseln geschafft hatte; ob er je wieder gesund werden würde, wußte kein Mensch.

Bei der Seeamts-Verhandlung, in welcher der Verlust der ›Barbara Veit‹ geprüft wurde, war ich ebenfalls nicht dabeigewesen; schaukelte um die gleiche Zeit irgendwo an der Kongomündung. Ich hatte keinen Grund eingesehen, von meinem Kahn abzuheuern. So wurde ich die Verhandlung nicht rechtzeitig gewahr. Um so mehr überraschte es mich, als mir die ganze Versicherungssumme für die in allen seemännischen Ehren gestrandete ›Barbara Veit‹ auf mein bis dahin recht mageres Konto bei einer Hamburger Bank einbezahlt wurde. Mein Vater hatte mich zum Erben des Schiffes eingesetzt, während deine Mutter, Clar, das übrige

Vermögen erbte, die Frucht eines langen, gefahrenreichen Lebens auf den Seven Seas. Ich wurde so mit einem Schlage ein wohlhabender Mann. Ich übergab das Geld meinem Pflegevater und Onkel, dem Seidenband-Fabrikanten Georg Veit in Basel, dem älteren Bruder meiner Mutter. Ich bekam es mit Zins und Zinseszins wieder, als Onkel Georg und Tante Charlotte, die liebe, herzensgute, im Jahre 1925 kurz hintereinander starben, nachdem sie mich, kinderlos, wie sie waren, zum Erben auch ihres Vermögens eingesetzt hatten.

Zum Teufel, ich bin schon wieder auf dem besten Wege, den Faden zu verlieren. Lührs also stand unten auf der Pier und winkte mit seiner schwarzen Melone. An Land trug er sich stets wie ein Bankier, der zur Börse geht. Er schwor darauf, daß ihm dann niemand den Seemann anmerkte. Sein von Winden und Wettern gegerbtes Gesicht und sein schaukelnder Gang jedoch verrieten ihn jedem Kundigen, was er allerdings nie wahrhaben wollte. Kaum lag die Gangway über, so stiefelte er an Bord, kam auf mich zu und schien fast entschlossen, mir die Hand aus dem Gelenk zu schütteln.

›Wilhelm, Mann, was bist du für 'n groten Kerl geworden und ein richtiger Seemann dazu. Kennst mich denn gar nicht mehr, min Jung? Ich bin doch Jakob Lührs, din Vater sin ollen Bootsmann!‹

Nun fiel es mir wie Schuppen von den Augen: Ja, das war mein Freund Lührs! Aber ich hatte ihn zwölf Jahre lang nicht gesehen. Was er mir nicht alles beigebracht hatte! So viel, daß man mir in meiner Ausbildung die Segelschiffszeit erlassen hatte. Wär' ja auch Unsinn gewesen, wo ich auf einem Segelschiff groß geworden war und mit so erfahrenen Seeleuten wie meinem Vater, dem Herrn Habersack und eben Lührs, der auch so gern Herr Lührs gewesen wäre, und es doch nie ganz schaffte, trotz schwarzer Melone und dunkelblauem Cheviot-Anzug.

Eine Stunde später saß ich mit dem wunderbaren Mann in einem kleinen Lokal nicht weit vom Barkassen-Hafen. Wird wohl heute auch zerstört sein –! Er lehnte mir gegenüber breit am Tisch, und sein ehrliches, klares Seeräubergesicht, in dem schon wieder die Stoppeln sproßten, strahlte. Seine mächtigen Hände umspannten das Bierglas, grobe, aber verläßliche Werkzeuge, tief gefurcht und verholzt von Narben, Teer und Seewasser.

Jakob Lührs erzählte: ›Ich hab mir gedacht, min Jung, einer muß dich darüber aufklären, wie das mit der ‚Barbara Veit' – gutes Schiff, Wilhelm, gutes Schiff! Das glaub mir man getrost! — also wie die ‚Barbara Veit' verlorenging, und wie dein Vater und deine Mutter über Bord gespült wurden. Und sieh, min Jung, dein Vater hat mich tausend Taler ausgesetzt in seinem Testament, damit daß ich einen Notgroschen habe für schlechte Zeiten und zur Altersversicherung für Seeleute hat er mich immer die Prämien bezahlt, weil ich ja man doch da immer an vergessen hätte. Und nun kann mich gar nix mehr passieren, wenn ich nicht mehr zur See fahren kann. Aber das ist ja noch lang hin. Na ja, war ja auch an Bord, seit dein Vater vor bald vierzig Jahr die Bark übernahm, junger Kerl, der er war, zur Hälfte mit gepumptem Geld. Und ich war auch noch jung damals, weiß Gott, und konnte das Ankerspill allein drehen, wenn es sein mußte. Dein Vater auch, das war ein dollen Kerl, dein Vater, min Jung! Solche gibt's bald nicht mehr, seit die Segelschiffe aussterben. Hab auf keinem anderen Kahn mehr Heuer genommen, solange es die ‚Barbara' gab. Solche Jan Maaten wie ich, die sterben aus. Trink din Glas ut, min Jung, wir leben noch! Auf alle, die bei den Fischen sind!‹

Wir tranken unsere Gläser leer. Allmählich kam er darauf, mir von der Heimreise der Eltern zu berichten, die dann zugleich ihre wahre ›Heimreise‹ geworden ist. Mir fällt ein, daß meine gute, fromme Mutter, als ich noch auf schwankenden Decksplanken ihrer Obhut anvertraut war, mich unter anderen ein Kirchenlied lernen ließ, das ihr besonders ans Herz gewachsen war. Es beginnt mit den Zeilen: ›Ich bin ein Gast auf Erden und hab' hier keinen Stand. So will ich zwar nun treiben mein Leben durch die Welt; doch denk ich nicht zu bleiben in diesem fremden Zelt. Ich wandre meine Straße, die zu der Heimat führt, da mich ohn' alle Maßen mein Vater trösten wird. – Die Herberg ist zu böse, der Trübsal ist zu viel. Ach, komm, mein Gott, und löse mein Herz, wenn dein Herz will.‹ Ja, das hat man im Dreißigjährigen Krieg wohl singen können, und in dem nun schon Überdreißigjährigen Krieg, den wir erleben, ist es recht am Platze. Meine Mutter, die wohl gern ein stilles, friedliches Leben geführt hätte, die war nun, da sie dem Kapitän und Schiffseigner Lauritz Barkholtz gefolgt war, Zeit ihrer Ehe auf der grünen, grenzenlosen See umhergeworfen worden, immer unterwegs, allein im ewig Wechselnden daheim. Und ich glaube schon, daß sie gern in verzagten Stunden vor sich hinsprach: ›Dorthin steht mein Verlangen, da wollt' ich gerne hin. Die Welt bin ich durchgangen, daß ich's fast müde bin. Je länger ich hier walle, je wen'ger find' ich Freud, die meinem Geist gefalle; das meist' ist Herzeleid!‹ Das meist' ist Herzeleid! – wer wollte das heute nicht wahrhaben, Clar!«

»Ja, Ohm, das meist' ist Herzleid!« sagte das Kind neben mir leise auf der nachtdunklen, stillen Landstraße.

»So geraten wir immer wieder vom Thema ab, Clar. Es soll nicht mehr vorkommen! Mein Vater war nicht mehr der Jüngste, die ›Barbara Veit‹ hatte ebenfalls und buchstäblich so manchen Sturm erlebt, hatte meinen unermüdlichen und sparsamen Eltern ein ansehnliches Vermögen zusammengesegelt; meine Mutter wünschte sich einen ruhigen und sorglosen Lebensabend mit meinem Vater am Fuß der heimatlichen Schweizer Berge, am strahlenden Bodensee oder am grün und gläsern wallenden Oberrhein. Mein Vater hatte ihrem Drängen endlich nachgegeben. Aber der eigentliche Grund wird wohl ein anderer gewesen sein, wie Lührs mir zu verstehen gab. Er war ein aufmerksamer Beobachter, und meine Eltern kannten wohl kaum Geheimnisse vor dem treuen, furchtlosen Mann, der den kleinen Sohn – nämlich mich – ebenso zuverlässig hütete, wie er vorauf in den

Großmast enterte, wenn Gefahr drohte und es galt, die Sky-Segel zu bergen. Deine Mutter, Clar, meine Schwester Minna, ist erst viele Jahre nach mir geboren worden, als ich längst nicht mehr an Bord mein Unwesen trieb. Ich ging schon brav in Basel auf die Schule. So kam es, daß ich meine einzige Schwester erst in den Jahren dieses letzten Krieges richtig kennenlernte – wohl meiner Mutter ähnlich, still und zärtlich, liebenswürdig und gehorsam, und so sicher in sich ruhend, daß noch so viel väterliche Liebe sie nicht verziehen konnte.

Es wird den Eltern auf die Dauer zu einsam an Bord gewesen sein; und als Minna sich einstellte, da sammelte sich die ganze Liebe der Eltern um das anmutige Mädchen, dem es leichtfiel, aller Herzen zu gewinnen. Natürlich sollte sie die beste Erziehung genießen, die sich denken ließ. Meine Mutter hatte mit ihrem sorgfältigen Unterricht eine gute Grundlage gelegt. Aber wenn nichts versäumt werden sollte, dann mußte Minna nun eine regelrechte höhere Schule besuchen. Mein Vater mag's auch leid geworden sein, die alten Routen über den Nord-Pazifik zu durchmessen, von Asien nach San Francisco weit nach Norden ausbiegend, um die guten Westwinde zu nutzen, westwärts aber südlich der Sandwich-Gruppe vorbei, um scharf am Nordost-Passat erst bei den Marianen wieder vom klaren Westkurs auf Nordwest nach Japan oder auf Westnordwest nach der Yangtse-Mündung abzufallen. Aber davon verstehst du nichts, Clar.« –

»Du irrst dich, Ohm! Ich habe die Segelkarte klar vor Augen. Ich hab' schon immer wissen wollen, wo meine Mutter geboren und groß geworden ist.« –

»Nun, um so besser! Eines Tages beschlossen also die Eltern, da sich gerade gute Frachten boten – und die boten sich nicht mehr so häufig, seit die Dampfer überhandnahmen –, dem Stillen Ozean Valet zu sagen, nach Europa zu segeln, die ›Barbara Veit‹ zu versteigern und sich zur Ruhe zu setzen, damit Minna zur Schule gehen könnte, ohne daß die Eltern sich von ihr zu trennen brauchten. Den guten

Händen an Bord war es recht; sie waren mit meinen Eltern und dem braven Schiff gealtert; soweit sie sich nicht auch zur Ruhe setzen wollten, dachten sie höchstens noch an einen ehrbaren Küstenschoner von Emden nach Nordenham, nach Esbjerg und Christiansand.

Schwermütig und erleichtert zugleich mag der Eltern Herz geschlagen haben, als der Klüver ihres Schiffes zum ersten Male seit langen Jahren endgültig südwärts und schließlich westwärts zeigte. Ich weiß nicht, warum sie ihr Schiff nicht im Fernen Osten verkauften, wo es wahrscheinlich einen besseren Preis erzielt hätte als in Europa. Ich weiß nicht, warum sie nicht auf dem kürzesten Wege nach Europa zurückkehrten, sondern die alte, tückenreiche Route um Ceylon nach der Malabarküste nahmen, von wo sie sich dann dem Winter-Monsun anvertrauen und die afrikanische Ostküste erreichen wollten. In Kapstadt sollte sich die ›Barbara‹ zur letzten Reise den Bauch voll Wolle packen, dann auf bewährtem Kurs vor dem Südost-Passat über St. Helena die Kap Verden ansteuern, vor ihnen nordwestwärts abdrehen, um den Nordost-Passat auf Steuerbord zu kriegen und schließlich auf der Höhe der Azoren vor den Westwinden Kurs auf den Kanal zu nehmen. Aber davon weißt du nichts, Kind!«

»Du irrst dich wieder, Ohm! Ich kenne die alten Segelrouten. Mutter hatte ein paar Segelkarten auf dem Boden liegen; ich weiß nicht, woher sie stammten. Darauf segelte ich gern um die ganze Erde. Ich glaube, die Karten hatte Lührs mitgebracht. Sie sahen aus, als wenn sie schon einmal im Wasser gelegen hätten.«

»Kann schon sein, daß Lührs nach dem Schiffbruch ein paar Karten von der ›Barbara‹ am Strand von Sao Tiago aufgelesen hat. Aber nun weiter: Sie hatten eine gute Reise durch die Sunda-Straße und segelten dann am auslaufenden sommerlichen Südwest-Monsun in weitem Bogen um Ceylon zur Malabarküste und nach der kleinen portugiesischen Kolonie Goa. Vater hatte eine volle Fracht Reis von Haifong nach Goa übernommen, dazu Rohseide von Japan, ebenfalls nach Goa. Die Konnossemente waren an einen gewissen Jakob Thunau ausgefertigt, den Vater dem Namen nach bereits kannte. Thunau war ein deutscher Ein- und Ausfuhrkaufmann, der seit Jahrzehnten in Goa handelte. Der Name des Hauses ›Thunau & Moncorvo‹ hatte im ganzen Mittleren und Fernen Osten guten Klang.

Als die ›Barbara‹ vor Goa an ihrer Tonne im sicheren Hafen lag, und Vater sich an Land rudern ließ, lernte er in dem um etwa zehn Jahre jüngeren Thunau einen Mann kennen, der ihm auf den ersten Blick gefiel. Thunau war wie er selbst noch vom alten Schlage der ›Ostasiaten‹, zuverlässig, kühnen Geschäften nicht abgeneigt; ein Kaufmann, dessen mündliche Zusage oder Abrede sicherer galt als heute drei versiegelte und verbriefte Verträge. Thunau stammte aus dem südlichen Schwarzwald und verleugnete seine alemannische Herkunft nicht; ebenso zähe wie besonnen und doch den Freuden dieses Daseins keineswegs abgeneigt, hatte er sich in dem ehrwürdigen portugiesischen Handelsplatz schnell emporgearbeitet. Als junger Kerl hatte er bei der alten Fima ›Manuel Torre de Moncorvo‹ einen Korrespondentenposten angenommen und sich mit seinem in Goa nicht gerade alltäglichen deutschen Fleiß und vor allem seiner Pünktlichkeit das Wohlwollen seiner Chefs und sicherlich das Mißfallen seiner Kollegen zugezogen. Und dann geschah, was für alle Beteiligten ebenso unerwartet kam wie für alle Zuschauer: Maria Torre de Moncorvo, die einzige Tochter, das einzige Kind des alten, stolzen Alleininhabers der hochangesehenen Firma und der tüchtige Jakob Thunau aus dem südlichen Schwarzwald verliebten sich ineinander.«

»Du hast Thunaus einzige Tochter gekannt, Ohm? Das muß doch meiner Mutter Jugendfreundin gewesen sein. Christina hieß sie. Mutter hat mir oft von ihr erzählt. Aber sie ist, glaube ich, schon vor 1930 gestorben. Mutter erwähnte es einmal. Es ist anscheinend ein Geheimnis mit ihrem Tode verknüpft; Mutter sprach so sonderbar davon.«

»Du fragst mehr, Clar, als ich jetzt beantworten kann. Wo war ich stehengeblieben? Bei dem alten Thunau, richtig! Damals war er noch nicht alt, als er sich in die braunhäutige, großäugige, zierlich-zerbrechliche Maria Moncorvo verliebte. Dem Mädchen floß wie allen Abkömmlingen der alten portugiesischen Familien in Goa viel indisches Blut in den Adern. Die Portugiesen haben sich nie gescheut, schöne Hindumädchen zu heiraten, wenn sie nur getauft waren und brav zur Messe gingen.

Auch bewies das schöne goanesische Mädchen mit dem strengen Vater, daß in ihm noch mancher Tropfen des Blutes jener wagemutigen Seefahrer, Eroberer und Kaufleute lebendig war, die vom kleinen Portugal her als erste Europäer ausprobierten, ob die Erde wirklich rund ist. Der Vater sperrte sich natürlich gegen jede Verbindung seiner angebeteten Tochter mit dem jungen Deutschen. Aber das braucht man keine Sekunde anzunehmen: Unanständigkeit lag außerhalb der Thunauschen Bereiche.

Kurz und gut: die beiden setzten die Heirat durch. Thunau mußte eine Weile aus der Firma ausscheiden, fand aber anderswo in Goa schnell eine bessere Stellung; und Maria Moncorvo soll erklärt haben, lieber verhungern und auf Vater, Erbschaft und Firma verzichten zu wollen, als von ihrem Jacopo zu lassen. Inzwischen sind fünfzig Jahre vergangen, kein Wunder, daß sich die Sitten geändert haben. Der alte Moncorvo starb bald nach der Heirat. Er hat aber seine Tochter nicht nur nicht enterbt, sondern Thunau sogar ausdrücklich als Miterben eingesetzt. Das Leben ging weiter seinen Gang. Erst nach einem Jahrzehnt wurde den beiden Liebesleuten ihre einziges Kind, eben Christina, geboren. Die Mutter, allzu zart wie Frauen aus überzüchteten Tropengeschlechtern häufig, wäre fast bei der Geburt gestorben. So blieb es bei dieser einzigen Tochter.

Als Vater und Thunau sich kennenlernten, hatte dieser die Fünfzig gerade überschritten. Er sehnte sich im geheimen danach, kühlere Luft zu atmen, sein Dasein nicht an der glühenden Malabarküste zu beschließen. Europäer werden früh alt in diesem Klima, mögen sie auch noch so viel Spannkraft mitbringen. Außerdem wurde es Zeit, die kleine Christina auf eine europäische Schule, entweder in Portugal oder in Deutschland, zu bringen, wenn sie nicht ganz und gar zur Goanesin werden sollte.

Die beiden Männer, der alternde Kapitän Lauritz Barkholtz und der alternde Kaufmann Thunau empfanden wohl den Gleichklang ihrer Schicksale. Auch die Frauen lernten sich bald kennen und schätzen und schließlich auch die beiden Mädchen, die fast gleichaltrig waren: Christina war zwölf und Minna elf Jahre alt.

Die Eltern lagen lange mit ihrem Schiff vor Goa. Der Winter-Monsun, der sie nach Ostafrika wehen sollte, verspätete sich in diesem Jahr. Thunau verriet, daß er bereits den größten Teil seiner Geschäfte abgewickelt hatte und längstens in einem halben Jahr die Firma seinem Prokuristen abzutreten beabsichtige. Danach wollte er sich mit den Seinen nach Europa einschiffen. Mein Vater machte den Thunaus den Vorschlag, die Heimreise der ›Barbara Veit‹ zu einem langen Urlaub auf See auszunutzen; das ergab sich beinahe von selbst. Auch mag die gute Gelegenheit die beiden Thunaus romantisch daran erinnert haben, daß sie mit der

21. I. 1948.

Am 5. Oktober habe ich zum letzten Male vor diesen Seiten gesessen. Seither ist mehr als ein Vierteljahr vergangen, in dem ich oft an meine Generalbeichte gedacht habe. Zuviel hat sich in den letzten drei Monaten ereignet. Ich fand den Mut nicht und nicht die Ruhe, den damals abgerissenen Faden wieder anzuknüpfen. Ich weiß nicht einmal mehr, wie der Satz ausgehen sollte, in dem ich bei der letzten Eintragung steckenblieb. Mag er also unvollendet stehenbleiben.

Ich sitze hier mutterseelenallein mitten in der Lüneburger

Heide. Das Städtchen Hahnewald mit seinem guten Bürgermeister ist weit dahinten zurückgeblieben. Alles ist anders geworden. Eine neue Welt, ganz andere Horizonte haben sich aufgetan.

Was geschah damals am späten Abend des 5. Oktober vorigen Jahres? Ich saß vor diesen Blättern, um vom Untergang der »Barbara Veit« zu berichten. Es ging auf Mitternacht; ich hatte manche Zeile hinter mich gebracht, obgleich es mir nicht recht gelungen war, bei der Sache zu bleiben. Ich spürte eine unbestimmte Unruhe. Später wußte ich, was mich unruhig gemacht hatte: die verhaltene Erregtheit Clars, die sich mir tagsüber mitgeteilt. Doch Clar war äußerlich vollkommen beherrscht gewesen; ich hatte nichts Ungewöhnliches wahrgenommen.

Ohne viele Worte hatte ich mit Clar vereinbart, daß sie mich des Abends nicht mehr störe, wenn ich mich nach dem Nachtessen an meine Schreiberei setzte. Ich hörte sie gewöhnlich in ihrem Zimmer oder in der Küche noch ein wenig rumoren, bis auch das verstummte; sie war zu Bett gegangen. Am Abend des 5. Oktober blieb draußen alles still. Die Uhr der Stadtpfarrkirche kündigte gerade mit drei Schlägen blechern die letzte Viertelstunde vor Mitternacht an, als plötzlich jemand an meine Tür klopfte. Ich war so überrascht, daß ich mitten im Satz die Feder sinken ließ und aufsprang. »Herein!« rief ich und wandte mich der Tür zu.

Die Tür öffnete sich zögernd und ging dann weit auf. In der Öffnung stand Clar. Der Schein meiner Taschenlampe beleuchtete ihr Antlitz; es war totenblaß. Ihre Augen schienen übergroß, ganz dunkel vor äußerster Erregung. Wir standen uns ein paar endlose Augenblicke lang wortlos gegenüber; ein paar endlose Augenblicke hing die Waage des Schicksals in der Schwebe, ich fühlte es.

»Du schläft noch nicht, Clar? Es ist bald zwölf. Was hast du noch?« Sie kam einen Schritt in meine Stube herein und schloß die Tür hinter sich. Mit einer eigentümlich veränderten Stimme, fast heiser vor Aufregung, sagte sie leise und kaum verständlich.

»Ich muß dir etwas gestehen, Ohm. Ich kann nicht schlafen, ehe ich es dir gestanden habe. Es ist heute ein Brief gekommen, aus Amerika!« Sie schwieg. War das alles?

»Warum hast du ihn mir nicht gezeigt. Deshalb die Aufregung? Es kommen doch häufiger Briefe an mich aus dem Ausland —«

»Er war an mich gerichtet.«

»An dich? Dann hatte ich ja auch kein Recht, ihn zu lesen. Aber wer schreibt dir Briefe von jenseits der Grenzen?«

»John Jordan aus Seattle!«

»Jordan? Seit wann schreibt der dir Briefe?« Hinter ihrem sonderbaren Verhalten verbarg sich Außergewöhnliches. Sie stand mit hängenden Armen, in ihren Augen flackerte Angst.

»Was, zum Teufel, Clar, wolltest du mir gestehen? Sage es endlich!« Da öffnete sich schließlich die Schleuse. Wie eingelernt, tonlos, sicher lange hin und her bedacht, schnurrte ihr Bekenntnis ab:

»Ich habe dich immer hier schreiben sehen, manchmal Nächte lang, Ohm. Nie sagtest du mir, was es wäre. Manchmal machtest du Andeutungen, daß es deine Vergangenheit beträfe. Ich hätte nie daran gedacht, deinen Geheimnissen nachzuspüren. Aber jeden Tag, wenn du fort warst, machte ich hier sauber. Der Tischkasten ist nicht verschlossen. Ich habe ihn nie berührt. Aber eines Tages, als ich den Tisch beiseite rücken mußte, rutschte der Kasten von selbst hervor. Ich hatte es gemerkt, aber nicht beachtet. Als ich den Tisch auf der anderen Seite anheben mußte, um den Teppich hervorzuziehen, fiel der Kasten mit einem Male ganz heraus und streute die Blätter über den Fußboden. Ich sprang erschrocken zu und wollte sie aufsammeln; dabei las ich, wie ihr euch da oben in den wilden Bergen vor Tom und Dan verheiratet habt, du und Anne, Ohm. Und dann, Ohm, dann — —«, sie schluckte verzweifelt und ihre Augen füllten sich mit Tränen —, »dann habe ich weitergelesen, habe alles gelesen, nicht nur einmal, sondern viele Male. Deine Bekenntnisse, Ohm, quälten mich. Ich war gar nicht mehr ich selbst. Schließlich, da ich nicht wagte, mit dir selbst du sprechen, schrieb ich an John Jordan: ob er nicht wüßte, wo Anne und Dan geblieben wären; es wäre doch unmöglich, daß Menschen wie du, Ohm, ein Leben lang im ungewissen blieben, vielleicht sogar darüber stürben. Er, John Jordan, sei klug und hätte dir schon oft geholfen, so daß er auch jetzt helfen solle, die Ungewißheit zu lösen. — Heute früh, Ohm, heute früh ist seine Antwort eingetroffen. Ich habe dir nichts gesagt, weil ich dann alles hätte gestehen müssen. Ich fürchtete mich. Bis jetzt!«

Die Tränen rannen unaufhaltsam aus ihren weit aufgerissenen Augen über das blasse Gesicht. Sie war erschöpft und ließ sich auf einen Stuhl sinken. Ich sah, daß sie einen zerdrückten Brief in ihrer Schürzentasche trug; sie hatte vergessen, die Schürze nach der Abendarbeit abzulegen. Das rührte mich sonderbar: dieses Kind! Ihre Hände, die im Schoße ineinander verschränkt lagen, schienen mir verarbeitet. Wie allein sie war, dies Kind! Mit mir altem Krauter zusammengesperrt, der eifersüchtig in den Schätzen seiner Vergangenheit wühlt und sie ängstlich vor jedermann geheimhält. Und dies junge Ding hat niemand, mit dem es sprechen kann, und ist doch so hungrig auf Leben. Mit diesen Blättern bekam sie einen Zipfel des bunten Lebens zu fassen, sie hat der Neugier, der Sehnsucht, mehr zu wissen als bisher, nicht widerstehen können; sie hat den schüchternen Versuch gemacht, selbst Schicksal zu spielen. Kleine Clar!

»Beruhige dich!« sagte ich. »Die Tränen machen nichts besser!«

Sie blickte mich erschrocken an und trocknete das Gesicht mit ihrem Taschentuch; gleich schlug sie die Augen wieder zu Boden. War ich zu grob gewesen? Ich zog mir den Stuhl herbei und setzte mich wieder vor meinen Tisch. Was blieb mir anders übrig? Während ich mich noch in dem Glauben wiegte, mit mir allein Zwiesprache zu halten, las und bedachte ein anderer Zeile für Zeile, wandte alle Blätter meiner Beichte um und hielt mich zum Narren. Clar hatte es gut gemeint: sie wollte ihrem alten, schon taprigen Onkel beispringen. Was er nicht zustande gebracht hatte, gedachte sie mit einem einzigen Brief einzurenken.

Was Jordan übrigens geschrieben haben mochte? Ich hatte Clar schon fast vergessen. War sie überhaupt noch im Zimmer? Ich wandte mich um. Ja, sie saß immer noch regungslos auf dem Stuhl am Bett und blickte mich wartend und fragend an. Ich erhob mich und ging zu ihr. Ich gab ihr einen leichten Backenstreich und noch einen; sie rührte sich nicht.

»So —«, sagte ich, »das für deinen Vertrauensbruch — — und das für deinen Willen, mir zu helfen!« Damit beugte ich mich und küßte sie. Sie warf mir ihre Arme um den Hals und brach aufs neue in Tränen aus.

»Nun, nun —!« brummte ich. »Nicht so stürmisch! Es ist alles wieder in Ordnung. Nur gut, daß du die Heimlichkeit nicht ewig weiter getrieben hast!«

»Ach, Ohm«, schluchzte sie. Unvermutet riß sie sich los: »Hier ist der Brief! Lies ihn lieber allein! Ich will jetzt schlafen gehen. Gute Nacht!«

Ich wog den Brief Jordans in meiner Hand. Sollten die alten Geschichten doch noch nicht begraben sein? Ich zog das Briefblatt aus dem Umschlag mit den fremden Marken. Die Anschrift war mit Schreibmaschine geschrieben: Miß Clarissa v. Zimmermeister, c/. Dr. Wilhelm Barkholtz, Hahnewald, Germany — eine höchst eindrucksvolle Adresse. Ich zog das Briefblatt hervor. Die Zeilen waren mit der Hand geschrieben: Jordans klare, nüchterne Handschrift!

»Seattle/Wash. 1. Sept. 1947.

Mein liebes Fräulein Clarissa!
Ihr Brief vom 10. Juli traf vor vierzehn Tagen hier ein. Ich habe ihn eine Weile mit mir umhergetragen und wußte nicht, ob und wie ich ihn beantworten sollte. Ich bin immer der Meinung gewesen, man sollte die alten Geschichten ruhen lassen, und es täte nicht gut, sie wieder aufzurühren.

Aber nun schreiben Sie mir, liebe Clarissa (Ihr Onkel hat mir in seinen Briefen manches von Ihnen erzählt), daß mein alter Freund Wilhelm Nacht für Nacht in seiner Vergangenheit umhergeistert. Sie scheinen im übrigen ein tapferes Mädchen zu sein, sonst würden Sie mir nicht so frischweg gestehen, daß Sie die Papiere gar nicht hätten lesen dürfen. Es wäre nun aber geschehen, und Sie wollten wenigstens versuchen, das Beste aus der Sache zu machen. Das ist ein vernünftiger Standpunkt; ich glaube, Sie und ich, wir würden uns ganz gut verstehen, wenn wir uns einmal begegnen sollten, obgleich ich einen ausgezeichneten Großvater für Sie abgäbe.

Ihrem Bericht entnehme ich, daß Ihr Onkel Wilhelm nicht alles niedergeschrieben hat, was er von den alten Sachen weiß, daß er aber anderseits über mancherlei im unklaren ist, was er in den vielen Jahren seit 1928 gut und gern hätte in Erfahrung bringen können. Er erschien damals hier mit Margret Duboise, die, wie es Gott wollte, nicht lange danach meine Frau wurde. Wie schön wäre es, wenn sie noch lebte und uns alle mit ihrem klugen Rat begleitete!

Seinerzeit kam Wilhelm Barkholtz von Südwestafrika hergereist, als ich den Verbleib von Dan und Anne durch einen Zufall ausgekundschaftet hatte. Wie haben wir ihm damals geraten, vernünftig an Daniel und Anne Halvorsen — sie war ja inzwischen Dans Frau geworden — zu schreiben, sich ihnen anzukündigen und alles Weitere einer freundschaftlichen Aussprache zu überlassen! Aber er benahm sich wie von Sinnen, wollte nichts von unseren Ratschlägen wissen, fuhr schließlich fort und ward nicht mehr gesehen. Erst Monate später erhielten wir wieder einen Brief von ihm, daß er Dan und Anne und beider Tochter zwar wiedergesehen, aber nicht gesprochen hätte, daß er wieder nach Afrika zurückginge und gern mit uns weiter befreundet bliebe, jedoch nur unter der Bedingung, wir erwähnten niemals wieder die alten Geschichten, die sich da am Yelling Yellow und am Columbia zugetragen haben. Wir kannten ihn und auch seine Dickschädeligkeit. Wir bezweifelten keinen Augenblick, daß wir nie wieder eine Zeile von ihm erhalten würden, wenn wir die Bedingung, die er uns stellte, nicht sorgfältig einhielten. Wir haben ihm also wirklich keine Zeile mehr davon geschrieben.

Aber ich will Ihren Brief, mein liebes Mädchen, für einen Wink von oben halten und entgegen meinem vor zwanzig Jahren gegebenen Versprechen die vergangenen Geschehnisse noch einmal zur Sprache bringen. Ich überlasse es Ihnen, ob Sie Ihren Onkel einweihen wollen. Sie haben seine Niederschrift gelesen, sind täglich um ihn und können besser beurteilen als ich, ob er wirklich erfahren will, was ich weiter gehört habe.

Wilhelm hatte uns im Frühjahr 1928 endgültig verlassen. Monate später traf sein Brief ein. Meine Frau wollte Genaueres wissen und schrieb an Anne Halvorsen.

Doch aus der Antwort, die nicht lange auf sich warten ließ, wurden wir ebensowenig klug wie aus Wilhelms Brief. Mrs. Halvorsen berichtete in unbestimmten Ausdrücken, daß Wilhelm dort aufgetaucht wäre, daß aber eine Begegnung nicht stattgefunden hätte; Wilhelm sei ausgewichen und schließlich aus der Gegend verschwunden. Sie bat uns in flehentlichen Ausdrücken, ihr mitzuteilen, was aus Wilhelm geworden wäre, sie überhaupt auf dem laufenden zu halten; ihr wäre jedes Wort von Wert. Zugleich aber beschwor sie uns, Wilhelm ja nicht zu verraten, daß sie sich nach ihm erkundigt hätte.

Nun, wie Frauen sind, Marguerite setzte sich natürlich hin und schrieb ihr alles, was wir wußten. So entwickelte sich eine Korrespondenz und aus dieser eine verhaltene Freundschaft, ja, Zuneigung zwischen den beiden Frauen.

Schließlich traf Nachricht von Wilhelm ein, daß er sich für dauernd in Südwestafrika niederlassen wolle, um dort zu farmen. Er bat uns nochmals, nie wieder die Vergangenheit heraufzubeschwören. So hielten wir nun beide Fäden in der Hand, von dem einen und der anderen und Marguerite ließ sie auch nicht wieder entschlüpfen. Sie berichtete getreulich an Anne, was Wilhelm uns in weiten Abständen von seinem Ergehen mitteilte; davon ahnte er natürlich nichts. Im Laufe der Jahre offenbarte sich uns aus gelegentlichen Andeutungen Annes Schicksal immer klarer. Schließlich wußten wir so genau Bescheid, als wäre es uns im Zusammenhang erzählt. Wir erfuhren, daß sie Dan Halvorsen im Februar 1920 in Chicago geheiratet hatte, und wir erfuhren auch, daß ihr einziges Kind, ihre Tochter Cora, im März Geburtstag hat und schon 1920 geboren sein muß. Nun schrieb mir Anne in ihrem letzten Brief, der sehr traurig klang, daß ihr lieber Mann, Daniel Halvorsen, im Sommer nach kurzer, schwerer Krankheit verstorben wäre.

Cora ist jetzt schon achtundzwanzig Jahre alt; aber man hört noch nichts davon, daß sie sich verheiraten will. Die Adresse ist immer noch die gleiche wie damals, als Dein Onkel, liebe Clarissa, 1928 hier war. Sie lautet: Mrs. Anne Halvorsen, Windermere-Stock-Farm, Heron Lake, Manitoba, Canada.

Ich überlasse es Ihnen, liebes Fräulein Clarissa, von diesen Angaben Gebrauch zu machen, wenn Sie es für richtig halten. Vielleicht schreibt Ihr Onkel selbst an Mrs. Halvorsen. Aber ich bin auch meinerseits bereit, Anne zu unterrichten, daß Wilhelms Herz immer noch für sie schlägt; auch Anne hat ihn nicht vergessen! Vielleicht sollte man es Anne überlassen, ob sie die so lange zerbrochene Brücke wieder schlagen will. Wie dem auch sei, ich unternehme nichts, ehe ich Ihre oder Ihres Onkels Antwort in Händen halte.

So, das ist nun ein langer Brief geworden, und ich bin mir nicht sicher, ob er mehr Nutzen oder Schaden stiften wird. Reden Sie Ihrem Onkel gut zu — ich glaube, er hört ein wenig auf Sie —, er solle sich nicht noch weiter verrennen; er wäre nun zu alt dazu, und die Jahre werden verdammt knapp, wenn man erst die Sechzig hinter sich hat. Das gilt für ihn und auch für mich; deshalb habe ich auch diesen Brief geschrieben. Ich möchte nicht unversehens abgerufen werden, und dies mein ganzes Wissen um die Dinge zwischen Wilhelm und Anne mit ins Grab nehmen.

Leben Sie wohl, liebes Kind! Ich grüße Sie beide herzlich da hinten im alten, dunklen Deutschland und bleibe immer Ihr

John Jordan.«

22. I. 1948.
Das also war Jordans Brief. Mir war heiß und kalt geworden, als ich ihn las. Wie unendlich lächerlich stand ich da. Ich hatte mich gezwungen, viele Jahre lang, die Gedanken an Anne aus meinem Hirn zu verbannen. Sie aber hat aus der Ferne ständig meinen Weg verfolgt, hat immer gewußt, was ich tat und trieb, hat wohl abertausendmal in all den langen Jahren in Sorge und Liebe an mich gedacht. Ja, auch in Liebe! Das Herz, das untrügliche, flüsterte es mir zu. Deshalb war auch ich niemals von ihr gewichen, war ihr ständig treu geblieben; ihr niemals erlahmendes, niemals abirrendes Herz hatte mich aus der Ferne gehalten, immer wieder den saften Lasso der Sehnsucht nach mir sendend, immer wieder mich erreichend, nie mich aus der zarten Schlinge lösend; und ich war willig gewesen, ihr mein Herz anheimzugeben, und bin es noch!

Und Daniel Halvorsen war nun tot. Die letzten zwanzig leeren Jahre — waren sie auf einmal abgeschlossen? Das Zimmer wurde mir plötzlich zu eng. Ich mußte ins Freie. Ich stolperte die dunklen Treppen hinunter und gewann die Landstraße. Es regnete kalt. Es war mir gerade recht. Ich wanderte die Straße entlang, merkte nicht, wie ich Pfütze um Pfütze durchpflügte. Erst als es im wolkenverhangenen Himmel zu tagen begann, entsann ich mich, woher ich gekommen war, und kehrte um. Ich war zuletzt, todmüde und von namenloser Verzweiflung zerquält, kaum noch fähig gewesen, einen klaren Gedanken zu fassen, so heftig war das Schiff meiner Gedanken auf dem dunklen Meer nie bedachter Möglichkeiten hin und her geschleudert worden.

Als ich wieder vor unserem Hause stand, war es längst hell; die Leute, die zur Arbeit gingen, blickten mich verwundert mit belustigter Neugier an. Wie ich ausgesehen haben muß, merkte ich erst an den entsetzten Blicken Clars, als sie mir die Tür geöffnet und mich in die schon erwärmte Küche eingelassen hatte. Auch sie hatte böse Stunden hinter sich und kein Auge mehr zugetan. Schließlich war sie aufgestanden und hatte sich in die Küche gesetzt. Sie hockte voll Angst neben dem Herde und hielt den Kaffee heiß.

Nun war ich zurückgekehrt, durchnäßt von oben bis unten, ohne Hut, mit klatschnassem Haar, halb frierend, halb fiebernd. Sie behielt sich in der Gewalt. Ein tapferes Mädchen bist du wirklich, kleine Clar! Der alte Jordan hat ganz recht, dich so zu nennen.

»Ohm —! Endlich —! Du bist ganz naß! Du mußt dich gleich umziehen! Schäl dir nur all das nasse Zeug herunter! Hier ist es warm. Ich lege dir drüben trockene Sachen bereit. Im Kessel ist heißes Wasser. Hier ist die Schüssel. Rufe mich dann! Du mußt gleich etwas Warmes trinken!«

Während ich mich wusch, spürte ich bereits, daß ich mich erkältet hatte. Aber den Dienst durfte ich nicht versäumen. Ich zog mich in meinem Zimmer um. Mit meinen Gedanken war ich längst wieder bei Jordans Brief. Ich mußte ihm sofort antworten, sofort! Ich setzte mich, ehe ich noch mit dem Ankleiden fertig war, an den Tisch und warf wenige Zeilen auf ein Blatt Papier.

»Lieber John!
Dein Brief an Clar hat mich wie ein Blitz getroffen. Anne wußte also stets von mir, all die Jahre hindurch! Ich bin Dir unendlich dankbar, daß Du Dein Schweigen gebrochen hast, ehe es zu spät ist. Aber auch dann hätte alle Schuld bei mir gelegen. Du hast recht: nur Anne kann entscheiden, ob wir unser seit fast dreißig Jahren verstummtes Gespräch wieder aufnehmen wollen. Schreibe ihr also, was Clar Dir mitgeteilt hat, schreibe ihr alles, was Du willst, schreibe ihr, daß sich in mir nichts verändert hat —! Lache mich nicht aus, John, wegen so romantischer Worte. Ich weiß, daß Du sie bei all Deiner Nüchternheit im Grunde verstehst, seit Du mit Marguerite verheiratet warst.

Bei Eurem Glück bitte ich Dich, zu versuchen, ob sich nicht für Anne und mich noch etwas retten läßt. Ich möchte nicht auch mein letztes Jahrzehnt noch im Irrtum verbringen.

Alle guten Wünsche Dir und den Kindern!

Dein Dir immer dankbarer

Wilhelm Barkholtz.«

So ungefähr brachte ich den Brief zu Papier, schrieb den Umschlag, klebte ihn zu und setzte die Marken drauf. Clar war währenddessen ins Zimmer getreten.

»Komm doch, bitte, Ohm! Das Frühstück wartet. Wenn du krank wirst —! Bleib doch heute daheim, bitte! Ich gehe hin und entschuldige dich —!«

»Unsinn!« sagte ich, stürzte zwei Tassen heißen Kaffees hinunter und rannte los. Es war allerhöchste Zeit.

Schon in der ersten Stunde überfiel mich Schüttelfrost. Ich wollte nicht klein beigeben und hielt bis zur Mittagsstunde aus. Am Nachmittag mußte ich mich doch ins Bett legen, widerwillig; ich gebe Erkältungen ungern nach. Aber ich spürte das Fieber, und die Lungenspitzen taten mir merkwürdig weh. Ich verbot Clar, den Arzt zu rufen. Am übernächsten Tage holte sie ihn, ohne mich zu fragen. Der Doktor stellte eine Lungenentzündung fest; er ordnete an, mich sofort ins Krankenhaus zu überführen. Ich hatte gerade noch Kraft genug, zur Bedingung zu machen, daß Clar mich pflegen müsse. Das ließ sich einrichten. Ich sank in meinen Fieberschlaf zurück und merkte kaum, wie man mich ins Hospital brachte. Daß Clar bei mir blieb, spürte ich als großen Trost.

23. I. 1948.

Der Wochen, die folgten, erinnere ich mich nur als eines wirren Durcheinanders von Schmerzen, Fieber, gelegentlichen Augenblicken des Erwachens und schließlich dem Gefühl äußerster Schwäche. Der Lungenentzündung war eine noch viel bösartigere Krankheit gefolgt, die man früher wohl schlichtweg ein Nervenfieber genannt haben würde. Es war, als wollten Seele und Verstand all den Irrtum aus sich herausfiebern, in dem ich Jahre oder gar Jahrzehnte befangen gewesen. Wie ein Hexensabbat umjohlte mich in den schlimmsten Nächten und Tagen der Lemurenzug meiner Vergangenheit. Clar hat mehr erfahren, als ihr lieb ist. Sie hat mich später, als ich mich schon auf dem Wege der Besserung befand, scheu nach diesem oder jenem gefragt.

Anfang Dezember war das Schlimmste überstanden. Der Arzt wollte nichts davon wissen, daß ich wieder mit der Arbeit begänne; er verordnete eine Zeit längerer Ruhe und vollständiger Schonung. Mir war es im Grunde recht. Was ich gewesen war, lag weit hinter mir. Es erschien mir unmöglich, weiter das Lehrerspiel am Progymnasium zu Hahnewald aufzuführen. Ich hatte ja nur gespielt, ein mittelloser Flüchtling zu sein, der sich mühselig sein Brot verdienen muß. Keine Menschenseele hat je bezweifelt, daß ich deutscher Staatsangehöriger sei. Wozu dies Versteckspiel?

Auf Zimmermeisters Gut in Schlesien war ich in den deutschen Untergangswirbel hineingerissen worden. Die wüsten Wogen hatten mich in Hahnewald auf Strand gesetzt. Mein Barkholtzscher Dickschädel ließ mich sagen: ich will tun, als ob ich Deutscher wäre, um am eigenen Leibe zu erfahren, wie Besiegten mitgespielt wird. Die Schicksale meiner Schwester Minna und meines Schwagers Zimmermeister, die entsetzlichen Erlebnisse Clars und Millionen anderer Menschen — ich empfand sie als meine eigenen. Wenn die Deutschen selbst in zahllosen Fällen ihren Namen in den Dreck trampelten, als wäre das ein besonderes Verdienst, dann wollte ich als der Sohn eines ehrbaren deutschen Kapitäns und einer untadeligen deutsch-schweizerischen Bürgerstochter das gestrandete, entmastete Schiff nicht im Stich lassen. Ich habe meine Rolle gespielt, und niemand kann mir sagen, ich hätte das Schicksal der Besiegten nicht ehrlich geteilt.

Doch dieser Akt war abgeschlossen. Die Krankheit hatte mich verwandelt. Ich muß mich um jene Rolle kümmern, die mir allein auf den Leib geschrieben ist. Ich habe sie lange vernachlässigt.

Es war mir ein leichtes, mich bei den zuständigen Stellen als Schweizer auszuweisen. Ich kann jetzt über meine Baseler Konten verfügen, kann mir von dort Lebensmittel schicken lassen, soviel ich will. Nun brauche ich Jordan nicht mehr. Aber wie sehr würde ich ihn kränken, erklärte ich ihm die wahren Umstände! Er würde meine verrückten romantischen Umwege gar nicht begreifen, obwohl er mancherlei von mir gewohnt ist. Ich machte einen Punkt hinter das Kapitel Hahnewald und seine bescheidene Herrlichkeit.

Gegen Ende meiner Krankheit hat Clar alte Beziehungen zu Freunden ihrer Eltern wieder aufgenommen, die im Hannoverschen am Rande der Lüneburger Heide ein größeres Gut besitzen. Es ergab sich, daß eine halbe Stunde vom Dorf entfernt mitten in noch unverfälschter Heide eine Jagdhütte der R.s leerstand. Die Hütte war winterfest gebaut und leidlich eingerichtet; doch war sie für Flüchtlinge nicht zu beschlagnahmen, weil weder Wasser noch ein fester Zufahrtsweg vorhanden sind. Als Clar und ich zwischen Weihnachten und Neujahr bei den R.s unseren Besuch machten, wurden wir wie alte Freunde aufs liebenswürdigste empfangen. Es ergab sich, daß v. Zimmermeister, Clars Vater, die R.s vor Jahren aus einer sehr unangenehmen politischen und wirtschaftlichen Lage herausgehauen hatte. Nun freuten sich die vorzüglichen Leute, daß sie an uns die Wohltat von einst vergelten konnten.

Die Hütte in der Heide war schnell für mich instand gesetzt; es tat ja nichts weiter not als eine gründliche Reinigung. Im Schuppen nebenan wurde eine mächtige Fuhre Torf abgeladen. Ein Gespann bringt mir jeden zweiten Tag ein paar große Milchkannen frischen Wassers, und Clar sorgt für das übrige. Sie hat sich dem angenehmen, großen Familienkreis auf dem R.schen Gut angeschlossen. Nun regt sie sich kräftig in einer Umwelt, die viel Ähnlichkeit mit ihrer verlorenen heimatlichen hat: sie hat auf dem Gut eine Stellung als zweite Mamsell angetreten. Sie sagte zuvor:

»Ich bleibe lieber bei dir, Ohm!«

»Liebes Ding«, gab ich zur Antwort, »du mußt wieder unter Menschen deines Alters, sonst wirst du im Handumdrehen eine alte Jungfer, und das wäre jammerschade. Wir sehen uns ja täglich, Clar, und werden immer Zeit finden, miteinander zu schwätzen. Du mußt mich in meiner Hütte in Ordnung halten, das mußt du schon! Dann tun wir so, als hausten wir noch allein in Hahnewald oder wären irgendwohin in die Wildnis verschlagen.«

Bei dieser Regel ist es geblieben. Es ist mir jeden Tag von neuem eine Lust, das sich immer anmutiger entfaltende Wesen zu sehen. Dabei arbeitet sie tüchtig, wie mir die R.s stets versichern, wenn ich ihnen am Mittwochabend und am Sonntagnachmittag und -abend meinen Besuch abstatte. Sie hat den Kopf voller Zukunftspläne.

Und ich? Ich habe nun die ganzen langen Heidetage für mich allein, und wenn ich mich hier nicht erhole und wieder zu Kräften komme, dann nirgendwo! Unendliche Stille, unendlicher Friede! Nichts als Birken, Heide, Moor und Wald ringsum! Ich sehe von meinem Hügel unter den alten Birken, die ihre Zweige über mein Dach wehen lassen, selten nur Menschen vorbeiwandern, denn der Weg verläuft im unwegsamen Bruch; ich habe schon Wildschweine da unten beobachtet. Wenn ich die Dächer des R.schen Gutes sehen will, dann muß ich auf den Hochsitz klettern, der in den Wipfel der ältesten Birke eingebaut ist. Von dort beobachte ich oft, wie Clar bei jedem Wetter, es mag schneien oder regnen, stürmen oder windstill sein, mit ihrem Essenskorb zu mir herpilgert. Wenn ich die kleine Gestalt in der Ferne so zuverlässig auftauchen sehe, freue ich mich. Aber bevor sie sich nähert, steige ich die Leiter herunter. Es würde mich etwas genieren, wenn sie mich bei so bubenhaften Unternehmungen ertappte.

Ich aber warte. Ich warte und horche in die Ferne mit allen Fasern meines Daseins. Alles Bisherige ist abgefallen.

Ich stehe vor einer hohen Tür und habe angeklopft. Wird sie sich auftun?

Ich warte Tag und Nacht. Ich will nicht ungeduldig werden; ich habe andere endlos warten lassen und hoffnungslos. Wie könnte ich über meinen Schatten springen: die unablässig nagende Sehnsucht nach dem einzigen Menschen, in dessen Nähe ich allein so war, wie ich von Gott gewollt bin.

Ich will die Wartezeit damit ausfüllen, niederzuschreiben, was geschah, seit ich Anne damals aus den Augen verlor.

Soll ich dort fortfahren, wo ich in der Nacht des 5. Oktober zu schreiben aufhörte? Soll ich den Schiffbruch der »Barbara Veit« vor den Kapverdischen Inseln schildern, bei welchem mein Vater vom niederkommenden Mast erschlagen, meine Mutter mit den Decksaufbauten über Bord gespült wurde?

Die Ereignisse bis zu meinem Zusammentreffen mit Christina Thunau will ich also nüchtern aufzählen.

Die Pflüger haben auf meinem Rücken geackert und ihre Furchen lang gezogen. Mein Rücken war breit von jeher.

*

Die beiden Thunaus beschlossen, mit meinen Eltern auf der »Barbara Veit« nach Europa heimzureisen. Auf alle Fälle wollten sie sich dem schönen Segelschiff bis Lourenço Marques im portugiesischen Moçambique an der afrikanischen Ostküste anvertrauen. Dort lebten gute Freunde der Familie Moncorvo, die Maria Thunau noch einmal sehen und sprechen wollte, ehe sie samt den Ihren die heimatlichen Tropen mit dem kühleren Europa vertauschte. Von dort konnten sie dann entweder mit einem Ostküstendampfer über Suez nach Portugal und Deutschland reisen oder mit der Bahn Kapstadt zu erreichen suchen, um wieder auf die »Barbara Veit« zu steigen, die dort ohnehin vor Anker gehen mußte; sie hatte dort Fracht zu löschen und einzunehmen.

Endlich brach kühl und trocken der Wintermonsun aus Hochasien her und füllte dem guten Schiff, das über Gebühr lange vor Goa hatte liegen müssen, die schlaffen Segel. Die »Barbara« nahm die Anker auf. Fracht und Passagiere, die beiden Thunaus mit ihrer Tochter Christina, waren längst an Bord. Langsam glitten die glühenden Berge der Malabarküste an Backbord hinter den Horizont. Den gleichmäßigen, starken Wind von achtern spürend, legte sich das schlanke Schiff mit schäumendem Bug, blausilbern strudelndem Kielwasser in die lang und gewaltig hinter ihm herlaufende Dünung des Indischen Ozeans. Sehr bald gewöhnten sich die Passagiere an die schwingende Bewegung, an das Sausen des Windes in der Takelung, an das Knarren der Blöcke, das Schwirren der Segel. Vor diesem Winde liefen einst die portugiesischen Segler, die von Goa heimwärts fuhren; oft genug mag ein lang vergessener Torre de Moncorvo sie befehligt haben, irgendein stolzer Vorfahr der Maria Thunau.

Die Freundschaft der beiden Ehepaare vertiefte sich auf der Reise; Thunau und Barkholtz hatten Jahrzehnte jenseits des Suez-Kanals verbracht, was die Menschen wie Verwandtschaft eng verbindet. Vertraut aber wurden auch die beiden kleinen Mädchen miteinander, meine Schwester Minna und die dunkelhaarige, zartgliedrige Christina. Vielleicht spürte die kleine Christina in der blonden, blauäugigen Minna das verwandte nordeuropäische Blut. Im heimatlichen Goa waren die Freundinnen und Spielgefährten von südländischer Art gewesen. Die süße Zuneigung der Kinder gereichte beiden Fltern zur Freude.

Je mehr sich das Schiff Lourenço Marques näherte, wo die Trennungsstunde schlagen sollte, desto trauriger wurden Eltern und Kinder. Schließlich machte Frau Thunau den Vorschlag, Minna sollte mit ihnen an Land gehen; sie wollten sich darauf festlegen, mit beiden Kindern die »Barbara Veit« in Kapstadt einzuholen und dort wieder an Bord zu steigen. Das war ein annehmbarer Vorschlag. Mein Vater war den Bitten »Minnchens« ohnehin nicht gewachsen;

meine Mutter ist gewiß standhafter gewesen; aber warum sollte sie schließlich der Tochter die Freude versagen? Bald würde sie den Zwang der Schule spüren; mochte sie vorher noch die Freundschaft der kleinen Christina und die letzten Wochen ihrer Freiheit genießen!

Die Eltern segelten also ihr gutes Schiff allein nach Kapstadt. Wie verabredet, trafen kurz vor dem Abschluß der Ladearbeiten die Thunaus mit den beiden Mädchen wieder ein und kamen vergnügt an Bord. Was hatte Minna nicht alles gesehen — und was Christina! Welch wunderbares Land, dieses Afrika! Ganz voller Neger! Nur Löwen, die hatten sie nicht entdecken können; die schienen ins Reich der Fabel zu gehören.

Die »Barbara Veit« ging abermals in See. Vater hatte einem besonders günstigen Angebot, eine größere Ladung Eisenbahnschienen nach Walfischbucht an der Südwester Küste zu frachten, nicht widerstehen können. Ehe er also auf den üblichen Kurs nach St. Helena ging, mußte er sich in der kalten Benguela-Strömung von der südafrikanischen Westküste nordwärts tasten. Das war nicht einfach; das Wetter verschlechterte sich. Als die »Barbara Veit« zu stampfen begann, verfiel die kleine Christina heftiger, würgender Seekrankheit. Auch ihre Mutter fühlte sich nicht wohl. Die kalten Seenebel vor dieser unwirtlichen Küste machten ihrem sonnengewöhnten Körper zu schaffen. Thunau überlegte, ob es überhaupt Sinn hätte, die geliebte Frau und auch die Tochter in die rauheren Breiten des Nordens zu bringen. Ihm fiel ein, daß er in Südwestafrika gute Bekannte besaß, die dort eine große Schaf- und Rinderfarm ihr eigen nannten. Dies bot den rettenden Ausweg: man würde auf dem gesunden Südwester Hochland Station machen, damit Christina wieder zu Kräften käme.

Meine Eltern waren traurig, daß die Freunde sie vorschnell verlassen wollten; ihnen war Ungewißheit und auch Beschwerlichkeit der Segelschiffahrt längst zur Gewohnheit geworden. Die kleine Minna pflegte ihre gequälte Freundin opferbereit. Vater und Mutter sahen es schließlich ein: im schönen, gleichmäßigen, ja wohligen Wetter des Indischen Ozeans war das Reisen für ihre die Seefahrt nicht gewöhnten Passagiere angenehm gewesen. Der Südatlantik war rauher. Frau Thunau kränkelte; ihre sonst an helles, warmes Gold gemahnende Hautfarbe spielte ins Gelbliche, bei plötzlicher Abkühlung ins Grünliche. Und wie sich die liebe Christina bei den harten Schiffsbewegungen mit ständiger würgender Übelkeit abquälte, war nicht mehr mitanzusehen.

Das Mitleid und die Trauer des Abschieds mögen meine Eltern schließlich bestimmt haben, den vereinten Bitten von Vater und Mutter Thunau, der matten Blume Christina und auch den stumm flehenden Augen Minnchens nachzugeben. Vielleicht war auch eine jener geheimnisvollen, tief unter der Schwelle des Bewußtseins sich traumhaft regenden Vorahnungen im Spiel, ihre geliebte einzige Tochter Minna den Gefahren der weiteren Reise zu entziehen; seit Kapstadt stand die Fahrt nicht mehr unter günstigem Stern. Sie erlaubten also, daß Minna ihre erkrankte Gefährtin an Land begleitete. Die Thunaus planten zunächst nur einen Aufenthalt von wenigen Wochen in Südwest. Ehe also die »Barbara Veit« in Hamburg den Anker fallen lassen würde, konnte Minnchen schon sicher auf einem Dampfer in Deutschland angelangt sein. Sie ließen den Thunaus Minna sozusagen als Pfand dafür, daß meine Eltern den vorzeitigen Abschied nicht übelnahmen und die auf der wunderbar strahlenden Fahrt über den Indischen Ozean begonnene Freundschaft in der alten Heimat fortgesetzt und vertieft werden sollte.

Es mag eine traurige Trennung gewesen sein, da vor dem öden, trostlos braunen Rund des Hafens von Walfish-Bay mit den gelben Dünen im Hintergrund und den kahlen Holzhäusern irgendwo im kahlen Wüstensand. Auf der stillen Wasserfläche des Hafens, durch eine lange, flache Nehrung vor der unruhigen See geschützt, lag die schöne Bark unter gerefften Segeln, mit all ihren Rahen und Masten und dem verwirrend vielfältigen und doch wohlgeordneten

Takelwerk, den schönen Linien des Buges, dem kräftigen Schwung der Borde und des Hecks gegen den blaugrauen Morgenhimmel gezeichnet, schon sich selbst ein Denkmal! Ob meine Eltern und die Thunaus es geahnt haben, als sie sich zum letzten Male die Hände schüttelten und die Jolle bereit lag, Vater und Mutter an Bord zu bringen?

Christina stand wieder auf den Beinen, noch sehr blaß, aber doch ein wenig erholt, seitdem die Schiffsplanken nicht mehr ächzend unter ihr stampften. Sie hat es mir später erzählt, daß meine Mutter Tränen in den Augen hatte, als Minna zum letztenmal in ihren Armen lag; mein Vater soll ein grimmiges Gesicht gemacht haben.

»Passen Sie mir gut auf mein Minnchen auf, Thunau! Passen Sie mir gut auf sie auf!«

Das sind seine letzten Worte gewesen. Die Thunaus hatten noch Zeit; sie wollten ohnehin erst von Swakopmund ins Innere vorraustelegrafieren und die Antwort abwarten, um den Freunden nicht allzu unvermutet ins Haus zu fallen. Darüber konnten Tage, ja, Wochen vergehen; inzwischen wollten sie sich in einem Swakopmunder Hotel von den bestandenen Strapazen erholen; es kam also auf ein paar Stunden gar nicht an. Sie standen am Ufer der Walfisch-Bucht, Jakob und Maria Thunau und die beiden kleinen Mädchen, die sich so zugetan waren.

Sie sahen, wie die Segel sich entfalteten, wie der Wind sie füllte, wie sie sich strafften — mein Vater war ein vorsichtiger Kapitän! Und aus einem flachen, an Untiefen reichen Hafen bei unsicherem Wind ein großes Segelschiff hinauszumanövrieren, ist eine hohe und gefährliche Kunst. Langsam bekam die »Barbara Veit« Fahrt voraus, glitt vorsichtig dem Hafenausgang zu, gewann ablandigen Wind und strebte tieferem Wasser zu.

Immer reicher kleidete sich nun die Bark in ihre hellen Segel, dann verging im dunstigen Horizont das Schiff — —.

Als die Bark den Kalmengürtel am Äquator in verhältnismäßig kurzer Zeit durchquert hatte und am Nordost-Passat auf Nordwestkurs gegangen war, wurde sie auf der Höhe der Kap Verden urplötzlich von einem Orkan aus Ostsüdost angefallen. Wahrscheinlich war der Harmattan aus der Sahara wilder und weiter als gewöhnlich vorgestoßen. Mein Vater ist sein Leben lang über die Weltmeere gesegelt; ich kann mir nicht denken, daß er irgend etwas riskiert hat. Lührs sagte mir später, daß er niemals eine so plötzliche Änderung der Windrichtung erlebt hat, eine so wütend zuschlagende Sturmbö. Die Bark lief noch unter vollem Zeug. Zwar waren die Männer schon im Hauptmast — zu spät: seine oberste Stenge brach weg.

Sie erschlug im Niederkrachen meinen Vater —!

So wurde das Schiff schon zu Beginn des Kampfes führerlos! Die Bö preßte sich ins Besansegel; es wollte nicht mehr fallen. Der Mast hielt dem ungeheuren Druck nicht stand; er knickte über Bord, blieb aber an der Takelung hängen und verfing sich gleich darauf im Rudergeschirr. Alle Versuche, ihn zu kappen, mißlangen. Ehe er noch frei wurde, hatte er das Ruder so beschädigt, daß es sich nicht schwenken ließ; es brach gleichfalls weg!

Noch hatte Habersack, der Erste Steuermann, nicht begriffen, was geschehen war, da hatte schon die Bark sich wie ein rasendes Pferd selbständig gemacht.

Im Nu war unter dem irrsinnig wütenden Wind eine riesenhafte Kreuzsee aufgelaufen, die dem Schiff die Seele aus dem Leibe stieß. Hilflos trieb es vor dem brüllenden Sturm. Ungeheure Wassermassen überrollten die ächzenden Decks. Die Aufbauten gingen über Bord. Keiner der verzweifelt um Schiff und Leben kämpfenden Männer hat sich um meine Mutter gekümmert; sie waren es nicht gewohnt. Niemand weiß, wie und wann sie über Bord gespült wurde. Das Schiff selbst lief vor Sao Tiago auf und zerbrach beim ersten Aufprall in zwei Teile. Es ist ein Wunder, daß überhaupt noch Männer lebend das Ufer gewannen, darunter Lührs, der Unverwüstliche, und Habersack, wenn auch mit schweren Verletzungen.

Der unverbrüchlich treue Lührs telegrafierte die Schrekkensnachricht nach Südwestafrika. Er hatte den Namen der Farm von den Kindern gehört und sicher in seinem Gedächtnis aufbewahrt. Lührs, wie schon berichtet, brachte mir später Kunde von dem Untergang des Schiffes. Nun deckt ihn schon lange die Erde in seiner Heimat Dithmarschen. Er ist nicht auf See geblieben, sondern in einem der riedgedeckten, niedrigen Häuser hinter dem hohen Deich am Südufer der Eider den Strohtod gestorben.

So endete das Leben meiner Eltern. In der grünen See begraben, liegt mein Vater Lauritz Barkholtz, geboren im Jahre 1855, wie so mancher seiner Vorfahren; liegt meine Mutter, Barbara Barkholtz, geborene Veit, zur Welt gekommen im Jahre 1865 zu Basel; der es in ihrer Wiege nicht gesungen war, daß sie einst den Tod in den Wellen finden sollte. Unwandelbare Liebe hat meine Eltern bis in den Tod vereint. Ich glaube, seit der Stunde ihrer Hochzeit haben sie sich nicht einen Tag zu entbehren brauchen; sie waren nur noch Eines!

Sie haben einander nicht überlebt, die Trauer der Witwen- oder Witwerschaft nicht erfahren. Sie vergingen, als ihr Tag sich dem Abend zuneigte. Und sie sind schnell dahingegangen, ohne das langsame Verwelken, welches das Altern so schmerzlich macht.

Doch was wissen wir wirklich von all diesen Dingen? Ob ihr Leben vollendet war oder nicht, ob Frieden oder Unglück meine Eltern erwartet hätte, wenn sie am Leben geblieben wären? Wir wissen gewiß nur, daß wir nichts wissen. Finsternis bleibt mein Genosse —!

24. 1. 1948.

Die Tage wallen fahl und leblos um meine Hütte in der Heide. Fünfzehn Stunden Nacht, sieben, acht Stunden grauer Tag, der Rest zögernd verrinnende Dämmerung. Kein Wind geht; es weiß nicht, ob es frieren oder tauen soll. Die Nächte sind milchglashell vom werdenden Vollmond hinter den Wolken. Morgen bin ich zum Mittagessen bei den R.s eingeladen, aber ich werde nicht hingehen; ich fühle mich lauter Gesellschaft und langen Gesprächen noch immer nicht gewachsen, es sei denn mit Clar.

Meine liebste Gesellschaft sind diese Blätter. Die unendliche Stille in den langen Nächten — —.

Minna soll zunächst kaum begriffen haben, was die Thunaus ihr schonend beibrachten. Das Schiff, auf dem sie groß geworden, schien ihr so fest und sicher wie anderen Kindern der heimatliche Bauernhof oder das städtische Wohnhaus. Ob sie es überhaupt verstand, daß die Eltern niemals wiederkehren würden? Sie waren so fern, und das Kind hatte gar nicht erwartet, sie bald wiederzusehen. Die Thunaus erwogen, das plötzlich verwaiste Mädchen als zweites Kind anzunehmen. Aber bald meldeten die väterlichen und auch die mütterlichen Verwandten aus Deutschland und der Schweiz ihre Rechte an. Eines Tages erschien der treue Lührs auf dem Plan, um »sein« Minnchen nach Europa zu holen. Lührs war wohl der einzige, dem das Kind willig folgte, wie auch ich ihm in meiner Knabenzeit stets willig gefolgt bin. Minna und Christina schieden unter vielen Tränen voneinander; sie haben sich nie wiedergesehen, haben sich aber auch nie vergessen.

War ich bei den Verwandten der mütterlichen Seite in Basel aufgewachsen, so wurde nun Minna von den Angehörigen meines Vaters im Kehdinger Lande aufgenommen. Auf dem großen, ehrwürdigen Gutshof wurde sie zur Landfrau; und eine Landfrau im besten Sinne ist sie ihr Leben lang geblieben. In Stade ist sie auf die »Höhere Töchterschule« gegangen; so etwas gab es damals noch. Später hat sie den vorzüglichen Johann v. Zimmermeister geheiratet, den sie auf einer landwirtschaftlichen Ausstellung kennengelernt hatte, und ist ihm auf sein Gut nach Schlesien gefolgt. Zwei Kinder sind ihr jung gestorben, so daß Clar ihr einziges blieb. Das bäuerliche Wesen überwog in ihrer Natur die Sehnsucht nach der See und dem ungehemmten Schweifen, die so viele Barkholtze in die Ferne getrieben hat. Auch besaß sie ein gut Teil von dem Kaufmannsgeist ihrer mütterlichen Vorfahren; sie konnte gut rechnen.

Die Thunaus waren in Südwestafrika von ihren Freunden gern willkommen geheißen worden; sie reisten bald von Swakopmund nach Windhuk, der Hauptstadt der Kolonie, wo sie erwartet und gefeiert wurden. Die dunkle, edle Schönheit der Maria Thunau von altem portugiesisch-goanesischem Geschlecht machte Eindruck; den etwas lauten und manchmal betont forschen Südwestern verging ein wenig der Atem. Frau Thunau fühlte sich bald wohl. Die Ritterlichkeit, die ihr hier begegnete, war anders als jene, die sie aus ihrer Heimat gewohnt war, aber gewiß nicht schlechter. Sie nahm als selbstverständlich hin, daß ihr stillschweigend eine Sonderstellung eingeräumt wurde.

Nachdem sich die Thunaus mit ihren Freunden in Windhuk zur Genüge umgetan und angenehme Bekanntschaften geschlossen hatten — Minna und Christina wohl gelitten und vergnügt mitten in dem beschwingten Wirbel —, fuhren sie schließlich nach einem rauschenden Abschiedsfest durch die wilden, wunderbaren Auasberge nach Süden auf die Farm. Wie konnte man damals vor dem ersten Weltkrieg noch Feste feiern! In leichter Abwandlung jenes französischen Ausspruchs läßt sich heute sagen, daß überhaupt nicht weiß, was Leben heißt, wer nicht vor dem Ersten Weltkrieg gelebt hat. Damals schien die Welt noch fest gefügt. Alles stand an seinem Platz. Jeder genoß, was er sich leisten konnte, mit ruhigem Gewissen. Die Klugen und die Empfindlichen spürten zwar das Knistern im Gebälk, das leise, unheilverkündende Schwanken des Bodens; aber wir anderen, dem hellen Tage zugewandt, wähnten uns in der besten aller Welten.

Der Erste Weltkrieg hat wie ein reißender Strom manches Ufer unterhöhlt und manche Scholle fortgerissen. Der Zweite Weltkrieg indessen ist als vernichtendes Hochwasser über alle Ufer und Dämme gebrochen, hat alle alten Grenzen zerspült. Nun sucht sich der entfesselte Strom ein neues Bett. Niemand ahnt, ob und wann er das Meer des Friedens erreichen wird. Die Zeit ist so verhangen wie der wilde Kiefernbusch vor meinem Fenster. Ich sehe kalte, nasse Nebelfahnen um die leise sausenden Kiefern wehen; zwanzig, dreißig Schritte weit reicht der Blick; alles Fernere verhängt der Nebel feindlich dicht. Clar wird wieder einen Kranz von Reif um ihr Kopftuch tragen, und die feinen Haare werden mit glitzernden Kriställchen besetzt sein, daß sie wie Silberfäden aussehen.

Ach, da fällt mir ein: Anne im Winter da oben, der Winterreif silbern in ihrem nachtdunklen Haar, wie eine Gloriole um ihr geliebtes, junges Antlitz. Vorbei! Genug für heute! Die Gedanken laufen mir davon. Mein Herz schmerzt.

26. 1. 1948.

Die Farm der Freunde Thunaus lag im Südhang der Auasberge in der Dornbuschsteppe, reichte aber noch mit mehreren umfänglichen Ausläufern hoch ins Gebirge hinauf; so umfaßten ihre Grenzen auch ein paar schroffe Kuppen und viele braunrote wilde Klüfte. Von der Höhe ergoß sie sich weit in die Steppe hinaus, so daß man fast zwei Tage brauchte, sie einmal zu umreiten. Dort weideten im duftenden, unberührten Busch die Rinder und Schafe, darunter eine erste wertvolle Versuchsherde von Karakuls aus der turkestanischen Steppe.

Die Thunaus waren gerade zu Beginn des Winters nach Südwest gelangt, wenn der unabsehbare Busch, silbrig überschimmert, noch Farbe und Saft besitzt, und die nahrhaften Grasbüschel noch nicht zu Heu vertrocknet sind, denn die letzten Regenfälle liegen erst um wenige Wochen zurück. Die Sonne scheint warm, die Nächte sind kühl, ja, kalt, so daß man sich gern vorm Kamin zusammenfindet, um ein paar mächtige Kloben von einem alten Kameldornbaum darin verglühen zu lassen. Die Luft schmeckt wie

Wein, herb und frisch, duftig und klar; auf ihren sanften Wellen trägt sie alle süßen Gerüche der unberührten Wildnis zärtlich dahin. Und der Himmel, seidenglänzend, wölbt sich Tag für Tag in makelloser Bläue über der seligen Einsamkeit.

Die Thunaus hatten bis dahin nur die schwelende Glut, die bedrängende Fülle und Last der Niederungstropen erfahren. Dort empfindet der weiße Mensch allein in den Morgen- und Abendstunden, daß das Dasein überhaupt erträglich ist; tagsüber sehnt man sich nach verdunkelten Zimmern. Dann in den Nächten regt sich's unheimlich; die Menschen bleiben wach und geschäftig bis weit über Mitternacht hinaus. Unruhe, flüsterndes Hin und Wider von vielen Wesen im tiefen Schatten der Bäume und der alten Mauern. Die Nachtaffen kreischen an den lianenverhangenen Waldrändern; die Schlangen ziehen auf Mäuse- und Rattenjagd; Gekkos, die zierlichen, huschen über die Dekken und Wände der Zimmer im Schein der Lampen und haschen nach Fliegen und Moskitos — ihr leises, quälendes Sirren kündet das Fieber an!

Über die offenen Veranden wallen schwer und träge die Gerüche der alten, verwinkelten Stadt. Vom Schlamm in den sumpfigen Kanälen und Flüssen steigend, wenn die Ebbe sie freilegt; von den toten räudigen Hunden in den Winkeln; vom Öl und Pfeffer und Curry in abertausend Pfannen; Dunst aus unzähligen Tier- und Menschenleibern hüllt dich ein; Wellen betäubender Düfte ängstigen und trösten dich; sie entsteigen sagenhaften Blütenbüschen, die hinter den hohen Mauern der Gärten prunken, oder wunderbaren Blumenbeeten, die, ängstlich vor allem Unflat und vor dem beizenden Staub der Wege geschützt, die Innenhöfe der Paläste zieren.

Menschen in bedrängender Überfülle wie Pflanzen und Tiere und Fliegen und Staub; und des Erbarmens so wenig; man hebt das Gewand und geht vorüber; halb verhungerte »heilige« Rinder, mit Schwären bedeckte Hunde, magere Menschen in baumwollenen Fetzen, sagenhafter Reichtum, ehrwürdigster Kot, Tod und Wollust und Überdruß, ewige Befruchtung und ewige Verschwendung, Unheil, Glanz und namenlose Schwäche —: Indien!

Aus Indien kamen die Thunaus.

Nun tat sich eine neue, lichtere Welt vor ihnen auf. Auch hier walteten die Tropen. Doch so leicht ging hier die Luft; gewiß, das Herz schlug in den ersten Tagen und Wochen ein wenig hastiger, denn die Steppe liegt hoch; aber dann atmete es sich hier mühelos! Und wie gern man atmete: diese himmlisch reine Luft, süß und herbe zugleich! Ach, und die gläserne Kühle der Morgen, die funkelnde, weltenhohe Herrlichkeit der Nächte über der schweigenden Steppe — und beseelte Einsamkeit! Scheu das stolze Wild, die Kudus, mit dem gewaltig geschraubten Gehörn; scheu die seltsam menschlichen Pavianherden in den Klüften, beherrscht von ihren »alten Männern« mit silbergrauer mächtiger Mähne! Scheu und selten die Menschen dieser unberührten Einöde. Die vereinzelten Farmen wie kleine Boote treibend im unendlichen Meer der Dornbuschsteppe, verschollen und unsichtbar, nur dem eingeweihten erreichbar und doch glücklichen Inseln gleich — und Heimat!

Es erging den Thunaus, wie es manchen schon ergangen ist, die Südwestafrika zum erstenmal erleben. War ihnen nicht, als hätten sie lange schon von diesem zaubervollen Lande geträumt? Schirmend, verstohlen lächelnd umfängt den Aufgeschlossenen das weite Land — einer heimlichen Geliebten gleich, die lange und verlangend auf ihn gewartet hat.

Christina blühte auf. Maria Thunau erlebte die neue, noch nie erfahrene Luft als belebendes Elixier. Sie wurde nicht müde, die Wärme der Tage, die Kühle der Nächte und den duftbeladenen Wind zu preisen.

Ich vermag nicht anzugeben, wie es kam daß die Thunaus die Weiterfahrt vergaßen.

Die Nachricht vom Tode der Eltern Minnas schlug in das schöne Gleichmaß der Tage wie ein Blitz aus heiterem Himmel. Hatte Christinas Seekrankheit, hatte das Kränkeln der Mutter sie alle vor schrecklichem Tode bewahrt? Hatte nicht Südwestafrika sie gerettet? In jenen Tagen mag es gewesen sein, daß in den beiden Thunaus während einer stillen Nachtstunde, vor den Fenstern sangen die Grillen im unendlichen Busch, der Gedanke aufkeimte, Südwest nicht wieder zu verlassen.

Vom ersten Tage an hatte Thunau an der Karakulzucht seiner Freunde besonderen Anteil genommen. Seiner Frau gefiel der große Stil des Landes.

Als sich die Gelegenheit bot, kaufte Thunau abseits der Bahnstrecke Karibib—Okahandja, doch noch günstig zur Bahn gelegen, eine bedeutende Farm mit gutem Wasser und guter Weide. Unter den Hereros hatte der Platz den Namen Okarukuju geführt; er war auf die Farm übergegangen. Das Anwesen lag auf dem Westhang der Eingangsmulde eines gewaltigen Felsentals. Seine Wände steilten zu senkrecht aufragenden Schroffen hoch, immer wilder, immer unzugänglicher, um schließlich die enge Kerbe der Paßhöhe freizugeben, die den von Osten nach Westen streichenden Kamm des Gebirges unterbrach. Dort öffnete sich der Blick ungeheuer in die südwärts des Gebirges abermals ausgebreiteten Steppen bis hin zu anderen, sehr fern verschwimmenden Gebirgen. Hier drohten jähe Abstürze von hundert und mehr Metern; man stand hoch auf lotrecht in den Himmel gebauten Kanzeln über grenzenlos blauender Wildnis.

Dieses viele Meilen lange Felsental, das sich nach Norden behäbig öffnete, sammelte in der Regenzeit die Niederschläge und führte sie dann unterhalb der Farm in manchmals reißendem Riesenstrom in die Steppe hinaus, wo sie schließlich versickerten. Am Ausgang des Tales hatten sie vor Jahren oder Jahrhunderten noch einmal eine Schlucht gerissen. Diese hatte der Vorbesitzer durch einen breiten, wohl hundert Meter langen Damm verbaut, der die Wasser der Regenzeit zu einem fast tausend Schritte langen See aufstaute; so wurde der Grundwasserspiegel ringsum erhöht, so daß immergrüne Wiesen und leicht zu bewässernde

Gärten neben dem Stausee und erst recht unterhalb davon aufblühten, die nie zuvor sich hier entfaltet hatten — eine Oase in der Wildnis, die auch in den dürrsten Durstjahren nicht welkte. Der See bildete eine sichere Wasserreserve, eine Tränke für das Vieh, auch über zwei Trockenzeiten hinweg, wenn die Regen ausblieben. Die Farm lag so hoch am Abhang, daß man von ihrer Veranda über den stillen, baumumkränzten Spiegel des Sees hinweg weit in die unabsehbar wabernde blaugrüne Steppe hinausschauen konnte.

Thunau begann seiner Art nach vorsichtig. Er ließ sich einen erfahrenen Verwalter empfehlen und bezahlte ihn fürstlich. Er sah ihm scharf auf die Finger, weniger, um ihn zu kontrollieren, als um ihm alles abzugucken, was er verstand. Er sparte nicht. Er wußte, daß er einiges Geld in dies Unternehmen hineinstecken mußte, wenn es sich am Ende rentieren sollte.

Im erschlaffenden Klima der Malabarküste hatte Maria Thunau schon zu altern begonnen. Die reine, selige Luft der südwestafrikanischen Hochebene verjüngte sie. Thunau glaubte erst jetzt seine wahre Aufgabe gefunden zu haben. Seit er die Tage nicht mehr in brütenden Kontoren verbrachte, sondern mit der Sonne aufstand und sich bei der Aufsicht über das Melken der Kühe vom schneidend kalten Frühwind durchblasen ließ, fühlte er sich gesund und wohl. Christina aber, für die man eine tüchtige Hauslehrerin anstellte, gedieh zu aller Freude und wickelte nicht nur die Eltern, die Lehrerin, die Wirtschafterin, den Buchhalter, den Verwalter und die beiden Eleven um ihren zierlichen Finger. Sie regierte auch alle Schwarzen der Farm, Kaffern und Hereros mit freundlicher Sicherheit.

Der Weltkrieg berührte die Farm kaum. Thunau hatte in Goa, als er in die alte Firma Torre de Moncorvo als Teilhaber eintrat, der Form nach Portugiese werden müssen; auf dieser Bedingung hatte Marias Vater bestanden. So gehörte er zu Kriegsbeginn nicht auf die deutsche, sondern auf die feindliche Seite. Aber es gab niemanden, der ihm Schwierigkeiten bereitet hätte. Als nach dem Zwischenspiel des Südwester Feldzuges der Krieg ein Ende fand, fochten ihn die südafrikanischen Sieger erst recht nicht an. So lebten die drei Menschen wie auf einer entlegenen Insel, der die ungeheure Erregung, welche die Welt durchtobte, nur in leisen Wellen das Ufer netzte.

In seiner ruhigen Entwicklung nicht gestört, in den ersten Nachkriegsjahren durch den Einbezug einer Nachbarfarm noch gewaltig vergrößert, entfaltete sich der klug und sicher geführte Besitz wie keiner weit im Umkreis. Die Jahre flossen dahin im Wechsel von Sommern, den glosenden, fliegendurchschwärmten, und von Wintern, den kühlwarmen, im Auf und Ab der dürren und der feuchten Jahre, im Wachsen und Nachwachsen der großen Herden. Die Persianerfellchen, die die Farm Okarukuju auf den Markt lieferte, standen bei Züchtern und Aufkäufern in besonderem Ansehen und erzielten die günstigsten Preise, die jeweils gezahlt wurden.

1925 feierte Thunau seinen fünfundsechzigsten Geburtstag. Sein Ansehen im Lande war unbestritten, wenn er sich auch nicht viel um die öffentlichen Angelegenheiten kümmerte. Noch verrichtete er zähe die große Arbeit, welche der mächtige Besitz im auferlegte. Seine Frau wies ihm am Geburtstagsmorgen die ersten weißen Fäden in ihrem immer noch tiefschwarzen Haar. Ihre lässige, zurückhaltende Anmut und Würde hatte sich mit den Jahren nicht gewandelt. Christina war soeben fünfundzwanzig Jahre alt geworden.

28. I. 1948.

Ich fange nun an, von jenen Jahren meines Lebens zu berichten, in denen ich endgültig versagte, lächerlich und erschütternd zugleich.

Christa schläft schon lange den ewigen Schlaf in der afrikanischen Erde, die ihr zur Heimat wurde.

Draußen vor meiner Hütte ist der Mond noch nicht aufgegangen. Den Nebel hat ein neuer Wind aus Südwesten zerblasen; jetzt wurde die Luft stille; die Sternennacht schweigt hoch und ungeheuerlich. Ich bete für beide, Anne und Christa. Für mich zu beten, fehlt mir der Mut.

29. I. 1948.

Mich hatten die Jahre nach dem Ersten Weltkrieg weit umhergeworfen. Ich war auf vielen Schiffen gefahren, niemals sehr beständig, aber bemüht, meine Arbeit als Zweiter und dann als Erster Offizier anständig zu verrichten. Ich fuhr auf englischen Frachtern und amerikanischen Tankern. Selten und nur im Notfall nahm ich Heuer auf Dampfern, die bestimmte Linien befuhren. Am liebsten waren mir die Tramps, die ihre Frachten nahmen, wo sie sie fanden, und die Sieben Meere vergnüglich auf und nieder schaukelten, ohne sich brav an eine Route zu binden.

So geriet ich in entlegene Winkel selten befahrener Küsten. Über so manche tückische Barre, wo keine Tonne uns warnte, haben wir unsere Schiffe hinübergelistet, um irgendeine mangrovenumwallte, versumpfte Flußmündung zu gewinnen. Auf mancher Reede hab ich vor Anker gelegen, fern der gefährlichen Flachküste, an der die überkämmenden Seen brüllend auflaufen. Nicht ohne Schaudern gedenke ich der Kalema, der berüchtigten Brandung an der Guinea-Küste, die uns zwei Brandungsboote zerschmetterte und unsere Mannschaft drei Tage lang in zwei Teile schied: der eine saß naß und zerschlagen an Land, der andere böse und besorgt an Bord; die Kalema ließ uns zueinander nicht kommen. Erdnüsse sollten wir laden; es wurde nichts aus den Erdnüssen. Wir waren heilfroh, als wir unsere Leute vollzählig wieder an Bord hatten. Mochten die Erdnüsse schimmeln! In den Seefrachtbriefen heißt es vorgedruckt: »Weather and sea permitting«; wenn es Wetter und See erlauben —! Sie erlauben nicht immer, was man vorhat.

Ich hielt damals Anne für endgültig verloren. Das entband mich von der Sauberkeit des Herzens und dem pfleglichen Umgang mit mir selbst. Das Jahr unserer geträumten

Ehe hatte Gewalten in mir frei gemacht, die jetzt Richtung und Ziel verloren hatten.

Staubige, namenlose Tropenhäfen — Fliegen an der Dekke über dem Büfett wie ein Pelz so dicht — Schnaps, der die Kehle verbrennt — Musik, die die Ohren zerdröhnt — blechernes Gelächter, der Geruch billigen Parfüms — —, draußen die unbeschreiblich funkelnde Sternennacht — aber ich wollte sie nicht.

Es lohnt sich kaum, davon zu sprechen. Nichts blieb zurück, außer vielleicht ein paar Linien um den Mund, ein paar Falten um die Augen. War es nicht der Versuch, das gläsern umkapselte, scheintote Herz aus seiner Starre zum Leben zu wecken?

In der Erinnerung wollen mir die sieben Jahre von 1919 bis 1926, die von Stürmen, Gewittern und Hagelböen erfüllt waren wie keine davor, unbewegt erscheinen, ganz leer. Ich durchlebte sie nicht. Sie gingen vorüber wie Mittagsgespenster.

Manchmal nur, wenn ich in der ersten Morgenstunde meine Wache auf der Brücke ging, die Nacht sanft war, der Mond mit silbernem Funkelteppich die Öde der nächtlichen See zerteilte, wenn der Rudergast unbeweglich am Rade stand, von der Kompaßlampe dämmerig angeglüht — wenn ich dann in das am Schiffsleib entlangstrudelnde Wasser blickte — fünftausend Meter flutender Tiefe unter mir —, dann fuhr mir der Pfeil ins Herz und trieb mir Tränen entsetzlicher Verlassenheit aus den Augen.

Ich brachte jene Jahre zu wie ein Geschwätz, ein bald gleichgültiges, bald unangenehmes Geschwätz.

31. I. 1948.

Es regnet, als hätte der Himmel alle Schleusen geöffnet. Dazu ist es warm, jetzt, am letzten Tage des Januar! Das Moor schwimmt. Der kleine Bach, der sonst gemächlich und bescheiden zwischen vergrasten Ufern, die ihn eng bedrängten, dahinschleicht, hat sein angestammtes verborgenes Bett verlassen und taumelt breit dahin. Der Wald trieft. Selbst wenn es einmal für eine Stunde zu regnen innehält, tropft es pausenlos von den hohen Birken auf mein Hüttendach, als begehrten schüchterne Geister Einlaß.

In so ungeheuren Güssen muß es damals auf der Südwester Hochfläche geregnet haben, als die abkommenden Hochwasser mir den Rückweg an Bord der »Hamar« verlegten und mich schließlich Schiff und Seefahrt vergessen ließen.

*

Die Sache fing harmlos genug an. Das unter englischer Flagge fahrende norwegische Schiff, auf dem ich schon ein gutes Jahr als Erster Offizier diente — ein Schweizer Seemann galt den meisten Reedern als solch eine Seltenheit, daß ich auf Schiffen aller Flaggen willkommen geheißen wurde —, die »Hamar« also lag in Walfish-Bay und entlud Bauholz in großen Mengen. Seit längerer Zeit dokterte die Reederei des Schiffes von Europa aus an einer zähen Differenz mit einem Verlader in Swakopmund herum. Es handelte sich um einige hundert Pfund Sterling. Der Streit drohte zum Prozeß zu werden. Die Reederei wollte sich gütlich vergleichen, kam aber mit den Leuten auf brieflichem Wege nicht recht vorwärts. So hatte der Kapitän der »Hamar« den Auftrag erhalten, den Streitfall in persönlichem Gespräch zu klären. Dem Kapitän, einem hageren, ernsten Manne von den Lofoten, war nichts verhaßter als reden oder verhandeln müssen. Er ging fast nie von Bord; tat er es doch, so eigentlich nur, um sich allein und einsam, wortlos und traurig aufs ungeheuerlichste zu betrinken. Steif wie ein Ladestock, mit seltsam erstarrtem Gesicht, keines Wortes mehr fähig, stakte er nach solcher Tour stets rechtzeitig wieder an Deck. Er beschrieb mit der Hand von der Treppe zur Kommandobrücke her eine herrscherliche Gebärde: »Dies alles ist mir untertänig!«, erbrach sich dann vom Brückenende höchst ernsthaft und säuberlich ins Hafenwasser, wanderte bleich wie Wachs seiner Kammer zu, legte sich in vollem Wichs, die Hände über dem Leib gefaltet, schnurgerade auf sein Bett, als sei er sein eigenes Grabmal, und schlief achtzehn Stunden. Danach erschien er wieder auf der Brücke, und es war alles nicht gewesen!

Solch ein Mann fand es natürlich höchst widerwärtig, sich den Mühen einer langweiligen Bahnfahrt von Walfish-Bay nach Swakopmund, den Aufregungen einer umständlichen Verhandlung mit hartnäckigen Kaufleuten und einer ebenso langweiligen Rückfahrt zu unterziehen. Alle Angelegenheiten, die Ladung und Frachten betrafen, hatte sowieso der Erste Offizier zu versehen. Ich wurde also beauftragt, nach Swakopmund zu fahren und den Fall ins reine zu bringen.

Als ich mir die Fahrkarte für den Pendelwagen löste, der zwischen Walfischbucht und Swakopmund verkehrte, sagte der Beamte nebenbei: »Im Oberland hat es mächtig geregnet. Die Riviere kommen allesamt ab und werden sogar die Küste erreichen. Das ist schon lange nicht mehr dagewesen!«

Ich dachte mir weiter nichts dabei und fuhr nach Swakopmund. Die Sonne meinte es gut; sie hatte während des Vormittags die braunen, dürren Sände, die klobigen, nackten Felsen der Küstenwüste, der Namib, angeglüht. Nun warfen sie die Hitze wie mit Wurfschaufeln in die Fenster des träge dahinklappernden Zügleins. Diese Glut machte mich völlig benommen. Ich saß teilnahmslos da, stumm wie ein Kuchen im Backofen, und wenn ich überhaupt noch etwas dachte, so nur, um alles Unheil auf das Haupt meines klugen Kapitäns herabzurufen.

In Swakopmund, wo ich das glühende Vehikel erlöst verließ, fand ich schnell eine Unterkunft in einem sauberen, netten Hotel, legte mich in dem verdunkelten, kühlgehaltenen Zimmer eine halbe Stunde nieder und machte mich dann auf, unsere streitlustigen Kunden zu besuchen. Ich wurde sofort vorgelassen.

»Sind Sie jetzt von Walfish-Bay gekommen, Herr Barkholtz?«

»Ja, vor etwa einer Stunde mit der Bahn.«

Zwei, drei Leute umstanden mich aufgeregt:

»Die Riviere —? Wie sieht's aus? Laufen sie schon? Kommen sie schon ab? Es ist ungeheures Hochwasser gemeldet!«

Ich verstand die Aufregung nicht. Riviere? In der knochentrockenen Wüste war nichts von Gewässern zu spüren gewesen. Ich konnte den aufgeregten Fragern, einigermaßen verlegen, keinen Bescheid geben. Aber ich verstand allmählich, was geschehen war: während der Südsommer seinem Ende zuneigte und die winterliche Trockenheit sich schon ankündigte — der quälenden Fliegenschwärme wurden von Tag zu Tag weniger und an den Abenden wehte schon ein kalter Hauch aus den weiten, grünen Steppen —, waren noch einmal gewaltige Regen gefallen, hatten alle trockenen Rinnsale gefüllt und die breiten, sandigen Betten der Trokkenflüsse, die nur bei starken Niederschlägen »abkommen«, mit gurgelnden, braunen, jagenden Wassermassen gefüllt. Seit vielen Jahren hatten die Hauptriviere das Meer nicht erreicht, sondern waren weiter landein versiegt. Jetzt aber war Wasser in solcher Überfülle vom Himmel gestürzt, daß die Trockenflüsse sich als urwilde Riesenströme durch die vor alters ins Küstengebirge gerissenen Schluchten drängten und das Meer noch mit voller Gewalt ihrer Fluten erreichen würden. Und die Bahn von Walfish-Bay nach Swakopmund kreuzt einige der flachen, gewöhnlich kaum erkennbaren Flußtäler. Jedermann hatte also von mir wissen wollen, ob die erwarteten Wasser schon flossen. Ich hatte in meiner unendlichen seemännischen Dummheit nichts bemerkt vor lauter Hitze, Sand und Felsen. Mich interessierte plötzlich nur eins: kam ich noch nach Walfish-Bay zurück, ehe die Wildwasser mir den Weg verlegten, die Bahn überspülten, die Brücken zerstörten?

Darauf wußte mir niemand eine Antwort zu geben. Das nächste Bähnchen nach Walfischbucht ging erst zwei Tage später. Darauf hatten sich der Kapitän und ich verlassen. Dann sollte die Ladung gelöscht sein; wir wollten unverzüglich nach Lobito in See gehen.

Ich entledigte mich meiner Aufträge. Das persönliche Gespräch glättete die Unebenheiten bald, die sich in der umständlichen Korrespondenz ergeben hatten. Ich kam mit der deutschen Verladefirma ohne Schwierigkeiten ins reine. Die Leute freuten sich, daß sie auf deutsch mit mir verhandeln konnten. Der Chef lud mich am zweiten Tage in sein Haus. Ich genoß den angenehmen Feierabend mit großem Vergnügen und vernahm mancherlei über Südwester Verhältnisse. Mir fielen die Freunde meiner Eltern ein, der Untergang der »Barbara Veit«, die von dieser Küste in den Tod gesegelt war — und all die seltsamen Verknüpfungen jener Tage. Ich sprach davon und fragte nach den Thunaus. Sie waren wohlbekannt. Die Farm Okarukuju stand in hohem Ansehen. Der alte Thunau — ein ausgezeichneter Mann — hätte gerade seinen fünfundsechzigsten Geburtstag gefeiert und mancherlei Ehren bei dieser Gelegenheit erfahren. Da ich bald auf Nimmerwiedersehen abfahren würde, legte man sich im Gespräch über Südwester Persönlichkeiten keine große Reserve auf. Die Damen Thunau standen also im Geruche, hochmütig zu sein; fast nie verließen sie den königlich weiten Bezirk ihrer Farm. Nach außen trat nur der alte Thunau auf. Christina Thunau sollte ein sehr schönes, aber auch sehr merkwürdiges Mädchen sein, mehr Portugiesin von der Mutter her als Deutsche vom Vater, liebenswürdig, aber auch sehr distanziert, viel umworben als reiche Erbin, aber bisher unerreichbar, so viele Verwalter und Eleven auch schon schüchtern ihr Heil versucht haben mochten, und allein würde sie mit der großen Farm doch nicht fertig werden, sollten die Eltern einmal sterben — Frau Thunau, so hieß es, wäre von sehr empfindlicher Gesundheit.

Am Tage darauf war an die Rückreise nach Walfish-Bay nicht zu denken. Die noch immer steigenden Wasser hatten den Bahndamm überflutet; die Brücke stand in Gefahr, fortgespült zu werden. Mein Kapitän würde rasen. Stärkere Gewalten als ich, die wilde Natur dieses Landes selbst hatte mir jede Verantwortung abgenommen.

Als nach abermals einem Tage noch immer nicht zuverlässig zu erfahren war, wann und ob die Verbindung nach Walfish-Bay wieder aufgenommen werden würde, als alle meine Versuche, ein Boot zu chartern, wegen der groben See, die vor der Küste stand, mißlangen, beschloß ich, mich zu Fuß aufzumachen; vielleicht gelangte ich über die gefährdeten Stellen hinweg. In längstens zwei nächtlichen Gewaltmärschen mußte ich den Liegeplatz meines Schiffes erreichen. Ich schlug alle Warnungen in den Wind, versah mich mit Proviant und zog los. Es sieht mir ähnlich, daß ich zwar an den kritischen Stellen ins Wasser fiel, aber schließlich am nächsten Vormittag vollkommen erschöpft und verdreckt in Walfish-Bay einlief. Ich hatte schon lange zuvor, am Strande dahinwandernd, entdeckt, daß die »Hamar« nicht mehr im Hafen lag. Ich meldete mich bei dem Agenten, der das Schiff klariert hatte. Der schlug die Hände über dem Kopf zusammen: der Kapitän hätte zornig zwei Tage auf mich gewartet; die elenden Schlammflüsse aus dem Innern leuchteten ihm nicht ein. Er hatte zwei Drittel seines Lebens ehrbares Salzwasser und nicht unzuverlässigen Erdboden unter den Füßen gespürt. Er kabelte schließlich nach Swakopmund, daß er mich dort aufnehmen würde; ich sollte mich mit einem Boot bereithalten. Dies Telegramm war erst in Swakopmund eingetroffen, als ich schon abmarschiert war. In der Nacht meiner mühseligen Wanderung war die »Hamar« nordwärts auf See an mir vorbeigedampft, während ich am Ufer südwärts stapfte.

Ich erholte mich erst einmal, ließ mir vom Agenten einen Vorschuß auf meine seit längerer Zeit nicht behobene Heuer zahlen und fuhr nach Swakopmund zurück, als die Strecke wenige Tage später wieder zu benutzen war. Dort fand ich das Telegramm des Kapitäns, fand auch mein Gepäck, vom Seewasser übel zugerichtet, fand meine Papiere und eine Anweisung auf meine fällige Heuer vor. Das sah dem Grobian ähnlich: er hatte mich einfach abgehängt. Die See hatte sich in der Nacht meines Marsches nach Walfish-Bay etwas beruhigt gehabt; so hatte er es wagen können, ein

Boot zu Wasser zu lassen, es mit seinen besten norwegischen Händen zu bemannen und mein Gepäck an die endlos ins offene Wasser sich vortastende Pier zu schicken. Der gefährliche Versuch gelang; dem Wagehals gelang alles! Daß mein Zeug sich dabei voll Seewasser sog wie ein Schwamm, hatte vielleicht sogar in seiner Absicht gelegen.

So strandete ich in Swakopmund, ein urplötzlich abgeheuerter Steuermann, und fühlte mich wohl! Ich war ohnehin überall zu Hause, und ein Land ist so gut wie das andere. Zudem behagte mir die etwas kleinstädtische Atmosphäre von Swakopmund. Als gewissenhafter Beamter setzte ich einen Bericht an meinen Reeder hoch im Nordland auf, in den ich auch die Vereinbarung wegen der strittigen dreihundertfünfundzwanzig Pfund Sterling aufnahm, verlangte wegen ungerechtfertigter Entlassung die Heuer für drei Monate und den Ersatz der Kosten meiner Heimreise nach Hamburg. Als ich das umfangreiche Schriftstück zur Post gebracht hatte, saß mein innerer Mensch wieder gerade. Was nun?

Den Leuten, mit denen ich bekannt geworden war, verursachte der plötzliche Umsturz meiner Verhältnisse, aber auch die Seelenruhe, mit der ich ihn aufnahm, nicht geringen Spaß; sie luden mich noch viele Male ein. Leute, die etwas zu erzählen haben, sind in allen Kolonien willkommen. Südwestafrika, mir bis dahin als hinter einer der ödesten Küsten der Welt verborgen, umkleidete sich vor meinen Augen und Ohren mit verlockender Gestalt. Was mir erzählt wurde, klang fremd und fern; bezaubernd afrikanisch. Daß dies Land auch einmal deutsch gewesen und auch in mancher Hinsicht geblieben war, das konnte eine blinde Frau mit dem Krückstock fühlen — um mit Bootsmann Lührs zu sprechen.

Eines schönen Tages keuchte die Eisenbahn mit mir durch die wüsten, wilden Küstengebirge aufwärts ins Innere des Landes. Ich hatte mich leichthin entschlossen, den Thunaus einen Besuch abzustatten. Ein Schiff, das mich anheuerte, fand ich immer noch früh genug!

Je weiter der Zug nach Osten vordrang, desto belebter und grüner zeigte sich das Land; die kargen Büsche wuchsen immer dichter und freundlicher zusammen, strebten höher und voller hinauf, bis schließlich die ewig gleichen, immer wechselnden Kulissen der üppigen Dornbuschsteppe die Bahnstrecke auf beiden Seiten begleiteten. Wer hätte hinter der öde wabernden Namib diese dunkel begrünte lockende Wildnis vermutet! Blauende Gebirge in der Ferne; zuweilen die weißen, flachen Gebäude einer Farm, mit den bienenkorbähnlichen Pontoks der Eingeborenen nahebei — dies war ein neues Land!

An einem Nachmittag lief der Zug hinter Karibib auf der Station ein, wo ich aussteigen mußte. Große, schnell vergehende Dampfwolken hinterlassend, rasselte er davon. Der Bur, der den Stationsmeister machte, sah mich verwundert an, als ich den Weg nach Okarukuju erfragte. Ja, mein Gepäck könne er in Verwahrung nehmen! Ob ich zu Fuß die Farm erreichen wolle?

»Ja, warum nicht?« sagte ich wohlgemut.

»Soll ich nicht lieber einen Jungen hinschicken und einen Wagen herbestellen? Sie können hier übernachten.«

»Nein, das möchte ich nicht. Ist es denn weit?«

»Selbst wenn Sie fest zugehen, werden Sie tief in die Nacht hineingeraten. Fehlgehen können Sie nicht. Es gibt nur den einen Weg nach Okarukuju.« Und er beschrieb mir den Weg. Zum ersten Male in meinem Leben wurde mir dann auf gut burisch »Gut Pad!« gewünscht. Ich trug noch immer das weiße Leinenzeug des Schiffsoffiziers. Zu Shorts, den kurzen Tropenhöschen, hatte ich mich nicht entschließen können.

Ich schob aus der Stirn die Mütze, an der die Kompagnie-Flagge meiner letzten Reederei immer noch prangte, in hübscher Emaillearbeit, und machte mich auf den Weg; ein Seemann an Land, wie er leibt und lebt, diese rührende Mischung von Wagemut und Unwissenheit.

So ahnungslos laufen die Menschen ihrem Schicksal entgegen.

3. II. 1948.
Dieser Februar hat sich mit zehn Grad Wärme sonderbar eingeführt. Die Knospen an den Bäumen schwellen und färben sich grünlichbraun. Fluten warmen Regens strömen vom verhangenen Himmel, über den ganze Geschwader blaugrauer, tiefhängender Wolken jagen. Ich bin sehr allein —.

*

War es nicht ein ähnliches Gefühl, das mich beschlich, als ich damals Kurs auf Okarukuju nahm und mich den dunkelgrünen Wellen des Dornbuschlandes anvertraute?

In der Bahn und auch in den Tagen zuvor hatte mich eine vergnügte Heiterkeit beherrscht. Ich war das Schiff mit seinem Lärm von Dampfwinden, schreienden Kru-Jungens und mit seinem grundsätzlich brummigen und mißmutigen Kapitän ohne mein Zutun losgeworden; ich war glücklich und unbeschwert gewesen wie ein Quartaner zu Beginn der großen Ferien. In dieser lockeren Stimmung hatte ich den etwas kühnen Entschluß gefaßt und wanderte nun mir nichts, dir nichts quer nach Afrika hinein, auf der Straße gen Schildburg, völlig ohne Gepäck, Zelt oder Kugelbüchse, es sei denn, man nähme die Zahnbürste und den Kamm in meiner Brusttasche für Gepäck.

Der Übermut verging mir schnell. Die stummen Büsche ringsum, bald dicht beisammen wurzelnd, daß ich zwischen undurchsichtigen Wänden dahinschritt, bald locker über eine Kuppe tanzend — es war nicht zu glauben, daß irgendwo hinter mir ein Schienenstrang die Wildnis durchschnitt. Bedrückt ging der Atem, verloren schlug das Herz; mit hohen, endlos wallenden Wogen umspülte mich, der ich leise fürbaß schritt, eine namenlose, nie erlebte Schwermut.

War ich je so verlassen gewesen? Kein Vogel, der durch die Zweige huschte; kaum ein Wind, der sie bewegte. Ein steiles Gebirge vor mir, das langsam näher wuchs — und vor mir die leere Wagenspur, die sich in sanften Windungen dem Spiel der flachen Hügel anschmiegte. Immer wieder ließ ich den Blick rundum kreisen: ungeheures, makelloses Meer der Dornbuschsteppe, hier und da überragt von einem alten, hochgezackten Kameldorn, auf dem des Nachts die wilden Perlhühner schlafen. Ich dachte mir angesichts ihres wirren und seltsam eckigen Gezweigs: wie Wracks versunkener Schiffe, deren zerbrochene Masten und zerfetzte Takelage gerade noch aus dem Wasser hervorragen.

Damals schon, in den ersten afrikanischen Stunden, empfand ich die selige Süße jenes Duftes der sonnendurchglühten, unberührten Steppe, den ich nie müde werde zu preisen. Bis in meine Todesstunde wird mich die Erinnerung mit großer Sehnsucht peinigen: ihn noch einmal einzuatmen und so lustvoll, so voller Wehmut allein zu sein wie in den grenzenlosen Zauberhainen der Steppen Afrikas.

Die Sonne sank hinter mir ins buschene Meer, Ströme von Glut verschwendend, als wollte sie die Weiten entzünden. Während sie noch ihre letzten goldrot prunkenden Blitze verschoß, kündigte sich am östlichen Horizont die aufwallende Nacht in der Farbe dunkelster Veilchen an. Als der letzte Strahl erlosch, erschien über dem fließenden Purpur des Westens ein überirdisches, edelstes Jadegrün. Ringsum kein Laut! Die Wildnis hielt den Atem an, einen großen Herzschlag lang. Dann strich der erste Hauch des Nachtwinds über die beseelte Öde wie ein Seufzer nach allzu vielem Glück.

Mich löste das Funkeln des ersten Sterns aus dem Zauberkreis; tief sog ich die schon merklich kühlere Luft ein und nahm den Weg wieder unter die Füße.

Um schon nach wenigen Schritten abermals innezuhalten!

Kein Zweifel: irgendwo abseits vom Wege — nicht weit — sang ein Mensch, eine Frau, denn es war eine dunkle Frauenstimme, die ich hörte. Ein Lied, eintönig, mit sparsamer Melodie, ohne aufzuhören, durchweht von Traurigkeit. Hatte der schnell sich verdüsternde Dornbusch selbst zu tönen begonnen? Wo aber hatte ich solche Melodie schon vernommen, so scheinbar eintönig, doch untergründig voller Leidenschaft? Dort sang einer Fado, wie man's im alten Lissabon zu hören bekommt oder in Oporto, in den versteckten Weinkneipen des Volkes, oder auch anspruchsvoller, wo es teurere Weine zu trinken gibt.

Lissabon, Portugal — Maria Thunau, Maria Torre de Moncorvo, Goa —?

Wen belauschte ich? Eine merkwürdige Freude beschlich mich. Langsam ging ich weiter, leise, die Büsche zu meiner Rechten musternd — — und stand vor der Sängerin.

Kaum sechs Schritt entfernt sah ich sie vor mir im letzten Lichte des schnell versinkenden Tages.

In der Linken hielt sie waagerecht ein dreiläufiges Jagdgewehr; die Rechte hatte sie im ersten Schreck vor ihre Brust gehoben. Sie trug einen grauen, kurzen Faltenrock über hoch und schmal gefesselten Beinen; dazu eine mattgrüne Bluse mit kurzen Ärmeln. Aus ihrem aufgeschlagenen Kragen wuchs edel der Hals. Große Augen, sehr dunkel, von kräftig gezeichneten schwarzen Brauen überschwungen, eine schmale Nase, ein Mund, groß, üppig fast im zarten Oval des Gesichts, hoch die Stirn, bräunlich und samten — — und Wellen schwarzen Haares über ihr, streng geschnitten. Unendliche Anmut scheuer Tiere der Wildnis. Unendlicher Adel alter Geschlechter — und ebenso vollendet und verletzlich!

Ihre Augen brannten groß zu mir herüber. Wir spürten ein Wehen der Luft von mächtigen, unsichtbaren Flügeln; kühl und wohl zugleich fächelte es um ihre und meine Stirn.

Mein Herz hatte einen Augenblick lang ausgesetzt: scholl nicht abermals ein Ruf aus den Gründen, von dorther, weit unten, wo der in seiner Felsenschlucht hindonnernde Shaggy die Wiesenebene des sich weitenden Tals erreichte? Nein, nicht das! Versunken vor langer Zeit —!

Niemand anders als Christina stand vor mir; wen sonst sollte ich vor mir haben! Ein unvergeßlich heiteres Lächeln glomm auf ihrem Antlitz auf. Ihre Rechte sank herab; sie fragte, langsam näher schreitend:

»Wer, um alles in der Welt, sind Sie?«

Ein guter Gott gab mir die Antwort ein — oder soll ich ihn listig nennen? —:

»Ich bin Minnas Bruder, Wilhelm Barkholtz!«

Höchste Überraschung, aber auch ein Schein von Glück flammte über ihr Gesicht und ließ sie innehalten. Ihr Mund öffnete sich leicht.

»Minnas Bruder, nicht möglich!« Dann lachte sie leise:

»Und mit Kapitänsmütze und Wanderstock? Gleich ist es Nacht, Wilhelm Barkholtz — ach, das Segelschiff —,« und dann: »Du willst zu uns?«

Minnas Bruder konnte man offenbar nicht anders als mit »Du« anreden —.

»Ja, wenn Sie Christina Thunau sind! Meines Vaters alter Bootsmann Lührs und meine Schwester haben mir viel von Ihnen erzählt.«

»Minna spricht in jedem ihrer Briefe von dir. Wir schreiben uns immer noch, seit Kindertagen schon, wenn auch der Krieg den Briefwechsel ein paar Jahre unterbrochen hat. Ich wußte sogar, daß du auf dem Wege nach Afrika bist.«

Nun war es an mir, erstaunt zu sein. Sie reichte mir ihre Hand. Kühl und fest und schmal legte sie sich in die meine. Wie wohltuend die Berührung war! Wir wanderten nebeneinander den Weg entlang. Wir plauderten, als wären wir alte Freunde nach langer Trennung. Sie blieb beim Du, ich konnte mich nicht so schnell und leicht dazu entschließen; endlich meinte sie:

»Deine Eltern und meine Eltern, Minna, du und ich, wir haben uns stets so eng verbunden gefühlt wie Verwandte oder fast noch enger; du solltest das steife ›Sie‹ aufgeben!«

»Wenn du es erlaubst?«

»Natürlich erlaub' ich's! Du glaubst gar nicht, wie wir uns alle freuen werden, daß du den Weg zu uns gefunden hast!«

Wo und wann war ich je so liebenswürdig und warm willkommen geheißen worden? Mir war wohl ums Herz. Ich schritt stumm und glücklich neben ihr dahin. Die Nacht hob sich über uns, aus schwärzestem Blau ein Dom. Das Kreuz des Südens glänzte darin, unmerklich wandelnd. Wir sprachen vertraulich miteinander, ohne Befangenheit. Der kühle Nachtwind umwehte uns beide; die Wildnisnacht umfing uns, eine schützende, verschwiegene Kammer. Wir waren uns nie fremd gewesen.

Freude und Zutrauen in beiden von uns! Und immer ihr Schritt, der den Rock leise und zärtlich rauschen machte.

Schließlich, ohne daß ich hätte angeben können, wie viele Viertel- oder ganze Stunden inzwischen verflossen waren:

»Was sind das für rote Punkte? Brennen dort Feuer, Christa?«

Sie gab zur Antwort:

»Ja, es sind die Feuer vor den Hütten unserer Leute. Sie lassen sie ungern ausgehen über Nacht.«

»Dann sind wir also bald angelangt?«

»In einer knappen Viertelstunde. Die Eltern werden Augen machen. Sie sind nie darüber hinweggekommen, daß deine Eltern so kurz nach der Trennung starben. Wäre das nicht gewesen, ich glaube, wir wären damals nicht in Südwest geblieben.«

»Liebst du das Land, Christa?«

Sie legte im Schreiten die Hand auf meine Schulter. Ich meine noch heute den gelinden Druck der Berührung zu spüren — und ist doch längst verdorrt, die linde, schlanke Hand —.

»Ich liebe es! Es ist meine Heimat. Ich möchte nie woanders sein als hier auf unserer Farm. Wenn deine Eltern nicht meine auf ihr Schiff genommen hätten, wenn Minna nicht meine Freundin geworden wäre, besäße ich diese Heimat nicht, hätte sie vielleicht nie gesehen.«

Ich verstand sie nicht ganz. Wir durchschritten einige schattenhafte Tore, die mit leisem Knirschen von selbst hinter uns wieder zuschwangen. Dann nahm uns ein dichter Garten auf. Breit wuchs ein Haus in den Nachthimmel; zwei Fenster waren erleuchtet. Wir schritten die Treppe einer Veranda hinauf, überquerten sie. Eine tiefe Stimme aus dem Innern rief gedämpft:

»Bist du's, Christa?«
»Ja, Vater! Ich bringe einen späten Gast!«
»Ich komme, Kind!«

4. II. 1948.
Auch bei den Eltern war das Erstaunen, aber auch die Freude groß. Die Thunaus wußten mehr von mir, als ich ahnte. Sogar ein Bild meiner Eltern fand ich vor. Es hing im Arbeitszimmer Thunaus neben den Bildern seiner eigenen und denen seiner Schwiegereltern. Die kleine Minna hatte damals, als sie in Südwest mit den Thunaus an Land ging, in kindlicher Pietät eine kleine Fotografie unserer Eltern heimlich aus dem Familienalbum entwendet und mitgenommen. Denn selbstverständlich pflegte meine Mutter auch an Schiffes Bord alle nur erdenklichen Verwandten, Freunde und Bekannten in einem dicken Goldschnittalbum im Bilde zu versammeln; sie blickten aus den Vierecken in den harten Seiten wie aus lauter kleinen Fensterchen und starrten dich ernst und würdevoll, sonntäglich herausstaffiert in langen Reihen an.

Das Album hatte längst ein Hai oder Rochen gefressen. Aber das Foto, das Minna in ihrem Handtäschchen rechtzeitig entführt hatte, war von einem geschickten Fachmann in Kapstadt recht angenehm und eindrucksvoll vergrößert worden und hing nun da, als wäre es gestern erst aufgenommen.

Neben mir stand der grauköpfige, mittelgroße Mann, zierlich und doch fest gebaut, und sprach in sparsamen Worten von meinen Eltern, die seinem Leben unabsichtlich eine so entscheidende Wendung gegeben hatten. Ich war im tiefsten bewegt, sah ich doch zum ersten Male seit über einem Vierteljahrhundert meine Eltern wieder vor mir. Mein Vater mit hartem, zerkerbtem, knochigem Gesicht, dem eines Seemanns, aus dem doch die Augen mit verhaltener Güte unter den buschigen Brauen hervorsahen; meine Mutter, milde, mit runden Linien, ein wenig versorgt, immer noch schön unter dem schlichten Haar und vornehm, ein sehr mütterliches Gesicht.

»Das waren also meine Eltern! Ich wußte nicht mehr, wie sie ausgesehen haben!«

»Menschen wie sie gibt es nur ganz selten«, meinte Thunau. »Sie gehörten eigentlich nicht mehr in dieses Jahrhundert, sondern in ein vergangenes, in dem die Menschen noch einfacher, ehrlicher, leidenschaftlicher und liebevoller waren. — Aber kommen Sie in die Halle! Ich habe Feuer im Kamin machen lassen. Die Nächte werden schon kalt. Die trockene Winterszeit ist da. Ich glaube, meine Frau hat es sich nicht nehmen lassen, noch einmal aufzustehen. Und Christa wird sich umgezogen haben. Wir essen noch ein wenig. Wenn Sie sich säubern wollen —? Hier finden Sie das Notwendigste. Ihr Gepäck wird morgen in aller Frühe geholt.«

Ich war wie benommen. Es ordnete sich alles leicht und selbstverständlich. Die Zuneigung, welche die Thunaus mit den Verstorbenen verband, die kindlich heiße Liebe, mit der Minna von Christa geliebt worden war, wurde aus vollem Herzen auf mich übertragen. Das Leben war leicht, schön und neu. Ich hatte mir die Farm kleiner vorgestellt. Dies war ein Herrensitz, dem nichts mangelte. — Ich machte mich frisch, so gut es ging, und kam wieder zum Vorschein.

Christas Mutter schritt lächelnd auf mich zu, mir beide Hände entgegenstreckend; ich beugte mich über sie und küßte sie. So verbarg ich am ehesten meine Verwirrung. Denn Maria Thunau war, obgleich sie schon in den fünfziger Jahren stand, immer noch eine wahrhaft königliche Erscheinung. Unter dem schon silbrigen Haar die braune Haut mit zartem Goldschimmer; die übergroßen schwarzen Augen, der leuchtend rote, wunderbar geschwungene Mund — eine bezaubernde, eine einmalige Frau! Portugiesisches und indisches Blut rann in den feinen Adern, die sich an den Schläfen und den Händen abzeichneten. Sie war nicht groß und neigte kaum merklich zu matronenhafter Fülle. Wie mochte sich meine gute Mutter, Bürgerstochter aus Basel, für diesen fremdartigen und doch so liebenswerten Menschen begeistert haben!

Christa hatte ein einfaches Abendkleid angezogen, das ihren Hals aus rundem Ausschnitt entließ, das ihre biegsame Gestalt bis zu den Knöcheln verhüllte und zugleich aufs anmutigste verriet. Nichts Amazonenhaftes umgab sie mehr — ein schönes Mädchen saß vor mir, reichte mir den Tee und die Zuckerdose und lauschte unserm Gespräch, das den alten Zeiten galt, als der erste der Weltkriege die Welt noch nicht zerstückt und verdorben hatte. Zuweilen begegneten sich unsere Augen; sie lächelte dann wie in geheimem Einverständnis. Es erregte mich heftig, wie lebendig das Andenken meiner Eltern unter diesen drei Menschen lebte. Hatten sie doch auf dem engen Raum des Segelschiffes lange, ungestörte Monate mit den Meinen verbracht.

Die Stunden flogen weit über Mitternacht. Im Kamin knisterte das knorrige Holz und wärmte uns. Von draußen kein Laut. Als wir uns endlich zum Schlafengehen erhoben, sagte ich scherzhaft:

»Mir ist, als wäre ich nach Hause gekommen.«

»So soll es sein! Das freut mich!« sagte Frau Thunau. Der fremdländische Akzent in ihrer Aussprache des Deutschen war unverkennbar und ebenso rührend wie reizvoll. Thunau fügte hinzu:

»Bleiben Sie bei uns, solange Sie wollen, lieber Barkholtz! Sie werden schon Gelegenheit finden, sich nützlich zu machen. Ich habe nie recht verstanden, warum ein Mann von Ihrer Bildung und Ihrem Vermögen hartnäckig den Seeoffizier spielt und sich ewig auf allen Meeren umhertreibt —.«

»Vererbung, Herr Thunau! Aber es braucht nicht so zu sein. Ich bin mein eigener Herr und keinem verantwortlich.«

»Das ist nicht immer und nicht auf die Dauer gut. Legen Sie also einmal eine Pause in die Seefahrerei und probieren Sie, ob Ihnen das Südwester Leben Spaß macht.«

»Ja«, fügte Frau Thunau hinzu, »je länger Sie bleiben, desto mehr freuen wir uns. Schlafen Sie gut in dieser ersten

Nacht auf Okarukuju!« Ich beugte mich über die Hand, an der zwei kostbare Ringe funkelten.

»Gute Nacht, Christa!« sagte ich. Und wieder lag ihre Hand in der meinen, schmal und kühl und fest. Ich küßte sie und mir war, als käme sie mir willig entgegen.

»Gute Nacht, Bill!« antwortete sie. »Sie werden morgen lange schlafen. Aber ich richte es so ein, daß wir zusammen frühstücken.«

»Wollen Sie nicht selbst auch etwas länger schlafen, nach diesem ausgedehnten Abend?« Wir kehrten nach dem Vorbild der Eltern in ihrer Gegenwart von selbst zum »Sie« zurück.

»Nein«, meinte sie lächelnd, »ich muß früh im Kral sein, um das Melken zu beaufsichtigen. Ich wäre ja ohnehin spät ins Bett gekommen. Der Kudu-Einzelgänger, auf den ich aus war, hätte mich noch lange draußen festgehalten.«

Thunau brachte mich auf mein Zimmer, das in einem Seitenflügel des Haupthauses lag, der rechtwinklig abzweigte. Die Tür öffnete sich zur Veranda, welche die Gartenseite des Hauses begleitete; das Fenster blickte auf einen weiten schattenhaften Platz, wahrscheinlich den Wirtschaftshof.

Ich stand noch lange draußen, als das Haus schon dunkel schwieg. Ich wußte nicht, wo Christa schlief. Aber sie schlief unter dem gleichen Dache. Verwirrung, Glück und schmerzliche Frage stritten sich in mir; ich wußte selbst nicht, was mit mir geschehen war. Als ich sie dort unter den Büschen erblickte, hatte mich ihr Bild wie ein schneller Funke durchzuckt.

Christa also –! Das also war Christa! Die Seide ihres kurzen Faltenrockes rauschte bei jedem Schritt, mir Unruhe ins Herz träufelnd. Wärme strahlte von ihr aus. Stolz und Anmut umgaben sie, aber auch eine unnachahmliche Eleganz – mir will kein anderes Wort passend erscheinen.

Liebte ich sie schon? – Unsinn, das würde nie geschehen!

War ich dessen so sicher? Vielleicht schläft auch sie noch nicht, obgleich die Nacht sich dem Morgen zuneigt? Größenwahn! Ich war ein Mensch ohne rechte Heimat und Zukunft und sie die Tochter eines großen Hauses —.

Mit glühender Klinge zerschnitt plötzlich die Sehnsucht nach der Verlorenen, nach der mir vor Gott und der Wildnis feierlich zugelobten Frau das Herz. Ich stöhnte laut. —

Vor der Veranda schwang der Garten zu einem See hinunter — ja, es mußte ein See sein, obgleich ich nicht sicher war, ob es in diesen Steppen überhaupt Seen gab. Dahinter aber und weit ringsum dehnten sich die Schatten des Busches zu dunklen Horizonten. Sterne funkelten. Ein Wind weinte verhalten um das verwinkelte Verandadach. Es fröstelte mich bis ins Mark. Ich merkte mit einem Male, daß ich müde war wie ein Stein. Ich wandte mich ab von dieser Nacht, von fremden Sternbildern durchglitzert. Es waren andere als jene, die mich und das geliebte Wesen getröstet hatten, als wir in der Einsamkeit über dem ewig rauschenden Shaggy die kurzen Tage des Glücks erlebten.

5. II. 1948.

Ich denke fast nie daran, daß ich heute vor vier Monaten einen Brief an John Jordan schrieb, der den Anstoß zu einer letzten großen Wende geben könnte. Ich habe das papierene Schifflein meiner Hoffnung den Wellen und der Strömung des Geschehens anvertraut; mehr konnte ich nicht tun.

So fließen die Wochen dahin. Die Not und Unruhe der Welt dringt nur in verworrenen, fernen Lauten zu mir herüber; sie kümmert mich kaum.

Clar war vorhin bei mir wie fast jeden Abend. Wir saßen lange still und schwiegen. Sie starrte abwesend in die milde brennende Petroleumlampe. Dann seufzte sie und sagte:

»Ich will dich allein lassen, Ohm! Du willst sicherlich noch schreiben. Es ist sehr dunkel draußen.«

»Ich geleite dich noch ein Stück, bis über den Berg. Dann siehst du schon die Lichter des Dorfes.«

Wir tappten vorsichtig den kaum erkennbaren Weg entlang. Der Wind umflutete uns wie die Strömung der See.

Dann war ich abermals allein. Wieder kommt mir der Titel jener französisch-kanadischen Geschichte in den Sinn, die ich besonders liebe: Un homme se penche sur son passé; er gilt auch für meine Schreiberei: ein Mensch beugt sich über seine Vergangenheit — ein Mensch beugt sich *vor* seiner Vergangenheit —! Auch ich!

*

Die ersten Wochen auf der Thunauschen Farm vergingen mir wie ein einziger schneller, heller Tag. Das schweigende, leuchtende, duftende Land fing mich vom ersten Aufgang der Sonne an in seinen Zauberkreis. Daß ich zur See gefahren war, vergaß ich, als wäre es nie gewesen. Als nach zwei Monaten ein freundlicher Brief der Reederei der »Hamar« eintraf, zugleich mit einer Überweisung der geforderten Gehälter und einer Andeutung, daß ich bald auf ein eigenes Schiff rechnen könnte, mutete mich die Nachricht an wie ein Gruß aus einer fremden Welt. Ich konnte mich nicht einmal entschließen, den Brief dankend zu bestätigen. Ich sprach zu Christa davon, als an einem frühen Morgen die Sonne den Kamm des braunen Gebirges noch nicht überstiegen hatte und wir uns fröstelnd im Kral zu schaffen machten, um das Melken zu beaufsichtigen.

Christa stand vor mir, auf einen Zaunpfahl gestützt. Sie trug eine Lammfelljacke, mit dem Pelz nach innen, dem Leder, längs der Nähte rot verbrämt, nach außen. Das grobe, steife Kleidungsstück ließ die hinreißende Grazie und Biegsamkeit ihrer Gestalt offenbar werden. Das schwarze Haar bauschte sich unter dem breitrandigen doppelten Filz, den sie nach burischer Sitte zu tragen pflegte.

Sie blickte mich mit einem unbestimmten Ausdruck aus ihren dunklen Augen an:

»Du willst also wieder fort, Bill? Ich dachte mir schon, daß dein alter Beruf dich nicht lassen würde. Schade —!«

»Schade?« antwortete ich betroffen. »Aber du irrst. Ich will nicht fort. Wer sollte dir sonst so früh am Morgen

Gesellschaft leisten? Ihr habt mich viel zu heimisch hier werden lassen. Und dann: sieh doch über den Stausee: das große Meer der Steppe! Mein Boot ging am Gestade dieser Berge vor Anker; eine gute, sichere Küste; die Brandung bricht sich in der Barre draußen; guter Ankergrund. Dazu jemand im Hafen, der freundlich zu mir ist und mich vergessen macht, daß ich hier nicht zu Hause bin.«

Sie lächelte; ihre Lippen kräuselten sich ein wenig. »Versuchst du dich als Poet, Bill? Nicht übel, mein Lieber! Meer und Berg und Ankergrund! Und Mädchen im Hafen? Bin ich wohl, nicht wahr?« Nun lachte sie mich an; ihre Augen schlossen sich einen, zwei Herzschläge lang und öffneten sich größer und dunkler als je zuvor. In diesem jäh aufbrechenden Augenblick – wie eine Fruchtkapsel springt, wenn die Reife da ist – sagte ich leichthin und ohne es vorher bedacht zu haben, während die gemolkenen Kühe brüllend an uns vorbei in den Busch zogen, gehüllt in Wolken von Staub:

»Was meinst du dazu, Christa? Soll ich deinen Vater fragen, ob er mich als Eleven einstellen will? Als Verwalter bin ich noch zu grün. Ich könnte mir auch eine Farm kaufen, hier irgendwo herum; es wird schon etwas Passendes zu haben sein, wenn ich erst genug gelernt habe. Ich könnte mit dem langweiligen Geld auf der Baseler Bank gelegentlich etwas anfangen.«

Sie zog den breiten Hut vom Kopf und schüttelte ihr Haar. Sie wandte sich ab; vielleicht sollte ich ihr Gesicht nicht sehen. War nicht ihre Stimme etwas tiefer gestimmt als sonst, als sie scheinbar gleichmütig zur Antwort gab:

»Ach Bill, das klingt mir zu schön, um wahr zu sein. Solche wie du gehen immer wieder auf Wanderschaft, seefahrendes Volk, das ihr seid, du und deine Vorväter.«

Sie schwieg, als fände sie nicht den Mut, weiterzusprechen. Plötzlich warf sie den Kopf herum; ich erschrak fast vor dem heftigen Glanz in ihren Augen:

»Wenn du hierbliebest, Bill – meine Eltern wären glücklich!«

»Und du, Christa?« fragte ich, ohne ihr ins Gesicht zu sehen.

»Ich auch!« entgegnete sie kaum hörbar, wandte sich und schritt zögernd quer über den staubigen, weiten Platz davon. Ich rührte mich nicht vom Fleck. Wie sie hinging, in der einen Hand den großen Hut, die andere in die Tasche ihrer Felljacke vergraben; ihr Schritt edel, leicht und vollkommen. Kein flüchtiges Tier der Steppe bewegt sich vollkommener.

Ich raffte mich mühsam auf, als sie hinter einer Eukalyptushecke verschwunden war. Plötzlich hörte ich eine Stimme; sie schien mir ganz fremd und war doch meine eigene; ich sagte vor mich hin: »Sie will es nicht; aber sie weiß nicht, wie sie sich dagegen wehren soll.«

Was war mit mir? Ich war bis in die letzte Faser angespannt und wach. Sie war unbeschreiblich schön, das wurde mir in diesem Augenblick bewußt.

Ich war längst ein Mann –. Aber das Leben, das volle Leben, war mir stets entschlüpft, so weit und wild ich mich auch umgetrieben hatte –!

6. II. 1948.
Die alten Thunaus nahmen als selbstverständlich, daß ich auf der Farm blieb, um zu lernen, was zu erlernen war. Fast schien es eine von Anfang an beschlossene Sache zu sein. Thunau weigerte sich, mich als Eleven einzustellen; aber auch Verwalter wurde ich nicht.

»Jemand, der Barkholtz heißt, mein Lieber, kann niemals mein Angestellter sein. Das Schicksal Ihrer Familie ist mit dem der meinen so sonderbar verknüpft, daß Sie ohne weiteres zu uns gehören, wenn Sie nur wollen. Meine Frau und ich sind nie darüber hinweggekommen, daß Ihre Eltern uns und Ihre Schwester dem Leben wiedergeben, während sie selbst geraden Weges in den Tod fuhren. Irgendwie bleiben wir ewig in der Schuld Ihrer Eltern. Wir haben keinen Sohn, lieber Barkholtz –! Ich wage nicht, auszusprechen, was mir eigentlich auf der Zunge liegt; bin kein Freund von großen Worten. Wenn Ihnen hier blühte, was uns geschenkt wurde, eine Heimat nämlich, wären wir glücklich!«

Frau Thunau überraschte mich auf andere Weise; sie verlor ihre sonst so vollkommene Gelassenheit und Zurückhaltung und rief:

»Wie schön, daß Sie bleiben wollen! Wenn Sie wüßten, wie sehr Sie mich an Ihren Vater erinnern! Ich komme nicht von dem Gedanken los, daß auch Sie verloren sind, wenn Sie Abschied von uns nehmen. Ja, bleiben Sie! Und hören Sie: Ihre Mutter und ich, wir sagten ›du‹ zueinander; ebenso Ihr Vater und mein Mann. Ich werde dich ›Wilhelm‹ nennen!«

Wie hätte ich dieser Bitte widerstehen können! Doch zwischen Thunau und mir blieb es bis zum Schluß bei dem angemesseneren »Sie«. Christa ließ sich nicht beirren: wir nannten uns »Sie« in Gegenwart anderer; das »Du« gehörte uns verschwiegen allein. —

Nach einem Vierteljahr hatte ich mich der neuen Welt vollkommen anverwandelt; es fiel mir selbst schwer, zu glauben, ich hätte jemals anderswo meinen Weg gesucht.

Die »kalte Zeit« entfaltete sich zaubervoll. Jeden Morgen hob sich die Sonne kaiserlich über das Gebirge, das die Farm im Süden und Osten als mächtigster, wildester Hintergrund umgab. Reif lag zuweilen auf den dürren Gräsern. Die kristallenen Nächte konnten bitterkalt werden. Die Kaffern und Hereros, die abseits der Farm, getrennt voneinander, auf ihren »Werften« hausten, sahen staubiggrau aus, wenn sie froren; es kostete manchmal Mühe, sie vor Tau und Tag aus den warmen Pontoks zu holen. Denn die gewaltigen Rinderherden zogen noch vor Sonnenaufgang zur Tränke am Stausee. Die Mutterkühe suchten ihre Kälber, die in der Kälberkoppel eingeschlossen blieben. Sobald Kühe und Kälber sich gefunden hatten, mußte gemolken werden; denn ehe ihre Kälber nicht am Euter den Anfang gemacht und angesaugt hatten, ließen sich die Kühe nicht täuschen und melken.

Die Karakuls und Kreuzungsschafe zogen in vier großen Herden hinter ihren Hererohirten und ihren störrischen kostbaren Widdern in den Busch. Zuvor mußte entschieden werden, ob die frischgeborenen Lämmer geschlachtet oder zum Leben begnadigt werden sollten. Jene, die die schönsten Persianerfellchen trugen, blieben am Leben, wenn es sich um weibliche Tiere handelte, um die Zucht zu verbessern. Und auch die mit den allerschlechtesten Pelzchen durften vorläufig weiterhüpfen, um uns später mit Lammbraten oder Hammelfleisch zu versehen. Alle anderen wurden von den Hirten geschlachtet — und bald prangten im Schatten auf den Spannbrettern vor der langen weißen Wand der Fellkammern die kostbar glänzenden, prächtig gelockten kleinen Pelzchen, um zu trocknen. Es erforderte höchste Achtsamkeit, jeden Morgen das Zuchtbuch zu vervollständigen, die Todeskandidaten zu sondern, die Muttertiere auszuschalten, die schon mehr als einmal unbrauchbare Lämmer geworfen hatten, und die Herden auf kranke oder verletzte Tiere und auf ihre volle Anzahl zu prüfen. Hierbei lernte ich Thunau bewundern; er wußte unfehlbar die richtige Wahl zu treffen. Untrüglich fand er unter fast tausend Schafen das eine heraus, das kümmerte und der Pflege bedurfte, wenn sie sich dicht an ihm vorbei aus den Hürden drängten.

Ich hatte meine liebe Not, das Herdbuch auf dem laufenden zu halten; erst allmählich kam ich dahinter und begriff auch bald, daß diese edlen Tiere zu züchten, sich zu einer großen Kunst und Leidenschaft entwickeln kann. Bald erwachte die Lust auch in mir, der Natur immer schönere und vollkommenere Fellchen abzulisten.

Kaum strömte die Sonne ihre goldenen Bäche über den reglos wartenden Busch, so breitete sich wunderbare Wärme aus. Und schon vor der Mittagsstunde tat der dämmernde Schatten der Veranda oder der hohen, dichten Hecken im kühl bewässerten Garten wohl.

Es war herrlich, nach dem Essen draußen unter dem tiefgezogenen Vordach eine Tasse Kaffee zu trinken und die Blicke über die graugrün silbernen Steppen wandern zu lassen. – Bis hin zu den schwerelos blauenden Gebirgen, die schmal im Norden wie Wolken verschwammen; sie bezeichneten die Grenzen der Farm. Der Glast flimmerte über dem unabsehbaren Ozean der Gebüsche.

Selig kühl und mild sanken die Abende.

Manchmal zogen wir mit beginnender Nacht in den schlafenden Busch und zündeten irgendwo im flachen Bett eines Riviers aus trockenen Stämmen ein mächtiges Feuer an. Zwang uns die rasende Glut der in Funkenfontänen verknisternden Hölzer, immer weiter abzurücken, so schossen wir wohl im Übermut aus hundert oder mehr Schritt Entfernung in die zischenden Flammen. Wenn der Ast, auf den wir's abgesehen hatten, lohend zersprang, waren wir stolz, Christa und ich. Seltsam heidnische Feuerfeste feierten wir so.

Wunderbare Pferde liefen wild im Busch. Es kostete Mühe und noch mehr Schweiß, sie zur Farm und in den Kral zu treiben, um die Fohlen abzusondern, die groß genug waren, die Mutter zu entbehren. Sie verblieben in einer großen Koppel unweit der Farm und wurden mit der Zeit an Sattel und Geschirr gewöhnt, eine Aufgabe, die ganz nach dem Herzen Christas war. Jeden Monat wechselten wir Arbeits- und Reitpferde aus, damit alle an die Reihe kämen, sich im großen Busch zu erholen, und auch, um die Tiere der Hand des Menschen nicht völlig entgleiten zu lassen. Ich meinte eines Tages, daß ich mit Vergnügen an den reiterlichen Streifzügen teilnehmen würde, wenn es galt, die wildlaufenden Herden einzubringen. Christa lachte:

»Ein Seemann und reiten? Mutest du dir nicht zuviel zu, Bill? Nur Zentauren oder Amazonen sind zu diesen Ritten ins weglose Gelände fähig. Du mußt nicht tun, als ob du alles könntest!«

»Es ist mein eigener Hals, den ich riskiere. Hältst du dich für eine Amazone, bin ich mir gut genug für einen Zentauren«, antwortete ich verdrossen. »Außerdem habe ich reiten gelernt, wo man etwas davon versteht: im amerikanischen Nordwesten.«

Sie entgegnete beschwichtigend liebenswürdig:

»Brummbär! Nie wieder will ich wagen, an deinem reiterlichen Können zu zweifeln. Komm, satteln wir auf!«

Ich mußte die Zähne zusammenbeißen, denn sie ritt wie der Teufel; nein, wirklich wie eine Amazone. Die nur selten gesattelten Pferde gingen hart und unwillig. Immerhin, sie war mit mir zufrieden:

»Gut, Bill, gut! Mir gefällt, wie locker du im Sattel sitzt. Nicht so steif wie die Reiter in Europa; nach den Bildern, die ich sah, sind sie alle wie Puppen auf ihr Pferd gebunden. Erzähl mir, wie du es gelernt hast!«

Ich begann zögernd zu sprechen. Sie drängte mich.

»Ich kann dir nicht alles berichten, Christa. Ich muß manches für mich behalten. Ich lebe seit Jahren mein eigenes Leben, und kein sehr glückliches!«

Ein Zug des Unmuts stahl sich um ihren Mund:

»Für dich behalten? Warum? Ich weiß, daß du gewisse Dinge verschweigst.« Es klang traurig.

»Ich muß verschweigen, was nicht mir allein gehört.« Sie gab nichts zur Antwort. Unsere Pferde schritten ruhig nebeneinander. Die ungewisse Verstimmung trennte uns. Nach einer Meile, in der nichts weiter zu hören gewesen war als das leise Klirren der Kinnketten und manchmal ein Knarren der Sättel, meinte sie mit verändertem Ton:

»Ich verstehe nicht, wie ich wünschen konnte, daß du hierbliebst. Ich bin mit mir selbst nicht mehr einig. Ich war früher anders.« Das war ein Geständnis. Was sollte ich antworten? Ich war um so viel älter und erfahrener; ich wollte ihr wohl. Sie war schön und wunderbar. Manchmal ächzte mein Herz, wenn sie mir nahekam; aber der große Aufschwung, auf den ich im geheimen wohl gewartet hatte, war ausgeblieben. Ich sagte:

»Das Leben einzeln bildet nur eine Art unverbindliche Vorstufe zum Leben. Das andere, das richtige Leben, ist selten glücklich. Aber es macht erst aus den Menschen, was sie wirklich sind, Gutes und Schlechtes. Darüber böse oder traurig zu werden, ist genauso, als verwünschte man, geboren zu sein!«

Spöttisch sagte sie:

»Bin ich böse, Schulmeister? Was geht's dich an?«

»Nichts – !« flüsterte ich.

Für Tage danach sprachen wir kaum ein vertrauliches Wort miteinander.

7. II. 1948.

Gern durchstreifte ich allein die unendlichen Wildnisse. Bald kannte ich überall Landmarken, nach denen ich mich sicher zurechtfand. Es war auch des Nachts unmöglich, sich zu verirren, denn das flirrende Licht der Sterne genügte allein schon, die Umrisse der Gebirge deutlich in den Horizont zu zeichnen. Und die Sterne entzündeten sich jede Nacht zu neuer, glitzernder Herrlichkeit. Dann erkundete ich die Gebirge; fand in der felsigen, buschigen Bergeinöde die Stammesgründe großer Pavianhorden. Manchmal geriet ich mitten unter sie, ohne es zu merken; bis plötzlich der silbermähnige Alte Mann ob des frechen Eindringlings die Nerven verlor, sein heiseres, wildes Warngebell hervorstieß, plötzlich Felsen, Büsche und Hänge lebendig wurden und die ganze Herde, Männlein und Weiblein und magere Kinderlein, Hals über Kopf das Weite suchten, lächerlich und beängstigend zugleich in ihrer Hast, um holterdiepolter geschwind über den nächsten Bergrücken das Weite zu suchen. Nur der mächtige Gebieter der Horde blieb als Beobachter auf einem hohen Felsen sitzen wie ein altes ägyptisches Götzenbild.

Ich fand versteckte Täler im Gebirge, wo sich, nach den Spuren zu schließen, große Herden von Kudus ein Stelldichein gaben. Die Plätze waren steinhart getreten wie eine Tenne. Ob sich hier die Bullen ihre Kämpfe um die Gunst der Schönen lieferten? Ich würde es erkunden. Die großen, scheuen Antilopen mit den mächtigen gedrehten Gehörnen hatten es mir angetan.

Thunau entdeckte bald, daß ich Begabung für den Busch entwickelte. Erkannten wir in den Herden, die frühmorgens nach der Tränke in den Busch zogen, Kühe, die frisch gekalbt hatten, so folgten wir ihnen unauffällig. Ohne ihr Verhängnis zu ahnen, führten sie den Reiter sicher zu dem versteckten schattigen Winkel im Busch, wo sie ihr Kalb vor den Leoparden verborgen hatten. Wir stahlen mit List das zierliche, unbeholfene Tier der zuweilen angriffslustigen Mutter fort, um es in die Kälberkoppel zu bringen. Treu und regelmäßig stellte sich am Zaun der Kälberkoppel das Muttertier wieder ein, konnte hinter das Melkgatter getrieben und gemolken werden.

Mit Freude ackerte – und erntete – ich in den großen, künstlich bewässerten Luzernegärten. Ich enterte die hohen Windmotoren, wenn irgend etwas am Gestänge oder an den riesigen, gefährlichen Windrädern aus der Ordnung geraten war. Verschmiert wie ein Kohlendampferheizer kletterte ich danach zu Boden – aber die Pumpen liefen dann gewöhnlich wieder. Sie förderten das Wasser für die Menschen der Farm aus der Tiefe und hielten ein gewaltiges, überdachtes Zementbassin auf dem Hofe ständig gefüllt; denn das Wasser aus dem Stausee zu trinken, an dem täglich und nächtlich Tausende von zahmen und wilden Tieren ihren Durst löschten, empfahl sich wenig: Kühe, Schafe und Karakuls, Pferde, Kudus und Paviane, Trappen, Wildtauben und wilde Perlhühner, Hühner, Gänse und Enten, die braven Esel natürlich, vielleicht auch katzenleise ein scheuer Leopard und die hündischen Schakale.

Bis in die Mitternacht saß ich über Büchern zur Karakulzucht, über Berichten von Pelzauktionen, über dicken Handbüchern zur Tropen-Land- und Viehwirtschaft. Ich entwarf und berechnete einen zweiten und höheren Damm oberhalb der Farm und des alten Stausees; dieser gab in der Regenzeit noch allzuviel Wasser an die sandigen Riviere ab, die in der Steppe verschwanden. Auch diese Feuchtigkeit ließ sich stauen; sie würde das Tal bis hoch hinauf in ein fruchtbares Paradies verwandeln. Thunau besaß genaue Statistiken über die Regenmengen vieler Jahre, wußte annähernd genau, wieviel Wasser aus dem alten Stausee überfloß. Wir kannten also mit genügender Sicherheit die Wassermenge, für die das zweite Becken berechnet werden mußte.

»Wenn Sie in dem Tempo weitermachen, Barkholtz, kann ich mich bald aufs Altenteil setzen. Wär' mir recht. Mein Herz will nicht mehr so, wie ich will. Zuerst die erschlaffenden Jahre in Goa. Dann zwar hier die kühle und reine Luft der Steppe; aber die Farm liegt eintausendfünfhundert Meter über dem Meeresspiegel; die Sommer können mörderisch sein. Das werden Sie noch erleben! Nein, mein Herz macht nicht mehr mit, wie es soll.«

Ich darauf: »Ich bin so gut wie entschlossen, mich hier irgendwo anzukaufen. Dann laufe ich Ihnen davon, und Sie haben sich umsonst mit mir gemüht.«

»Dafür haben Sie mir auch kräftig geholfen. Schmitz habe ich immer noch nicht ersetzen können. Wozu auch? Warum denken Sie ans Fortgehen? Ist hier nicht Platz genug? Behandeln wir Sie schlecht?«

Ich antwortete zögernd – da sich die Gelegenheit gerade bot:

»Gefällt es Christa, daß ich mir überall zu schaffen mache? Sie geht mir, glaube ich, aus dem Wege. Vielleicht bin ich in ihr Reich eingebrochen und störe sie. Vielleicht sähe sie mich lieber wieder gehen?« Thunau blickte mich sonderbar an und lächelte das gleiche verhaltene Spottlächeln wie seine Tochter:

»Nun ja, Sie sind nun überall neben ihr da, ganz anders als die Angestellten. Sie sind in ihr Reich eingebrochen – ein wenig schon! Aber daß Sie gehen sollen –? Sie bildet sich vielleicht ein, es zu wünschen oder will es sich einbilden – und ist sich nicht gut, daß es ihr nicht recht gelingt.«

So stand es also. Thunau war ein lebenskluger Mann; er

durchschaute vieles, was wir kaum ahnten. Wenn ich mich neben dieser Christa nur nicht so plump und grob empfunden hätte —! War ich reich und begabt genug, den großen Gesang der Leidenschaft zum zweiten Male anzustimmen? Christina aber — wer sie gewinnen wollte, von dem wurde der volle Einsatz gefordert.

Und dann: die unnachahmliche Sicherheit, mit der sie sich bewegte, mit der sie ritt und ging und ein Buch las oder ihren Vater küßte, ihrer Mutter den Tee einschenkte, mit leichter Gebärde dem alten Herero Piet, dem obersten der Karakulhirten, einen Befehl erteilte; mit der sie langsam die Büchse hob und abdrückte, dem Pferd liebkosend durch die Mähne fuhr oder ein weinendes Kaffernkind tröstete, mit der sie den schweren Lastwagen voller Sahnekannen zur Bahn lenkte, wenn es sein mußte, oder die Blumen für den Abendtisch in den Vasen ordnete — diese unbewußte, unzerstörbare Sicherheit, machte mich unsicher. Ich bewunderte sie, wie man ein Kunstwerk bewundert, das geschliffen, sehr hart und edel, doch auch spröde und zerbrechlich ist. Dagegen bin ich nüchtern und abenteuerlustig zugleich, ein Klotz, ein Bauer und Seemann und wollte nichts anderes sein. Ach, sie war schön wie ein zauberhaftes Standbild, das in allerfernsten Wäldern von scheuen braunhäutigen Menschen verehrt wird!

Ob ihr Vater ihr etwas von meinem Gespräch mit ihm angedeutet hatte? Am Abend danach zog sie mich in eine Unterhaltung, als hätten wir uns nie entzweit. Zwischendurch beugte ich mich zu ihr und sagte leise:

»Christa, ich habe heute den Einzelgänger, den Kudu ausgemacht. Er hat mich nicht entdeckt. Du weißt, welchen ich meine: den mit dem riesigen Gehörn; die linke Stange ist in der Mitte abgebrochen. Er steht bei den Roten Klippen an der Südgrenze. Ich bringe dich morgen hin. Ich hätte ihn heute schießen können. Ich ließ ihn dir!«

Sie schüttelte den dunklen Kopf: »Du ließt ihn mir? Ein ganzes Jahr bin ich hinter ihm her, und jetzt läßt du ihn mir —? Wofür hältst du mich? Nein, wir machen uns morgen getrennt auf den Weg. Wenn du ihn erlegst, vor mir, dann — —!«

»Was dann?«

»Dann —, ach, ich weiß es selbst nicht!« Sie warf mit einer unwilligen Gebärde ihr Haar in den Nacken, erhob sich jäh und verließ den Raum. Ihr Vater, der neben dem Kamin in einem tiefen Sessel saß und las, schaute ihr erstaunt nach, runzelte die Stirn und vertiefte sich wieder in sein Buch.

Ich hatte sie hinausgehen sehen, schnell, erhobenen Hauptes und herrisch. Ich war mit mir zerfallen, als ich endlich schlafen ging. Über der dunklen Wildnis stöhnte der Wind.

Als ich wie stets das Bett ableuchtete, ehe ich mich hineinlegte, fand ich zum ersten Male unter der Bettdecke einen Skorpion. »Skorpione, die verdiente ich allerdings!« Ich konnte mich nicht entschließen, das giftige Tier zu zertreten, ich packte es mit zwei Hölzchen und warf es über das Geländer der Veranda.

8. II. 1948.

Da —! Mit unendlicher Vorsicht schob sich der gewaltige Bulle zwischen den Büschen hervor; eine Gasse war vor mir im Dickicht geöffnet. Mit hoch erhobenem Kopf äugte er, witterte Gefahr; seine Aufmerksamkeit war aufs äußerste gespannt. Das sonderbare riesige Gehörn zeichnete sich klar gegen den Abendhimmel ab: die rechte Stange dreimal mächtig gedreht, die linke in der Mitte abgebrochen. Jetzt kam er bis zu den Hinterläufen frei. Der schwarze Strich auf seinem Rücken stach scharf gegen das silber- und dunkelgrau getönte Fell ab. Er wies mir das Blatt wie eine Zielscheibe. Ich hatte die Büchse schon an der Backe, nahm die Stelle hinter dem Ansatz des Vorderlaufes ruhig aufs Korn, verhielt den Atem und zog gleichmäßig durch.

Die Kugel schlug ihn, daß er taumelte. Aber gleich warf sich das mächtige Tier zu mir herum, senkte den Kopf, schwenkte das furchtbare Gehörn hin und her, bereit zum besinnungslosen Angriff, taumelte aber nur noch ein paar Schritte auf mich zu, brach in den Vorderläufen ein, die Hinterläufe sackten weg; es wuchtete nieder, hob noch einmal den herrlich-schönen Kopf. Dann fiel er haltlos zur Seite. Blattschuß!

Ich machte die Büchse fertig, sicherte. Durchschritt die trennenden fünfzig Schritt. Ich spürte nichts von Triumph, eher ein Gefühl der Schuld. Ich bin kein Jäger um der Jagd willen, war es immer nur aus Zwang um der Nahrung oder des Verdienstes willen. Das Tier hatte den Wettstreit zwischen mir und Christa mit dem Leben gebüßt. Die großen schwarzen Antilopenaugen starrten mich leer und stumm an, erfüllt von dem dunklen Grauen aller Kreatur. Ich stand lange vor dem Gefällten.

Ein leises Geräusch ließ mich herumfahren: Christa! Der Wind wehte ihr schwarzes Haar vom schmalen Haupt, in der linken Hand trug sie die Büchse, die rechte hatte sie vor die Brust gehoben – wie damals!

Ihr blasses Gesicht war todernst. Ich wußte, daß eine Entscheidung gefallen war. Ich hatte nichts Gutes begangen: ich war ihr mit aller List und Zähigkeit zuvorgekommen. Ich hätte ihr den Schuß lassen müssen! Dann wäre der Bann gebrochen gewesen.

Wie sie da vor mir stand, einer enttäuschten Artemis gleich, vollendet, zaubervoll und wild! Mir brannte das Herz.

»Du hast ihn also geschossen, meinen Kudu!«

Ich zwang mich zu kameradschaftlichem Ton:

»Ärgere dich nicht, Christa! Ich kann nichts dafür, daß ich ihn zuerst zu Gesicht bekam und daß er gleich günstig stand! Mir liegt nichts an dem Gehörn. Wenn du es gern besitzen willst. – «

Sie schüttelte den Kopf. Die Blässe ihrer Züge schien sich noch zu vertiefen. Ich spürte körperlich, mit welcher Mühe sie die trockenen Lippen zum Reden zwang:

»Ach, das Gehörn! Was frag ich schon danach!«

Ihre Augen irrten ab. Sie ging ein paar Schritte zur Seite und setzte sich auf einen Felsbrocken. Eine Weile blieb sie stumm und starrte vor sich hin. Dann erhob sie sich, zog den Filz über ihr Haar, warf das Gewehr am Riemen über die Schulter und ging ohne Gruß mit großen Schritten in den Abend hinein.

Erst nach Mitternacht kam ich heim, weckte den alten Klippkaffer Joseph, der ein guter Fährtenleser war, und bezeichnete ihm den Platz, wo er die Beute finden würde, ein Festessen für die Schwarzen der Farm. Dann schlich ich mich leise auf mein Zimmer.

Ich hatte alles verdorben.

Ich fragte mich in allem Ernste nach diesem Tag, ob ich abreisen müßte. Aber ich reiste nicht ab. Christa gab sich obenhin unverändert, vermied es jedoch, mit mir allein zu sein. Sie vergaß sich manchmal und blickte mich unter leicht gerunzelten Brauen nachdenklich an. Sie gab sich nicht geschlagen. Ich spürte es bald.

Der Winter wich der heißen Zeit. Die Luft begann schwer und dick über der Farm zu lasten; sie lagerte wabernd im glühenden Felsental. Schwärme von Fliegen drangen trotz der gazegeschützten Türen und Fenster ins Haus und machten die Mahlzeiten widerlich.

Wolken türmten sich blendend am blaudunstigen Himmel. Aber noch zögerten die Regen. Nur Frau Thunau schien unter dem Wetter nicht zu leiden. Der alte Thunau sah beinahe grau aus. Das Herz machte ihm zu schaffen. Eines Tages fand ich ihn ohnmächtig vor seinem Schreibtisch. Doch kam er wieder zu sich, als ich ihm Stirn und Pulse mit Eiswasser kühlte und die Brust mit Arrak einrieb, der gerade zur Hand war. Kaum hatte er sich ein wenig erholt, so bat er mich mühsam:

»Sagen Sie kein Wort meiner Frau, Barkholtz! Ich glaube, ich mache es nicht mehr lange. Es ist das dritte Mal in dieser Woche. Sie soll sich nicht ängstigen. Ich will nicht von hier fort. Hier ist mein Platz und der Ihre.«

Stand es so schlimm? Er hatte mit seinem Dasein abgeschlossen. Deshalb also wollte er mich zum Bleiben bewegen. Er vertraute mir, wie er meinem Vater vertraut hatte; fast meinte ich, daß er sich an mich klammerte, als hätte ihm das Schicksal im letzten Augenblick einen Helfer zugeführt.

Ich konnte weniger abreisen denn je.

Am Tage darauf nahm mich Frau Thunau beiseite:

»Mein Mann sieht entsetzlich schlecht aus, seit Wochen schon! Findest du nicht auch, Wilhelm? Ob ich für einen Monat oder zwei mit ihm nach Swakopmund an die Küste gehe? Dort ist es kühler, und das Herz hat es leichter.«

»Ich glaube nicht, daß er jetzt fortgeht. Jeden Tag kann es regnen. Wenn etwas passiert, will er am Platze sein. Der neue Damm hat sich noch nicht gesetzt.«

»Ja, er bleibt auf seinem Posten, bis er zusammenbricht. Ich bin dankbar für jeden Tag, den er noch aushält. Du läßt uns nicht im Stich, nicht wahr, Wilhelm?«

Wie hätte ich überhaupt daran denken können, abzureisen! Sie wußte genau Bescheid, zeigte aber keine Furcht, um dem geliebten Mann nicht das Herz zu beschweren. Wie verehrungswürdig sie war —!

Erst auf der Höhe der heißen Zeit brachen die Regen los.

Nach einer Stunde schon begann das Revier aus den Bergen zu fließen, schwoll unheimlich zu einem rasenden Wildstrom.

Das Westende des neuen, oberen Deiches drohte nachzugeben!

Wie wahnsinnig arbeiteten wir alle; die Neger in gießendem Regen rammten Pfähle ein, rollten Felsen vor, karrten Erde, triefend.

Auch die Weiber alle; Kiepe für Kiepe, Geröll und Sand verbreiterten den Wall, machten ihn schwerer und sicherer. Sie kreischten, wenn sie mit den breiten Körben auf dem Haupt im Morast ausglitten. Der Regen klebte ihnen die dünnen Kleider eng um die braunen Leiber. Endlich war es entschieden: der Damm hielt!

Aus seinem breiten gemauerten Überlauf füllte er nun in lehmgelbem Schwall den unteren See. Christa und ich, schlammverkrustet, sahen uns aus übermüdeten Gesichtern an.

»Er hat gehalten!« sagte sie. Vergessen war in diesem Augenblick, was uns getrennt hatte.

Als wir nach Nacht und Tag das Farmhaus erreichten, bedeutete uns die Haushälterin, Frau Klemke, mit fahlem Gesicht, daß Thunau eine Stunde zuvor wie tot an seinem Bett gefunden worden wäre. Wir eilten zu ihm, wie wir waren. Frau Thunau lag auf den Knien und hielt seine Hand. An seinem verfallenen Gesicht erkannte ich: dies war das Ende!

Frau Thunau blieb ganz still, beachtete uns gar nicht. Unverwandt blickte sie den Sterbenden an. Christina packte mich entsetzt mit so hartem Griff, daß es schmerzte. Ich legte meinen Arm um ihre Schulter und hielt sie tröstend fest und nahe.

Thunau kehrte noch einmal ins Bewußtsein zurück:

»Maria, liebste Maria!« flüsterte er. Sein Auge fiel auf uns. Er sah mich neben Christa stehen, meinen Arm um ihre Schulter.

»Das ist gut!«

Und dann noch einmal, kaum hörbar:

»In der anderen Welt — Maria —«

Und war nicht mehr. Christa warf sich in plötzlich ausbrechenden Tränen an meine Brust. Maria Thunau rührte sich nicht. Sie lag vor dem Bett des Mannes, den sie geliebt hatte, und preßte ohne Tränen ihre Wange an die erkaltende Hand.

Christa, nach der furchtbaren Anstrengung der letzten vierundzwanzig Stunden, vermochte sich nicht zu fassen. Ein Weinkrampf schüttelte sie. Ich wollte ihre Dienerin rufen. »Nein, nein!« schluchzte sie. »Bleib bei mir!« Ich trug sie mehr, als ich sie führte, auf ihr Zimmer. Sie war gänzlich außer sich und zitterte am ganzen Leibe, ein armes, zerquältes Kind! Zum ersten Male liebte ich sie wirklich. Ich ließ warmes Wasser in ihre Wanne laufen. Ich konnte sie nicht ungebadet ins Bett stecken; sie starrte vor Schlamm und Schweiß. Ich wusch sie wie man ein Kind wäscht. Ich deckte sie leise zu. Ihre Augen waren geschlossen; manchmal nur noch ein krampfhaftes Schlucken. Schwarze, glänzende Flut des Haares auf den weißen Kissen. Ein kaum zu ahnendes Lächeln verwehte von ihren Lippen. Sie schlief. Auf Zehenspitzen verließ ich den Raum.

In meinem Zimmer warf ich mich aufs Bett und schlief achtzehn Stunden hintereinander, ohne Traum. Als ich mühsam erwachte, waren mir die Kleider am Leibe getrocknet und steif geworden wie verdreckte, durchnäßte und wieder gedörrte Pappe.

9. II. 1948.

Der Sturm strömt um mein Haus im Heidemoor wie um ein Schiff auf hoher See. Nicht in Stößen und Wirbeln wie sonst an Land, jaulend, heulend, anschwellend und absinkend, sondern in einem einzigen tiefen Brausen von ungeheurer Gewalt, ein monotoner Gesang von namenloser Wildheit.

In den leeren Zweigen der riesigen Birken über meinem Dach pfeift die sausende Strömung der Lüfte, gellend wie im Takelwerk eines vor dem Sturm hinfegenden Segelschiffes. Zuweilen klatschen Regenböen an die Wände, prasseln gegen die Scheiben, zischen aufs Dach, als sollte meine standhafte Hütte ertränkt werden. Aber sie ist fest gebaut und gerade für solch Wetter wie dieses, das sich anläßt wie der sturmdurchheulte mildkühle Hochseewinter an der irischen Westküste, wo die Männer von Aran hausen, Geschwister der hohen See, Brüder der tobenden Brandung über den Klippen. In meinem Mädchen lebte die gleiche irische Furchtlosigkeit und Zähigkeit.

Anne, du bist mir in diesen einsamen Nächten oft ganz nahe in der Dunkelheit, im blaßgrauen Nachtlicht vor dem

Fenster, an dem der Regen vorbeiprescht, so nahe, daß ich dich anspreche. Du haderst mit mir, daß ich meine Schuld wieder aufrühre, gerade jetzt, da ich auf ein Zeichen von dir warte. Du willst nicht, daß ich mich allein belaste; du willst dein Teil übernehmen – und hast doch gar kein Teil daran!

Mein Herz bebt und hungert. Ich warte. Zugleich bin ich unbeschreiblich müde; bin bis zum Ekel überdrüssig des ohne Pause weiterschnurrenden Wahnsinns der Welt. Ich schließe meine Augen, presse die Hände vor meine Ohren, daß ich nichts mehr sehe und höre, und meine Lippen formen die Worte:

»Ich habe Lust, abzuscheiden – –«

Nur du, geliebtes Herz in der Ferne, wirst niemals in mir altern! Und sind wir erst am anderen Ufer angelangt, du und ich, und schauen das Unerhörte an, wird sich Christa lächelnd zu uns neigen, und unser aller Liebe wird verklärt und vollkommen sein! Dann wird uns geschenkt, was wir hier ewig vermissen müssen: Freude ohne Reue, Glück und Frieden.

Schreit' weiter deinen Weg ab, alter wandernder Bettler Wilhelm Barkholtz!

*

»Sie werden sein *ein* Fleisch!« Für die beiden Thunaus galt dies uralte Wort. Er war jäh dahingegangen und hatte sie allein in dem großen Haus zurückgelassen mitten in unabsehbarer Einöde. Was indisch in ihr war, sehnte sich danach, dem Gefährten zu folgen. Sie gehörte zu den Frauen, wie sie der Osten immer lobte: sie bleiben in der Ehe die Geliebte des Mannes, mögen sie auch alt und grau werden; sie bleiben Mädchen, bleiben wissend und schamvoll zugleich. Nie verwelkt ihre Anmut; die Jahre haben keine Macht über sie.

Maria Thunau war kaum noch da, seit ihren Mann die Erde deckte. Ich merkte es bald, als mein Schmerz um den väterlichen Freund im gleichmäßig saugenden Trott des

Alltags verebbte. Auch Christa spürte es. »Sie macht sich nichts mehr aus mir; sie mag nicht mehr leben, seit Vater gestorben ist.«

So war es. Sie mochte nicht mehr leben. Viel stärker als zuvor empfand ich die dunkelhäutige, glutäugige Frau als einer fremden morgenländischen Welt entstammend, in welcher die Gattin sich in die Scheiterhaufen stürzte, auf denen der Leichnam des Gatten von den Flammen verzehrt wurde.

Das Licht ihres Lebens brannte trüber mit jedem Tag. Wenn wir sie ansprachen, so war es, als weigerten ihr die Lippen den Dienst. Sie verfiel in wenigen Monaten zu einer alten, kränkelnden Frau.

Ich weiß nicht, ob Christa an der erschreckenden Verwandlung ihrer Mutter litt. Zwischen ihr und mir war langsam und verschwiegen das Ungewollte aufgewachsen; wir verrichteten gemeinsam, was zu tun war. Die ungewöhnlichen Ereignisse, die sich am Todestage ihres Vaters abgespielt hatten, als sie der Schwäche und dem Schmerz erlag, erwähnten wir mit keiner Silbe mehr; aber sie glommen in uns weiter.

Im Traum erblickte ich die makellose Linie eines gebeugten Nackens – daß ich nicht wußte, wo ich war – in einer einsamen Blockhütte am Berghang? – oder anderswo? Ich erwachte mit einem Schrei und verstört!

Langsam verloderte die heiße Zeit; beide Stauseen hinterließ sie uns bis zum Rande gefüllt. Täglich arbeitete ein Dutzend Schwarzer an neuen Gärten und Luzerne-Feldern.

In diesen Tagen legte sich Frau Thunau mit einer leichten Erkältung zu Bett. Die Sache sah so harmlos aus, daß niemand daran dachte, bei ihr Wache zu halten. In plötzlicher Verwirrung des Geistes muß sie sich um die Mitternacht danach erhoben haben und im Nachtgewand, während der volle Mond ihr leuchtete, durch die Gärten geirrt sein. Gegen Morgen erst kehrte sie wieder, noch ehe es hell wurde. In der Vorhalle stieß sie an ein Tischchen, das eine große Porzellanvase trug. Das heftig zerkrachende Gefäß weckte das ganze Haus. Als Christa und ich sie in der Halle mit übergroßen, erschreckten Augen vor uns sahen, entsetzten wir uns, so verfallen, so schattengleich erschien sie uns.

»Um Himmels willen, was machst du hier, Mama?« fragte Christa außer sich. Der Schatten verzog mit unsagbar kläglicher Anstrengung die Lippen und flüsterte mühsam:

»Er war nicht im Garten! Er ist fort.«

Wie einem gescholtenen Kinde rollte eine große Träne über ihr abgezehrtes Gesicht; ihr Haar hatte der Wind zerrauft; sie zitterte vor Kälte. Wir taten alles, was wir tun konnten, bereiteten ihr einen heißen Tee mit Rum, den sie gehorsam trank, packten ihr heiße, in Tücher gewickelte Steine an Hüften und Füße, versuchten es auch mit einem Medikament. Sie schlief sofort ein. Christa blieb bei ihr. Von traurigen Vorahnungen erfüllt, begab ich mich wieder auf mein Zimmer, um mich fertig anzukleiden, denn der Morgen graute schon; es war der erste bitterkalte Morgen dieses Jahres.

Am Vormittag erwachte Maria Thunau mit hohem Fieber. Obgleich sie müde abwehrte, zögerte ich nicht, mich ins Auto zu werfen und nach Okahandja zu rasen, einen Arzt herbeizuschaffen. Doch wollte es der unglückliche Zufall, daß der Mann gerade auf eine andere entlegene Farm gerufen worden war. Ich überlegte nicht lange und fegte weiter nach Windhuk. Aber das große Rivier hinter Okahandja führte noch Wasser von den letzten Regen. Ich verfehlte die Furt und blieb kurz vor dem rettenden Ufer in der Strömung stecken. Es dauerte zwei Stunden, ehe ich Hilfe auftrieb und herausgezogen war. Ich konnte von Glück sagen, daß der Motor nach einer halben Stunde schmutziger Schufterei wieder zu laufen begann. Erst in der Nacht erreichte ich Windhuk. Kein Arzt wollte sich darauf einlassen, mit mir vor Anbruch des nächsten Tages die Rückfahrt anzutreten. Ich konnte es nicht einmal übelnehmen. Am nächsten Morgen verzögerte sich wegen einiger Zwischenfälle in der Praxis des Arztes die Abreise wiederum. Am Nachmittag erreichten wir endlich Okarukuju. Wir kamen zu spät. Es wäre wohl ohnehin zu spät gewesen; es fehlte jeder Wille, das Leben festzuhalten. Der erfahrene Arzt spürte es sofort: »Hier versagt meine Kunst!« meinte er schon nach der ersten Untersuchung.

Maria hat mit keinem Wort und keinem Blick mehr verraten, daß sie noch gewillt war, mit uns, den Zurückbleibenden, zu sprechen oder auch nur von uns Abschied zu nehmen. Sie war längst weit fort. Was vor unseren Augen den letzten Kampf um ein Restchen Leben focht, war nur noch die leere Hülle einer schon entflohenen Seele.

Am dritten Tage löschte Maria Thunau aus wie eine Kerze, deren Wachs flüssig wurde und vorzeitig vertropfte. Sie starb, weil sie allein nicht weiterleben wollte.

Wir begruben sie an der Seite ihres Gefährten.

Christa verlor in den schmerzlichen Tagen die Fassung nicht. Das schnelle Verwelken der Mutter hatte uns auf ihren Tod vorbereitet. Wir empfanden ihn nicht als widersinnig, eher als notwendig.

Als wir von der Begräbnisstätte heimwärts fuhren, lehnte sich Christa müde an meinen Arm:

»Jetzt könntest du ja gehen —! Du tätest keinem meiner Eltern mehr weh damit. Es beruhigte sie, daß du hier warst. Mir bist du nicht verpflichtet.«

Ich antwortete zögernd:

»Wenn du willst, daß ich gehe, gehe ich. Andernfalls erlaube mir, daß ich hierbleibe, bis ich die Verhältnisse geordnet weiß. Ich will vor dem Andenken deines Vaters bestehen können.«

Sie erwiderte scheu:

»Seit dem Kudu bin ich mit mir zu Rate gegangen. Seit dem Tage, an dem mein Vater starb, weiß ich, wie du sein kannst. Wir können beide nichts dafür, daß du so viel älter bist als ich und auch natürlich mehr erlebt hast. Das braucht dich nicht zu belasten. Wir wollen einen ehrlichen Pakt schließen. Du bist Minnas Bruder. ›Minnchen‹ sagte dein Vater immer.« Der Anhauch eines Lächelns auf ihrem von Trauer verschatteten Antlitz —.

»Deine Eltern starben gemeinsam, und nun meine –, waren vielleicht noch viel enger befreundet, als wir ahnen. Du bist zu uns gekommen. Du kannst nicht einfach wieder fortgehen. Ich bitte ich, Lieber, bleib!«

Das hatte sie nur noch geflüstert.

10. II. 1948.
Der Sturm, der die letzten Tage mit seinem Donnerlied erfüllt hat, ist vergangen. Die graue, blasse Welt ringsum schweigt erschöpft. Es wurde kälter. Der Wind scheint nach Osten drehen zu wollen. Der matte Luftzug kommt nicht mehr aus West und Südwest von den milderen Weiten des Meeres.

Bald wird Clar mir mein Essen bringen – und auch die Post.

Kein Brief war dabei.

Die Hoffnung will nicht versiegen. Wahrlich, ich lebe noch, ein Mensch, wie alle Menschen, aus dem Paradiese vertrieben, auf daß wir nicht auch noch vom Baum des Lebens essen, nachdem die Frucht vom Baume der Erkenntnis unser Leben schon vergiftet hat.

Wenn der Wind schläft wie heute nacht, höre ich mein Herz klopfen, als tappte draußen ein Tier ums Haus, immer leise rundum. Es ist nur das unruhvolle; noch verlangt es nach einem neuen Himmel und nach einer neuen Erde. Doch meine Tage vergehen, wie Rauch vergeht.

*

Wenn ich an Christa zurückdenke – ich hätte sie aus der Tiefe lieben gelernt!

Ich erlag dem schicksalhaften Zwang jener Stunde, als wir vom Begräbnis ihrer Mutter heimkehrten.

»Ich bleibe, Christa! Gerne bleibe ich!«

Christa blieb allein im großen Herrschaftshaus wohnen. Ich konnte mich nicht entschließen, hinüberzuziehen; ich bestand auf meinem Gastzimmer im Seitenflügel, obgleich sie mich mehrfach bat, den Raum zu wechseln.

Ich wartete auf den Augenblick, der es mir gestattete, unser Schicksal in die Hand zu nehmen. Ich war es, der den Weg jetzt weiterzubahnen hatte. Hätte ich sie in vertraulicher Stunde in den Arm nehmen sollen? Oder hätte ich einfach in guter Ernsthaftigkeit Tag und Stunde der Hochzeit vereinbaren müssen?

Ich umgab sie mit wortloser Fürsorge und zurückhaltender Zärtlichkeit. Wer konnte sich ihrem Zauber entziehen?

Es hatte mich damals schon lange kein Brief von John Jordan mehr erreicht. Er wußte, wo ich steckte, wußte auch, daß ich beabsichtigte, mich in Südwest-Afrika für die Dauer niederzulassen. Er schrieb mir stets genau, wie er mit seinen Geschäften vorankam; er war sehr einverstanden damit gewesen, daß ich endlich den Entschluß zur Seßhaftigkeit gefaßt hatte. Von der christlichen Seefahrt hielt er nicht viel. Man verdiente nach seiner Meinung nicht genug dabei; und darauf kam es an. Ein halb Dutzend Male hat er mich aufgefordert, mich mit meinem brachliegenden Gelde an seinen Hardware-Stores, die sich kräftig entwickelten, zu beteiligen. Aber die Staaten waren mir verleidet, und nach Türschlössern, Nägeln und so weiter stand mir ebensowenig der Sinn wie nach amerikanischen Großstädten. Damals bekannte mir Jordan in einem wehmütigen Brief, daß ihm nur eines zu seinem munteren Aufstieg als Kaufmann und Unternehmer fehle: eine Frau! Aber er mochte nun einmal keine Amerikanerin heiraten; sie wollten ihm nicht gefallen, wenn er sie mit seiner lang verstorbenen Mutter verglich. Er war selbst noch in Stratford on Avon geboren. Mit unverwüstlicher Sentimentalität hing er der Heimat der Vorväter an, rühmte sich ihrer gern, obgleich er wohl nie die unsterblichen Werke seines großen Landsmannes gelesen hatte. Sein Glück und sein Erfolg würden erst dann sich runden, wenn er eine Frau »von drüben« gewonnen hätte. Ich hatte ihn damals sogar ein wenig verulkt. Da er nicht mehr schrieb, fürchtete ich schon, er hätte meine vielleicht allzu groben Scherze übelgenommen.

Denn wenn er's auch selten erwähnte, so wußte ich doch, daß er in seiner langsamen, aber verläßlich zähen Art nach Anne O'Flaherty und Daniel Halvorsen Ausschau hielt. Er reiste viel im Westen der Vereinigten Staaten und in Kanada umher und kannte die verschiedensten Leute.

Wir waren mit einem Wort Freunde geworden.

Die Hoffnung, daß Jordan eines Tages die verlorene Spur wieder entdecken würde, war in all den Jahren seit meiner verzweifelten und vergeblichen Suche nach den Gefährten vom Shaggy und Yelling Yellow niemals erstorben. Und nun kam kein Brief von ihm.

Ich wollte noch einmal Gewißheit haben, daß keine Spur sich mehr entdecken ließ. Sieben Jahre waren vergangen und mehr. Sieben Jahre hatte ich mich auf allen Meeren ohne Ziel umhergetrieben. Sieben Monate hatte ich zugegeben. Verbarg und versagte die Geliebte sich noch immer, so mußte ich den holden Rufen nachgeben, die aus der Tiefe verschwiegener Gärten unablässig zu mir drangen.

Noch wehrte ich mich. Auch der nächste Brief Jordans würde nichts weiter bringen als blassen Trost. Aber eigensinnig bestand ich darauf, ihn erst in Händen zu halten, ehe ich der Sehnsucht nachgab.

Ich setzte mich schließlich hin und schrieb an Jordan. Ich fragte ihn rundheraus, ob er sich von seinen Nachforschungen noch irgendwelchen Erfolg verspräche, bat ihn um Entschuldigung, falls ich ihn verletzt haben sollte, bat ihn, mir bald zu antworten.

Ich berechnete genau die Tage und Wochen, die vergehen konnten, ehe seine Erwiderung in meine Hände gelangte.

Die Wochen vergingen; es gingen weitere Wochen dahin – : nichts! Keine Zeile! Schweigen!

Die kühle Zeit, zu deren Beginn Christas Mutter gestorben war, neigte sich bereits ihrem Ende entgegen. Noch waren die Nächte kalt; aber an den Tagen wölkte zuweilen schon Schwüle auf, die der Winter der Hochsteppen gar nicht kennt. Winters ist auch in der Hitze des Mittags die Luft noch leicht und angenehm.

Ich lebte damals schon anderthalb Jahre auf Okarukuju und fragte mich oft verwundert, ob ich nicht immer dort gelebt hätte, so ganz und gar hatten mich die sanften und die wilden, die eintönig zwingenden, nie ermüdenden Lieder des Dornbusches verzaubert. Der Schmerz um die Eltern war verebbt. Wir hatten alle ihre Aufgaben übernehmen müssen und alle Hände voll zu tun gehabt. Wir besprachen manchmal des Abends vorm Kamin verschiedene Pläne, die wir ausführen wollten: »Im nächsten Jahr – wenn die nächsten Regen reichlich sind, dann werden wir –, dann müßten wir –, wir – –.« Ja, »wir« sagten wir.

Eines Abends versagte das elektrische Licht; es wurde uns von einem Windmotor geliefert, der einen Dynamo antrieb. Ich hatte den ziemlich hohen Motorenturm erklettern müssen, um dem Schaden, wenn möglich, abzuhelfen. Nach einer halben Stunde stellte ich fest, daß ein Kegelzahnrad gebrochen war. Inzwischen war es zu dunkel geworden, die umständliche Reparatur auszuführen, bei der man sich gewöhnlich maßlos mit Öl beschmierte. Wir mußten uns eine Nacht lang ohne elektrisches Licht behelfen.

Ich tat mein Bestes, mich zu reinigen und zog mir meinen Abendanzug an. Bei den alten Thunaus war es Sitte gewesen, sich zum Abend umzuziehen. Dann suchte ich nach Christa, um ihr Bescheid zu sagen. Ich fand sie in ihres Vaters Arbeitszimmer, einem großen, hohen Raum, dessen Wände von gefüllten Bücher- und Aktengestellen fast verdeckt waren. Hier pflegten wir Geschäftliches zu besprechen und zu erledigen.

Der dicke Teppich des Wohnraums nebenan, den ich durchschreiten mußte, dämpfte meinen Schritt. Die Doppeltür zum Arbeitszimmer stand weit offen; ihr gegenüber gähnte mannshoch ein Kamin, in dem laut knackend und prasselnd ein helles Feuer brannte. Vor diesem Feuer stand Christa und hörte mich nicht.

Sie hatte beide Hände auf das hohe Sims des Kamins gelegt, stützte den Kopf leicht vorgeneigt und starrte in die Flammen. Kein ander Licht glomm in dem hohen, dämmrigen Raum als das rotgelb glühende der brennenden Scheite. Sie stand gegen dies Licht – und hörte mich nicht.

Und ahnte nicht, was ich sah. Sie trug ein langes, weißes Abendkleid aus irgendeinem fließenden, sehr feinen Stoff. Die Flammen zeichneten durch den matten Schleier des Kleides die Umrisse ihres lässig vorgebeugten Körpers nach; den rechten Fuß hatte sie auf das Gitter vor dem Kamin gestellt.

Sie muß meine Blicke schließlich gespürt haben und drehte sich langsam um. Wir blickten uns an. Ich konnte ihre verschatteten Augen nicht erkennen. Wir hielten ganz still.

»Du bist unbeschreiblich schön, Christa! Gefährlich schön!«

Ich hörte sie leise lachen:

»Gerade jetzt stellst du dies fest? Es ist ja dunkel!«

Sie trat vom Feuer weg neben den Kamin ins Dunklere. Ihre Stimme bebte:

»Gefährlich schön, sagst du? Ach, gefährlich nicht! Viel zu wenig gefährlich!«

Der dumpfe Schmerz in meinem Innern meldete sich von neuem. Ich blickte zur Seite. Warum ging ich nicht einfach hin und umarmte sie!

»Willst du ewig in der Tür stehenbleiben? Hast du Angst vor mir gefährlichem Wesen?«

Ich ging langsam auf sie zu. Ich nahm ihren gemmenklaren Kopf in meine Hände, daß ihr schwarzes Haar eine warme Flut darüber war. Ich küßte sie auf den dunkelroten Mund. Ich sagte:

»Ich will dir erzählen, was du endlich wissen mußt!«

Ich zog einen tiefen Sessel vors Feuer; sie setzte sich. Ich hockte mich auf die breite Lehne und legte meinen Arm um ihre Schulter. Ich zog sie sachte an mich. Ihr Kopf lehnte an meiner Seite. Wir sahen in die Flammen; dann berichtete ich:

Vom Tage an, als ich Anne im Hause ihrer Eltern zum ersten Male sah.

Von der Nacht, als sie mir ihren schwerverwundeten Bruder in meine einsame Hütte über dem Shaggy brachte.

Vom Tage, an dem Tom und Dan uns einsegneten.

Von dem Tage, der uns in Gefahr brachte.

Vom allerletzten Tage.

Ich erzählte ihr, wie ich Tom nachjagte, ihn vorm Tode zu retten, wie ich dabei selber fast zu Tode kam. Ich erzählte von meiner vergeblichen Suche nach der Verlorenen und den leeren Jahren danach, von den seltenen Briefen Jordans, die in meine Verlassenheit drangen, Tropfen Taus von einem Dache, die ein Verdurstender auffängt.

Mitternacht war schon vergangen, als ich endlich in meinem Bericht die Südwester Küste und in jener sternklaren Nacht Okarukuju erreichte:

»— — — mit dir zusammen, Christa, die Farm hier, den rettenden Hafen, so will es mir scheinen.«

Sie blickte zum ersten Male auf in all den Stunden, die seit dem Abend vergangen waren. Sie lächelte:

»Und dienst nun um den Hafenmeister-Posten —?«

Mit welch unvergeßlicher Anmut sie die zärtlichen Worte sagte! Ich spürte den wunderbaren Mantel des Glücks und des Geliebtseins um meine Schultern. Ich war noch nicht ganz fertig:

»Nun weißt du, Christa, warum ich immer halb und halb mit gebundenen Händen dastand, dumm und hölzern.«

Von neuem wehte das schöne Lächeln über ihr Antlitz. Ihre Augen flammten in die meinen:

»Du brauchst nichts weiter zu sagen. Ich weiß es alles. Nur dieses Mädchen Anne entsprach dir ganz.«

Ich war betroffen. Sie durchschaute mich. Christa wandte

den Blick wieder den glühenden Kloben zu und fuhr fort, leise und langsam:

»Sieben Jahre hast du gewartet und sieben Monate. Sind nun die sieben Stunden auch vorüber — und auch die sieben Minuten —?«

Ich küßte den schönen Mund lange:

»Und die sieben Sekunden auch —!« flüsterte ich.

»Sag mir noch eins, Lieber! Wenn wir uns verbinden und plötzlich taucht die Verlorene wieder auf, wirst du mich dann im Stich lassen?«

Das war die Frage, deren Schmerz mich in den Wochen, die vorangegangen waren, gequält hatte.

»Wenn wir erst Kinder haben, werde ich dich niemals mehr verlassen. Und ich verspreche dir noch etwas: ich werde dich immer unbeschreiblich schön finden, unbeschreiblich schön!«

Sie gab keine Antwort. Erhob sich nach unwägbarer Weile, schritt mit leiser Unrast hin und her, war ein wenig verwirrt noch — und wagte es zum ersten Male:

erhob die Arme, umfaßte meine Schultern und küßte mich sehr.

In den wenigen Stunden der Nacht, die uns danach noch verblieben, schlief ich seit langer Zeit zum ersten Male wieder tief und traumlos.

12. II. 1948.

Gestern habe ich nichts geschrieben. Ich war bei den R.s, wie immer am Mittwoch, kam aber verhältnismäßig früh nach Hause.

Es war unglaublich dunkel. Die Wolken müssen sehr tief, dicht und regungslos gehangen haben. Der hellere Sand des Weges hob sich, kaum zu ahnen, von den dunkleren Feldern und Heidekrautstücken ab. Der Horizont war nicht zu erkennen. Man tappte durch lichtloses Nichts. Ich tastete mich zur Hütte wie ein Blinder. Als ich die Tür endlich hinter mir ins Schloß gezogen hatte, überkam mich mit einem tiefen Atemzug das beglückende Gefühl: durch solches Dunkel fand niemand den Weg zu mir!

Ich schob die Glut im Ofen zusammen und legte ein paar trockene Stücke Holz auf; bald prasselten die Flammen auf; Wärme verbreitete sich. Ich zog mir einen Lehnstuhl vor den Ofen, löschte das Licht —

und verlor mich noch einmal an jene Steppennächte, die uns unendlich hold waren und angefüllt mit großen Versprechungen, Christa und mir!

Ach, eigentlich war es nur eine einzige Nacht, und sie schloß die Vollendung schon in sich. In jener Nacht zog mich die afrikanische Wildnis an ihr wildes, reines Herz, so trauervoll, so beseligend, so tränensatt vor Glück und Schmerz, daß bis in die Ewigkeit mir jede Minute dieser Nacht qualvoll und lustvoll nahe sein wird.

Stunde um Stunde verrann. Die Glut fiel zusammen; ich schichtete das Feuer neu. Die Stille umlagerte meine Hütte, als lauschte sie auf den Schlag meines Herzens, lauschte darauf, wie es noch einmal die seit zwanzig Jahren schon verwelkten Stunden durchschlug. Als ich mich gegen Morgen steif und mühsam erhob, um endlich zu Bett zu gehen, fielen mir die unendlich süßen und zärtlichen Strophen ein, die uralten Verse, als gälten sie jener feuerdurchlohten Nacht in der Dornbuschsteppe.

Die Geliebte singt:

»Ich schlafe, aber mein Herz wacht. Da höre ich die Stimme meines Freundes; er klopft an; er flüstert: ›Tu mir auf, liebe Freundin, meine Schwester, meine Taube, meine Fromme; denn mein Haupt ist voll Taus und meine Locken voller Nachttropfen.‹

Ich antworte: ›Ich habe meinen Rock schon ausgezogen — wie, soll ich ihn wieder anziehen? Ich habe meine Füße schon gewaschen — soll ich sie wieder staubig machen?‹

Aber mein Freund steckt die Hand durchs Gitter, und mein Leib erzittert davor.

Da stehe ich auf, daß ich meinem Freund auftue. Meine Hände triefen von Myrrhen für ihn, und Myrrhen läuft über meine Finger auf den Riegel am Schloß.«

Auch unser Haupt war voll Taus und unser Haar voller Nachttropfen. Das Feuer brannte hoch und rot in der schweigenden Öde. Die Sterne wandelten über uns. Und aus den Schatten unter den stillen Büschen glühten die Augen der großen Katze grün!

13. II. 1948.

Bald nach der Nacht berichtete mir einer der Karakul-Hirten, er wäre an den Roten Klippen Leopardenspuren begegnet. Es war ein sehr zuverlässiger, wildniserfahrener Herero, der uns diese Nachricht brachte, der letzte eines am Ende des Herero-Aufstandes in der wasserlosen Omaheke untergegangenen freien Geschlechts; er sprach mit der stolzen Ruhe der Leute seines Stammes, die niemals vergessen, daß sie die Herren des unendlichen Landes gewesen sind, worin sie jetzt nur noch als Knechte des weißen Mannes hausen, obwohl ihre hochbeinigen, herrlich gebauten Frauen und Mädchen immer noch wie Herrinnen schreiten. Wir nannten ihn der Kürze halber Piet, den großen, dunkelbraunen, grauhaarigen Mann. Wir mußten ihm glauben, denn Piet erzählte keine Märchen.

So großes Raubwild hatte sich schon lange nicht mehr bemerkbar gemacht. Christa sagte mir, daß ihr Vater nur einmal im ersten Jahr auf einen Leoparden zu Schuß gekommen wäre. Wir beschlossen sofort, der großen Katze nachzuspüren. Sie wurde den wertvollen Karakuls zwar nicht gefährlich, denn die trieben wir bei Einbruch der Dunkelheit in die schützende Hürde dicht bei der Farm. Die wehrhaften Kühe und Ochsen verstanden erst recht, mit der Bestie fertig zu werden. Aber die neugeborenen Kälber waren in Gefahr, wenn ihre Mütter sie nach der Geburt im entlegenen Busch zurücklassen mußten, um stundenweit an den Stausee bei der Farm zur Tränke zu ziehen. Kam das Raubtier erst auf den Geschmack, so würde uns bald kein Kalb mehr verbleiben.

Wir setzten uns am nächsten Tage aufs Pferd, um selbst bei den Roten Klippen nach Spuren des Tieres zu fahnden. Die Roten Klippen bezeichneten den südöstlichen Eckpfeiler des Farmbezirks. Dort hob sich das Gebirge, das unseren Wohnsitz in gewaltigem Bogen südlich umgab, zum letzten Male zu schroffen roten Zinnen, bevor es ostwärts abdachte und sich schließlich in der flachen Steppe verlor. Von Norden, der Farmseite her, war der wilde Berg in gut begehbarem, allmählichem Anstieg leicht zu erklimmen. Nach Süden aber stürzte die Wand wohl hundert Meter hinunter in wüstes Riesengeröll. Die letzten und fernsten der Felsenbänder versanken ungewiß in der von Süden her unabsehbar anbrandenden Dornbuschsteppe.

Klippen, Geröll, dichte, buschige Wildnis weithin. Nahebei lagen die Gründe eines großen Pavian-Volkes.

Als wir die angestammte Landschaft der Affen durchritten — die Büchse lag quer vor uns auf den Schenkeln —, fiel uns auf, daß sich keines der seltsam menschenähnlichen Tiere blicken ließ. Sonst lief man fast immer in die Herde hinein; es gab dann das übliche große Hallo, und die wilde Jagd klabasterte über die Felsen davon. Christa kannte eine mannstiefe Felsenwanne unter den Klippen, wohl zwanzig Schritt lang, in der sich das ganze Jahr hindurch klares, kühles Wasser hielt, denn überhängendes Gestein schützte den Ort vor der Sonne; außerdem mochte sie von Sickerwasser aus den Felsen ständig gespeist werden. Dorthin lenkten wir jetzt unsere Pferde. Plötzlich stoben Schakale vor uns auf. Die Pferde scheuten; wir hatten zu tun, sie wieder zu beruhigen. Wir fesselten den Tieren die Vorderfüße eng, damit sie sich nicht weit entfernten. Was hatte die Schakale hergeführt? Sonst begegnete man Schakalen um die Mittagszeit nicht. Es dauerte nicht lange, bis wir die Überreste eines jungen Pavians entdeckten, den der Leopard an der Wasserstelle geschlagen und in den Busch geschleppt hatte. Die Schakale hatten sich an den Resten gütlich getan.

Die Felsenwanne lief an ihrem Ende in eine sandige, feuchte Mulde aus. Hier hatte der graubraune nasse Boden deutlich die Abdrücke von starken Tatzen bewahrt. Piet hatte recht berichtet.

Irgendwo im Geröll ringsum hatte die gefleckte Katze ihr Standquartier aufgeschlagen. Die Affen und alles Getier, das in diesen Gebieten hauste, trieb der Durst trotz der wohl längst begriffenen Gefahr abends oder in der Morgendämmerung zum Wasserloch in den Felsen. So fand der Leopard einen reichgedeckten Tisch.

Hierher aber, wo es kühle, schattige Felsenwinkel gab, wo die Büsche weithin dichter standen als in der flachen Steppe, wo das trockene, silbrige, nahrhafte Gras in schmackhafteren Bülten wuchs, hierher zogen sich gern die trächtigen Kühe zurück, um ihre Kälber zur Welt zu bringen. Und deshalb mußten wir dem zugelaufenen Friedensstörer den Krieg erklären, mochte auch sonst die schöne Raubkatze uns lieb sein. Wir machten uns wieder beritten und durchstöberten die weitere Umgebung, ohne jedoch Verdächtiges zu entdecken. Aber einen guten Lagerplatz erkundeten wir nur wenig unterhalb des Punktes, an dem die Roten Klippen sich zu ihrer letzten steilsten Schroffe aufwarfen. Vor einem großen Felsklotz war hier in den Büschen eine Lichtung ausgespart, auf der nicht einmal Gras wuchs. Setzte man rechts und links vor die Ecken des Klotzes zwei gute Feuer, so saß man dazwischen warm und sicher, war auf drei Seiten gedeckt und überblickte die offene Lichtung.

Wir beschlossen, gleich morgen ein paar Leute zum Felsen mitzunehmen, damit sie trockenes Holz zusammenschleppten, denn wir waren uns schnell einig geworden, uns hier so lange anzusetzen, bis wir die große Katze ins Jenseits befördert hatten. Das konnte uns Tage, ja Wochen kosten. Während dieser Zeit mußten wir an Ort und Stelle kampieren, denn von hier aus, dem fernsten Südostwinkel der

Farm, hatte man gut und gern sechs Stunden zu reiten, um heimzukommen.

Als wir am Abend nach ermüdendem Ritt wieder auf der Farm angelangt waren, wurde für den nächsten Tag noch das Notwendige vorbereitet. Am Morgen darauf zog die kleine Karawane — wir zwei zu Pferde und auf drei Packpferden alles, was wir bei einigen Ansprüchen für etwa eine Woche im Busch brauchen würden. Die Schwarzen führten die Packpferde; sie sollten uns mit Brennholz versehen und am Nachmittag die Pferde wieder zur Farm zurücktreiben, damit sie den Busch in unserer Nähe nicht beunruhigten.

Auf der Farm selbst blieb der Haushälterin, der guten, betulichen Frau Klemke, die ewig über ihre schwarzen Bastard-Küchenmädchen lamentierte, und den beiden noch recht grünen Eleven, Peter Filzmann und Joachim Tröckel, nichts anderes übrig, als zuzusehen, wie sie ohne uns fertig wurden.

Wir zogen so sachte durch den Busch wie möglich, umgingen in weitem Bogen das Pavian-Gebiet und erreichten nach sieben heißen Stunden den erwählten Lagerplatz. Wir ließen die Pferde nicht frei, befahlen den Schwarzen bei der Holzlese Eile an und bereiteten inzwischen den Platz, auf dem wir kampieren wollten. Der offene Grund, durch Pflanzen nicht geschützt, war tief durchwärmt; von unten her brauchten wir des nachts nicht zu frieren, wenn wir die Feuer nicht ausgehen ließen.

Zwei Stunden später war ein solcher Berg trockenen Holzes herangeschleppt, daß wir für viele Nächte einen guten Vorrat besaßen. Die Schwarzen zogen ohne weiteren Aufenthalt mit den Pferden davon. Sie kamen ohnehin erst auf der Farm an, wenn es schon dunkel geworden war.

Die Strahlen der Sonne verloren an Kraft. Wir prägten uns den Weg zum Wasserloch ein, schritten ihn aufmerksam ab, um ihn auch bei Dunkelheit oder Dämmerung nicht zu verfehlen. Wir lagerten wohl eine halbe Stunde von der Felsenwanne entfernt, weit genug, um das heimliche Treiben in ihrer Nähe nicht zu stören. Der Spiegel des glasklaren Wassers bot sich unbewegt; auch ringsum zwischen den Klippen und Wänden, unter den zerzausten Schirmakazien, den dornigen, dichten Büschen, die der Nachmittagswind schwanken und rauschen ließ, erspürten wir kein Zeichen von Leben. Aber wir wußten, daß scheu und leise die wilden Tiere uns umgaben; vielleicht starrten sie uns in jenen Augenblicken aus großen, schwarzen Augenbällen an, ganz regungslos, jeden Muskel angespannt.

Gegen Abend stiegen wir noch einmal zur Zinne hinauf, die sich nur hundert Meter hinter unserem Lagerplatz erhob. Die sinkende Sonne umsäumte den Kamm des westwärts streichenden Gebirges, der sich unseren Blicken als wild zerzackter Gipfel darbot, mit Strahlenrüschen aus Gold. Nach Norden, über unser Lager hinweg, schwang der Blick über weites, wogendes Gefild, Christas Gefilde, denn was wir vor uns sahen, bis an den ferne blauenden Höhenzug, war Christas fürstliches Reich. Nach Süden aber stürzte das Auge jäh in die Tiefe. Dort unten verdämmerten die Einöden unendlich zu grenzenlosen Weiten, vom Hitzedunst des Tages noch überwabert, wie hinter zartesten Schleiern. Am östlichen Himmel kündete sich die Nacht schon milde an; auch dort nichts als unabsehbar wogender Busch, einsamste, stille Wildnis. Und wir auf unserem hohen Felsensitz allein! Wir blickten südwärts über den Abgrund hin, in die gähnende Fremde, das Ungewisse. Christa sagte leise:

»Geht es dir auch so, Lieber? Über solchem Abgrund? Man spürt ein merkwürdiges Ziehen, sich hinunterfallen zu lassen. Ins Bodenlose —.«

»Glaubst du, daß irgend etwas zu Ende ist, wenn wir die Hülle des Körpers verlassen —? Das vom Herzen Begonnene wirkt fort; es kann nicht sterben, und mit ihm gewiß auch wir selbst nicht. Wir werden nur verwandelt.«

»Nimm es nicht so ernst! Es war nur eine Stimmung des Augenblicks,« sagte sie und hängte sich in meinen Arm. Ein paar Herzschläge später fügte sie leise hinzu:

»Verwandelt bin ich schon — ohne in die Kluft gesprungen zu sein.« Ich streichelte ihre Hand, die auf meiner lag. Wir wandten uns dem Abstieg zu.

»Wenn wir uns ansetzen wollen, müssen wir uns jetzt aufmachen; sonst kommt uns der Sonnenuntergang zuvor.«

Schnell, doch mit aller Vorsicht bewegten wir uns zur Wasserstelle. Wir hatten dreißig Schritt abseits eine Nische im Gestein gefunden, von der aus wir das Wasser ungesehen beobachten konnten, wenn wir uns still verhielten; ein niedriger Weißdorn mit langen weißen Stacheln schirmte uns ab.

Wir umgingen die Wasserstelle im Bogen und hockten uns in die Felsspalte. Wir hatten keinen Stein gerührt und keinen Zweig geknickt. Noch strömte und schäumte das Gold des Abends über allen Dingen; denn noch stand die Sonne eine Handbreit über dem Horizont. War sie erst verlodert, so fiel lautlos eilig die Dämmerung ein: die Stunde, in der die Tiere zur Tränke ziehen.

Noch regte sich nichts. Der Wind war eingeschlafen; auch die Nacht würde windstill werden. Wir warteten. Ich lehnte an der Felswand, die noch warm war; Christa saß halb auf einem Vorsprung im Gestein an der anderen Wand der Nische. Mit einem Male war es so still, daß wir unsere Herzen schlagen hörten.

»Da, die ersten Gäste!«

Schwärme von wilden Tauben fielen mit klatschenden Flügelschlägen ein, trippelten eine kleine Weile unentschlossen hin und her, senkten dann die Schnäbel ins kühle Naß, um sie gleich wieder zu heben; mit einem Schrotschuß hätten sich zwanzig oder dreißig erlegen lassen. — Dann erhob sich der Schwarm unvermutet wieder in die Lüfte. Vollkommene Stille, wie zuvor.

Christa flüsterte:

»Ich bin glücklich, Bill, daß wir hier sind. Wir sollten den Leoparden zum Dank am Leben lassen. Dies sind unsere ersten eigenen Tage, Lieber!«

Ein kühner Engel gab mir ein, ebenso leise fortzufahren:

»Und Nächte, Christa —!«

Ich zögerte nicht mehr; ich war nicht mehr ungewiß! Auch der zweimal siebente Tag, die zweimal siebente Stunde — sie waren um! Die letzte Wartefrist war verstrichen. Christas Zauberkreis hatte mich ganz und gar umschlungen.

Wir wußten mit einem Male beide, daß es nicht der Leopard gewesen war, der uns diese Tage fern der gewohnten Umgebung erlistet hatte. Wir wollten allein, ganz allein und ohne Zuschauer sein.

Das Schweigen wurde groß, daß kaum noch der Atem zu wehen wagte. Die Welt sank lautlos um uns fort. Wir wurden höher und höher gehoben, in eines Gottes hohler Hand, hoch hinauf ins uralt raunende Gezweig des Baumes der Erkenntnis.

Die rundlich zierlichen Perlhühner, die aus den Büschen schnell zum Wasser stelzten, schnell tranken und schnell wieder forthuschten, entzauberten uns. Sie hatten keinen Laut von sich gegeben; erst in der Ferne wurde ihr unverkennbares Gepiepse wieder vernehmbar. Die Sonne war hinabgetaucht; es dämmerte sehr. Unter den Büschen lagerten graublaue Schatten. In einer Viertelstunde würde das letzte Büchsenlicht vergangen sein. Noch brachte ich Kimme und Korn im Zielfernrohr gut zusammen.

Da: zwei Schakale! Das silbrig-braune Fell im Nacken leicht gesträubt, schoben sie sich geduckt heran, soffen mit schlappenden Zungen und drückten sich seitwärts davon.

Mit einem Male waren sie da, auf die wir gewartet hatten: aus den dunkelnden Büschen traten sie heraus, geräuschlos vorsichtig sichernd, ein mächtiges, silbergrau bemanteltes Männchen zuerst, saß wie ein ägyptisches Götzenbild starr, horchend, äugend, die Luft prüfend, fand nichts Verdächtiges und schlenkerte auf merkwürdig fahrigen Beinen, sich auf die langen Arme stützend, immer noch zögernd und zuweilen verhoffend, zum Wasser. Junges Volk tat es ihm nach; dann die ganze Herde der Kinder und Mütter. Das Volk der Paviane nahm seinen Abendtrunk, nahm ihn sehr ruhig, sehr mißtrauisch; selbst die Säuglinge hingen zwischen den Brüsten der Mütter oder auf ihren Rücken still.

Lag der Leopard mit uns auf dem Anstand irgendwo, dann war jetzt sein Augenblick gekommen. Aber es erfolgte nichts. Hastig und fast ohne Geräusch tränkte sich das sonderbare Volk. Schon verschwanden die ersten wieder im nächtenden Dickicht; die letzten trieb der Alte der Herde, der mächtige Herr, mit groben Püffen hinterdrein, bellte dann ein einziges Mal heiser drohend auf und glitt in den Schutz der Gebüsche zurück.

Es war Nacht geworden. Was jetzt auch noch geschehen mochte: zu einem sicheren Schuß reichte das Licht nicht mehr.

»Komm!« sagte ich zu Christa. »Es ist gerade still; wir wollen gehen. Ich spüre Hunger. Im übrigen friere ich wie drei Schneider!«

Wir trugen noch unser leichtes Zeug vom heißen Tage. Nach dem Untergang der Sonne war es mit einem Schlage kühl geworden — und wurde nun schnell kalt. Christa fröstelte unter ihrer dünnen Bluse. Wir machten uns eilig und ernüchtert auf den Weg zu unserem Lagerplatz.

Die Sterne gaben milchig blasses Licht; kein Mond!

»Gehen wir richtig?« fragte Christa; sie sprach leise, als gäbe es Lauscher hinter dem nächsten Schattenbusch.

»Gewiß!« antwortete ich und hielt mich sorgsam an die Wegemarken, die ich mir im Lichte des Tages eingeprägt hatte. Es war wie immer in der Wildnis: die Nächte verändern sie zur Unkenntlichkeit — und diese lückenlos vorbeigleitenden Büsche, all die groben stummen Felsen — einer wie der andere — und jeder anders —! Ein gespenstisch vorübergleitendes Schattenspiel.

Wir mochten fünf Minuten unterwegs sein, als uns plötzlich das Blut gefror:

es schrie vor uns —! Wie ein Mensch in größter Todesnot schreit: gräßlich kreischend vor Entsetzen, in Angst und Todesschmerz! Wir standen starr. Ebenso plötzlich wie es aufgegellt war, so abgehackt verklang es. Totenstille!

»Was war das, um alles in der Welt?« fragte ich mit stockendem Atem.

»Der Leopard hat einen Pavian geschlagen; sie schreien wie Menschen in Todesnot. Ich habe es schon zweimal gehört. Wenn wir dem Schrei nachgehen, Bill —« Sie sagte es atemlos.

»Wäre Wahnsinn, Christa! Der Busch ist zu dicht. Man hat keinen Ausblick, und außerdem ist es zu dunkel zum Schuß. Wir wollen uns die Richtung von hier aus merken und morgen nachsuchen.« Ich markierte Platz und Richtung mit weißen Steinen, die ich in eine Reihe legte. Der Ort war nicht zu verfehlen, denn gleich danach tauchte unser Weg durch eine schmale Schlucht, die ein Sturzbach in einer längst vergessenen Regenzeit gerissen hatte.

»Du hast recht. Das arme Vieh schrie so entsetzlich. Es war halbe Panik, daß ich hin wollte, helfen —«, erwiderte Christa.

»Helfen? So schreit die sterbende Kreatur seit Urzeiten. Auch wir!« Wir wanderten bedrückt und voller Vorsicht weiter. Wir verfehlten die Lichtung um keinen Schritt; die stummen Tücken der Wildnis verwirrten uns nicht.

Bald loderten zwei mächtige Feuer. Zwischen ihnen, an die Felswand gelehnt, entstand unser Lager. Wir wärmten einige Konserven. Eine Flasche Kapwein tat uns gut; der alte Thunau hatte ihn sehr geschätzt. Wir zogen uns ein paar wollene Kleidungsstücke über; doch bedurften wir ihrer kaum noch. Die Feuer rechts und links bestrahlten uns wohltuend. Bald nahm auch die noch nicht erkaltete Felswand die Hitze an und warf sie uns zu. Wir wollten die Feuer über Nacht nicht ausgehen lassen. Es schläft sich angenehmer unter Decken als im stickigen Schlafsack. Aber unter Decken friert man jämmerlich, wenn man auf der blanken Erde schläft und die Temperatur auf den Gefrierpunkt oder darunter fällt. Außerdem war es ein unangenehmes Gefühl, die Bestie oder die Bestien in so naher Nachbarschaft zu wissen, ohne sich durch Feuer gegen sie zu sichern. Ich hätte es gern übernommen, die Nacht für die

Feuer zu sorgen. Aber Christa bestand darauf, mich von zwei Uhr morgens bis zur ersten Dämmerung abzulösen. Dann wollten wir wieder am Wasserloch Posten beziehen. Ich widersprach kaum; vier Stunden zu schlafen, war schon etwas wert.

Wir saßen nach der Mahlzeit eine Zeitlang an den hohen Felsenklotz gelehnt, von den Feuern wie in einer warmen Kammer eingehegt, sahen, wie die Sternschnuppen des August durch den flimmernden Himmel schossen, und besprachen dies und das, Dinge unseres Alltags, als müßten sie gerade in dieser entlegenen Nacht besprochen werden. Keiner fand das lösende Wort, obwohl wir heimlich darauf warteten. Aber wir waren auch seltsam froh, wie Kinder, die auf Abenteuer ausgezogen sind.

Sie gähnte herzhaft. Ich lachte:

»Ins Bett mit dir, Christa! Schande über dich! Du kannst ja Leoparden fürchten machen!«

»Siehst du, wie tüchtig ich bin! Selbst im Gähnen jage ich noch Schrecken ein. Ich kann dir übrigens eins verraten: so ungewaschen schlafen zu gehen, ist nicht gerade mein Fall. Morgen bade ich in dem Wasserloch — und wenn sich der Leopard auf den Kopf stellt!«

»Das Wasser ist glasklar; reichlich kalt. Ich werde Posten stehen, wenn du mir den gleichen Liebesdienst erweist, Christa.«

»Das mache ich! Du bist mir frisch gewaschen auch lieber.«

»Vielen Dank für die Aufklärung! Ich merke sie mir für später.« Sie wandte sich mir voll zu. Ihr dunkles, schönes Antlitz leuchtete vor Heiterkeit:

»Für später —?«

Ich lachte mit gespieltem Mißmut:

»Was sonst, Christa? Ich glaube, unsere endgültig allerletzte siebente Stunde ist um.«

»Lieber!« Eine Welt von Anmut, bezaubernder Sehnsucht und Zärtlichkeit in diesen zwei kleinen Silben!

»Ach, Bill, du darfst dir noch fünf Minuten lang den

düsteren Busch betrachten. Ich muß mich noch etwas zum Schlafen umziehen.«

»Gut, Kind! Aber von der Wildnis verstehst du nichts. Denn da geht man ungewaschen und völlig unrasiert schlafen. Beeile dich! Sonst wird mir die Zeit zu lang, und ich drehe mich um!«

»Du würdest zur Salzsäule erstarren wie Lots Weib!«

»Kaum! Eher würde sich bei dem Anblick eine Salzsäule wieder beleben.«

»Du —!« Diese eine lustig drohende Silbe nur. Sie streckte noch einmal ihre Arme nach mir aus.

Dann wandte ich mich endgültig den Büschen zu.

»Gute Nacht!« hörte ich es schließlich hinter mir. Nichts weiter als ihr schwarzes Haar war unter den Decken noch zu sehen. »Um zwei Uhr wecken, hörst du!«

»Um zwei Uhr!«

Auch ich streckte mich auf meinen Decken aus. Sanken die Flammen zusammen, so weckte mich die Kälte mit Sicherheit. Ich schlief sofort ein, erwachte auch gar nicht ganz, als ich drei-, viermal aufstand, um Holz nachzulegen. Kurz nach zwei Uhr weckte ich Christa. Sie war sofort hellwach, richtete ein wenig den Kopf aus den Decken und sagte:

»Guten Morgen! Ich habe wunderbar warm geschlafen. Du hast gut geschürt. Ich brauche noch nicht aufzustehen; du hast wohl eben erst nachgelegt. Schlafe nur! Ich bleibe wach. Gegen sechs Uhr wecke ich dich!«

Ich wickelte mich in meine Decken und legte mich mit dem Rücken dicht vor das rechte Feuer, so daß ich, wenn ich die Augen aufschlug, die Lichtung überblickte; die Hintergründe verloren sich schwarz und wesenlos in der Nacht. Ab und zu knallte ein berstender harziger Zweig in den Flammen oder Asche fiel raschelnd zusammen. Kein Windhauch regte sich. Der Rauch stieg kerzengerade zu den friedvoll wandelnden Sternen.

Ich hatte die feste Absicht, sofort einzuschlafen. Es mißlang. Ich lag still mit geschlossenen Augen; hinter den gesenkten Lidern wallten Bilder unbestimmt vorbei, alte Bilder. Ich dachte an meine Eltern, die die grüne See verschlungen hatte, dachte an die beiden Thunaus, die im Grunde auch gemeinsam diese Welt mit der dunklen Kammer in der wilden Steppenerde vertauscht hatten, dachte daran, wie nun Christa und ich aufeinander hingewiesen wurden, als müßten wir untergründig das Schicksal der Eltern fortsetzen. Mit einem Male fiel mir ein, daß meine Eltern auch mit dem Schicksal Annes merkwürdig verknüpft gewesen waren. Hätte mein Vater nicht seine Schwester auf jene große Reise mitgenommen, so wäre sie dem Iren O'Flaherty nie begegnet, und es gäbe gar keine Anne. Niemals hätte ihr holdes, dunkles Antlitz mir gestrahlt, hätten ihre lieben Arme mich umfangen. Niemals wären mir die seligen Monde am wilden Shaggy zugeflogen auf ihren starken, großen Schwingen, niemals wäre es geschehen, daß unvergängliche Sehnsucht mir ins Herz tropfte, seit ihre Spur verging. Wäre Anne nicht gewesen, wäre ich kaum sieben Jahre vagabundierend über die sieben Meere gezogen, wäre nicht nach Südafrika gelangt, hätte Christa nie zu Gesicht bekommen. Die Vorstellung von der Verflochtenheit all unserer Lebensfäden, die der Zufall fantastisch zu regieren scheint und die in Wahrheit ein großer Weber sich selbst zur Lust zu seltsamsten Mustern zusammenfügt, ging mir wie ein Riß durchs Herz. In dieser Nachtstunde zwischen Wachen und Traum erfuhr ich als gewiß, daß unverrückbar der Mittelpunkt meines Lebens jene Menschentochter blieb, die mir in größter Not ihren todwunden Bruder gebracht hatte, weil sie mir vertraute. Auch mein brennendes Gefühl für Christa empfing nur von dorther sein Licht: Versuchung, Ersatz oder Trost, die mir ein listiger — oder gütiger — Gott zuspielte. Es war entschieden: ich gab so gern der Versuchung nach, den Trost zu nehmen und zu trinken — wie es auch sei! Umkehr war nicht mehr möglich. Ich wollte auch nicht umkehren. Ein leidenschaftliches und sehnsüchtiges Herz wie das Christas gleicht einem starken Magneten; auf wen es sich richtet, der wird in sein Feld gezogen, wenn er sich nicht gewaltsam losreißt.

Ich hungerte ja nach einem Menschen, einer Frau, die mein wäre, wollte nicht mehr allein sein. Ich wollte ein Dach, unter dem ich bleiben konnte, ein Herz, in dem ich zu Hause war.

»Ich warte nicht länger!« murmelte ich im Halbschlaf, schlug die Augen auf und — blickte in Christas Augen.

Sie war leise aufgestanden, hatte neue Scheite nachgelegt und saß nun auf einer umgedrehten Kiste an den Felsen gelehnt.

»Du sagtest etwas und bist davon erwacht. Aber ich habe es nicht verstanden.«

Ich antwortete nicht, lag weiter da, ohne mich zu rühren, und blickte sie unverwandt an. Und wieder erschütterte mich die strenge Schönheit dieses dunklen Gesichtes. Regloser Ernst thronte über den sanft wie der Bogen des Gottes geschwungenen schwarzen Brauen. Sie hatte die übereinandergelegten Beine vor sich ausgestreckt und die Arme über der Brust gekreuzt. Ihr Haupt war zurückgebeugt und lehnte am Felsen, von der dunklen Haarflut eingerahmt.

»Du bist unbeschreiblich schön!«

Ihr Antlitz blieb unbewegt wie zuvor. So mühsam, als wären sie aneinandergeheftet, löste sie ihre Lippen und sagte:

»Wie weit du mich von dir wegschiebst, wenn du dies sagst!«

Mein Blick sank tiefer noch in den ihren. Der tödliche Ernst, der sie beherrschte, strahlte allmählich auch auf mich über.

»Du sprichst im Schlaf. Was sprichst du im Schlaf?«

Ich richtete mich auf und stützte den Kopf in die Hand. Wir waren doch schon bereit gewesen, unsere Lose zusammenzuwerfen. Vielleicht war noch nicht gesagt, was alles gesagt werden mußte. Ich konnte sie nicht mehr traurig sehen. Eine große Welle hob mich plötzlich. Ich sprang und zog sie an mich.

Ihr Antlitz flammte. Ich hörte mich sprechen:

»Wir beide leben! Hier leben wir beide!«

Sie schwankte, als ob sie ein lautloser Geistersturm umbrauste. Ich hielt sie fest in meinen Armen, sie, meine wunderbare Geliebte! Es war alles entschieden.

Später zogen wir durch den eisigen Busch mit den schußbereiten Gewehren in der Hand zum Wasserloch. Am östlichen Himmel schwebte jadegrün ein erster Streifen des Morgenlichts.

16. II. 1948.

Wir setzten uns an. Es war bitter kalt. Der Morgen hob sich lautlos, entfaltete grünblaue, rotblaue, purpurne und goldene Fahnen, eine nach der anderen, stets höher die Paniere in den Himmel schwingend, an welchem der veilchendunkle Samt der Nacht langsam zum Westen dahinsank.

Christa hatte ihren Pelzrock übergezogen, ich einen alten, schweren, geölten Ledermantel, den ich auf See bei eisigem Wetter getragen hatte, wenn ich auf der Brücke meine Wachen ging. Trotzdem schlotterten wir vor Kälte. Die steinerne Nische, in welcher wir verborgen lehnten, hauchte Grabesluft. Sie drängte sich plötzlich an mich und flüsterte verzweifelt:

»Wärme mich! Ich erstarre.«

Ich schlug meinen weiten, losen Mantel um die zitternde Gestalt. Sie schmiegte sich eng an mich. Ich wünschte mir in diesen wortlos langen Minuten: es möge immer so bleiben! Wir fühlten uns zum erstenmal als ein einziges Wesen. Jede trennende Spannung war aufgehoben. Ich sah Christa, von Gott in einer Stunde der Großmut und Gnadenfülle geschaffen, sah sie nicht mehr mit den Augen des Bewunderers oder den tastenden Blicken des Begehrenden, ich sah sie mit der Hingerissenheit des Liebenden. Sie muß es gespürt haben, denn von diesem Augenblick an erblühte sie zu bezaubernder Heiterkeit, ergab sie sich einem zärtlichen

Übermut, der mir das Herz zittern machte: solch ein Glanz aus ihrem Innern! Frei war sie, frei geboren; hielt sich frei in der Hand, niemandem untertan als nur sich selbst; und war entschlossen, sich zu verschwenden, wie es nur die Freien können, die über unerschöpfliche Reichtümer verfügen. — —

Wir sahen an jenem Morgen kein weiteres Raubzeug als zwei Schakale. Dann schob sich zu unserem Erstaunen eine magere einzelne Kuh an das Wasserloch, soff gierig, warf sich herum wie eine große Antilope und trabte hastig wieder in die Deckung der Büsche unterhalb der Felsenplatte. Sonderbar wild und scheu erschien sie. Obgleich sie gefleckt war wie unser übriges Vieh, verriet sie in nichts mehr das gemessene Wesen des Haustiers. Ich war sehr verwundert: ein solches Tier hatte ich auf der Farm noch nicht zu Gesicht bekommen. »Was ist denn das?« flüsterte ich. »Seit wann verwildern unsere Kühe?«

»Geltvieh!« antwortete Christa. »Es kommt manchmal vor. Wir werden sie später abschießen müssen; sie sammelt sonst eine wilde Herde. Ich sollte mich nicht wundern, wenn hier auch die kleine Herde von verwilderten Pferden zur Tränke käme. Irgendeiner der Nachbarn im Süden muß sich nicht genügend um seine Pferde gekümmert haben. Ein Junghengst macht sich dann selbständig, sammelt ein paar Stuten, die sich ihm freiheitsdurstig anschließen. Die Verwilderten entwickeln bald größere Scheu und Vorsicht als die wilden Oryx oder Kudu. — Aber komm jetzt! Die Sonne ist hoch. Für die nächsten zwölf Stunden ist hier nichts mehr zu erwarten!«

Wir verließen das kühle Versteck und umschritten prüfend die Felsenwanne. Wieder fanden wir frische Katzenspuren, stellten auch fest, daß in dem klaren Wasser sicherlich gut zu baden war. Es war verlockend, den Schweiß und Staub des heißen Tages in diesem verwunschenen Einödbad abzuspülen.

Wir machten uns auf den Weg, die Reste des am Abend zuvor gerissenen Pavians zu suchen. Vorsichtig wanderten wir durch den bald dichteren, bald lockeren Busch, jederzeit bereit, in Anschlag zu gehen, denn daß die Bestie ständig das gleiche Revier abstreifte wie wir, konnten wir nicht bezweifeln. Ich untersuchte eine Stelle am Boden: da hatten Paviane nach Knollen oder Wildzwiebeln gewühlt; aber Katzenspuren waren nicht zu entdecken. Christa war nicht mit mir stehengeblieben, sondern langsam weitergeschritten. Ich folgte ihr schließlich, sah sie nur ab und zu zwischen den Büschen auftauchen. Ich beeilte mich. Plötzlich blieb sie stehen, zog den Kolben des Gewehrs an die rechte Hüfte, linke Hand am Lauf. Ich hörte, wie mit leisem Klick der Sicherungshebel herumschlug. Sie stand verhoffend. Ich war neben ihr, tat wie sie.

»Was ist?« murmelte ich.

»Eben sind mir zwei winzige Leoparden beinah zwischen die Füße gekugelt, taten sehr erschrocken und verschwanden dorthin —.«

Ein Muttertier also —! Es konnte nicht fern sein, wenn die Jungen hier umhersprangen. Doppelte Vorsicht war geboten! Wir fingen an, Busch und Klippen zu durchsuchen. Hinter jedem Felsen konnten wir in die Leoparden-Kinderstube stolpern; war die Alte daheim, so würde sie uns angreifen, wie ein Pfeil vom Bogen schnellt.

Aber soviel wir auch suchten — so viele schroffe, zackige Blöcke wir auch mit entsicherter Büchse umgingen, erkletterten, welche Felsenwinkel wir auch, allmählich bis zur Unerträglichkeit gespannt, durchstöberten, wir entdeckten nicht die leiseste Spur.

»Fast könnte man meinen, Christa, du habest Gespenster gesehen.«

»Fast glaube ich es selbst! Es hat keinen Zweck. Laß uns zum Lager gehen!«

Wir holten unsere Mäntel, die wir schon drei Stunden zuvor unter einem weithin sichtbaren Kameldornbaum zurückgelassen hatten, einem einsamen, uralten, riesigen Wächter über dem Ozean der Gebüsche. Wir suchten die Reste des Pavians, fanden sie auch bald. Drei Geier strichen schwerfällig ab, als wir uns näherten. Der trockene Kiesboden, steinhart, verriet nicht, welches Getier sich an dem Kadaver zu schaffen gemacht hatte.

Die Sonne stand schon im Mittag, als wir endlich das Lager erreichten. Wir hatten an diesem Tage noch nichts gegessen. Der für jeden Tag von der Farm bestellte Kaffer war schon da. Er hatte das Kochfeuer in Gang gebracht. Christa erkannte sofort den grauen Anflug auf seinem schwarzbraunen Gesicht, der bei Negern Furcht bedeutet.

»Was hast du, Pedro?« (Weiß der Teufel, wer den klobigen Kerl Pedro getauft hatte!) Der Schwarze winkte uns zu einer Stelle, wo am Abend zuvor beim Ausbreiten des Gepäcks eine Kanne Frischwasser umgefallen war und den Boden genetzt hatte. Wie sorgsam ausgemeißelt zeichnete sich dort die Tatze eines großen Raubtiers im wieder getrockneten rötlichen Lehm ab.

»Die Bestie muß heute morgen dagewesen sein, ehe noch die Sonne hochkam; hat sich unser Lager angeschaut, als wir an der Wasserstelle auf sie warteten. Scheint ein frecher Bursche zu sein!«

Christa meinte: »Das Tier hat Erfahrung mit Menschen, hat sich nicht vor der heißen Asche gefürchtet. Allerdings hast du die Kanne hier draußen auf der Lichtung umgestoßen, nicht da im Lager zwischen den Feuern am Felsen. Immerhin, unverschämte Bestie!«

Christa wandte sich dem Boten zu:

»Hast du frisches Wasser mitgebracht? Gut! Sonst nichts von Bedeutung? Auch gut! Nimm dir den Topf mit dem letzten Fleisch von gestern und troll dich! Morgen mittag bist du wieder hier!«

Der Schwarze verschwand eilig zwischen den Büschen, froh, daß er die unheimliche Gegend im hellsten Mittagslicht durchqueren konnte. Wir waren für die nächsten vierundzwanzig Stunden allein mit uns, mit dem heimlichen Raubtier, mit der unendlichen Einöde unter der ungeheuren blaublendenden Glocke des Himmels. — Und mit dem Klang des großen Gongs in unseren Ohren, der aus der Tiefe noch verschlossener Gärten uns unaufhörlich rief.

Wir bereiteten das Mittagessen und aßen hungrig. Christa sagte:

»Ich bin hundemüde. Ich lege mich für eine Stunde nieder. Dort am Felsen ist bald Schatten. Du solltest das gleiche tun.«

»Schlafe du nur! Zum Kaffee wirst du geweckt.« Sie dehnte sich verstohlen, müde und wohlig.

»Ach, Lieber, willst du es glauben: ich fühle mich am wohlsten, wenn ich in der Wildnis bin — und keine Menschenseele auf vielen Meilen im Umkreis!«

»Furcht scheinst du nicht zu kennen!«

Sie lächelte mich mit heiterem Freimut an, stolz und sicher. Sie hatte vergnügt den breiten Filz in den Nacken geschoben; reich quoll das Haar darunter hervor.

»Furcht —? Dies ist meine Wildnis! Furcht —? In meiner Heimat? Ich wollte, es würde auch deine Heimat, von jetzt ab alle Tage!«

»Alle Tage!« sagte ich, hingerissen von dem Glanz in ihren dunklen Augen.

Ihr Mund kräuselte sich wie zu einem zärtlichen Wort; sie sagte es nicht; wir erhoben uns, als könnten wir dies bebende Einander-gegenüber-Sein einfach nicht mehr ertragen.

»Auf nachher also, Bill!« Sie entrollte am Felsen ihre Decken und streckte sich in den Schatten.

Ich rumorte noch ein wenig umher und bereitete einiges vor, legte gutes Holz für die nächtlichen Feuer griffbereit. Dann erstieg ich den wohl zwanzig oder dreißig Fuß hohen Felsen, der unseren Lagerplatz im Rücken deckte. Ich konnte Christa von meinem Standort an der steilen Kante nicht sehen; die Wand bauschte sich etwas vor und verwehrte mir den Blick zu ihrem Schlafplatz. Aber alles andere übersah ich: das schwelende Kochfeuer und die Lagerstelle zwischen den großen Aschenhaufen, die in der Nacht wieder auflodern sollten, höher und wärmender denn je —! Vor ihnen die merkwürdige, kahle Lichtung, sanft abfallend, und dann der silbriggrüne Ozean des Dornbuschs, der in geruhsamer, wie von Querseen ungleichmäßiger Dünung an den Hängen des Gebirges anbrandete.

Die Sonne, große Göttin dieser Welt, hoch über allem! Die Luft über den Weiten flirrte in der Hitze des frühen Nachmittags; doch war das flüchtige, kristallen reine Element so leicht zu atmen! Die Lungen sogen es mit Wollust ein, und alle Sinne schmeckten den zauberhaften Duft der unberührten Einsamkeit, berauschten sich an den fernen blauen Horizonten, vernahmen den sehnsüchtigen Gesang des heißen Windes. Zwei Geier segelten fern im Blau. Eine Trappe gackelte seitwärts irgendwo im Dickicht.

Ich streckte mich auf das heiße Gestein und ließ mich sinken — in das Meer der Büsche, das seine glühenden Mittagsträume träumte. Ich fragte nichts mehr. Ich dachte an die, die schlief, von mir her oben bewacht. Auch ich schlief ein, wenn auch wohl für Minuten nur, wenn sie mir auch wie Stunden erschienen, als ich mit einem Ruck erwachte.

Pan in den Gebüschen —!

Spielt auf seiner eintönigen Flöte —

Töne, die wie kleine Vögel davonflattern —

und Schlaf den Liebenden zaubern, in dem sich ihre Glieder lösen —;

und ihr Wille vergeht wie Rauch an blauen Nachmittagen.

Pan —

seine großen Augen glimmen unter den gebuschten Brauen wie ferne Steppenbrände — zarte Goldraupen am Horizont —;

und aus der unermüdlichen Flöte tropfen die Töne mitten in dein Herz, bis es alles andere vergißt —

und nur noch die Geliebte denkt, die glühende, wunderbare Geliebte!

Am späteren Nachmittag machten wir unseren Plan wahr, in dem einsamen Wasserloch zwischen den Felsen zu baden. Die Strahlen der Sonne fielen schon milder ein, aber Boden und Stein, Wasser und Luft waren herrlich durchwärmt. Ohne Zwischenfall erreichten wir die Felsentränke. Ich sagte:

»Einer muß Posten stehen, während der andere badet. Wir sind hier im Busch und haben große Katzen zu Nachbarn. Bade du zuerst, Christa!«

»Gut! Jetzt ist es auch noch wärmer; die Sonne scheint in den Felsenwinkel.«

»Der Wachtposten muß sich so aufbauen, daß er die ganze Wasserstelle und was rundum ist, ständig beobachten kann —«

Plötzlich jäh errötend, als begriffe sie erst jetzt, was sie soeben natürlich gefunden, warf sie nach einer erschrockenen Pause, heller und noch heiterer strahlend in verschwenderischer Zärtlichkeit, das dunkle Haupt auf:

»Natürlich! Du schreckst mich nicht. Und was dir recht ist, ist mir billig!«

»Gewiß! — Hinein mit dir in den zauberischen Quell! Geh am tiefen Ende hinein, wo das Gestein ansteht; nicht dort, wo die Tiere zur Tränke gehen! Ich hocke mich schußfertig da oben auf die Klippe, fünfzehn Schritte seitab. Von dort ist das Schußfeld offen!«

Ich schwang mich auf den schnell gewählten Platz, suchte mir eine feste Auflage für das entsicherte Gewehr. Nichts Verdächtiges! Der schweigende, sonnenwarme Busch!

Als ich so meiner Wächterpflicht genügt hatte und meine Augen wieder dem Wasserloch zuwandte, stand sie am Rande auf dem Felsenbord, zögernd, und prüfte mit dem Fuße, wie kalt oder warm es wäre. Bräunlich wie Gold schimmerte die Haut im Licht der tiefer sinkenden Sonne. —

Sie wandte sich mit einem Male zu mir hin, daß das schwarze Haar herumflog, winkte strahlend und sprang vornüber in die hochaufspritzende Flut, wie ein Goldpfeil in flüssiges Silber taucht.

»Kalt!« rief sie und spritzte gewaltig umher; sie schwamm ausgelassen wie die Kinder im Dorfteich.

Ich sicherte inzwischen hierhin und dorthin, damit die Wesen der Wildnis sie nicht behelligten.

Endlich schwang sich der schöne Leib, glitzernd von vielen Tropfen in der späten Sonne, behende wieder auf die Felsenbank.

»Wunderbar war's!« rief sie; und dann:

»Sieh weg! Ich will mich anziehen!«

Ich lächelte und leistete gehorsam Folge. In meinem Blut klopften Freudenwirbel!

Dann kletterte sie zu mir auf den Felsen. Die glattgekämmten Haare lagen ihr naß am Kopf und ließen ihn noch schmaler erscheinen. Sie war von vollkommener Selbstverständlichkeit, reichte mir nur wortlos die Lippen zum Kusse, als hätte sich ganz Alltägliches abgespielt.

»Ich bin selbstsüchtig. Die Sonne wirft schon lange Schatten. Ich war zu lange im Wasser. Beeile dich, damit es nicht zu spät wird!«

Ich sprang mit einem langen Satz hinunter, fuhr hinter einem brusthohen Waggebietjie aus den Kleidern und fegte ohne Besinnen mit flachem Sprung ins Wasser. Die Flut war so klar, daß ich jeden Kiesel auf dem Grund erkannte, wenn ich das Gesicht unter Wasser drückte; traumhaft der Frieden in dem kühlen, verschwiegenen Felsenwinkel! Ich lag wohlig auf dem Rücken still und ließ mich treiben.

Da geschah's! Jene Herde wilder Pferde, von der Christa gesprochen hatte — sechs Stuten, von einem prachtvollen Fuchshengst geführt —, zog aus dem Busch heran, verhoffte und schritt dann, die Riegel groben Gerölls vorsichtig übertastend, dem Rande des Beckens zu. Schon beugten der Hengst und eine junge Stute die schönen Köpfe, um die schnobernden Nüstern zum Wasser zu senken, da richtete ich mich prustend auf.

Kerzengerade stiegen die entsetzten Tiere herrlich auf der Hinterhand hoch über mir; die Stute kippte nach hinten, rollte seitwärts schwer zu Boden, schnarchte in tollstem Schrecken, war mit allen vieren zugleich wieder auf und fegte den anderen nach, die mit gehißten Schweifen und wehenden Mähnen in gestreckter Karriere das Weite suchten, als gäbe es kein gefährliches Geröll am Boden. Ich sprang aus dem Wasser; aber schon hatte sie der Busch verschluckt; nur den dröhnenden Hall ihrer Hufe hörte man noch, bis auch er erstarb.

»Die haben einen schönen Schreck bekommen!« schrie ich zu Christa hinauf. Ich pfiff gellend auf zwei Fingern vor lauter gelungenem Vergnügen und machte, daß ich in meine Kleider kam, denn die Sonne berührte schon den Himmelsrand.

In der Felsennische trafen wir uns wieder, beide unbeschreiblich erfrischt.

Bald war es Zeit, sich vollkommen still zu halten. Es wurde schnell dunkel. Aber am Wasser wollte sich nichts regen. Nur die blaugrauen Tauben fielen ein, trippelten, nippten und strichen wieder ab auf knallenden Flügeln. Die Minuten rannen gleichmäßig fort. Wir warteten auf die Sippe der Paviane. Doch sie blieb aus. Die Schatten vertieften sich eilig.

Nach unwägbarer Zeit hob ich prüfend das Gewehr an die Backe —: längst vorbei! Das Korn war vor der Kimme nicht mehr zu erfassen.

»Zwecklos, Christa! Vorbei für heute! Kein — —«

Büchsenlicht mehr, hatte ich sagen wollen; da legte sie mir die Hand auf den Arm:

»Dort —!«

Ja, dort, auf dem Felsen, von dem Christa ins Wasser gesprungen war, ein Schatten eng an den Boden gedrückt; ein Schweif schlug einmal, zweimal. Das Raubtier senkte den Kopf über die Felsenkante, schnob genießerisch und schlappte dann das Wasser ein. Wir hörten es plätschern. Christa zitterte neben mir.

»Ich schieße!« murmelte sie.

»Keinesfalls!« hauchte ich und umfaßte ihr Gewehr. »Zu dunkel! Du vergrämst sie nur. Oder schießt sie an. Das ist nicht gerade das Richtige jetzt in der Finsternis!«

Christa atmete tief aus und ließ die Büchse sinken.

Der Schatten richtete sich auf. Wie sonderbar hoch die Bestie auf den Läufen stand! Mit einem weichen Satz sprang sie von dem Felsenriegel ab; gleich verloren wir sie aus den Blicken. Die Schatten hatten den Schatten aufgenommen.

Nach einer Weile sagte Christa nüchtern:

»Wenigstens wissen wir jetzt, daß wir keinem Hirngespinst nachstellen!«

Wir machten uns auf den Weg zum Lager. Der Weg fiel uns leichter in dieser Nacht als in der vorangegangenen. Wir schritten so leise wie möglich; strengten unsere Augen an nach rechts und links. Aber die Büsche schliefen reglos.

Aus weiter Ferne scholl das gleiche Schreckensgeheul herüber, das aus der Nähe uns am Tage zuvor das Blut hatte gefrieren machen. Der Schatten von der Tränke trank sich irgendwo voll Blut. Es war das ewige Recht der großen Katze, zu rauben, um zu leben und ihre Jungen aufzusäugen.

Wir erreichten die Lichtung vor unserm Lager. Bald brannten die beiden Feuer hell und hoch. Unter der Asche des Kochfeuers hatte sich noch reichlich Glut gehalten. Die Flammen wallten uns gegen Nacht und Wildnis ein, ein warmes, sicheres Gehäus, die Wände aus dunkelrot züngelndem Licht.

Wir bereiteten das Abendbrot. Das Glas Wein rieselte uns angenehm durch die Glieder. Wir erörterten die Frage, ob wir es nur mit der Leopardin und ihren beiden Jungen oder auch noch mit einem Leoparden zu tun hatten. Diese Annahme hatte mancherlei für sich; denn daß der Schatten an der Tränke und der Mörder jenes unglückseligen Pavians ein und dieselbe Bestie gewesen sein sollte, war nicht wahrscheinlich.

»Es kann noch Tage dauern, ehe wir zu Schuß kommen,« sagte Christa und verstummte.

»Dies ist unsere erste Nacht, Christa!« sagte ich.

Sie schlug die Augen groß zu mir auf; ein tiefer Ernst machte ihre Lippen schmal. Lange sah sie mich an, als müßte sie mein innerstes Wesen ergründen.

Pan hatte nicht umsonst mir auf seiner alten Flöte gespielt. Die guten Götter nickten mir zu aus dem Flammenrauch, der steil zu den Sternen aufwirbelte. Ach, gern schöpfte ich mit beiden Händen die schöne Stunde aus dem Weltenmeer der Ewigkeit.

Ich nahm sie in die Arme wie ein Kind. Sie lag ganz still, gazellenäugig mich anblickend, ganz nah, in meinem linken Arm, und meine Rechte war frei, ihr Haar und Schulter zu streicheln. Gleichmäßig hob und senkte sich ihre Brust.

Keusch, frei, schön und weit aufgetan; nie getrübt der blanke Spiegel!

Der Weg ins Reich der Mütter lag offen vor uns. Wer einmal dort hinabstieg, der kehrt nie als der wieder, der er zuvor gewesen ist.

Sachte zog ich mich aus ihrem Bannkreis und flüsterte:

»Ich streife einmal noch den Rand der Lichtung ab und füttere die Feuer.«

Sie hatte sich aus meinen Armen aufgerichtet, umfaßte meinen Kopf mit beiden Händen und küßte mich:

»Komm bald zurück! Ich warte!«

Ich erhob mich und machte die letzte sichernde Runde um unser Flammenschloß. Noch einmal schürte ich die Feuer.

Sie blickte mir mit aufgestütztem Kopf lächelnd entgegen, als ich den leeren Raum zwischen den beiden Feuern durchschritt. Ich hielt inne.

»Du bist unbeschreiblich schön!«

Sie antwortete nicht mehr.

Im Reich der Mütter verstummen alle Worte. Zärtlichkeit wird zur Sprache und Leidenschaft zum Gesang. Dort waltet dunkel das Leben.

Die Feuer sanken, sanken zusammen.

Goldfarbene Lichter auf dem bräunlichen Samt ihrer Haut — und Purpurfunken vom Widerschein der Glut im meerestiefen Dunkel ihrer Augen —.

Ich richtete mich auf. Ich blickte über die leere Lichtung vor den Feuern in die gestaltlos schweigende Wildnis hinaus. Der ruhige Atem des geliebten Wesens neben mir. Da, zwanzig Schritte jenseits des linken Feuers, gerade über ihm sichtbar:

Zwei grünlichrote Lichter!

Vergessen war die eben vergangene Stunde! So flach über der immer noch leuchtenden Glut? Korn und Kimme mußten scharf zu erkennen sein! Und langsam beugte ich mich vor — nicht jetzt das Tier durch eine vorschnelle Bewegung erschrecken! — und langte nach dem Riemen meines Gewehrs, zog es näher — entsicherte — hob die Waffe ganz langsam, glitt aus dem Hocken ins Knie, ging in Anschlag —

hielt den Atem an —

Kimme und Korn haarscharf —

mitten zwischen die glühenden Augen halten!

Ganz ruhig jetzt —

und fing schon an, den Finger langsam zu krümmen —.

Da sagte eine Stimme die ich zuvor noch nicht gehört, so noch nicht, und eine leichte Hand legte sich auf meine bloße Schulter:

»Nicht töten in dieser Nacht!«

Und leiser:

»Laß sie am Leben!«

Der tödliche Lauf senkte sich abwärts.

»Wirf neues Holz in die Glut! Das treibt sie fort.«

Doch schon, als ich mich erhob, erloschen die Lichter; der Schatten federte mit einem weichen Satz ins Unsichtbare.

Beschämt entfachte ich die Feuer zu mächtigem Prasseln. Es verging viel Zeit dabei. Dann war ich wieder bei ihr. Ich beugte mich zu ihr nieder. Sie schlug die Augen auf — nur einen Herzschlag lang.

Nachglanz einer wehmutsvollen Heiterkeit auf ihren Zügen.

Sie lächelte noch; zeitlos jung und alt das dunkle, schmale Antlitz, voller Wissen und Weisheit schimmernd, älter als die Welt, und schlief schon.

Ich deckte sie warm zu, meinen alten Mantel breitete ich über ihre Decken; er war über die Tiefen der grünen Meere hingefahren, oben auf den Brücken manches Schiffes; nun lag er schirmend über dem Meeresgrund ihres Herzens.

Die beiden Augen der großen Katze tauchten nicht wieder auf.

Ich machte es wie in der Nacht zuvor, legte mir nur eine dünne Decke über. Die Kälte machte mich wach, wenn die Feuer verflackerten.

Vor Tau und Tag weckte ich Christa. Doch sie bat schlaftrunken:

»Laß mich hier, Bill! Geh allein, Lieber! Schüre die Feuer kräftig! Mir passiert nichts!«

Sie schlief schon wieder.

Ich verschlief den Sonnenaufgang, wusch mich, bereitete das Frühstück, aß aber schließlich allein, denn Christa erwachte erst spät am Vormittag. Ich hatte ihr einen kunstvollen Schirm gebaut, damit die Sonne sie nicht belästigte.

Als sie endlich wieder sich regte, erstaunte ich, so lebensvoll und schön durchblutet schimmerte ihr Antlitz.

»Nun, Langschläfer, keinen Hunger? Es ist elf Uhr!«

In drolligem Entsetzen fuhr sie auf und sank gleich wieder um:

»Ach —!«

»Ich werde nach Pedro Ausschau halten, Liebste, damit er dir nicht ins Schlafzimmer stolpert. Der Taps bringt das fertig.«

Der Tag umwandelte schnell den hohen, ewig klaren Himmel. Pedro erschien und verschwand bald wieder. Daheim schien alles in Ordnung zu sein. Christa schrieb wenige Anweisungen auf einen Zettel, fügte hinzu: »Leoparden zweimal gesichtet, aber nicht zum Schuß gekommen.« Mochten die daheim sich einen Reim drauf machen.

Am Nachmittag drang sie darauf, daß auch ich mich ausschliefe. Eine nie zuvor an ihr erlebte Weichheit strahlte von ihr aus. Es war die alte, rasche Christa nicht mehr. Sie war verwandelt.

Ich lag im Schatten der heißen Klippe über dem Lagerplatz, zog mir den Tropenhelm übers Gesicht und versank in den Schlaf wie ein Stein im Wasser.

Als die Sonne das letzte Viertel ihrer Tagesreise antrat, nahmen wir wieder unser Bad. Der Übermut vom Abend zuvor hatte sie verlassen. Sie stieg leise in die felsige Mulde und bewegte sich scheu und schamvoll.

Wir hatten es nicht verabredet, aber keiner von uns machte Miene, den Posten in der Nische zu beziehen. Wir wanderten noch vor der Nacht wieder ins Lager zurück.

Wir sprachen fast nicht während des Abendbrotes. Zuweilen nur fing ich einen forschenden Blick auf, mit dem sie, wenn ich beschäftigt war, die Augen auf mir ruhen ließ.

»Was denkst du?«

Sie antwortete versonnen:

»Als du heute nacht die Büchse in Anschlag brachtest, hattest du mich da vergessen?«

»Ja!« bekannte ich. »Ich hätte ihn mit einem Schuß gelegt.«

»Wie kann man töten in solcher Nacht! Und dann, Bill — dann hätten wir schon heute zur Farm zurückkehren müssen —!«

War mir wirklich die große Katze wichtiger gewesen?

Die Feuer brannten. Der letzte Nachschein des Abends verging.

Wir waren wach!

In der Stunde nach Mitternacht war sie es, die zuerst die beiden fahl glimmenden Lichter wahrnahm — an genau der gleichen Stelle wie in der Nacht zuvor. Mir zuckte es in den Händen.

»Wie auf dem Scheibenstand, Christa! Wir können sie ja doch nicht am Leben lassen. Sie spürt es kaum, wenn die Kugel ihr über den Augen ins Leben schlägt.«

»Laß!« bat sie, »laß! Drei Nächte Gnadenfrist! Ich bitte für sie. Sie hat Junge!«

Ich warf, aufspringend, einen Steinbrocken hinüber; das Tier war nicht weiter als dreißig Schritte entfernt. Es verschwand gedankenschnell.

Hinsinken die Stunden; hinsank die Glut.

Niemand hielt Wache. Die Wildnis umwachte uns, die ewige Heimat des ungebändigten Lebens — fast brüderlich nahe dem Tod.

Wir schliefen gemeinsam bis in den hohen Tag.

Glühend zog er vorbei, den Bogen des Himmels messend wie stets — und sank ins Vergangene, ins stille Meer der gewesenen Ewigkeiten.

Wir sprachen kaum miteinander; wir wagten nur voller Scheu, uns anzusehen. In des andern geheimste Tiefen waren wir hinabgetaucht; nun blendete uns das Licht des Tages. Ach, welche Abgründe hatten sich in uns aufgetan. Abgrund, worin der Mahlstrom des Lebens allmächtig wogend wallt und dunkel saugend.

In der dritten Nacht —!

Ihr totenblasses Haupt zurückgebogen, von den schwarzen Schlangen des Haares umzüngelt.

Ihr Mund über mich gebeugt.

Durstig wie vertrocknetes Land!

Und mitten inne:

diesmal sah sie es! Zum drittenmal!

Die Augen der großen Katze!

Sie hatte sie wahrgenommen, richtete langsam sich und

schimmernd über mir auf — der blendende, von Ewigkeiten her gekrönte Leib;

mit unheimlich weicher Bewegung hob sie ganz langsam die tödliche Waffe in die goldene Grube zwischen Achsel und Kinn und gespannter Brust,

zielte zwei Herzschläge lang —

der Lauf des Gewehrs so ruhig, als hielt' ihn ein Schraubstock —.

Der Donner des Schusses spaltete die Nacht.

Furchtbar fauchte es nicht weitab. Ich rührte mich nicht. Sie hatte getroffen, mitten ins Hirn, aus so naher Entfernung es gleich zersprengend. Nichts andres war möglich. Ich hörte die zuckenden Pranken im Todeskrampf den Boden zerkrallen. Ein langes Röcheln. Und die alte, horchende Stille waltete wie zuvor.

Langsam ließ die Mänade über mir die Waffe sinken, warf sie plötzlich mit Abscheu beiseite; sie klirrte zu Boden.

Christa sank neben mich hin.

Im Feuer knisterte ein Zweig, schnellte in Funken auf und brach raschelnd zur glühenden Asche ab. Hatte Ohnmacht sie umfangen? Als ich mich über sie beugte, sah ich, daß ihre Augen voll Tränen standen, in denen das Feuer glitzerte.

»Küsse mich nicht mehr!« flüsterte sie und wandte den Kopf zur Seite, daß sich zwei schmale Bäche ihr ins Haar ergossen.

»Bedecke mich!« bat sie. Trauer schwang in ihrer Stimme. Noch einmal klagte sie, schon halb im Traum:

»Nun ist es tot, das schöne Tier! — Ach, unsere Hochzeit! — Wir haben es getötet!«

Sie schlief, einer Abgeschiedenen ähnlicher als einer Lebenden.

Und ich?

Ich hütete ihren Schlaf, den schweren Schlaf! Auch ich — ich hatte verloren wie sie: mich selbst und sie! Ach, ihren Schlaf zu behüten — mehr vermochte ich nicht.

Ich saß versteint die ganze Nacht. Manchmal versorgte ich die Feuer. Dann wachte ich weiter bei ihr. Voll Trauer, denn ich —, ich war nicht mehr zu verwandeln!

17. II. 1948.
Um die Hütte tobte der Schneesturm die ganze Nacht. Ich habe nicht geschlafen. Jetzt scheint die Sonne über beschneite Heide, bis wieder heulende Schneeböen sie verschlucken. Ich schreibe immer noch. Schreibe ohne Pause weiter. Ich habe keine Zeit mehr zu verlieren. Es wiederholt sich alles. Ewige Wiederkehr aller Dinge. Heute: es ist wieder wie damals bei den Roten Klippen, wie damals am Columbia. Weiter also:

Pedro erschien am nächsten Vormittag schon zeitig. Er wollte den Schuß gehört haben. Er schnatterte aufgeregt, als er sah, daß wir die Beute noch nicht aus der Decke geschlagen hatten. Er besorgte es. Aber dann schickten wir ihn fort. Wir konnten Menschen noch nicht ertragen, wiesen ihn aber an, am nächsten Tage in aller Frühe mit den Pferden hierher aufzubrechen und alles, was Beine hatte, mitzubringen, auch die beiden Eleven mit Gewehren. Der ganze Busch weit im Umkreis mußte abgesucht werden, um der jungen Tiere habhaft zu werden; sie kamen sonst elend um. Das Gesäuge des erlegten Muttertieres war voll von Milch gewesen.

An diesem letzten der einsamen Tage erfüllte uns Liebe, als hätten wir uns unendlich zu trösten. Heute begreif ich's: wir hatten den stärksten der Götter in unsere Dienste zwingen wollen. Aber er ist nicht zu zwingen. Er kommt und geht, wann er will.

Am Nachmittag schliefen wir. Ich hüllte sie noch einmal in ihre Decken; ich hätte mich verströmen mögen vor schmerzlicher Zärtlichkeit. Sie blickte mich flehend aus tiefen Augen an:

»Du darfst nicht wieder wachen, Lieber! Tu mir die Liebe, schlafe du auch! Wie damals am ersten Tage. Ach, das ist lange her, eine ganze Ewigkeit. Ich liebe dich!«

Unsagbare Wehmut verklärte ihr Antlitz.

So verschliefen wir die heißeste Zeit des Einödtages.

Später erkletterten wir noch einmal die höchste Zinne der Roten Klippen und ließen uns dicht am Abgrund nieder. Ich lehnte meinen Rücken an eine Felsenbank. Sie legte sich neben die Kante.

»Nimm mich noch einmal in deinen Arm wie damals vor hunderttausend Jahren!«

Tränen quollen aus weit geöffneten Augen. Ich küßte sie fort. Lange lag sie so und blickte südwärts über die glühende Steppe.

»Wenn du nun nie mehr gerufen wirst, nie mehr, Lieber, bleibst du dann hier?«

»Wenn mich niemand mehr ruft, dann bleibe ich hier. Wo sollte ich hingehen!«

Ihr Antlitz blieb traurig und gelassen. Schräger umflossen uns die Strahlen des hohen Gestirns.

»Wenn du nun hierbleibst — wann wollen wir heiraten?«

»Wann du es für richtig findest. Ich liebe dich!«

Sie lächelte wieder.

»Ich weiß es, Lieber! Du brauchst keine Sorge zu haben. Ich lasse dich ziehen, wenn du fort mußt.«

»Kannst du mich so ertragen —?«

»Jeder lebt, was ihm vorbestimmt!«

Der Horizont im Osten dunkelte tiefer schon. Wir lagen da, bis das Licht verging und die Kühle des Abends uns abwärts trieb.

Wir schliefen nur unter einer Decke auch in dieser Nacht, ganz nahe beieinander, einander tröstend mit unserer Wärme.

Mochten die Feuer verlöschen!

Was sollte uns noch geschehen!

Als am nächsten Morgen die laute Kolonne eintraf, machten wir uns beritten und trabten heimwärts.

Am Nachmittag des gleichen Tages vollzog sich das vorgeahnte Verhängnis. Der Läufer von der Bahnstation brachte uns die Post. Ein Brief von John Jordan war darunter. Ich wage nicht, mir vorzustellen, wie anderen Weg das Rad des Schicksals gelaufen wäre, wenn das Schreiben mich eine Woche früher erreicht hätte; es umfaßte nur wenige Zeilen; sie lauteten:

»Seattle, den 2. August 1927.

Lieber Bill!
Ich habe Dich lange warten lassen. Aber ich wollte erst absolute Gewißheit haben, ehe ich Dir schrieb. Jetzt habe ich Gewißheit. Anne O'Flaherty ist gefunden. Aber die Umstände sind sonderbar und für mich nicht zu durchschauen; ich kann auch meine Geschäfte nicht lange allein lassen. Also komme bald! Komme mit dem nächsten Schiff! Das kann ich nicht alles schreiben.

Dein
John Jordan.«

Ich ging zu Christa hinüber und reichte ihr das Blatt. Sie las und ließ es sinken. Ihre Hand griff zum Herzen, als schmerzte es. Sie sah mich nicht an; sie flüsterte:

»Ich wußte es! — So bald also!«

Erst beim Abendbrot sah ich sie wieder, gefaßter und schöner denn je. Wir setzten uns ins Arbeitszimmer ihres Vaters. Sie sagte:

»Laß uns die letzte Flasche Kapwein trinken, die wir von den Roten Klippen noch mitgebracht haben; sie soll nicht übrigbleiben.«

Sie hob das Glas mit dem rubinroten Wein und trank mir zu. Ich begriff die gelassene Heiterkeit nicht, mit der sie plauderte. Sie ebnete mir den Weg:

»Wann willst du fahren, Lieber?«

Ich wagte nicht, die einzige Antwort zu geben, die ich zu geben fähig war.

»Du solltest nicht warten und dich und mich mit langem Abschied quälen. Fahren mußt du doch! Morgen abend kommt der Zug von Swakopmund vorbei, der in Windhuk einmal in der Woche Anschluß nach Kapstadt hat. Den solltest du nehmen. Du hast ja nicht viel zu packen!«

Ich wußte nichts zu sagen als:

»Ich liebe dich, Christa!«

»Ich weiß es, Lieber!«

Wir schwiegen lange. Ich nahm ihr Bild tief in mich auf. Wie sie da saß in einem elfenbeinfarbenen, fließenden Abendkleid, das ihre schönen Schultern bloß ließ. Die Flammen des Kamins hüllten sie in ein wehendes, rötliches Licht.

Plötzlich drang sie in mich, als hätte sie lange darüber nachgedacht und wollte nun keine Sekunde versäumen, es auszusprechen:

»Versprich mir eins: du mußt mir schreiben, wenn eine Entscheidung gefallen ist, spätestens aber in drei Monaten. Das mußt du mir versprechen! Und dies: wenn du nicht weiter weißt, wenn Hindernisse auftauchen, die unüberwindlich sind — du darfst nicht verzweifeln, Lieber! Zu mir gehörst du immer. Dann mußt du hierher zurückkehren!«

Was hatte sie gesagt? Hindernisse?

Sie trat dicht vor mich und schüttelte mich am Arm:

»Hörst du mich, Bill, hörst du mich?«

Ich hörte sie. Ich sagte, was der Augenblick mir eingab:

»Ich gebe dir Bescheid, spätestens aber in drei Monaten, also bis zum Jahresende, sagen wir. Und wenn ich nichts klären kann oder wenn ich machtlos bin, dann kehre ich wieder. Ich verspreche es dir, Christa!«

Sie umarmte mich und ging aus dem Zimmer, schnell, als hätte sie etwas zu verbergen.

Fast den ganzen nächsten Tag sah ich sie nicht wieder. Ich packte.

Ich küßte ihr zum Abschied wortlos die Hände; aber sie nahm meinen Kopf und küßte mich auf den Mund. Wie schön ihre Hände waren, wie schön ihr Mund!

»Leb wohl, mein Lieber!«

Tränen rollten ihr langsam aus den großen, dunklen Augen.

Ich fuhr davon.

Ich sah mich um und sah doch nichts von der Farm, den ragenden Staumauern und den grünen Gärten. Ich sah — und sah doch nicht — die stille Gestalt, die vor der Veranda regungslos stand und mir nachblickte, bis die Büsche mich ihrem Blick entzogen.

DRITTER TEIL

26. II. 1948.
Die Sonne scheint über Mittag schon so warm, daß ich heute wohl eine Stunde auf den Stufen vor der Tür meiner Hütte gesessen habe. Kaum aber ist das Tagesgestirn riesengroß, dunkelglühendrot versunken, da trägt der unausgesetzt von Ostnordost wehende Winterwind aus frierenden Wälderöden schneidende Kälte heran. Ehe die Nacht noch sich ganz ihrer Macht bewußt wird, friert der tagsüber getaute Boden wieder steinhart. Der heute und morgen noch vor Mitternacht die Bühne des Himmels betretende Mond blickt kalt über ein im Frost erstarrtes Land; leer ist es, sehr verlassen; der Wind, scharf wie Peitschenhiebe, saust und winselt durch die nacken Äste der alten Birken über meinem Haus; ich muß große Stücken Torf und kräftige Kloben trockenen Holzes auflegen, damit der beißende Luftzug nicht eindringt. Er bringt es nicht fertig, wenn er sich auch Mühe gibt. In den kältesten Nächten der vorigen Woche, als der Eissturm rasend die Wände umheulte, saß ich an meinem alten Mahagonitisch wie alle Nächte; die Lampe brannte milde und still; im Ofen rumorte das Feuer, im Schornstein orgelte der Zugwind mit gezogenen Bässen. — Ich überlas, geschieden von aller Welt, die Seiten, die von Christa berichten.

Ich weiß nicht, ob ich mit ihnen zufrieden bin; aber ein fernher wehender Hauch jener Tage und Monde und Jahre ist doch wohl in ihnen eingefangen —.

Stolz, schön kühn! Niemals geizig, königlich zu verschwenden bereit, furchtlos vor jeder Brandung, verglühend in reinstem Feuer! So war sie.

Ich aber ein Hinkender —!

Sie verschoß alle ihre schön und kostbar gefiederten Pfeile. Es sanken die schnellen, scharfen Geschosse kraftlos zu Boden.

Ich fuhr über die grüne See davon.

Wir sprechen viel vom freien Willen; ich weiß es besser: liberum arbitrium Dei!

Der Freie Wille ist nur bei Gott!

Gott wirft uns umher wie Würfel im Würfelbecher, und wenn wir auf den Tisch des Jüngsten Gerichts gestürzt werden — wer wollte wagen zu behaupten, daß die hohen Augen oben liegen werden und nicht die niederen. Manchmal, wenn ich meine Müdigkeit bedenke und die langsam verzweifelnde Hoffnung, dann will es mir scheinen, als müßte ich bald in den Schatten des Todes treten. Ich fürchte mich nicht. Ich bin des Wanderns müde. Nur das ferne Licht, das am 5. Oktober des vorigen Jahres aufglomm, hält mich noch auf dieser Menschenwelt; aber es brennt matter jeden Tag.

So saß ich denn in den langen, mondhellen Nächten des verspätet eingefallenen Winters, lauschte dem großen Gesang des eisigen Sturmes draußen über Moor und Wald und suchte mir Trost, wo ich ihn allein noch finde —.

Bei dem hellen Morgenstern —!

27. II. 1948.

Clar blickt mir fast nicht mehr ins Gesicht, wenn sie des Abends kommt, um mir mein Essen zu bringen, mir den Tisch zu decken und eine Stunde mit mir zu plaudern. Sie wartet es nie mehr ab, bis ich sie frage.

»Nichts, Ohm —! Kein Brief —!« Und dabei legt sie mir die Briefe und sonstigen Postsachen, die mich gelegentlich erreichen, an ihren gewohnten Platz auf der Fensterbank. Der eine ist nicht darunter.

Ich bin nicht ungeduldig. Ich merke aber, wie allmählich in mir die große Strömung flacher und träger dahinfließt.

Sie versickert. Eines Tages wird sie versiegt sein. Ich hänge nur noch an dem dünnen Fädchen meiner Hoffnung.

Clar sagt:

»Es war, glaube ich, nicht gut für dich, Ohm, daß du dich so allein hierhergesetzt hast!«

»Du hast mich selbst hierhergebracht, Clar —!«

»Ja«, meinte sie traurig, »man meint, das Gute und Richtige zu tun, und nachher ist es das Falsche.«

»So ist es, mein liebes Kind. So tun wir es unser Leben lang — und eines schönen Tages ist es zu spät. ›Der Mensch, vom Weibe geboren, lebt kurze Zeit und ist voll Unruhe, gehet auf wie eine Blume und fällt ab, fleucht wie ein Schatten und bleibet nicht.‹«

»Immer steckst du voll trauriger Sprüche, Ohm. Aber ich glaube beinahe, daß ich ebenso in ihnen leben werde, wenn ich erst so alt bin wie du. Sag mir noch etwas für den Heimweg, Ohm!« Sie lächelte schmerzlich bei diesen Worten.

»Und der Herr segnete hernach Hiob mehr denn vorhin, daß er kriegte vierzehntausend Schafe und sechstausend Kamele und tausend Joch Rinder und tausend Esel. Und kriegte sieben Söhne und drei Töchter. Und hieß die erste Jemima, die andere Kezia und die dritte Keren Hapuch. Und wurden nicht so schöne Weiber gefunden in allen Landen wie die Töchter Hiobs. Und ihr Vater gab ihnen Erbteil unter ihren Brüdern. Und Hiob lebte nach diesem hundertundvierzig Jahre, daß er sah Kinder und Kindeskinder bis in das vierte Glied. — Und Hiob starb alt und lebenssatt.« Ich wiederholte noch einmal die schweren, wunderbaren Worte — fast hatte ich Clar vergessen —: »starb alt und lebenssatt!«

Plötzlich lag mir Clar um den Hals:

»Ohm, ach, Ohm, denke daran nicht, bitte! Es kommt noch alles anders!«

Sie schämte sich ein wenig. Sie ging, und ich brachte sie noch ein Stück auf den Weg. Die Sterne leuchteten hoch und prächtig; einer fiel quer durch den nachtblauen Himmel.

»Ich habe mir etwas gewünscht, Ohm!« sagte Clar. »Was denn?« fragte ich. »Das verrate ich nicht! Gute Nacht! Bleib nicht so lange auf!« Ich sah noch eine Weile dem Mädchen nach, bis die Schatten sie verschluckten. Dann wandte ich mich heim und dachte: daß ein Brief für mich kommt, hat sie gewünscht! — Es erschien mir ganz natürlich.

So kann ich noch lange hin und her schreiben. Aber es nützt nichts. Ich muß doch wieder zu den alten Tagen zurückkehren, muß »William B.s Folly«, so nenne ich mein Geschick schon eine ganze Weile, bis zum bitteren Ende berichten.

*

Wie unter einer gläsernen Glocke abgeschlossen war ich von Okarukuju fortgefahren, erreichte nach tagelanger Reise durch ganz Südwest den Oranje-Freistaat, schließlich das Kapland und Kapstadt. In Kapstadt ergänzte ich mein Gepäck, ergriff die nächste Passagegelegenheit beim Schopfe und sah schon am vierten Tage nach meiner Ankunft in Kapstadt den Tafelberg, den mächtigen Bergesrücken unter seiner flaumigen Wolkenbank, am Horizont versinken.

Die »Barbados« war ein amerikanischer Frachtdampfer, der auch Accomodations für etwa fünfundzwanzig Passagiere bot, die er gern nahm; die Passagegebühren waren allerdings hoch. Das Schiff befuhr die Route Kapstadt—New Orleans und zurück und lief bei Bedarf und günstigen Frachten Pernambuco, Paramaribo, Georgetown, Port of Spain und Santiago de Cuba an, gelegentlich auch, was zwischendurch am Wege lag. Ich mochte sonst amerikanische Dampfer nicht. Aber damals, als mich Jordans Brief nach Seattle rief, hätte ich selbst einen verdreckten Griechen genommen. An Bord der »Barbados« hielt ich mich sehr zurück; es wäre mir gar nicht angenehm gewesen, wenn man mich als Seemann erkannt hätte. Am liebsten hätte ich mit niemandem Bekanntschaft geschlossen. Aber das läßt sich bei so langen Fahrten und auf so engem Raum schlechterdings nicht umgehen. Die Passagiere setzten sich vorwiegend aus Amerikanern und Südafrikanern zusammen, einige unvermeidliche Engländer, d. h. Schotten dazwischen, ein öliger Brasilianer, der allerdings schon in Pernambuco ausstieg, ein kanadischer Minen-Ingenieur und schließlich ich, der einzige mit deutscher Muttersprache. Die Männer zeigten sich weit in der Überzahl. Von den fünf weiblichen Passagieren waren vier verheiratet und reisten mit ihren Männern. Der fünfte Fahrgast, aufregend und rührend zugleich: Marguerite Duboise, spätere Mrs. Jordan; nun deckt sie schon der grüne Rasen.

Es war wohl bloßer Zufall, daß ich von Kapstadt an bei den Mahlzeiten in dem hübschen kleinen Speisesaal neben sie zu sitzen kam. Der Obersteward hatte mit seiner Platzordnung wie so oft unwissentlich Schicksal gespielt. Sie war eine mittelgroße, dunkelblonde Frau, zur Üppigkeit neigend, mit grader Nase, klarer Stirn und festem Mund, mit kleinen, wohlgeformten Ohren, die man gerne ansah, denn sie trug das Haar gegen die vorherrschende Mode zu einem schweren Knoten im Nacken geschürzt, der in der Sonne gläserseidigen Glanz gewann. Die Augen blickten grau, klug und unruhig, nicht sehr glücklich. Sie stammte aus einer hugenottischen Familie, die im Burentum Südafrikas aufgegangen war. Doch war die Fähigkeit, schnell zu reagieren und lieber auf den Verstand als auf das Gefühl zu hören, ihre Freude an klaren, scharfen Formulierungen — an all dem also war ihre französische Herkunft unschwer zu erkennen. Sie plauderte gern und viel, schnell, neugierig und immer amüsant. Ob ich nun wollte oder nicht: sie stellte mich. Auf dem engen Raum des Schiffes war es unmöglich, ihr zu entgehen. Ich begriff nicht recht, was den äußeren Anlaß ihrer Reise bildete. Ihr Vater war ein wohlhabender Mann, der offenbar eine Reihe großer amerikanischer Firmen für Bergwerksanlagen und Schächtebau in Südafrika vertrat.

Sie fuhr nach Amerika, um irgendwelche größeren Aufträge, die ihr Vater vergeben sollte, an Ort und Stelle zu klären; denn sie arbeitete im Geschäft ihres Vaters mit und hatte Bergbau studiert! Es paßte gar nicht zu ihr. Sie war eine sehr weibliche Frau. Ich sagte es ihr auf den Kopf zu, als sie mir schon bald erzählte, daß sie als vollendeter Bergbau-Ingenieur gelten könne.

»Gelten können, ganz recht, Miß Duboise! Denn wirklich sein werden Sie es nie. Sie sollten sich etwas anderes vornehmen!«

»Ich weiß schon —«, antwortete sie ironisch vergnügt, »ein männliches Wesen heiraten, Kinder kriegen, und ihn, den Erwählten, unsterblich glücklich machen. Ich bin dreißig Jahre alt. Es wird also höchste Zeit, wenn noch etwas aus der Geschichte werden soll.«

Dabei sah sie mich so unverblümt aus ihren grauen Augen an, daß ich mich bangen Zweifeln über den Hintersinn ihrer Worte durchaus nicht hinzugeben brauchte. War dies Wesen nun so naiv oder auf jene zynische Manier versessen, die manche dieser studierten Weiber an sich haben? Ich wollte sie mir vom Halse schaffen und antwortete höchst unfreundlich:

»Gewiß! Das Sortiment brauchbarer Kandidaten an Bord ist ja ziemlich reichhaltig. Also nur keine falsche Bescheidenheit. Ich schalte allerdings aus. Ich fahre nämlich zu meiner Frau.«

Sie war nicht leicht zu verblüffen:

»Zu Ihrer Frau! Ach was? Sie machen einen völlig unbeweibten Eindruck. Aber wie Sie wollen. Man kann keinen Menschen zu seinem Glück zwingen. Aber beraten könnten Sie mich wenigstens, wo Sie mein Tischnachbar sind. Es heißt doch: love thy neighbour!«

»Zu Diensten, meine sehr Verehrte!« Ich machte ihr eine spöttische Verbeugung und ließ sie stehen.

Sie nahm es mir nicht im geringsten übel.

Ich lernte im Verlauf der langen Reise dies merkwürdige, intelligente Geschöpf, dessen Wesen aus Zynismus, Anmut, versteckter Herzenswärme und Trauer sonderbar gemischt schien, widerwillig bewundern. Mit einer Selbstverständlichkeit, die mich entwaffnete, ließ sie der Reihe nach die vier, fünf Männer, die ihr überhaupt der Prüfung wert erschienen, ihre Sprüchlein aufsagen. Große Mühe brauchte sie sich nicht zu geben. Vom Kap S. Roque durch den Kalmengürtel und das Karibische Meer bis zur Mississippi-Mündung waltete brütende Hitze, nur vom Fahrtwind gelindert. Wem von den Männern sie mit den Augen winkte, der fiel ihr wie eine reife Frucht in den Schoß. Doch bewahrte sie bei aller Bedenkenlosigkeit eine so überlegene Haltung, daß es niemandem im Traum eingefallen wäre, ihr zu nahe zu treten.

Getreulich berichtete sie mir vom Stand ihrer Experimente. Zwischen uns hatte sich eine Art burschikoser Kameradschaft entwickelt. Bei all ihrem scheinbaren Draufgängertum wäre es ihr unmöglich gewesen, sich auch nur eine Stunde lang mit einem Manne zu beschäftigen, der von vornherein als Ehegatte nicht in Frage kam. Sie war fest entschlossen, sich einen Gatten von dieser Reise heimzubringen; das sagte sie mir mit blanken Worten. Sie wollte einen richtigen Mann haben, der ihr gewachsen war, wollte Kinder von ihm — und dann aus ihm und ihnen etwas machen. Aber es mußte der Richtige sein; er durfte sie weder im praktischen Alltag noch als Gesellschafter noch als Mann enttäuschen.

Die Reise näherte sich dem Ende. Wir hatten Kap S. Antonio bereits an Steuerbord liegengelassen und die Yukatanstraße passiert, da sagte sie mir des Abends, als wir uns nach dem Dinner noch an Deck ein wenig ergingen:

»Alles Nieten, Barkholtz, alles Nieten! Ich gebe den Kampf auf, hier an Bord wenigstens! Wohin fahren Sie übrigens weiter, wenn wir in New Orleans angekommen sind?«

»Nach Seattle, Washington. Und zwar auf dem schnellsten Wege. Entweder über St. Louis und Des Moines oder im Süden herum über Houston, Texas, Los Angeles und Sacramento. Ich weiß es noch nicht genau — je nachdem, wie ich Anschluß habe.«

»Was führt Sie so dringlich nach Seattle?«

»Ich sagte es Ihnen schon. Außerdem will ich einen sehr guten Freund besuchen.«

»Einen sehr guten Freund?«

»Ja, und einen treuen dazu!« Und da juckte mich das Fell, und ich kann es mir nicht verbeißen, in unserem schon zur Gewohnheit gewordenen ironischen Ton hinzuzufügen:

»Er ist übrigens noch zu haben, der Freund! Eine Seele von Mensch. Und ein Mann, kein Waschlappen! Allerdings hat er nicht die Spur studiert. Statt dessen ist er jeder Lage gewachsen, verdient Geld wie Heu und wünscht sich sehnlichst eine Europäerin zur Frau.«

»Bin ich doch nicht!« sagte sie mißmutig.

»Vielleicht begnügt er sich auch mit einer Südafrikanerin, wenn sie garantiert hugenottischer Abstammung, häuslich, eine gute Köchin, gehorsam und auch sonst nicht eben uneben ist.«

Sie versank eine Weile in Nachdenken.

»Woher kennen Sie ihn, Barkholtz?«

Ich erzählte ihr die Geschichte von Johnny, dem Trader am Columbia, der mich aus dem Wasser gezogen, gepflegt, verbunden, geschient, geheilt und schließlich mit seiner Freundschaft geehrt hatte, erzählte ihr, wie er vermittels seiner Händlerei und unserer trapping-line zu Geld gekommen war, sich auf Hardware geworfen hatte und nun auf dem besten Wege sei, seine Geschäfte über den ganzen amerikanischen Nordwesten auszubreiten und ein steinreicher Mann zu werden. Nur eine Frau fehlte ihm noch, »wie gesagt, aus Europa!«

»Das wollen wir erst einmal sehen!« sagte sie nach kurzem Besinnen. »Ich komme mit nach Seattle — im amerikanischen Nordwesten habe ich ohnehin verschiedene Aufträge meines Vaters zu erledigen. Ich werde mir diesen John Jordan ansehen. Man muß mit geschlossenen Augen ins Wasser springen; schwimmen wird man dann schon.«

»Nun ja«, erwiderte ich, »es gibt die verschiedensten Methoden, sich unglücklich zu machen. Von mir aus können Sie gern mitkommen. Jordan wird sich freuen, Sie kennenzulernen. Freibeuter ist er selbst, Spaß versteht er auch. Und die Bergwerksgeschäfte lassen sich auch von Seattle aus aufrollen.«

»Das lassen sie sich! Ich habe meinem Vater ohnehin angedroht, daß er sich einen anderen Vertreter suchen muß, falls ich mich unterwegs vereheliche — und der Bergbau sieht mich nimmer wieder!«

Mein Kompaß zeigte unbeirrt und vollkommen ruhig auf das Ziel, das ihm gesetzt war. Zuweilen dachte ich an Christa zurück; es kam mir manchmal in der Stille der tropischen Nächte, wenn ich vom Heck des Schiffes dem phosphorn glimmenden, eintönig strudelnden Kielwasser des Schiffes nachsah — ja, es kam mir so vor, als sei ich verblendet einem großen Leben entflohen. Doch ich verschloß mir Augen und Ohren; einzig und allein in der Zukunft lag das Heil!

Marguerite Duboise reiste mit mir nach Seattle und heiratete John Jordan fünf Wochen später.

Daß sie ihm sofort gefiel, ist kein Wunder. Sie gefiel vielen und besaß körperlich, seelisch und geistig manchen Reiz.

Daß er ihr gefiel, ist schon eher ein Wunder, denn er war und ist gewiß kein Apoll. Aber er überzeugt durch eine gewisse einfache Würde, ein unbedingt zuverlässiges und gütiges Herz und eine shrewdness, die ihn weit über Mittelmaß erhebt — mir fällt kein deutsches Wort ein, das diese urenglische Eigenschaft besser kennzeichnet.

Die Ehe wurde glücklich vom ersten Tage an. Sie fragte sich nichts ab, was gewesen war. Er wußte endlich, wem er all die Früchte seiner schweren Arbeit und der vielen Risiken, die er gewagt hatte, zu Füßen legen konnte. Er brauchte keine Sorge zu haben, daß sie verschwendet wurden, im Gegenteil! Und die Kinder, die sie ihm schenkte, waren eine Pracht.

So kam John Jordan zu seiner Frau. Das wollte ich zwischendurch noch erzählt haben. Anne muß es wissen. Aber vielleicht weiß sie es längst. Nur ich tappe ewig im Düstern umher.

Eine Bedingung hatte ich Miß Duboise gestellt, als wir zusammen durch die weiten braunbunten Wüstenländer von West-Texas, New Mexiko, Arizona und das südliche Kalifornien rollten: zuerst wollte ich Jordan einen oder zwei Tage für mich allein haben. Er sollte mir durch nichts abgelenkt berichten, was er ausgekundschaftet hatte. Erst danach mochte die Sache mit Marguerite ihren Lauf nehmen. Die Abmachung wurde eingehalten —!

28. II. 1948.

Als wir an einem Vormittag in der Mitte des Oktober 1927 in Seattle ankamen, brachte ich Marguerite Duboise zunächst in einem Hotel unter und machte mich dann auf den Weg, Jordan aufzusuchen. Ich fand das Hauptbüro seiner Firma in einem wolkenkratzerähnlichen Haus an einer der Hauptstraßen auf halber Höhe des Berges über dem Hafen. Es lag hinter einem riesigen Ladengeschäft, in dem alle nur erdenklichen Gegenstände aus Eisen, Stahl und Metall zu kaufen waren. Auf meine Frage wies man mich einen hellerleuchteten Gang entlang, wo ich an Lagerräumen und Büros vorbei schließlich eine Tür mit der Aufschrift »John Jordan« erreichte. Ich klopfte, trat ein und sah mich einem Zerberus in Gestalt einer höchst amerikanisch aufgeschönten Privatsekretärin gegenüber. Mit distanzierender Freundlichkeit fragte sie mich, was sie für mich tun könnte; Mr. Jordan hätte im Augenblick eine wichtige Konferenz.

Auf alle Fälle mußte ich mir zunächst das Lachen verbeißen. Wo war die Zeit hin, in der John Jordan mit seinem wackeren steingesichtigen Jimmy die Rothäute eigenhändig bedient hatte, in Overalls und hohe Schnürstiefel gekleidet und einen uralten, zur Unkenntlichkeit zerdrückten Filzhut über dem unrasierten Gesicht? Jetzt hielt er »wichtige Konferenzen« ab, und in seinem Vorzimmer saßen Privatsekretärinnen von atemraubender Schönheit und Dämlichkeit. So fiel es mir leicht, zu lächeln.

»Melden Sie Mr. Jordan, daß Mr. William Barkholtz soeben aus Kapstadt, Südafrika, hier eingetroffen wäre, um Mr. Jordan seine Aufwartung zu machen.«

Die Augen der Dame — ich will ihr diesen Titel großzügig zubilligen — wurden rund wie Wagenräder. Ich war nicht einmal schwarz und kam direkt aus Afrika! Das war schon was! Sie erhob sich, bot mir sogar einen Stuhl an und verkündete, daß sie mich sofort anmelden würde. Wie sie in so wenigen Sekunden sich verwandelte, das erstaunte mich ebenso, wie es mich erheiterte. Schon nach ein paar Augenblicken flog die so streng behütete Tür auf und Jordan stürzte heraus:

»Billy, schon da? Kannst du fliegen? Mann Gottes, was machen deine Knochen? Alle noch gut beisammen? Altes Haus. Großartig, daß du kommst. Komm herein!«

Er umarmte mich vor Freude und Rührung. Nun, ich muß sagen, auch ich freute mich mächtig, den vorzüglichen Mann wiederzusehen. Wir traten in sein recht bequemes Privatkontor.

»Ich denke, du hast eine wichtige Konferenz, John?«

»Ach Unsinn! Vor dem Mittagessen schlafe ich gern eine halbe Stunde, weil ich meist schon um halb sieben anfange und mich abends vom Geschäft gewöhnlich nicht trennen kann. Was soll ich zu Hause herumsitzen! Ich habe das Alleinsein satt bis hier!«

»So weit bist du also? Und schiebst Konferenzen vor, um in Ruhe ein Nickerchen zu machen? Feine Sitten habt ihr hier! Du wirst alt, Jordan. Du mußt unter die Haube!«

Wir strahlten uns an. Zum Teufel! Es war wirklich eine Lust, den alten ehrlichen Gesellen vor sich zu sehen. Sein Gesicht hatte schärfere Züge bekommen, wenn auch die Haare am Scheitel entlang schon merklich dünner wurden. Er trug sich mit solider Eleganz. Ich empfand plötzlich warm unsere Verwandtschaft. Es machte uns beiden Spaß, in mancherlei Sätteln zu reiten. Nur wußte er stets, wohin die Reise ging, was ich von mir nicht unbedingt behaupten kann. Dieser Ton gutmütigen Spottes, diese sarkastischen Übertreibungen — damit hatte er mich damals gesund gepflegt. Wir blickten uns voller Zustimmung und Sympathie in die Augen. Mir war ein bißchen so, als wär' ich in einen vertrauten Hafen eingelaufen. Jordan gehörte in die Jahre, in welchen ich gelebt hatte. Warum sollte ich ihn nicht gleich beim Schopfe greifen? In unserem alten Ton freundlichen Spottes fuhr ich also fort:

»Ich habe dir etwas mitgebracht, John. Eine Dame! Frisch vom Faß! Ein prächtiges Mädchen aus Südafrika. Afrikanische Glut! Und französischer Abstammung —! Keine schlechte Mischung! Das wäre etwas für dich, John. Zum Staatmachen! Und auch sonst — das kann ich dir sagen! Einen ganzen Haufen Blagen will sie haben. Und nicht mehr so jung und dumm! Gut beschlagen in allen Künsten und Wissenschaften. Sie war mit mir an Bord und reiste zufällig auch hierher. John, du solltest dir die Gelegenheit nicht entgehen lassen!«

»Werde ich auch nicht. Und auch sonst — sagst du! Her damit, daß ich sie beaugenscheinige!«

»Gemacht! Die ersten zwei Tage hat sie keine Zeit. Aber dann kann ich sie anrufen. Wir machen ein Treffen aus, und du kannst abschätzen, wieviel du anlegen willst.«

»Mädchenhändler: Du hast dich ja fein entwickelt! Und so was hab' ich aus dem Columbia gefischt —! Gut! Vielleicht ist sie umsonst zu haben!«

»Das auf keinen Fall, alter Sünder! Auf gar keinen Fall!«

So redeten wir gewaltig daher, und waren doch beide arme Schlucker, denen nichts ferner lag, als irgendeine Liebessache leicht zu nehmen. Aber der Ton machte sich gut, und die wahre Not ließ sich so leicht dahinter verbergen.

Ich hatte also die lange Tour von Okarukuju und Kapstadt nach Seattle im Staate Washington, ohne anzuhalten und ohne zurückzuschauen, hinter mich gebracht, um zu erfahren, was aus Anne O'Flaherty geworden war. Nun saß ich vor John Jordan. Aber weder er noch ich schien sich entschließen zu können, von der Hauptsache zu sprechen. Vor mehr als acht Jahren hatte ich die Geliebte verloren. Jetzt sollte sich der Faden wieder knüpfen?

Auch John Jordan schien vor lauter geräuschvollen Späßen das Wesentliche möglichst zu meiden. Wir gingen zum Essen. Er hatte an diesem Tage ein Rotary-Luncheon. Ich mußte einen Haufen behäbiger, geräuschvoller und sich mächtig kameradschaftlich gebärdender Männer aus den verschiedensten Branchen kennenlernen, ein ansehnliches Menü herunteressen und mir zwischendurch einen feurigen Vortrag über »Die Kosmetik und ihre Bedeutung für die psychische Gesundheit der Geschlechter« anhören. Die vielen erfolgreichen und zumeist übergut gepolsterten Geschäftsleute hörten sich den aufgeblasenen Kohl mit wichtigen Mienen an. Ich war froh, als die Tafelei endlich ihr Ende erreichte.

Jordan brachte mich in sein Quartier. Er bewohnte drei behagliche Räume in einem größeren Apartment-House. Sie waren à la Chippendale mit standardisierter Gemütlichkeit eingerichtet, daß einem Menschen von echtem Geschmack schwach werden konnte. Er überließ mir sein Auto für den Nachmittag, damit ich mein Gepäck von der Bahn holte und auch im übrigen beweglich bliebe. Um sechs Uhr wollten wir uns im Restaurant des Hauses zum Essen treffen und uns dann auf einen langen, ungestörten Abend einrichten.

Ich fuhr noch kurz bei Marguerite vorbei. Sie hatte schon verschiedenes eingekauft, den besten Coiffeur der Stadt erkundet und sich bei ihm angemeldet, sich auch schon bei einer der Firmen, die sie besuchen sollte, angesagt, hatte ein Telegramm nach Kapstadt gejagt und strahlte vor Unternehmungslust. Sie empfing mich begeistert:

»Nett, daß du vorbeikommst! Was macht unser Kandidat? Hat er sich so gut gehalten, wie du erwartet hast? Wann gehe ich auf die Bräutigamsschau?«

»Nur sachte mit den jungen Pferden. Alles in bester Ordnung! Ihr paßt wirklich zueinander, scheint mir jetzt. Bekomme ich übrigens Vermittlergebühr?«

»Den Teufel bekommst du! Aber unserer ewigen Dankbarkeit sei sicher!«

»Die Gebühr in der Hand wäre mir lieber als die Dankbarkeit auf dem Dache! Ich werde mich an Jordan halten. Der denkt in geschäftlichen Angelegenheiten wesentlich reeller.«

»Wo ist übrigens deine Frau, Bill? Ich glaube, du hast mich beschwindelt. Es gibt sie gar nicht. Sage die Wahrheit, Junge!«

Die unvermutete Frage stülpte mir einen erstickenden Sack über den Kopf. Ich brachte unbeholfen heraus:

»Doch! Es gibt sie! Laß nur! Ich möchte nicht davon sprechen!«

Es war eine völlig verwandelte Marguerite, die zu mir sagte:

»Ich möchte dich schon lange trösten, aber ich weiß nicht, wie. Geh nur! Berede dich gründlich mit Jordan. Denn dazu bist du hergekommen. Auch, damit ich nicht so lange zu warten brauche!« Sie faßte mich an den Schultern, hob sich auf die Zehenspitzen, drückte mir einen flüchtigen Kuß auf den Mund und schob mich sanft aus dem Zimmer.

Wahrlich, hinter ihrem künstlich gezüchteten Zynismus versteckte sich ein prächtiges Herz. Sie würde eine ausgezeichnete Frau abgeben.

Nach dem Abendessen sagte Jordan: »Laß uns ein Stück in die Berge fahren. Es ist noch so stickig im Hause.«

Wir fanden eine stille Teestube an einem Berghang, von dem man weit über den stillen, weiten Puget-Sund hinaussehen konnte. Die Sonne war schon vergangen. Aber die Dämmerung über Gebirge und See zögerte noch in seliger Gelassenheit.

Als der heiße Trank vor uns dampfte, sagte Jordan:

»Nun bist du den weiten Weg gekommen, und wir haben noch kein Wort über Anne gesprochen —.«

»Die Spannung war zu groß all die Jahre hindurch. Jetzt dicht vor dem Ziel verläßt mich der Mut.«

»Dicht vor dem Ziel, sagst du? Ich fürchte, das Ziel ist weiter denn je!«

»Um alles in der Welt, John, warum spannst du mich auf die Folter?«

»Also gut, Bill, ich sage dir die Hauptsache zuerst: Anne ist schon seit Jahren verheiratet!« —

Verheiratet? Unmöglich! Sie war doch mit mir verheiratet! Und ich war der Meinung gewesen, daß ich, ich, ich die Ehe gebrochen hatte, als ich mich Christa ergab. Anne verheiratet? Unmöglich! So konnte ich mich nicht getäuscht haben! Warum hatte mich Jordan dann kommen lassen? Das hätte er mir auch schreiben können.

»Um das zu erfahren, läßt du mich um die halbe Erde reisen, John? Das hättest du mir einfacher machen sollen!«

»Ich konnte es nicht. Ich wußte mit meinem einfachen Händlerverstand, daß du an der Geschichte durch und durch krank warst. Deshalb wollte ich dich hierhaben, damit wir die ganze Sache gründlich ausbrennen und ausschneiden und ausheilen. Ich habe dir damals die Knochen gerichtet und bin der Meinung, daß ich jetzt dafür sorgen muß, daß du auch innen wieder heil wirst.«

»Guter John!« sagte ich. »Aber wenn sie mit irgendwem verheiratet ist, dann ist der Fall ohnehin erledigt und abgetan. Dann bin ich ja die ganze Sorge gründlich los.«

»Immer langsam, mein Junge! Los wärst du sie selbst dann nicht. Ich glaube, ich kenne dich da besser. Außerdem ist sie eben nicht mit irgendwem verheiratet. Sie heißt jetzt Anne Halvorsen!«

Ich stammelte:

»Sie hat Dan geheiratet?«

»Ja!«

»Haben sie Kinder?«

»Ja, eine Tochter!«

»Wie hast du das alles herausbekommen?«

»Seit Jahren habe ich verschiedene gute Bekannte und Geschäftsleute gebeten, sie möchten nach dem Namen Anne O'Flaherty und Daniel Halvorsen die Augen offenhalten. Vor ein paar Monaten schrieb mir ein Freund aus Winnipeg, er hätte zufällig in einer alten Zeitung gelesen, daß im vorigen Herbst ein Daniel Halvorsen auf der Landwirtschaftlichen Ausstellung der kanadischen Provinz Manitoba einen Preis gewonnen habe. Das war der erste genaue Hinweis. Viele Daniel Halvorsen wird's wohl nicht geben. Die Sache war mir wichtig genug. Ich bin selber hingefahren. Auf ihrer Farm habe ich mich natürlich nicht sehen lassen. Ich wollte mich in eure Sache nicht einmischen. Aber daß Halvorsens Frau dieselbe ist wie deine Anne O'Flaherty, war nicht schwierig auszukundschaften. Ein Zweifel ist nicht möglich, verlaß dich drauf!«

»Ich zweifle ja gar nicht!« sagte ich und versank in stummes Brüten.

1. III. 48.

Gestern spät in der Nacht, als ich reglos an meinem Tische saß, das Feuer vergaß, und ich fror, fror! — da kam es über mich, was mich schon seit meiner Krankheit oft und immer häufiger zerreißt:

Ich bin durch die Qual der Niederschrift dieser Bekenntnisse so herunter, daß ich alle naselang das heulende Elend kriege. Ich bin so müde vom Warten! Ich weiß nicht mehr, worauf ich eigentlich warte. Ich bin ausgeschüttet wie Wasser. Meine Kräfte sind vertrocknet wie eine Scherbe. Ich bin in des Todes Staub gelegt, in des Daseins Vergeblichkeit!

*

Wir saßen damals auf der bescheidenen Terrasse der kleinen Gaststätte und blickten über die im Nachglanz des Abends immer noch sanft schimmernde Fläche des großen Sundes.

Ich hörte Jordan zu, wie er mir in aller Ausführlichkeit von seinen Versuchen, Anne zu finden, und schließlich von seinen Nachforschungen in der Umgebung der Halvorsenschen Farm berichtete.

Meine Geliebte und der Freund von einst hatten die große Windermere-Stock-Farm am Heron Lake in Manitoba, die nach dem Tode ihres früheren, sehr tüchtigen Besitzers zum Verkauf stand, mit der Ernte des Jahres 1920 übernommen. Zuvor hatten sie kurz in Winnipeg gelebt, wo Annes Mutter, meine Tante, gestorben war. Das Kind, nach seiner Großmutter Cora getauft, war offenbar noch in Chicago geboren worden.

Jordan war sicher, daß Annes Tochter Cora nicht vor dem Januar 1920 geboren sein konnte; er glaubte sogar das Datum zu wissen und nannte den 15. März als so gut wie gewiß; er war bei seinen Nachforschungen in Winnipeg einem Dokument begegnet, das nach seiner Erinnerung dieses Datum nannte. Verbürgen konnte er sich nicht dafür, da er sich den Tag nicht sofort notiert hatte. Ich wunderte mich, daß er diesen Punkt so ausführlich erörterte. Er hatte zuverlässig wissen wollen, ob die kleine Cora nicht vielleicht mein Kind wäre. Anfang 1920 geboren —? Nein, als das Kind im Mutterschoß empfangen wurde, rang ich auf dem harten Feldbett des Indian Trader John Jordan am meerwärts wallenden Columbia mit dem Tode, war des Weiterlebens noch keineswegs sicher —!

Dan und Anne lebten sehr zurückgezogen auf ihrer großen Farm, die sich, da sie vorzüglich bewirtschaftet wurde, beträchtliches Ansehen erworben hatte. Das wunderte mich nicht: Dan stammte aus einer alten norwegischen Bauernfamilie, und auch Annes Vorfahren kamen mütterlicher- wie väterlicherseits aus Geschlechtern, die nie etwas anderes als Bauern und Seefahrer hervorgebracht hatten, die Beständigkeit mit Wagemut verbanden.

Beide, Dan und Anne, hielten sich von beruflichen oder geselligen Zusammenschlüssen in dem kleinen kanadischen Landstädtchen Heron Lake sorgfältig fern, was jedoch das

Ansehen, das sie genossen, eher noch vermehrte. Nur an den jedes Jahr im Herbst wiederkehrenden Ausstellungen pflegte sich die Farm zu beteiligen. Schon seit 1924 war sie regelmäßig für ihre musterhaften Produkte und züchterischen Erfolge ausgezeichnet worden.

Erstaunlich war an der sonst sehr stillen und unauffälligen Existenz der wohlhabenden Farmersfamilie Halvorsen nur, daß es bei dem einen Kinde Cora geblieben war, und weder er noch sie auf weitere Wert zu legen schienen.

Jordan beendete seinen gründlichen Bericht:

»Dies ist also der Sachverhalt, William. Ich habe mir alles wohl hundertmal hin und her durch den Kopf gehen lassen und bin zu dem Schluß gelangt, dir folgendes nahezulegen: du mußt mit der Geschichte fertig werden! Mache dich also auf und fahre nach Heron Lake in Manitoba, sprich mit den beiden. Ich bin überzeugt, daß ich trotz aller Nachforschungen nur die halbe Wahrheit weiß. Wie du mir Anne und Dan geschildert hast, können sie nicht einfach Verrat an dir geübt haben. Auf alle Fälle wirst du erst nach einer solchen Aussprache mit der Sache fertig sein. Du mußt den beiden ins Gesicht sehen. Sie werden dir Rede und Antwort stehen. Und ich rate dir, fahre bald, William! Was man gleich macht, ist schon zur Hälfte getan! — Du begreifst jetzt, warum du unbedingt herkommen mußtest.« — Er schwieg, und ich brauchte mich nicht lange zu besinnen.

»Ich begreife dich, John, gewiß! Du bist kein großer Briefschreiber — ebensowenig wie ich. Aber in einem täuschst du dich. Darin nämlich, daß ich nach deinen Mitteilungen mit der Sache nur halb fertig werden könnte. Die beiden sind ein Paar. Dan war ein anständiger Kerl. Das glaube ich auch jetzt noch. Er ist ja damals ganz außer sich gewesen, als sich Anne mir zukehrte. Ich war nach dem Unfall am Columbia vom Erdboden verschluckt. Ich war einfach verschwunden. Sein heftiger Wunsch, Anne zu gewinnen, wird ihm die Vermutung nahegelegt und schließlich zur Gewißheit verstärkt haben, daß ich entweder umgekommen oder mein Heil in der Flucht gesucht hätte. Vielleicht haben die beiden genauso dringlich nach mir gesucht und geforscht wie ich nach ihnen. Und Anne, mein Gott, ich wage nicht, mir vorzustellen, wie es in ihr ausgesehen haben mag, als ich nicht wieder auftauchen wollte. Dann —: ich war nicht mehr im Wege. In ihrer Verzweiflung und Verwirrung waren sie aufeinander angewiesen. Anne war ein junges Blut. Ach, hol's der Teufel, John, was rede ich da lange hin und her! Die Sache ist so gottverdammt einfach und fertig, als sie nur sein kann:

im Juni oder Juli 1919 hat sie von Dan ein Kind empfangen. Weiter brauche ich nichts zu wissen! Mir scheint, es gibt nur zweierlei für mich zu tun:

entweder ich fahre hin und mache gewaltsam Schluß mit uns allen! Aber dazu eigne ich mich nicht. Ich bin Gewalttaten abhold und allzu christlich erzogen.

Bleibt also, zweitens, mich ins Wesenlose oder auf die Seven Seas zurückzuziehen, woher ich kam und wohin mich die Anne Halvorsen, geborene O'Flaherty, verwitwete Barkholtz, sicher längst entschwunden glaubt.

Hol's der Teufel, John, ich will mit der Geschichte nichts mehr zu schaffen haben. Auf alle Fälle werde ich noch eine Weile bei dir herumhängen — letzter Fels in der Brandung! Überdies, ich muß dich noch Marguerite vorstellen. Strafe muß sein! Komm, Johnny, ich habe genug Tee geschlürft!«

Wir betranken uns so fürchterlich in dieser Nacht, daß wir erst am nächsten Nachmittag nebeneinander mit dröhnendem Schädel in zwei völlig unbekannten Hotelbetten erwachten. John hatte zum ersten Male sein Kontor verwaist gelassen, und die Eisen- und Stahlwaren mußten ohne seine liebevolle Aufsicht verkauft werden. Guter, alter Johnny, du hast vom ersten bis zu diesem heutigen Tage brüderlich an mir gehandelt — und niemals brüderlicher, als du dich damals in der ersten Nacht nach meiner Bankerotterklärung bis zur Sinnlosigkeit mit mir betrankst. Und wenn ich auch, good old Johnny Jordan, dereinst zur Hölle fahren sollte, so werde ich doch zuvor dafür zu sorgen wissen, daß dir diese Liebestat im Buch des Lebens gutgeschrieben wird!

Wir sprachen eine ganze Reihe von Tagen kein Wort mehr von der Sache. Als unsere Köpfe endlich wieder klar geworden waren, luden wir Marguerite zum Dinner ins beste Hotel der Stadt. Jordan machte eine glänzende Figur. Sein gutes, kluges Gesicht unter dem schon schütteren Haar verriet so viel unverblümtes Wohlgefallen an der neuen Bekanntschaft, er wußte so amüsant von seinen Geschäften und von seiner Vergangenheit zu plaudern, seine Bemerkungen über Welt und Menschen bewiesen so viel Takt und natürlichen Geschmack, daß er unmittelbar überzeugte; er war sein bester Anwalt. Marguerite Duboise, mit festen Händen begabt, sekundierte ihm vergnügt. Ich mußte mir schon nach einer Stunde auf die Schulter klopfen und mir das Lob erteilen, daß ich nicht ungeschickt gekuppelt hatte. Hier waren sich zwei Menschen begegnet, die das Leben kannten, nicht allzuviel von ihm erwarteten; die sich aber trotzdem den gesunden Durst nach ein wenig menschlichem Glück und Sauberkeit und den Anstand des Herzens bewahrt hatten, ohne die das Glück überhaupt nicht möglich wird. Es dauerte nicht lange, und ich konnte das Gespräch unbesorgt meinen beiden Kandidaten überlassen. Sie gingen mit fliegenden Fahnen zueinander über. Im Grunde waren sie beide die waschechtesten Selfmademen, die sich denken ließen, wenn man darunter Leute versteht, die alles, was sie leisten und darstellen, nur aus der eigenen Hand empfangen wollen und die an fremden Federn nicht den geringsten Spaß haben. Deshalb machte sich Marguerite nichts aus ihrem akademischen Studium, nichts aus dem Gelde und den Beziehungen ihres Vaters, deshalb war sie auf eigene Faust und Piratenglück losgezogen, sich ihr höchst persönliches Dominium zu erobern.

Jordan wollte natürlich in seiner zupackenden Art von seinem Gegenüber wissen, zu welchen Geschäften es nach Amerika gereist war, und Marguerite, die ihrer Sache schon sicher zu sein schien, gab ihm ohne Scheu Bescheid. Es stellte sich heraus, daß Jordan zu verschiedenen Firmen, die Marguerite zu besuchen hatte, gute Verbindungen besaß. Es bereitete ihm offenbar eine besondere Genugtuung, daß er der neuen Bekanntschaft sofort seine praktischen Dienste anbieten konnte. Er war überhaupt nur für handgreifliche, praktische Dienste. Alles andere hielt er für Zeitverschwendung. Auch darin glich er der burischen Französin.

Der Abend gestaltete sich zu einem vollen Erfolg. Als wir Marguerite in ihrem Hotel abgesetzt hatten und gemächlich heimwärts rollten, sagte Jordan:

»Das sage ich dir, William, wird das was, dann bekommst du nicht nur einen Orden, sondern dann sind wir auch vollkommen quitt, was deine Rettung aus dem Columbia anbelangt. Mehr als quitt: du hast dann ein beträchtliches Guthaben bei mir, auf das du bis ans Ende deines Lebens unbesorgt deine Wechsel ziehen kannst.«

»Nimm den Mund nicht so voll, Johnny, du bist im zweiten Frühling. Über Ehefrauen darf man erst ein Urteil fällen, wenn man sieben Jahre verheiratet ist. Vielleicht verfluchst du mich dann!«

»Von Ehefrauen verstehst du so viel, mein lieber William, wie ein Packesel von der Hohen Schule. Nein, nein, keine Sorge! Ich habe zeit meines Lebens meine Chance zu erkennen gewußt, wenn sie mir vor die Füße rollte. Diese Marguerite — auf die hab ich gewartet!«

»Meinen Segen hast du, John! Ich stelle weiter keine Forderungen, möchte aber auch für nichts haftbar gemacht werden.«

Er lachte sein breites, gutes Lachen:

»Gut, für den Fall, daß es schief geht —! Für den Fall, daß es gut geht, wirst du mir schon gestatten müssen, daß ich dich Unglückswurm weiter unter meine Fittiche nehme.«

Mit einem Male war die heitere Gehobenheit, die sich im Laufe des Abends meiner bemächtigt hatte, in alle Winde zerstoben. Ich war wieder so zerfallen mit mir und der Welt wie die öden Tage zuvor. Jordan fackelte nicht lange:

»William, ich wollte dir Zeit lassen in der Sache! Aber jetzt hast du dir's genug überlegt. In allernächster Zeit, sagen wir, in drei Tagen, fährst du nach Manitoba und bringst die Geschichte ins reine!«

Ich sagte in vollem Ernst — es hatte nur noch dieses Anstoßes bedurft, um meinen Entschluß zu einem endgültigen zu machen —:

»Lieber John, deine guten Absichten in Ehren! Aber ein für alle Male: es ist nichts ins reine zu bringen. Den reinen Tisch haben die anderen schon gemacht. Ich fahre nicht nach Manitoba. Die Sache ist aus.«

»Du täuschst dich, mein Junge! Nie ist diese Sache für dich aus. Zwingen kann ich dich natürlich nicht. Und schließlich stecke ich nicht in deiner Haut.«

Wir schwiegen eine Weile.

»Sieh, John, du denkst vielleicht, ich könnte mir Anne zurückerobern. Aber ich will es nicht mehr, selbst wenn es möglich sein sollte. Selbst wenn es stürbe — das Kind ist nicht aus der Welt zu schaffen.«

Jordan brummte:

»Ich an deiner Stelle sähe das alles anders an. Wer unter euch ohne Sünde ist, der hebe den ersten Stein auf. Wir sind alle nur Menschen — und das ist nicht viel. Aber wenn du dich nun so entschieden hast — Aber bleibe wirklich noch eine Weile hier. Ich bitte dich sogar ausdrücklich. Wegen Marguerite! Ich werde dich noch brauchen, William, als Brautwerber oder als diplomatischen Unterhändler oder wie du es nennen willst. Ohne dich verläuft die Sache im Sande, fürchte ich!«

»Natürlich bleibe ich noch. Aber ehe der Winter richtig anfängt, John, möchte ich in unsere alte Hütte am Shaggy übersiedeln. Ich spüre das Bedürfnis, mich wie Münchhausen am eigenen Zopf aus dem Sumpf zu ziehen. Das kann ich nur, wenn ich allein bin.«

Ich spürte, ohne hinzusehen, daß Jordan den Kopf schüttelte: »Alles dummes Zeug, nach meiner Meinung, entschuldige! Ich hätte dir den Vorschlag gemacht, zu mir ins Geschäft zu kommen. Ich könnte dich gebrauchen. Aber du bist nicht zu ändern. Die Hütte am Shaggy, sagst du? Ja, sie gehört mir noch. Ich habe sie mir als Urlaubsinsel ausgebaut. Mit Pelztieren ist nichts mehr zu machen da herum. In den Jahren nach dem Krieg hat man den Fang zu gründlich betrieben. Und zu allem Überfluß hat man die Berge auch noch als Skigelände entdeckt. Im Tal unterhalb der Shaggy-Pforte haben sich einige Farmen aufgemacht; die nehmen im Winter Skigäste. Manchmal ist es recht belebt. Die alte Einsamkeit, mit der ist es vorbei.«

»Das Volk werde ich mir schon vom Halse halten. Wenn der Weg um die Felsnase wieder freigelegt sein sollte, sprenge ich ihn diesmal gründlich ab. Und über den Yelling Yellow zu mir — das wäre ein weiter Weg.«

»Also in Gottes Namen! Wem nicht zu raten ist, dem ist nicht zu helfen!«

John trat so heftig auf den Bremshebel, daß die blockierten Räder auf dem Asphalt aufjaulten. Wir waren vor unserem Hause angelangt. Als wir schlafen gingen, war sein Zorn schon verraucht.

»Schlaf gut, William! Wir sind eben von verschiedenem Schlag. Und wenn du oben am alten Shaggy wieder zur Vernunft kämst, so würde sich keiner mehr darüber freuen als ich!«

Wir drückten uns die Hand.

Am Tage darauf klingelte das Telefon.

»Bist du allein, Bill?«

»Ja, wie geht's, Marguerite? Wie ist dir der gestrige Abend bekommen?«

»Danke, ausgezeichnet! Bill, aus deinem Plan wird etwas! Dein Freund gefällt mir nicht nur; er imponiert mir sogar!«

»Sieh mal an!«

»Ja, das ist bisher selten vorgekommen! Bill, ich bin in Verlegenheit. Ich weiß nicht, was ich weiter anstellen soll. Du willst doch nicht schon abfahren?«

»Doch, das hatte ich eigentlich vor!«

»Vorläufig mußt du's dir aus dem Sinn schlagen. Ich brauche dich noch. Wenn er mir einen Antrag im alten Stil macht, lache ich mich tot. Das dauert mir auch zu lange. Nein, Bill, du mußt unter allen Umständen hierbleiben und die ersten Brücken bauen. Ich fühle mich mit einem Male unsicher. Das ist bisher selten vorgekommen.«

»Immerhin: der gute Johnny scheint einigen Eindruck hinterlassen zu haben!«

»Hat er auch, Bill. Er ist wunderbar! Wenn er lacht, wird mir sonderbar warm ums Herz!«

»Wenn du sentimental wirst, Marguerite, hänge ich ab. Das steht dir nicht!«

»Bill, ich bin dir dankbar!«

»Dankbarkeit steht dir noch weniger. Ich lege also auf!«

»Wehe dir! Erst sage, wann sehen wir uns?«

»Das ist überflüssig! Ich rate dir: rücke ihm aufs Büro unter dem Vorwand, du brauchtest seine Unterstützung in deinen geschäftlichen Verhandlungen. Du kannst ja andeuten, daß du ihm größtes Vertrauen schenkst. Vielleicht vereinnahmt er dich gleich — und ich kann beruhigt abfahren.«

»Meinst du?«

»In vollem Ernst, Marguerite!«

»Was zieht man sich an, wenn man hingeht, um sich einen Antrag machen oder vereinnahmen zu lassen?«

»Zurückhaltende Eleganz, Marguerite! Mehr weiß ich nicht.«

»Ach, Bill, du bist entzückend! Wenn du hier wärst — —!«

»Laß das lieber! Mit Johnny ist nicht zu spaßen, wenn die Würfel gefallen sind.«

»Weiß ich, Bill. Aber du bleibst die einzige Ausnahme!«

»Schlag sie dir aus dem Sinn und beeile dich, daß du in Jordans Büro kommst!«

»In drei Stunden rufe ich wieder an.«

In drei Stunden rief sie wieder an.

»Sieg auf der ganzen Linie, Bill! Ich bin vereinnahmt. Wir heiraten am fünfzehnten Dezember.«

»Ihr seid verrückt, Mädchen! Aber jetzt kann ich wenigstens abfahren?«

»Keineswegs! Wenn du es nicht mit John und mir für alle Zeiten verderben willst, dann mußt du Trauzeuge sein!«

»Das sind leere Drohungen. Aber ich will es mir überlegen. Auf heute abend also!«

»Auf heute abend! Ihr holt mich hier ab, habe ich mit John vereinbart!«

»Gut, glückliche Braut!«

VIERTER TEIL

9. V. 1948.

Zehn Wochen sind vergangen, seit ich zum letzten Male hier saß, zehn endlos lange Wochen; sie dünken mich wie zehn Monate oder wie zehn lange Jahre — ich weiß es nicht. Die Zeit ist mir unbestimmt geworden. Vor zwei Tagen erst bin ich in mein einsames Heidehaus zurückgekehrt. Frühling wurde es inzwischen, wieder einmal Frühling. Die Birken sind grün und rauschen. Die jungen Triebe in den Kiefern schießen kräftig auf, sind schon spannengroß. Birkhähne sollen nicht weit von hier balzen; aber ich bin ihnen noch nicht nachgestiegen. Den großen Brachvogel hab' ich rufen hören, und vor mir auf dem Tisch steht ein großer Strauß duftenden Flieders; den hat mir Clar zur Begrüßung hergestellt.

In jener Nacht vom ersten zum zweiten März, als ich die letzten Seiten schrieb, muß ich mich erkältet haben. Ich brach damals ab, weil ich mich unwohl fühlte. Zwei Tage danach fand mich Clar mit hohem Fieber und rasenden Kopfschmerzen halb besinnungslos im Bett. Inzwischen hatte sie mich nicht wie sonst besuchen können, da eine Fahrt zur Kreisstadt ihren ganzen Tag in Anspruch genommen hatte.

Eine heftige Grippe warf mich nieder; eine leichte Lungenentzündung trat hinzu. Im Krankenhaus der Kreisstadt kam ich langsam wieder zu mir, ganz langsam und widerwillig: ich bekenne es offen. Ich bin am Ende. Wenn jetzt noch jener Brief aus Canada käme: ich glaube, mir ist die Kraft verwittert und zerbröckelt, die zur Freude gehört. Es kann nicht mehr lange mit mir dauern; ich weiß nicht, was mich zurückgerufen hat. War es Clar, die manchmal mit großen verängstigten Augen an meinem Bette saß, waren es diese unvollendeten Seiten und die unvollendete Tragikomödie meiner Liebe zu Anne O'Flaherty, war es meine immer noch allzu standfeste Körperlichkeit (»Kerl wie ein Baum,« sagt nach Clars Bericht die vorzügliche Martha Duwel, die meine Hütte sauber macht, »trotz seiner sechzig Jahre — Kerl wie ein Baum!«)? Ach, all das war es nicht, sondern mein Wille, wenn ich schon nicht als ein Knecht Gottes gelebt habe, so wenigstens als ein solcher zu sterben.

Die Traurigkeit der Welt hat mich in den letzten Wochen fast in den dunklen Abgrund gestürzt. Ich bin bewahrt worden. Nun warte ich auf den holden Tau jener anderen Traurigkeit —.

10. V. 1948.

John Jordan und Marguerite Duboise haben damals geheiratet. Ich konnte mich ihrer ebenso dringenden wie herzlichen Bitte, als Trauzeuge an der Hochzeit teilzunehmen, nicht entziehen. Die beiden prächtigen, wenn auch so verschiedenen Menschen, beseelt von dem heißen Wunsch und Willen, aus ihrer ein wenig verspäteten Ehe alles zu schöpfen, was sich an Freude, Erfolg und Lust nur schöpfen ließ, sie glaubten beide, es mir danken zu müssen, daß sie den Weg zueinander gefunden hatten.

Jordan bestand darauf, für »seine« Margret, wie er sie bald umgetauft hatte, ein Haus zu kaufen und es nach ihrem Geschmack von oben bis unten neu einzurichten — endlich einmal machte es ihm Spaß, viel Geld verdient zu haben! Da Jordan sich seinen vielverzweigten Geschäften nicht unbegrenzt entziehen konnte, so fiel die Aufgabe, Marguerite zu begleiten und zu beraten, im wesentlichen mir zu. »Außerdem«, sagte der gute John, »versteht ihr beide mehr von Möbeln, Tischdecken und Sesselbezügen, als ich. Mir wird's schon gefallen, wenn es euch gefallen hat!«

So waren denn Marguerite und ich über Tag fast ständig

unterwegs; mittags holten wir Johnny zum Essen ab, und abends brachten wir uns, nachdem wir daheim die Einkäufe des Tages gründlich durchgesprochen hatten, gegenseitig nach Hause — ich war der Einfachheit halber in ein Hotel unweit von Jordans Büro gezogen, das nicht allzu teuer war und mir jede Unabhängigkeit ließ.

Ich merkte deutlich, was die beiden untereinander verabredet hatten: nachdem ich mich endgültig geweigert hatte, zu den Halvorsens zu fahren, wollten sie mich so in Atem halten, daß ich meinen Kummer darüber vergaß.

Wie ein Kinderballon, den ein brennendes Hölzchen hat zerknallen lassen, so war mein Herz zu einem Häufchen armseliger Schnitzel und Fetzen zusammengefallen. Ich hätte genauso gut wieder irgendeine Heuer nehmen und alle vier Stunden — bei jedem Wetter, sei es Tag oder Nacht, Sommer oder Winter, Sturm oder Flaute — meine Wachen auf der Brücke hindösen können — nun kaufte ich stattdessen Möbel ein, verhandelte mit Installateuren, Tapezierern und Klempnern und kutschierte eine immer bewegliche, fröhlich-wache Frau über die steilen Straßen von Seattle. Es blieb sich gleich. Ich war ins Treiben geraten.

Eines regnerischen Nachmittags, als Marguerite sich mit mir in einem kleinen Café bei einer Schale Tee erholte, sagte sie unvermutet:

»Du hast mir heute schon ein paarmal gesagt, wie blendend ich angezogen und angemalt wäre. Wenn ich eine Wachspuppe im Schaufenster wäre, würdest du das gleiche sagen.«

»Du willst doch John Jordan heiraten, nicht wahr, Marguerite?«

Sie zog mir blitzschnell ein Gesicht: »Kalter Frosch, der du bist! Johnny würde ohne dich für mich gar nicht existieren.«

Ich hob abwehrend die Hand:

»Du solltest dich entschließen, Marguerite, die Vagabondage aufzugeben, sonst wird das nichts mit dir und John Jordan — und dazu wäre er mir offengestanden zu schade.«

Sie blickte mich bitterböse mit glitzernden Augen an:

»Vagabondage? Längst vorbei! Ich werde ihm die beste Ehefrau sein. Ich werde ihn sogar lieben, dauerhaft und bis ans Ende, und seine Kinder auch und erst recht. Aber, zum Teufel, du wenigstens weißt doch, daß auch noch ein Schuß Romantik dabei sein könnte —!«

Ich spürte eine bedrückende Traurigkeit — »und bringen unsere Jahre zu wie ein Geschwätz« —. Ich legte meine Hand auf ihre beringte, feste, schöne, die neben mir auf dem Tische lag, nervös mit dem Löffel spielend:

»Romantik? Mein liebes Kind aus Afrika! Ich habe nichts weiter als Romantik erlebt, einen ganzen Sack voll davon. Sie bringt nichts ein als Enttäuschung und vergebliches Warten. Das Glück ist nicht da, wo du nicht bist, sondern immer da, wo du bist. Verzichte lieber auf die fünf Prozent Romantik, die dir fehlen; sie könnten dir sonst die übrigen fünfundneunzig Prozent sinnvoller Existenz auf der festgegründeten Erde versauern. Ich mag euch beide viel zu gern, Marguerite, als daß ich für die restlichen fünf Prozent verantwortlich sein möchte.«

Sie saß ganz still und schaute auf meine braune, breite Hand, die auf der ihren lag. Dann meinte sie mit veränderter Stimme:

»Ich wußte nicht —. Du bist älter als ich — — nicht den Jahren nach, aber sonst —. Entschuldige —!«

»Was hätte ich wohl zu entschuldigen? Ich wage niemand zu verurteilen, kaum zu beurteilen. Man ist ja selbst gar nichts.«

Wir trennten uns bedrückt und verlegen. Diese leise Verlegenheit, die im geheimsten Mitleid und Zärtlichkeit enthielt, verließ uns auch weiterhin nicht mehr.

Eine Woche danach fand die Hochzeit statt. Ich war Trauzeuge und als zweiter ein Geschäftsfreund des Vaters von Marguerite, der sozusagen als sein Vertreter aus Chicago herübergekommen war, ein gewichtiger, gesprächiger Herr, der sich beinahe als »Onkel der Braut« aufspielte. Für eine Woche fuhr das junge Paar nach Victoria auf Vancouver-Island; längere Ferien erlaubte sich Jordan nicht. Ich saß währenddessen in seinem Privatkontor an seinem Schreibtisch und mopste mich unsäglich. Die forsche Sekretärin im Vorzimmer hielt mich daher für einen durchaus würdigen Chefstellvertreter.

Ich ließ mich ohne großen Widerstand von den Jordans überreden, die möblierte Wohnung zu mieten, die Jordan bis dahin als Junggeselle bewohnt hatte. Sein Vertrag lief ohnehin noch eine Weile; es ergab sich fast von selbst, daß ich in ihn eintrat. Die Miete schien mir reichlich hoch zu sein, aber ich erlebte damals eine jener seltenen Perioden in meinem Leben, in welchen ich die Sparsamkeit recht schnöde in den Wind schlug. Ich hatte ja Geld genug und brauchte nur eine Überweisung von Basel anzufordern. Außerdem aber — und das war wohl die Hauptsache — war ich dem Drängen Jordans gefolgt, in sein Geschäft einzutreten. Er brauchte allerdings einen verläßlichen Mann, dem er die Sorge für das Hauptgeschäft in Seattle bedenkenlos anvertrauen konnte, während er selbst sich der überall im Nordwesten aufschießenden Filialen annahm. Er mußte viel reisen, und es bereitete mir große Genugtuung, daß Marguerite es sich nicht nehmen ließ, ihren Mann überallhin zu begleiten. Obgleich ich mich bis tief in die Nacht hinein mit aller mir in solchen Lagen eigenen Hartnäckigkeit in meine neue Aufgabe vertiefte, um mir von keinem Angestellten ein X für ein U vormachen zu lassen — oder besser keine Drahtnägel für geschmiedete Stifte —!, merkte ich, daß Marguerite bald ebensoviel von den Jordanschen Geschäften wußte und verstand wie ich — oder sogar mehr, denn der stolze Gatte führte sie begeistert in alle Einzelheiten ein. So hatte ich es gehofft und erwartet. Marguerite hielt Stich.

So ging der Winter hin, regnerisch, naßkalt, mit vielem schnell verdreckendem und zerschmelzendem Schnee, wie immer an den nordwestlichen Küsten. Ich wurde zum Fachmann für Band- und Stabeisen, für Feinbleche, Walzbleche und sonstiges Blech, für Schlösser, Angeln, Drücker und

Schnepper, für Zangen, Hammer, Meißel, Stemmeisen, Scheren und Stacheldraht. Es bereitete mir ein beinahe sportliches Vergnügen, mich in dem Labyrinth all dessen, was aus Eisen, Stahl und vielen Metallen gemacht wird, zurechtzufinden. Jordan war, wie er sagte, mit mir zufrieden, und ich könnte heute wahrscheinlich sein wohlbestallter und wohlgefütterter Teilhaber sein, wenn — ja wenn der Mensch von Brot allein lebte — oder von Eisenwaren.

Die Geschichte ging gut, solange der Winter andauerte. Nebel, nasser Schnee und kalter Regen waren dazu angetan, mich über die ungewohnte Tatsache hinwegzutäuschen, daß ich tagein, tagaus in einem geheizten Büro bei künstlichem Licht und mehr oder weniger gekünstelter Ernährung die Zeit totschlug. Jordans Eisenwaren gingen mich im Grund nicht das geringste an. Das Geld, das ich zum Leben brauchte, konnte ich mir leichter verdienen. Außerdem hatte ich im Hauptgeschäft einen begabten jungen Mann schottischer Herkunft entdeckt, der gewillt schien, den Verkauf von Hardware zu seinem Lebensideal zu machen, und der auch bereit schien, dem Chef auf ehrliche Art zu dienen. Ich wollte ihm nicht im Wege stehen; mein Talent zum jungen Mann war im Grunde nur gering — und an einer Partnerschaft Geld zu verdienen, daran lag mir nicht allzuviel. Wichtiger aber als all dies war: der Frühling brach an.

Der pazifische Frühling! Mit warmen Stürmen von See her — der ungeheure Atem des gewaltigsten aller Meere blies in die lärmende, riesige Stadt, wühlte den Sund zu grauen Wellen auf, riß jagenden Gischt von ihren Kämmen, salzigen, silbrigen Schaum; die ganze Luft schmeckte danach — bis in die langweilig feudalen Zimmer meiner Behausung, wenn ich die Fenster offenstehen ließ, um die schale Dampfheizungsluft zu vertreiben. Eines Nachts bei allererster Morgendämmerung trat ich ans offene Fenster. Die Laternen tief unten in der Straßenschlucht brannten noch. Ganz ferne brummte sich ein Auto warm und verstummte; zwei Dampfer tuteten im Hafen. Sonst war es stille — die einzige stille Stunde am Tage. Und aus diesem ersten grauen Frühhimmel hörte ich den Schrei der Graugänse. Ich konnte sie nicht sehen, so weit ich mich auch hinausbeugte. Sie zogen nach Norden, um zu brüten. Der Frühling siegte.

Bald danach sagte ich zu Jordan:

»Ich lasse dich im Stich, John. Ich eigne mich auf die Dauer nicht fürs Büro. Nimm dir den jungen McCarthy als Adjutanten. Der wird deinen Zwecken besser dienen als ich. Vermiete mir die Hütte am Shaggy. Ich weiß noch nicht, was ich da will. Aber daß ich im Sommer nicht mehr in dieser engen Stadt sein werde, das weiß ich.«

Er blickte mich mißbilligend an:

»Also doch! — Wir hätten zusammen viel Geld verdienen können, Bill. Jetzt gibst du wieder deinen Verrücktheiten nach. Dir geht es zu gut! Hier bei uns wärst du endlich auf ein gerades Gleis gekommen.«

»Was soll ich auf einem geraden Gleis?«

Aus der Tiefe sang der Shaggy immer noch sein ewiges Lied. Und auf der Höhe war der Frühling noch nicht alt. Das Grün glänzte hell und frisch. Zwischen die steilen Büschel des jungen Grases drängten sich noch die dürren braunen Tuffs der vorjährigen Narbe. Das Hochgebirge in der Ferne trug noch ein winterliches Kleid; von Tag zu Tag — allmählich wich es dem Sommergewand. Heiß brannte die Sonne am Mittag. Doch in den Nächten wehte himmlische Kühle von den Gletschern jenseits der waldigen Ketten herüber. Oh, so blau und immer tiefer blauend schoben sich die Bergzüge einer vor den anderen, wenn abends hinter den silbern hingehauchten Hochgebirgen die Nacht aufschwebte. Die süße, kristallene Luft beladen mit allen Wohlgerüchen der ewigen Wälder —!

Ja, hier wurde ich wieder ich selbst. Ich kletterte in die Schlucht hinunter, dorthin, wo Anne sich damals versteckt gehalten, als Gefahr im Verzuge gewesen war. Seitdem waren zehn Jahre vergangen. Wirre, fruchtlose Jahre. Ich saß in der feuchten, abgründigen Kühle und sah das jadegrüne Gletscherwasser vor mir in dem tiefen Kessel kreiseln; es war noch eisig. Hier hatte ich damals im Spätsommer, als der Shaggy flacher und leiser und freundlicher floß, mit Anne gebadet.

Während ich auf meinem großen Steine saß, mich schon ein Frösteln ankam — denn die senkrechten Felsen hauchten noch Winterkühle aus —, erschaute ich sie plötzlich von neuem, die süße Erscheinung: so schön und zierlich strahlend in der goldenen Bräune der straffen Haut. Wie vollendet der Bogen vom Kopf über den Nacken zu den runden Schultern; wie selig die Brüste, goldene Muscheln, unter den schwarzen nassen Haaren halb verborgen. Ihre blendenden, verwirrenden Hüften —.

Alles verloren! Endlich, hier in der Einsamkeit, hier in der innersten, verlorensten Tiefe der Einöde, hier, wo keine Menschenseele mich sah oder hörte, hier schrie ich die Not, den Gram, die Sehnsucht aus mir heraus, schrie wie ein Tier ohne Worte, ein ewig langer Schrei, der hohl von den Wänden widerhallte. In diesem Augenblick erst erfuhr ich, wie sehr ich zerstört und verwundet war.

Fast bewältigte ich den Wiederanstieg nicht, so erstarrt war ich vor Kälte und Gram.

Ich hockte mich vor die Veranda meiner Hütte. Unter diesem Vordach hatte Tom uns getraut, und Dan war Zeuge gewesen. Derselbe Dan, der jetzt — —

Nicht daran denken! Ich barg den Kopf in meinen Armen und biß in das wollige Zeug meiner groben Bluse.

Als es schon Nacht war und die Lampe brannte, dachte ich an das Buch, aus dem ich damals vorgelesen hatte. Ob es noch in seinem Versteck auf dem Mittelträger der Zimmerdecke lag? Ich griff hinauf. Da hatte ich es schon in meinen Händen. Es war seither nicht aufgeschlagen worden. Verstaubt schien der obere Deckel; sonst war es unversehrt. Vielleicht fand ich Trost darin. Ich schlug es auf an irgendeiner Stelle und las. Zu meiner Qual, aber auch zu niemals endendem Trost klaffte das Buch dort auseinander, wo meine Träume, meine Sehnsucht, mein Glück und meine

Not über Jahrtausende hinweg zu himmlischem Wohlklang zusammenflossen.

Die kleine Lampe brannte vor mir auf dem groben Tisch, der Anne und mich so oft vereint gesehen. Ihr gelber Schein fiel auf die weißen Seiten mit dem feinen Längsstrich in der Mitte, mit der zierlichen, dünnen Druckschrift.

Damals wie heute sitze ich, nun ein alter Mann, über die geliebten Seiten gebeugt, wie ein Fischer über den Rand seines Bootes nach dem in der See versunkenen Avalun suchende Ausschau haltend.

Ich schreibe es auf, das uralte Lied der Liebenden. Niemals könnte ich mit eigenen Worten gleich vollkommen beschreiben, was meine Augen sahen, meine Ohren hörten und alle meine Sinne spürten mit allerfeinsten Nerven, geschaffen, das atmende Leben unvergeßlich zu ertasten.

Wie flüsterte dein Mund, Geliebte?

»Mein Freund ist mir ein Büschel Myrrhen, das zwischen meinen Brüsten hanget. Deine Linke lag unter meinem Haupte, und deine Rechte herzte mich.«

Und ich?

»Kehre wieder, kehre wieder, o Sulamith! Kehre wieder, kehre wieder, daß ich noch einmal dich schaue. Was sah ich denn an Sulamith?

Den Reigen zu Mahanaim!

Wie schön ist dein Gang in den Schuhen, du Fürstentochter!

Deine Lenden stehen gleich zueinander wie zwei Spangen, die des Meisters Hand gemacht hat.

Dein Nabel ist ein runder Becher, in den ich meine Küsse gieße wie Wein, ausgespart in einem sanften Weizenhaufen, von Dickichten umrankt.

Deine Brüste sind wie junge Rehzwillinge, die unter den Rosen weiden, bis der Tag kühl werde und den Schatten weiche.

Deine Augen sind wie die tiefen Teiche zu Hesbon, am Tor Bathrabbim.

Wie schön sind deine Brüste, meine Schwester, liebe Braut! Lieblicher denn Wein, und ihr sanfter Geruch übertrifft alle Würze.

Von deinen Lippen trinke ich Honig; Honig und Milch ist unter deiner Zunge. Und dein Duft ist wie jener der kühlen Gebirge.

Meine Schwester, liebe Braut, verschlossener Garten, verwehrte Quelle, versiegelter Born.

Wie ein Lustgarten blühst du, von Granatäpfeln voll und edlen Früchten, Zypern mit Narden, Narden mit Safran, Kalmus und Zinnamen, Weihrauch und herrlichsten Würzen, Myrrhen und Aloe.«

Und du sangst:

»Komme, mein Freund, komm' in meinen Garten! Die Früchte sind dein!«

Und ich:

»Ich komme, meine Schwester, liebe Braut! Ich brach deine Myrrhen samt allen Würzen. Ich kostete deinen Honig und Honigseim, trank deinen Wein, und an deiner Milch erlabte ich mich. Ich habe gegessen, ich habe getrunken — und wurde trunken!

Dein Leib ist einem schlanken Palmbaum gleich, und deine Brüste den Weintrauben. Ich sprach: Palmbaum, ich ersteige dich und greife in deine Zweige. Und von deinen Brüsten pflücke ich Trauben in meinen Mund.« —

Du sprachst:

»Komm, Geliebter, laß uns ins Feld gehen und auf den Dörfern bleiben! Daß wir früh aufstehen zu den Weinbergen, ob die Stöcke schon blühen und Augen gewonnen haben, ob der Granatapfelbaum schon ausgeschlagen hat. Dort, Geliebter, will ich dir meine Brüste geben!

Und du brachst hervor wie die Morgenröte, schön wie der Mond, auserwählt wie die Sonne, schrecklich wie Heerspitzen!«

Ja, auch dies: schrecklich wie Heerspitzen! Tief ist dein Angriff in meine entlegensten Länder eingedrungen.

Noch einmal sagst du leise, vergangene Liebe:

»Ach, unter meinem Haupte seine Linke lag,
und seine Rechte herzte mich!« —

Ewig bleibt wie damals: »Mein Freund ist mir ein Büschel Myrrhen — —«

Ich flüsterte es leise, damals beim Schimmer des Mondes in der Hütte über dem dunkel donnernden Shaggy. Und so flüstere ich noch heute hier in meiner Hütte in der einsamen Heide, über die der Frühlingssturm aus Osten seinen duftenden Atem bläst.

Die Verse trösteten mich auf wunderbare Weise in den Tagen, die dem gequälten Tage am Shaggy folgten. Die selige Zeit des verklungenen Jahres, womit einst die gütige Gottheit mein Mädchen und mich gesegnet hatte, sie war für immer vergangen, gewiß! Aber zugleich hatte ich sie als unzerstörbaren Schatz in mein Herz gefaßt. Da ruht es noch heute, das selige Jahr, keine Stunde davon vergessen.

11. V. 1948.

Die vergangene Nacht und der Vormittag danach brachten Gewitter, die sich träge und unentschlossen über den südlichen Horizont wälzten. Um die Mittagsstunde endlich brach auch hier der Regen. Nun schimmern die Wiesen unten im Moor. Die silbernen Wollgrasbüschel vor meiner Tür sehen ein wenig verwaschen aus; aber sie werden schon wieder trocknen und sich erholen, wenn erst die Sonne durch die formlosen Wolken dringt, die immer noch den Himmel beherrschen. Die Luft schmeckt wie Wein eines unvergeßlichen Jahrgangs.

Gestern abend besuchte mich noch die gute Frau R. mit Clar, sich nach meinem Befinden zu erkundigen und bei mir »nach dem Rechten zu sehen«. Ich konnte sie über beides beruhigen. Plötzlich wollte sie wissen, was ihr wohl schon lange auf der Seele gelegen hat: warum ich nicht nach der Schweiz zurückginge; dort könnte ich »wie im Frieden« leben, könnte es mir bequem machen, mir eine schöne, geräumige Wohnung wählen und könnte — natürlich, das auch — an die R.s Pakete voller Kaffee und Kakao und anderer Herrlichkeiten schicken.

Die Frage ist nicht ohne Sinn. Aber man kann sich sein Vaterland ebensowenig wählen wie seine Eltern. Man hat es! Meine Mutter ist meinem Vater gefolgt, nicht umgekehrt. Es hat sich beinahe ohne mein Zutun so gefügt, daß der Beginn des größten aller Kriege mich in Deutschland überraschte, nachdem ich den größten Teil meines früheren Daseins auf See oder jenseits der tiefen Meere unter fremden Sternen verbrachte. Ich wurde in den furchtbaren Strudel mit hineingerissen, bin fast von ihm verschlungen worden. Ich habe Ängste, Qualen und Hunger erduldet. Ich habe Menschen auf furchtbare Weise sterben sehen, habe um liebe Verwandte und Freunde gebangt und sie verloren, habe nur ein einziges Wesen aus dem Inferno gerettet, bin selbst geflohen in panischem Schrecken wie hunderttausend andere. Ich habe mir schließlich, auf gerettetem Kahn in einem zufälligen Hafen treibend, ein kleines, bescheidenes Inselchen im jagenden Gezeitenstrom errungen, auf dem ich allmählich wieder zu mir selber gelangte, wo Clar, dies teuerste Strandgut, langsam wieder gesunden konnte.

»Liebe Frau R., ich kann mich nicht der heute weitverbreiteten Meinung anschließen, daß desertieren ein Verdienst ist. Desertion ist nur berechtigt, wenn man zum Henker oder dergleichen degradiert werden soll, oder auch nur zum Büttel.«

Recht verstanden hat sie mich nicht. Sie ist eine prächtige Frau, doch praktischen Dingen eher gewachsen. Clar indessen strahlte mich an.

Der Abend sinkt. Die Männer, die fünfhundert Schritt abseits von meiner Hütte seit Tagen Torf stechen, hatten ihr Handwerkszeug schon zusammengelegt und wanderten eben heimwärts. Sie grüßten freundlich wie jedermann hier in der einsamen Heide. Was sie wohl von mir halten mögen? Wahrscheinlich denken sie gar nicht darüber nach.

Die blühenden Ginsterbüsche vor der Veranda halten

ganz still, und die Wacholder ragen ruhevoll wie aus Erz. Der Wind legte sich schlafen.

Herauf, herauf aus der Tiefe ihr Gesichte! Ich hocke nicht mehr vor der Jagdhütte der R.s, sondern hoch in den Rockies, ein Blockhaus in meinem Rücken, durch das die Geliebte schreitet, denn die Zeit — was ist Zeit für das allgewaltige Herz!

Hoch in den abendlichen Horizont vor meinen Augen heben sich die makellosen Gebirge. Zart, als wären's nur seltsam zerzackte Wolken, schimmern die Firne hinter den dunkel blauenden Kämmen. Die Bergwaldwiese zu meinen Füßen blüht wie im Rausch. Die ewigen Wälder duften.

Und unten rauschst du, du Orgel der Öde, wallender Shaggy!

Ich hatte das Dach geflickt und den Quell neu gefaßt. Das Gärtchen war wohlbestellt. Die Hütte glänzte vor Sauberkeit. Ich beschloß, den Herd auf die Veranda zu stellen, damit das Innere an heißen Sommertagen sich nicht allzusehr erhitze. Warum waren wir eigentlich nicht damals drauf gekommen? Soviel jünger fühlten wir uns noch, und es bereitete Spaß, über offenem Feuer neben der Wasserstelle abzukochen, wenn die Tage zu glühend über die Hänge wogten. Ich schlug mir Brennholz ein, als müßte ich für den ganzen nächsten Winter vorsorgen. Wollte ich denn dort oben bleiben? Nicht der Schimmer eines Planes für die Zukunft trübte mir die Stunden.

Hier fiel mir ein, daß ich Christa versprochen hatte, ihr bis zum Neujahr Nachricht zu geben. Aber was hätte ich ihr schreiben sollen? Was hätte ich ihr schreiben können? Ich wußte es nicht. Ich war noch nicht so weit. Ich schob die Mahnung des Gewissens beiseite. Ich mochte nicht gemahnt werden. Aber feine Widerhaken blieben hängen, zum ersten Male, seit ich Okarukuju den Rücken gekehrt und davongereist war. Christa — flüsterte ich manchmal nachts, wenn ich nicht schlafen konnte und viele Gedanken mich umflatterten —, Christa; wie ein Lied — nicht zu Ende gesungen —.

Schon nach vierzehn Tagen hatte ich über dem Shaggy nichts Rechtes mehr zu tun. Ich wanderte über den Puma-Sattel zur Hütte am Yelling Yellow. Aber ich fand sie kaum noch. Das Dach mußte schon vor Jahren eingestürzt sein; die Wände waren gefolgt; die Stämme schoben sich wirr, halb verfault schon, übereinander. Vorbei —!

Auch über den Yelling Yellow setzte ich. Ach, der Ort dort, wo Anne und ich unsere letzte, die allerletzte Nacht erlebten —!

Ich fand die Stelle nicht wieder, soviel ich auch suchte und rechnete, ewig voll uralten Gleichmuts rauschte der Urwald. Die Schläge unserer Herzen, die unter diesen ragenden Bäumen einmal wild und selig und trauervoll in sanften Paukentönen erklungen waren — ach, lang verhallt! Die Wipfel brausen und raunen wie von je. In unseren Herzen nur der Nachhall von einst. —

Ich floh den einsamen Ort, wanderte ohne Aufenthalt den weiten Weg zum Shaggy zurück, saß stundenlang auf den Stufen meiner Veranda, bis tief in die Nacht hinein, ohne mich zu rühren.

Nein, hier wurde ich wahnsinnig. Die Geister der Vergangenheit narrten mich mit tausend Stimmen. Kehre wieder, ach, kehre wieder, verklungener Tag! Keine Antwort aus den tiefen Gründen!

Wenn ich keine rechte Arbeit fand, verlor ich den Verstand. Doch es gab nichts mehr zu arbeiten. Die Pelztiere waren längst vertrieben von dem Lärm der Farmen, die sich im Tale immer breiter machten.

Ich konnte nicht bleiben. Ich hatte mir zuviel zugemutet. Doch wohin? Wohin mit mir? —

Dann fiel jene sonderbare Nacht vom Himmel.

Tagsüber hatte unbarmherzige Hitze gewaltet. Über Wäldern und Gründen waberte die Luft. Insekten schossen wie vom Teufel besessen über die Lichtung, Schwärme von Libellen und Schmetterlingen überfunkelten die grünen Halden. Zwar regierte immer noch der Juni; doch kein glühender August konnte glühender sein.

Ich legte mich lang in das Wasserbecken, in dem Anne gewöhnlich unsere Wäsche gewaschen hatte, und ließ mich von der lauen, eiligen Strömung umwallen. Ich stieg zum zweiten Male den steilen Weg zum Shaggy hinunter und warf mich in den schon gemächlicher kreisenden Kessel. Noch immer biß mich die Kälte des Wassers heftig; aber sie ließ sich schon ertragen.

An diesen Mittagen des hohen Juni drang die Sonne für zwei, drei Stunden bis auf den Grund der Schlucht — sonst das ganze Jahr über nicht. Das jadegrüne Wasser, silbern beschäumt, glitzerte — ein Geschmeide der ungebändigten Götter dieser Wildnis; dicht bemoost, goldgrün schimmernd ragten gegenüber meiner Sandbank die senkrechten Wände der Schlucht auf, Tore zum blauesten aller Himmel, von keiner Wolke getrübt. Springend und bäumend sich gleich einer Horde grausilbriger Rosse der Sage stürzte zwischen den Wänden der Shaggy ungezähmt heran, ergoß sich in den tiefen, haltgebietenden Kesselsee, dem ich eben entstiegen war, und glitt dann sanft über das flache Steinbrett des Abflusses bergab, bald sich zu neuer Wildheit steigernd und in schrofferen Schnellen und Wasserfällen donnernd.

Der Sand hatte sich in der heißen Sonne schnell erwärmt. Ich streckte mich lang in ihn hin, schloß die Augen. Es mochte sein, daß vor Anne und mir noch nie eines Menschen Fuß diesen geheimsten Platz betreten hatte.

Die Geister, die mich beim ersten Male angefallen, quälten mich nicht mehr. Doch hauchte das durchsonnte Felsverlies Schwermut und Trauer aus, die mich umwölkten. Wenn ich so hätte vergehen können — es wäre das beste. Nie wieder wäre irgendeine Spur von mir zu entdecken gewesen. Dan kannte den Abstieg in den Kessel nicht; Tom war tot und schlief den langen Schlaf, das Jüngste Gericht erwartend, vor dem er freigesprochen werden würde. Die einzige außer mir, die mich hätte entdecken können, Anne, sie würde nicht einmal erfahren, daß ich verschollen war. Unmöglich konnte ich mich in der Treue und Standhaftigkeit ihrer Seele getäuscht haben. Im Grunde war ich außerstande, ihr Versagen oder gar eine Schlechtigkeit zuzutrauen. Hier unten auf dem Grunde des Gebirges fiel mir die Erkenntnis zu, als senkte sich ein Schmetterling auf meine nackte Brust: sie muß nicht mehr mit mir gerechnet, muß sich von mir verlassen gewähnt haben, nein, mehr: muß von mir ganz und gar verlassen gewesen sein. Sonst hätte sie unsern Bund, den wir uns hier in der Einsamkeit der Berge zugelobt hatten, nie und nimmer im Stich gelassen.

Zum ersten Male, seit mir Jordan mitgeteilt, daß sie mir verloren war, stieg eine erste, wenn auch schwermütige Freude in mir auf. Gewiß, sie hatte mich aufgegeben; aber was mußte sie gelitten haben, ehe es so weit gekommen war. Das wußte ich von diesem Augenblicke an, als hätte ich während der bösesten Zeit unsichtbar neben ihr gestanden. The Queen can do no wrong — so war es!

Ich war beinahe glücklich.

Kalt wurde mir. Die Sonne hatte ihre Bahn so weit herumgeschwungen, daß meine Sandbank wieder in den kühlen Schatten tauchte. Der hohe Mittag senkte sich schon. Ich kleidete mich gemächlich an und begann den niemals ungefährlichen Anstieg in die schroffen Wände. In der Erinnerung noch bewunderte ich Anne; zum ersten Male dachte ich wieder ohne Bitterkeit an sie. Wie kühn und sicher sie damals mit mir hinuntergeklettert war, als Gefahr drohte. Einem schnellen, heimlichen Vogel gleich flog der Gedanke vorbei: auch Christa kennt keine Furcht —!

Ich hatte nichts zu versäumen. Es war schön, so aus der Tiefe wieder aufzutauchen und den Ausblick sich immer vollkommener entfalten zu lassen.

Endlich hatte ich die Lehne erreicht, auf der ich wieder

aufrecht gehen konnte, ohne nach einem Halt für die Hände suchen zu müssen. Auch hier oben war die wildeste Hitze schon verloht. Wind ging und fächelte die glühenden Halden und Hänge, die klopfenden Schläfen.

Schon hob sich das Dach der Hütte über die Wölbung der felsübersäten Wildwiese, die ich hinaufwanderte. Immer das gute Gefühl bei diesem Anblick: wie schön, daß ein Dach dich erwartet.

Im gleichen Augenblick bog eine menschliche Gestalt um die Felsnase.

Unwillen durchzuckte mich. Dies war der erste Besucher seit meiner Ankunft. Zögernd beschritt die Gestalt den Pfad zu meiner Hütte. Ich erkannte auch, wer es war — an Gang und Haltung. Marguerite —! Zum Teufel, was führte sie her? Und offenbar allein?

Wir erreichten das Haus zu gleicher Zeit. Um das Haar hatte sie sich locker ein Tuch gebunden, um dem Winde zu wehren. Ihr Gesicht glühte vom stundenlangen Marsch bergauf. Ihre Lippen blühten tiefrot. Ihre Augen strahlten mich an, als wäre nichts selbstverständlicher als ihr unvermutetes Erscheinen auf meiner Höhe:

»Uff!« sagte sie mit einem komischen Seufzer, »leicht ist es gerade nicht, dich zu besuchen!« Sie riß sich das Tuch vom Kopf, warf Jacke, Stock und Tuch ins Gras, hob sich den Riemen eines Felleisens über den Kopf, den die verwirrten, dichten Haare wie Flammen umzüngelten, und ließ auch diese Last ins Gras sinken.

»Mir ist höllisch heiß, Bill! Ob man bei dir wohl baden könnte —?«

»Kann man natürlich, Marguerite! Da drüben! Die Quelle fließt durch das Becken. Ich habe es als Badewanne angelegt. Bitte sehr!«

»Etwas öffentlich die Angelegenheit. Du wirst derweil ins Haus eingeschlossen und der Laden verrammelt. Kannst du mir mit Seife und einem Handtuch aushelfen?«

»Mit Vergnügen!« Ich holte das Gewünschte und begab mich zu ihrer Beruhigung ins Haus, das heißt, ich setzte mich nach einer Weile auf meinen Lieblingsplatz in den Verandaaufgang. Das Wasserbecken lag hinter dem Haus.

Nach einer halben Stunde erschien sie wieder, frisch und kühl. »Freust du dich, daß ich dich besuche, Bill?«

»Freuen? Sicherlich! Aber was, um alles in der Welt, führt dich den langen Weg hierher? Ist etwas Besonderes passiert?«

»Nichts Besonderes. Doch John mußte für eine Woche nach Chicago, ich bekam die stickige Stadt plötzlich über, wir haben seit deiner Abreise kein Sterbenswörtchen von dir gehört —. Ich setzte mich also heute früh ins Auto. Da bin ich nun, um zu sehen, ob du noch lebst. Aber sehr beglückt scheinst du mir nicht!«

»Doch, doch, Marguerite! Was kann man anders als glücklich sein, wenn man dich sieht. Sag, hast du mit John verabredet, daß du mich besuchen willst?«

Unmut kräuselte ihre Stirn. Ich saß noch immer auf den Verandastufen; sie hatte sich ins Gras gestreckt. Sie erwiderte mit einiger Ironie: »Mein lieber Bill, du bist ein unausstehlicher Esel, John ist natürlich sehr einverstanden, daß ich mich ein wenig um dich kümmere. Er wollte sogar mitkommen, wenn diese dumme Chicago-Reise nicht dazwischengeraten wäre. Du unterschätzt John gewaltig. Er sagte: Wenn du über Nacht oben bleiben willst, Margy, dann stelle den Wagen nicht auf einer der Farmen ab, sondern fahre ihn irgendwo am Talrand ins Gebüsch. Die Leute brauchen nicht zu wissen, daß du über Nacht bei unserem Einsiedler warst!«

Sieh mal an! Ich mußte mich geschlagen bekennen. Niemand vermag die Leute richtig zu beurteilen, wenn sie erst verheiratet sind. Und Jordan schien seiner Sache völlig sicher zu sein. Ich sagte eine Weile gar nichts. Dann fragte ich sie, ernsthaft: »Du liebst ihn also, Marguerite?«

Sie blickte nicht zu mir hin, antwortete leise: »Jeden Tag liebe ich ihn mehr!«

Mich faßte die Lust, sie und ihre Antwort ein wenig zu ironisieren, wie es zwischen uns von der ersten Stunde ab üblich gewesen war. Ehe ich aber zu Worte kam, fuhr sie leiser fort:

»Wir werden Kinder haben, Bill.«

Wie ich sie so liegen sah, warm und schön, ein Bild des Lebens, ganz mit sich einig. Sie hatte erreicht, was sie wollte, und würde noch mehr erreichen, wenn ihr nach mehr der Sinn stand. Ich war schon ausgeschieden. Ich saß abseits. Wir verharrten wortlos eine Weile.

»Bist du nur gekommen, mir das zu sagen, Marguerite?«

»Ja, wenn es auch nicht der einzige Grund ist. Ich dachte, es müßte dich freuen, daß meine ganze frühere Verrücktheit schließlich doch nichts weiter war als der Hunger nach dem Natürlichen und dem einfach Menschlichen. Ich verdanke dir mehr, als du ahnst, Bill!«

»Wenn du das noch einmal sagst, rücke ich aus!«

Sie lächelte: »Weiß ich. Ich sag's auch nicht mehr. Ich habe übrigens, mit Verlaub zu sagen, einen Bärenhunger!«

Ja, natürlich, daran hatte ich nicht gedacht. Ich aß fast nie außer der Zeit. Ich erhob mich sofort.

»Willst du das Abendbrot selber richten, oder soll ich dir nach meinem Gutdünken servieren?«

»Nach deinem Gutdünken! Es ist so wunderbar kühl und doch warm hier im Gras. Ich mache inzwischen die Augen zu!«

»Hast du auch verdient«, entgegnete ich väterlich.

Der glänzende Tag hatte sich geneigt. Doch die Nacht zögerte. Zehn zeigte die Uhr schon, und noch immer war es so hell, daß das Hochgebirge wie ein von innen her milde leuchtender Kristall herüberschimmerte.

Da war sie wieder, die Eule, die Wächterin auf der Felsnadel. Unhörbaren Flügelschlags kam sie herzugestrichen und blickte unverwandt und regungslos zu uns herüber. Ob's noch die gleiche war wie damals? Eulen sollen sehr alt werden, sagt man.

In der Höhe des violettfarbenen Himmels schwamm ein Viertelmond. Dicht ihm zur Seite strahlte ein holder, heller Stern in ruhigem Glanze.

Auf sanfteren Ton hat der Shaggy sein dunkles Horn gestimmt. Die Hochflut seiner Wasser hat den Weg zum Columbia und ins Meer, zur großen Mutter, schon gefunden.

Ich legte für Marguerite ein Kissen in den Verandaeingang. So konnte sie bequem sitzen. Ich hatte uns einen Grog aus altem Rum gebraut. Das war das richtige für diese Tages- oder Nachtzeit. Die Nächte kühlten sich auch im heißesten Sommer heftig ab, wurden sogar zuweilen kalt, besonders dann, wenn keine einzige Wolke am Himmel stand wie in dieser Nacht.

Wir kosteten mit Genuß das heiße, angenehm duftende Getränk, und Marguerite sagte:

»Wenn du dir jeden Abend so Gutes braust, bist du zu beneiden.«

»Es ist das erste Mal, seit ich hierherkam, daß ich etwas Alkoholisches zu mir nehme. Solche Sachen kommen nur zu Fest- oder Feiertagen auf den Tisch oder auf die Treppenstufen — oder wenn hoher Besuch sich einstellt.«

»Hoher Besuch! Bin ich, nicht wahr? Vielen Dank! Du redest übrigens, als wolltest du hier so bald nicht wieder fort?«

Ich überlegte mir die Antwort lange. Ich verspürte eigentlich keine große Lust, das Gespräch in die Tiefe sinken zu lassen. Man konnte die halbe Nacht versitzen, seinen Grog trinken, den Sternen zusehen, ob sie sich nicht ein einziges Mal auf ihrer alten Reise verirrten, konnte sich dies und das erzählen, was die Zeit vertrieb, ohne das Herz zu beschweren, und sich schließlich mit gutem Gewissen, wenn der alte Tag verklungen war, aufs Ohr legen. Denn trotz der feinen Fäden, die sich zwischen Marguerite und mir gesponnen hatten, wollte ich sie als meine Vertraute nicht anerkennen. Ich antwortete schließlich:

»Ich weiß noch nicht genau, wann ich hier fortgehen

werde.« Sie erwiderte mit einer bei ihr ungewohnten Sanftheit und Ernsthaftigkeit:

»Sieh, Bill, du mußt nicht denken, ich wollte mich eindrängen. Auch bin nicht eigentlich ich es, die sich Sorgen um dich macht; mein Mann macht sich Gedanken. Er plagt sich mit Selbstvorwürfen, daß er dich aus Afrika weggelockt hat, wo du vielleicht schon Fuß gefaßt hattest. Und da ich die Sorgen meines Mannes zu meinen eigenen mache — du brauchst nicht ironisch zu lächeln —, so kam ich zu dir, um dich zu bewegen, dich nicht hier oben festzusetzen. Du bist noch längst nicht alt genug, um zu resignieren.«

»Woher weißt du das? Eine kühne Annahme!«

»Du gehörst, glaube ich, zu der verhältnismäßig seltenen Sorte von Einspur-Liebhabern. Du wirst von dieser jetzigen Anne Halvorsen — hol sie der Teufel — entschuldige! — niemals wieder loskommen. Aber glaubst du nicht auch: wenn nicht Jordan und ich, sondern du und ich einander geheiratet hätten, wär' auch aus unserer Ehe etwas Erfreuliches geworden? Ich bin viel tüchtiger, als du denkst, und hätte dir das fehlende Selbstvertrauen schon wieder beigebracht.«

»Schon möglich, Marguerite. Aber es gibt Leute, die karren lieber allein durch ihren eigenen Sumpf und Sand, als zu zweien über eine glatte, aber fremde Straße. Zu diesen gehöre ich offenbar.«

»Ist ja nicht wahr, Bill! Ich glaube es nicht, daß sich irgendwer, wenn er sich nicht gewaltsam sperrt, dem Einfluß echter Leidenschaft zu entziehen vermag. Sperre Hans und Grete zusammen, und sie werden sich schließlich lieben, wenn ihnen keiner dazwischentritt. Sich zu lieben, ist nicht einzig jenes vielgepriesene Geschenk der Götter. Man kann es auch lernen. Sogar im besten Falle muß man es lernen! Sonst nimmt die Geschichte ohnehin gewöhnlich ein vorzeitiges Ende.«

»Sehr schön, meine liebe Marguerite! Nimm also meinetwegen an, ich hätte es einmal — hier oben übrigens, in dieser Hütte — so gut gelernt, daß mein Gehirn sich ganz darauf eingefahren hat, und noch mehr mein Herz. Du weißt ja: umlernen ist viel schwerer als lernen. Häufig gelingt es nie.«

Es war sehr viel dunkler geworden. Die Sterne alle hatten ihren großen Funkelreigen eröffnet. Zugleich umwandelte uns die keusche Stille der Einöde viel näher und horchender noch als zuvor. Der Shaggy sang verhalten, als dämpfte er seine Stimme absichtlich. Die Stunde des Schweigens erhob ihr dunkellockiges Haupt und blickte uns von jenseits des Tales mit fragenden Augen an. Auch Marguerite, in Städten aufgewachsen und mit wachstem Verstande romantischen Empfindungen sonst nicht zugänglich, begann zu ahnen, daß solche Sommer-Mitternacht, verwunschen, weltentief, kaum nur zu klugen Gesprächen geschaffen war.

Als Marguerite nach langer Zeit das Wort nahm, flüsterte sie nur:

»Ich wollte, ich wäre nicht gekommen, Bill. Du liegst mir seit den ersten Tagen unserer Schiffsreise wie ein angefangener Brief auf der Seele. Aber der Brief hat im Grunde keinen Empfänger. Ich hätte ihn gern zu Ende geschrieben.«

Marguerite richtete sich auf, als hätte sie lange Zeit zu verkrümmt gesessen. Sie seufzte. Ich flüsterte noch leiser:

»Ich probiere nicht mehr, Marguerite. Probieren ist zerstören. Ich habe genug zerstört, finde ich.«

Wieder tropfte manche Minute in die nachtdunkle Ewigkeit. Sie fing noch einmal die versickernde Zwiesprache auf:

»John hat recht: dir ist im Grunde nicht zu raten und auch nicht zu helfen. Ich dachte, es würde dir helfen, wenn dir einer das Vergessen leichter machte, weiter nichts, aber —«

»Ich will nichts weniger als vergessen. Alles behalten, das will ich, jeden Tag, jede Stunde. Nichts darf verlorengehen.«

Mit einem Unterton von Verzweiflung hob sie noch einmal an, beinahe böse:

»Du setzt dich in ein Wachsfigurenkabinett und staubst

die auf lebendig geschmückten Puppen täglich ab und betest sie an. Draußen läuft dir das Leben davon.«

»Nenne es Wachsfigurenkabinett oder Mausoleum oder wie du willst. Das rührt mich wenig. Und das Leben — mag es laufen! Man kann nur einmal leben!« — —

Die Nacht schwebte unverändert hoch und samten über allen Irrtümern in ihrer Tiefe. Ein Stern fiel sausend; aber er bedeutete uns nichts. Die Eule strich mit einem Male ab, dicht an unserm Hause vorbei, wie ein großer, weicher, geheimnisvoll durch die Luft bewegter Lappen. Marguerite erhob sich und stieg langsam die wenigen Stufen hinunter ins Gras, nahm den Pfad, wanderte schattenhaft der Felsnase zu und hielt über dem senkrechten Absturz still. Ich ging ihr nach.

»Abgrund überall!« sagte sie.

Ja, schwebend zwischen Abgründen, die ganze nächtliche Welt! Sternenabgrund über und unter mir. Verloren schlägt das Herz.

Ich nahm ihren Arm: »Komm, du schläfst auf meinem Bett. Ich habe dir ein wunderbares Lager bereitet. Ich lege mich mit ein paar Decken auf die Veranda vor deiner Tür, daß dich keiner fortholt.« Sie antwortete nicht, drückte aber leicht meinen Arm; es tat gut.

Bald erlosch ihre kleine Lampe hinter dem Fenster. Ich lag noch lange wach.

15. V. 1948.

Der Morgen heute leuchtet klar und atmet eine solche Frische aus, daß ich ihn jenem Morgen im Gebirge vergleichen möchte, an dem ich Marguerite wieder ins Tal und zu ihrem Auto zurückbrachte. Sie hatte sich nicht entschließen können, den Tag nach ihrer Ankunft noch bei mir zu bleiben. Sie drängte gleich nach dem Frühstück fort: »Du solltest wenigstens diesen einen Tag über bleiben; er wird zauberhaft schön werden!« — »Ach nein, laß nur! Du kannst mich hinunterbringen, wenn du magst!«

Während wir langsam talwärts schritten, fragte sie noch einmal:

»Du gehst also bald fort, nicht wahr?«

»Ich bleibe kaum noch sehr lange, Marguerite.«

»Du weißt ja, daß du uns jederzeit willkommen bist. John und ich, wir hätten es prächtig gefunden, wenn du unser Teilhaber geworden wärst.«

»Ich weiß, was ihr für nette Leute seid. Aber vielleicht bekommt es uns allen besser, wenn zwischen mir und euch ein paar tausend Meilen liegen. Ich werde wieder zu meiner alten Gewohnheit zurückkehren, alle Vierteljahre einen Brief an Jordan zu schreiben — jetzt natürlich zugleich an dich. Das wird unsere Freundschaft wunderbar erhalten. Jordan hätte mich tatsächlich nie aus Afrika abrufen sollen.«

»Dann hätten wir uns nie getroffen, Bill. Ich hätte John nie gesehen, wäre jetzt nicht verheiratet, wenigstens keinesfalls mit ihm, und trüge vielleicht das Kind eines viel weniger sympathischen Vaters.«

Ja, sie hatte vollkommen recht. Vielleicht waren ich und meine Sehnsucht nur eine List des Schicksals gewesen, diese beiden vorzüglichen Menschen zusammenzuführen. Wir Weber wissen alle nicht, woran wir weben und nach welchem Muster. Wie konnte ich Jordan Vorwürfe machen! Er hatte das Beste gewollt und seinen guten Lohn schon empfangen. Diesen lebendigen, schönen Lohn, der da vor mir den schwierigen Pfad sicher und vorsichtig bergab wanderte. Glücklich jeder, dem sich diese Marguerite zugehörig fühlte. Wie schön der Name zu ihr paßte! — Ich antwortete ihr:

»Du hast recht. Ich bin sehr zufrieden, daß ich als Ehestifter respektablen Erfolg gehabt habe. Ich bleibe, solange ich das Nichtstun irgend ertragen kann —!«

»Und dann? Dann wirst du wieder auf See gehen; als Erster oder Zweiter Offizier, damit dich keine Verantwortung drückt; auf einem Trampdampfer, damit du ja nicht zu einem Ort zurückzukehren brauchst, wo du schon einmal gewesen bist — wie ich dich kenne!«

»Du kennst mich doch nicht genug. Ich werde nicht wieder zur See fahren.«

»Was aber sonst, wenn du nicht einmal unser Büro aushalten konntest?«

»Ich denke, ich reise nach Afrika zurück und versuche, dort wieder anzufangen, wo ich vor fast einem Jahre aufgehört habe.«

Ich erschrak über mich selbst, als ich diese Worte ausgesprochen hatte. Was hatte ich da gesagt?

»Was hast du?«

»Ach, deine Frage hat mich überhaupt erst auf diese Möglichkeit gebracht. Es gibt da Dinge, an die habe ich lange nicht gedacht.«

Sie war stehengeblieben und blickte mir voll ins Gesicht:

»Eine Frau also?«

Ich schaute beiseite: »Ja, eine Frau, Marguerite!«

»Jetzt wird mir manches klar, Bill. Du darfst mir nicht mehr ausweichen. Du mußt jetzt sprechen. John und ich haben uns den Kopf zerbrochen, was eigentlich mit dir los sei, denn wenn nur Anne dich beschwerte, so hättest du dich anders verhalten.«

»So?« fragte ich verwundert, »das leuchtet mir nicht ein.«

Über Anne hätte ich niemals sprechen können — die afrikanischen Tage drängten sich mir von selbst auf die Lippen. Wie mit einem Zauberschlage stiegen sie aus der Tiefe herauf, die Düfte und Gluten der Dornbusch-Steppe, das weiße Farmhaus am Hang der Berge, die Roten Klippen, die lautlos schweifenden, großgehörnten Kudus, die Alten-Männer der Pavianshorden, die schnatternden Kaffern, die funkelnden Nächte unter dem Kreuz des Südens — wie der halbe Mond eine lange Flimmerstraße über den Stausee blinken ließ — leise Traumgespräche auf der dunklen Veranda, umweht vom Hauch aus den grenzenlosen, Balsam atmenden Einöden — die großen Feuer des Nachts in der einsamen Steppe, dem Revier königlicher Räuber — eine verborgene Wasserstelle unter Felsen — ungeheurer Blick in fernhin verflimmernde Weiten — die Sonne hoch im Norden.

Marguerite, auf einem Felsen hockend, sagte leise:

»Meine afrikanische Heimat —. Wie du sie zu beschreiben weißt. Ich war nur in den großen Städten daheim. Die sehen sich gleich auf der ganzen Welt. Erzähle weiter, Bill!«

Wie von selbst komme ich auf Christina zu sprechen. Langsam taste ich mich heran. Marguerite ist klug genug, der richtigen Fährte zu folgen. Sie spürt die Wahrheit heraus, auch ohne daß ich sie ausspreche. Endlich habe ich etwas, was ich ihr erzählen kann, ihr und John. All die Zeit drängen sie mich schon, daß ich ihnen etwas berichte, daß ich mich ausspreche; aber ich bin mit Stummheit geschlagen gewesen. Seltsam, Christina vermag ich der Anteilnahme der Freunde auszuliefern. Ich schildere das wunderbare Mädchen aus alemannischem und altem portugiesischem Blute in all seiner Grazie und seinem bezaubernden Adel.

»Und du bist einfach davongefahren — nach allem, was ihr beide erlebt habt —, ohne dich umzusehen? Und ohne eine einzige Zeile an sie zu schreiben? Bill — entweder bist du wahnsinnig oder ein Schurke!«

»Was bin ich? Was?«

Ich fiel aus allen Wolken: »Warum denn? Wie kommst du darauf?«

»Wenn du mir diese Christina richtig geschildert hast, wenn sie so stolz und so unbedingt zu leben gewohnt ist, wie du es sagst, dann muß sie dein unglaublicher Abschied und heftiger noch dein Schweigen seitdem getroffen haben. Du bist unbegreiflich Bill! Ich hätte dir derartige Roheit nicht zugetraut.«

»Roheit?« Ich wurde langsam unwillig: »Du übertreibst. Als ich abfuhr, tat ich nur, was ich tun mußte.«

»Was du tun mußtest —!« äffte sie böse. »Behaupte nur noch, daß du dir nichts vorzuwerfen hättest, du ausgemachter, selbstgewisser Esel.

Eine Frau ist gewissen Erlebnissen hilflos ausgeliefert, wenn sie sich erst einmal ihnen aufgeschlossen hat. Ich habe dir mehr Verstand und Gefühl zugetraut, Bill. Du rennst einem Schemen nach und zerstörst die goldene Brücke, die dir das Schicksal viel zu gütig anbot.«

Sie sprach mit solchem Ernst und so viel Sorge im Ton, daß ich ihren Worten nachdenken mußte. Hatte ich mich wirklich unverantwortlich benommen? Sollte ich zu dem Unheil, das schon bestand, weiteres angerichtet haben? Furcht machte mir plötzlich den Hals eng. Ich versuchte eine lahme Entschuldigung:

»John hatte mich dringend gerufen. Und es ist bestimmt auch jetzt noch nicht zu spät, daß ich ihr schreibe!«

Marguerite wandte sich mir plötzlich zu:

»Ja, schreibe ihr gleich, Bill! Wenn John geahnt hätte, wie tief du dich da unten verstrickt hast, hätte er dich gewiß nicht gerufen. Schreibe ihr —«, sie legte ihre Hände auf die meinen, »schreibe ihr, daß du wiederkommst, daß du sie wegen deines Schweigens um Verzeihung bittest, daß du sie heiraten willst! Schreibe ihr bald! Soll ich noch dableiben und den Brief gleich mitnehmen?«

Nein, das war mir zu dringlich. Was sagte sie da, heiraten? Damals hatte ich auch nichts von mir hören lassen —. Damals ohne meine Schuld? Und heute? Furcht, Furcht überfiel mich.

Ja, ich wollte schreiben, gleich!

»Warten? Das brauchst du nicht, Marguerite. Ich kann den Brief selbst ins Tal bringen.«

I

28. V. 1948.

Ich habe wieder eine Woche gezögert, ehe ich mich heute an diesem kalten, trüben Morgen entschloß, weiterzuschreiben. Ich weiß noch genau das Tatsächliche aus den vergangenen Jahren; aber die inneren Zusammenhänge haben sich mir vielfach verwischt. Meine frühen Jahre sehe ich deutlich vor mir ausgebreitet, fast überscharf in allen Einzelheiten, wie eine weite Landschaft nach dem Regen. Aber das

Spätere, das mir zeitlich näher liegt, besitzt nur noch verschwommene Umrisse.

Manchmal meine ich, daß es gar keinen Sinn besäße, was die Vergangenheit mir an Täuschungen und Verwirrungen brachte — daß ich den Sinn nachträglich hinzudichte.

Wie mir mein Leben im Grunde unter den Händen zerronnen ist, so zerrinnt mir auch dies Buch; denn so muß ich's wohl nennen; ich schreibe schon auf der dreihunderteinundachtzigsten Seite.

Die goldenen Tage des werdenden Sommers wandeln an mir vorbei. Ich warte kaum noch auf jenen Brief aus Canada; es ist wie damals auf der Höhe über dem Shaggy: Zorn, Kummer, Vorwürfe gegenüber Anne schwinden dahin; ich wage nicht, mit ihr zu rechten. Die Liebe, die alte Gefährtin, bleibt, wenn auch nicht einmal die Sehnsucht mehr sich regt. Ich könnte nach Afrika zurückkehren, denn meine Rechte dort sind nicht erloschen — oder nach Basel, denn dort gehöre ich von Rechts wegen hin. Aber in dem einen wie dem andern Falle müßte ich Clar zurücklassen. Doch mag ich den letzten Anker noch nicht loswerfen, der mein Schiff in der Mündung des Flusses davor bewahrt, von der saugend strömenden Ebbe auf die hohe See entführt zu werden; es ist abgetakelt und ohne Ruder und würde schnell in den dunstigen Horizont davongetragen werden — auf Nimmerwiedersehen!

Ich hocke in meinem weltabgeschiedenen Jagdhaus zwischen Heide und Moor wie ein alter, zerfledderter Uhu auf seiner Stange und bin mir selbst zur Last!

Es ist vorbei. Ich gebe es zu: ich bin alt!

Die Menschen sind gar nichts. Denn das Gute, das sie wollen, das tun sie nicht, sondern das Böse, das sie nicht wollen, das tun sie —!

*

Marguerite war schließlich zu ihrem Auto hinuntergestiegen; sie konnte nicht den ganzen Tag mit mir auf halbem

Wege am Hang sitzen — und zu meiner Hütte zurückzukehren, schien erst recht unmöglich.

Der Besuch war verpfuscht. Sie hatte ihr Auto tief ins Gebüsch gefahren, so daß es einige Mühe kostete, den schweren Wagen mit bergab gerichteter Nase wieder in die Spur zu bringen. Schließlich glückte es; sie saß am Steuer; der Motor schnurrte sanft im Leerlauf. Ich lehnte neben der Tür. Ich hatte sie kaum jemals weich gesehen.

»Vergiß nichts von dem, was du mir versprochen hast!«

»Nein, ich vergesse nichts, Marguerite!«

»Und lasse dich noch einmal bei uns sehen, ehe du endgültig verschwindest. Komme auch später vorbei, wenn dein Weg dich wieder in unsere Nähe führt!«

»Gewiß, liebe Marguerite!«

Sie ließ den Motor schneller laufen:

»Ich muß jetzt fahren, Bill! Komm, küß mich zum Abschied!«

Das war Marguerite. Ich habe sie nicht wiedergesehen. —

29. V. 1948.

Ich sehe noch den großen, grauen Wagen Marguerites zwischen den frühlingsgrünen Dickichten die verwachsene Straße entlang vorsichtig davonschwanken, eine Hand winkte zur Linken aus dem Fenster, die Büsche rauschten, als sie hinter dem Auto wieder zusammenschlugen, eine aufgestörte Wolke von Schmetterlingen und Insekten surrte und blinkte und schwirrte hinterdrein. Dann hatte der Wald sie aufgenommen. Dann war nichts mehr zu vernehmen als nur noch das tiefe, gleichmütige Rauschen der Wipfel. Ich fühlte mich erleichtert.

Langsam wanderte ich bergan. Also wieder nach Afrika zurückkehren wollte ich —? So war es doch wohl? Eingeständnis meiner vollkommenen Niederlage?

Ich wunderte mich über mich selbst. Es mochte geschehen, was auch immer: Alle Rückschläge, alle Enttäuschungen, die volle Vernichtung jeder Hoffnung änderte im tiefsten Grunde nichts daran, daß im dunkelsten Innern der Strom unwandelbarer Treue in stetem Gleichmaß nach alten Gesetzen weiterrann. Mochten sie alle reden, mich drängen, mir helfen wollen — was verstanden sie schon!

Gewiß, ich mußte an Christina schreiben. Es erschien mir nicht unmöglich, sie zu heiraten. Ich würde fortab in zwei Welten leben, die nicht das geringste gemein hatten. In fernen, allen Fremden verborgenen Hintergründen atmeten die königlichen Wildnisse des Daseins, märchenhaft schön und duftend, von großen Sehnsüchten überhaucht; in ihren verklungenen Tiefen wohnte sie wunderbar behütet, sie, die Einzige! So war es. —

Als ich den schützenden Hafen der Hütte wieder erreicht hatte, suchte ich mir als erstes einen Briefblock, einen Umschlag und schrieb an Christina, wie ich es Marguerite versprochen hatte. Der Brief wollte nicht gelingen; ich setzte vielfach an — um mit jedem neu begonnenen Blatt schließlich doch nur den Haufen zerknüllten Papiers unterm Tisch zu vermehren. Ich gab es endlich auf, ihr das Nichtberichtbare, das mich so lange hier festgehalten, zu berichten, schrieb schließlich nur den einen Satz, auf den es ankam:

»Liebe Christina!
Warte noch eine kurze Zeit. Ich komme wieder!
Dein Wilhelm Barkholtz.«

Das war schließlich der ganze Brief. Umständlich und genau, wie es meine Art ist, versah ich den Umschlag mit der Anschrift; als Absender gab ich mich unter Jordans Adresse an.

Dann stellte ich den Brief ins Fenster; mit erstem sollte er auf den Weg gebracht werden.

Als die Sonnenfackel hinter den Gebirgen im Westen erlosch, machte ich mich noch einmal auf, die Lichtung zu umschreiten. Wie oft war Anne hier entlanggegangen, um Beeren oder Pilze zu suchen —!

Ich nahm Abschied von den vertrauten Stätten. Einmal hatte ich sie überrascht, wie sie sich an einem heißen Tage im weichen hohen Gras des Waldrandes zur Ruhe gebettet hatte. Sie war eingeschlafen, aber meine Schritte weckten sie. Ihr dunkler Kopf ruhte auf den Armen, die sie dahinter verschränkt hatte. Ihre Wangen waren vom Schlaf gerötet. Sie schlug die Augen groß zu mir auf, dunkel und tief; die Ahnung eines Lächelns überzitterte ihr Antlitz wie leisester Mittagshauch einen Waldsee. Kein Wort kam über ihre roten Lippen. Still blickte sie mich an aus ihrem grünen Bett. Das Leben selbst, unendlich hold, mir zugetan, das zaubervolle Leben lächelte mir zu, mir ganz allein in der Tiefe der ewigen Wälder. —

Als ich bei sinkender Nacht zur Hütte kehrte, fiel mein Blick auf den Brief, den ich innen vors Fenster gestellt hatte. Unsinn eigentlich, Briefe zu senden, wenn man entschlossen ist, bald zu reisen. Ich würde bald reisen, ja, und ohne Aufenthalt nach Südwestafrika. Das entschied sich immer fester. Vielleicht schon am nächsten Tage? Nein, ich wollte noch einmal zum Kesselsee tief in die Schlucht des Shaggy steigen. Ich mußte auch das Haus bestellen, ehe ich fortging. Aber am übernächsten Tage in aller Frühe, das setzte ich mir als letzten Termin.

Des Nachts, als die Sterne hoch die kühle Nacht regierten, saß die Eule wieder auf der Felsennadel. Sie zeichnete sich deutlich gegen den Himmelsabgrund ab.

Die Eule rührte sich nicht; gewiß, es war mein alter Nachtgefährte von einst!

So hockte ich in der jungfräulichen Stille der mitternächtlichen Berge. Der Strom raunte aus der Tiefe wie seit Ewigkeiten. Durch den Himmel fiel ein Stern, ein göttliches Geschoß.

Der Nachtvogel breitete, vielleicht erschreckend vor dem silbern schimmernden Strahl, die Flügel, strich dicht am Boden vom Felsen ab dem Walde zu wie zum Gruß; ich spürte das Wehen der großen, weichen Flügel. Vom Walde her drang sein klagender Schrei.

Ich fühlte mich aus einem Bann entlassen. Ich breitete die Arme in die leere Nacht.

Am nächsten Tage kletterte ich zum Shaggy hinunter. Die Sonne hatte den tiefen Schacht bis zum grünsilbernen Kesselsee durchstoßen. O einsamstes Zauberverlies!

Ich warf mich in die kristallene Flut. Ich trieb im Kreise mit der kreiselnden Strömung.

Auch hier war Anne gewesen. Ich schloß, auf dem Rücken liegend, die Augen und sah sie —.

Sich sinken lassen in diese eisige Flut —. Vergehen —. Aller Qual Ende —.

Ich stieß mit dem Kopf leicht an den Felsenriegel, über den sich breit die Wasser talwärts ergossen. Ich schlug die Augen auf. Wie sehr mochte Anne es sich gewünscht haben, damals, als ich nicht wiederkehrte. Ich stieg an Land, bebend bis ins Mark.

Die Sonne vermochte mich nicht zu durchwärmen. Ich zog mich mit halb erstarrten Händen an und kletterte in den Hang; die Anstrengung erst wärmte mir wieder das Blut. Ich warf noch einmal einen Blick zurück in die Tiefe. Keiner sollte dich mehr erreichen, du verschwiegener Ort! Ich löste im Anstieg alle Steine, alle Felsen, die mir als Stützpunkt dienten. Schlafe und träume da unten, jadegrün kreiselnder See, verborgen allen Sterblichen, bis in die funkelnde Ewigkeit; unser warst du, niemand sonst, und unser bleibst du!

Als ich am Abend des nächsten Tages die Bahnstrecke erreichte, hörte ich mich eine Fahrkarte ostwärts statt südwärts fordern. Die Südrichtung hatte ich zu wählen, wenn ich auf geradem Wege nach Afrika wollte. Ostwärts wohnte irgendwo Anne. Den Brief nach Südwestafrika hatte ich zuvor in den Bahnpostkasten geworfen.

31. V. 1948.

Als ich nach Calgary im kanadischen Alberta hinauffuhr, handelte ich wie unter einem Zwange, übernachtete in irgendeinem gleichgültigen kleinen Hotel gegenüber dem Bahnhof, nahm kaum wahr, daß im Westen die silbernen Ketten der Rockies wie Träume zart in den Himmel gezeichnet standen; mich bewegte nur ein einziger Gedanke: am nächsten Morgen fuhr der Expreß nach Winnipeg in Manitoba, ostwärts über die Prärie. In Manitoba gab es einen See, der hieß Heron Lake, Reihersee; an diesem See lag eine Farm, Windermere-Stock-Farm geheißen, und auf dieser Farm lebte Anne. Ich wollte sie noch einmal sehen, ehe ich dies Land für immer verließ. Wollte sie noch einmal sehen — und sei es auch nur aus der Ferne.

Ach, nur aus der Ferne — weiter nichts mehr!

1. VI. 1948.

Es war ungefähr um die gleiche Zeit im Jahr wie jetzt, als ich in der Gegend des Heron Lake eintraf. In Winnipeg hatte ich mir zunächst für einen Monat einen Ford-Wagen gemietet und mich mit einer genauen Karte versehen, auf der die Lage der Windermere-Farm verzeichnet war. Ich schloß daraus, daß die Farm zu den frühesten Gründungen in dieser Gegend gehörte. Dan und Anne hatten etwas Gutes erworben und daraus etwas Besseres gemacht, eine Stock-Farm, eine Zuchtfarm als, deren Erzeugnisse besonderes Ansehen genossen.

In dem winzigen Städtchen Heron, das an der Südspitze des langgestreckten Sees gelegen war, mietete ich mich in dem ebenso winzigen wie sauberen Hotel ein unter der Vorgabe, mich hier nach einer Farm umsehen zu wollen. Irgendeinen Grund mußte ich ja angeben, und dieser schien mir damals in den Jahren guter Weizenpreise und üppig ins Kraut schießender Landwirtschaft noch am einleuchtendsten. Er half mir auch am ehesten, die Leute nach den Dingen auszufragen, auf die es mir ankam.

Die Farm lag als große Rodung in den unabsehbaren Buschgebieten dieses Teiles von Mittel-Canada; die nächsten Besitzungen waren durch meilenbreite unberührte

Buschstreifen von ihr getrennt. Sie bildeten nur einen lockeren Schwarm von fruchtbaren Inseln in dem weglosen Meer der dichten, grünen Pappel- und Ahorn- und Weidenhaine, die sich bis weit nach Norden dehnen, wo der Busch immer dürftiger und magerer wird — Zwergbirken, Sumpferlen —, bis er schließlich in der öden Tundra der nördlichsten Einöden versickert.

Hier aber, an den blitzenden Ufern des Reihersees, dem man durch viele Meter auf den steinigen, von spielenden Fischen überzuckten Grund schauen konnte, hier prangte das grünsamtene Kleid des Nordens in bezaubernder Pracht und Herrlichkeit. Ich fuhr gewöhnlich die schnurgerade nordwärts führende Straße von Heron eine Stunde weit hinaus. Der See, der sich nach Nordosten krümmte, lag schon meilenweit rechts ab. Irgendwo lenkte ich mein Auto an einer zuverlässig trockenen Stelle zwanzig, dreißig Schritt weit in die grünen Dickichte. Hier kümmerte sich keine Menschenseele um Autos, die irgendwer im Busche abstellte. In diesem glücklichen großen Lande gab es nirgendwo Schlösser an den Türen; die Koffer konnte man auf jedem ländlichen Bahnsteig stehen lassen, so viele Tage man wollte; es stellte sie höchstens einer unter Dach, wenn es inzwischen regnete. Selbst die Landstreicher lebten hier noch wie die Könige und fuhren auf den Dächern der Güterwagen prächtig durch das ungeheure, strahlende Land, auf dem der Weizen, ein Ozean von Fruchtbarkeit, unabsehbar die goldgrünen Wellen schlug, der Ernte entgegenreifend.

Ja, dies war ein glückliches, bezauberndes Land, ein Land im Norden voller Ernst und heiterer Kraft; ein Land voll Heimlichkeit, denn die grünen, flüsternden Büsche stehen und wogen dicht; von den seltenen Hügeln überblickst du ein grünes, wallendes Meer; was auf seinem Grund sich birgt, ahnst du nicht.

Hierher, in dies unabsehbare Verlies, hatten sich Dan und Anne mit ihrem Kinde geflüchtet, ja, so wollte es mir jetzt scheinen. Hier waren sie allen neugierigen Blicken verborgen; hier schlug die grüne Flut über ihnen zusammen wie ein schützender Vorhang.

Wie ein Kundschafter aus Indianerzeiten umwanderte ich die Rodung der Farm. Sie hatten die menschenferne Einsamkeit gesucht. Wer ihnen nicht paßte, den vermochten sie sich meilenweit vom Leibe zu halten.

Wohnhaus und Stallungen waren im Südostwinkel der gerodeten, im ganzen etwa quadratischen Ackerfläche lokker beieinander versammelt. Das Wohnhaus, einen guten Steinwurf weit vom Seeufer entfernt, schmiegte sich in einen Obst- und Gemüsegarten; dieser wieder lehnte sich, durch einen hohen Plankenzaun von ihm geschieden, an den unberührten Busch. Der Fahrweg zur Farm glitt quer über die Rodung von der wohl zwei Meilen entfernten Hauptstraße heran. Ihm vertraute ich mich nicht an, denn ich — — ich wollte nicht beobachtet, wollte nicht gesehen werden, nur aus der Ferne erfahren, wie sie lebte. Ich wollte sie von weitem vorbeigehen sehen, wollte noch einmal in mich eintrinken, wie sie schritt, wie sie den Kopf mit den schwarzen Haaren trug, wollte für alle Zukunft wissen, wie und wo ich sie mir zu denken hatte. Ich war so sicher, daß ihr Bild in mir durch sie selbst nie gestört oder gar verändert werden könnte. Sie blieb, wie sie war, einst und jetzt und immerdar; die Zeit hatte keine Macht über sie und mich.

Mir wurde nicht bewußt, wie lächerlich ich mich in diesen Tagen und Wochen benahm. Da schlich ich mich, ein Mann im gesetzten Alter von dreiundvierzig Jahren, gleich einem Ritter Toggenburg durch die Büsche, um meiner Schönen von weitem mein ganzes Herz zu Füßen zu legen. Es ist leicht, darüber zu spotten.

Was frage ich heute, was fragte ich damals danach. Ich folgte einfach dem Zuge meines Herzens. Dies schrieb mir vor, Annes Kreise nicht zu stören, sie nicht zu verwirren, sie nicht nachträglich vor Entscheidungen zu stellen, die längst gefallen und durch keine Bitten und Wünsche des Herzens rückgängig zu machen waren.

Als ich in stundenlangem Marsch die Farm, dem Rande

der Rodung zwischen den Büschen nachtastend, umgangen, als ich die Stellen erreicht hatte, wo Busch, See und Rodung zu schönem Dreiklang zusammentrafen, da schien mir, als hätte ich einen großen Schatz in mich gesammelt und verschlossen. So weit gespannt, so frei und königlich lebte sie also! Wenn sie aus den Vorderfenstern ihres Hauses blickte, so dehnten sich nach Norden und Westen die fruchtbaren Ackerbreiten, die ruhenden Brachen, in denen die Kraft zu neuen Ernten sich sammelte, bis weit an den bläulich verdämmernden Wall des flüsternden Busches; er stammte noch aus den jungfräulichen Tagen der Erde; nach Osten funkelte diamanten im leichten Hauch der Sommerwinde der gläserne See, soweit das Auge reichte, weit hinaus, bis dahin, wo Himmel und Erde ineinanderschmolzen. Im Rücken des Hauses aber atmete wiederum die unberührte Dickung, Garten und Wohnung in weitem Bogen umfangend, als sei hier ein Hafen des Friedens, darein sich die Häuser der Menschen vor den Stürmen des Himmels und der Herzen gerettet haben.

Das Wetter ließ sich günstig an, wie geschaffen für meine heimlichen Wünsche. Jeden Morgen funkelte die Sonne in aber tausend Tropfen kühlen Taus. Dann hob sich der warme Vormittagswind, als wogte eine Herde junger Pferde über die blanken Wildnisse, über den zärtlich schäumenden See, über die weiten Weizenfelder. Wenn der hohe Mittag heiß seine flimmernden Säulen über den Äckern aufrichtete, wenn die glühende Geisterstunde schlug, da kein Halm sich zu regen, kein Wellchen im See mehr zu atmen wagte, dann gab auch ich der Stunde des großen Pan nach und streckte mich irgendwo ins Gras, um zu schlafen.

Am Nachmittag aber ging ich auf Posten hinter dem Garten. Dann pflegten Anne und Cora — nur Cora konnte es sein, das zierliche, schnelle Mädchen, ein Kind noch, schwarzhaarig wie Anne — im Garten dies und das zu verrichten. Ich hatte mir — mit Beschämung gebe ich es zu — einen Feldstecher besorgt, mit dem ich aus sicherer Entfernung Haus und Garten und alles, was darin vorging, nahe zu mir heranlocken konnte. Südlich des Gartens wölbte sich dicht neben einem schnellen Flüßchen ein lichter bewachsener Erdrücken auf. Von ihm aus konnte ich leicht jede Regung menschlicher Wesen im Garten und vor der Hinterfront des Hauses schon mit bloßem Auge erspähen.

Manchmal gab mir zu denken, daß ein kaum erkennbarer Pfad am Seeufer entlang, dann das Flüßchen begleitend dicht an meinem mir schnell zur Gewohnheit werdenden Ausguck vorüberführte. Wenn das Schicksal es wollte, daß ich entdeckt wurde — nun wohl, dann mochte es seinen Lauf nehmen.

Ach, um es endlich zu sagen: noch heute spüre ich den Schlag, der mich durchfuhr, als sich am dritten Tage die Hintertür des Hauses auftat und eine Frau in die helle Sonne entließ, die nur — Herr Gott im Himmel, sie war es wirklich! Fast zehn Jahre lang hatte ich sie nicht mehr gesehen. Die zehn Jahre hatten sie nicht verändert. Noch immer stieg ihr der Hals, ein zierlicher Turm, aus den schönen Schultern; immer noch schwebte die schwarze Wolke des Haares ihr dicht um das schmale, klare Antlitz mit den dunklen Sicheln der Brauen, dem schlanken Rücken, der geraden, seltsam weitgeflügelten Nase und dem vollen, roten Mund. Und ihre Gestalt: wie aus edlem, biegsamem, doch unzerstörbarem Metall.

Auf ihren Zügen jedoch, so wollte es mir scheinen, entdeckte ich nicht mehr jenen hinreißenden Schimmer von Heiterkeit, von dem übersonnt sie früher sich zeigten. Oder täuschte ich mich nur —? Ein heimlicher Ernst schien sie zu überschatten, als könnte sie nur noch mit dem Munde, nicht mehr mit den Augen lächeln. Ein seltsam rührender Ernst hüllte ihr Antlitz in einen zarten Schleier. Bis zum heutigen Tage weiß ich nicht, ob meine sehnsüchtige Fantasie mir nicht nur ein Wunschbild vorgaukelte. Heute bin ich alt genug, mir einzugestehen, daß ich sie mir traurig wünschte; es mußte ihr ähnlich gehen wie mir; auch sie sollte an geheimer Wunde leiden; anderes hätte ich nicht ertragen.

Wenn sie manchmal die Augen gerade in meine Richtung wandte —, ach, frommer Selbstbetrug!

Gleich im allerersten Augenblick ereignete sich dies: sie öffnete die Tür, trat einen halben Schritt aus dem Türrahmen ins Sonnenlicht, hob den rechten Arm an den Türpfosten zur Stütze, lehnte die linke Hand leicht in die Hüfte und — — blickte mich aus großen Augen an, als hätte sie mir eine schwere Frage gestellt, und ich müßte darauf antworten.

Sie stand lange so und ließ den Blick nicht aus meinen Augen; es entsprach wohl ihrer Gewohnheit, zu dem Hügel herzuschauen, auf dem ich saß. Er bot im unendlichen Gleichmut des grünen, buschenen Meeres eine Landmarke, die den Blick anzog.

Ich saß erstarrt, mit dem Fernglas vor den Augen, wagte mich nicht zu rühren. Es war so unglaubwürdig, was geschah: viele Jahre hatte ich gebangt, sie wiederzusehen; und nun trat sie da aus der Tür des Hauses, lehnte ein wenig müde am Pfosten und schaute zu mir herüber; sie trug noch die große Schürze der Hausarbeit, ihr buntes Sommerkleid zu schützen; sie seufzte leise — fast meinte ich, es zu hören — und strich sich mit der Linken das Haar aus der Stirn. Dann reckte sie sich unmerklich, als wäre sie abgespannt, löste langsam die Schürzenbänder hinterm Rücken, wobei sie den Kopf leise nach vorn beugte voll unbewußter Anmut. Ich saß heimlich und trank jede Bewegung in mein Herz. Sie hob mit beiden Armen das Tragband der Schürze vom Nacken her über den Kopf in liebenswürdig selbstverständlicher Gebärde. Sie faltete die Schürze locker zusammen und legte sie in die Küche zurück. Im Halbdunkel der Türöffnung war sie einen Augenblick lang nur zu vermuten. Ob sie einen Namen gerufen hatte? Als sie wieder ins Freie trat, flog ihr wie vom Wind herangewirbelt ein Kind an den Hals, umfaßte und drückte sie leidenschaftlich und küßte sie sehr. Die Mutter nahm es in ihre Arme, fuhr ihm über das Haar und ordnete es, sprach freundlich auf es ein. Wieder war mir, als hörte ich ihre dunkle Stimme. Wehmut beschlich mich. Das Herz brannte in meiner Brust: Cora, Annes Kind —! Doch zugleich träufelte mir Trost ins Gemüt, denn das liebenswürdige Geschöpf war nicht hellblond von Haaren wie Dan.

Die Kleine sprang davon und kehrte schnell mit zwei leichten Hacken zurück. Mutter und Tochter schritten zwischen den Beeten dahin, bis sie jenes gefunden hatten, das ihrer Arbeit bedurfte. Wie sie beide leicht vorgeneigt das Werkzeug handhabten, die dunklen Köpfe zu Boden gebeugt, daß die strahlende Junisonne den schwärzlichen Flechten Glanz entlockte, da spürte auch ein Ahnungsloser, daß er hier Mutter und Tochter vor Augen hatte; der gleiche zärtliche Schwung der Linien, das gleiche selbstverständliche Ebenmaß der Glieder, die gleiche schnelle, beherrschte Sicherheit der Bewegung — ja, nur im eigenen Kind konnte die Mutter sich so vollkommen und ins Kindhafte verjüngt wiederholen.

Mit meinem Glas verfolgte ich sie und spürte nicht, wie die Viertelstunden verwehten. Keinen Augenblick lang dachte ich daran, daß ich Dans Tochter in den scharfen Linsen festhielt. Wenn sie ihm ähnlich gesehen hätte —! Aber Cora war zierlich und schlank wie ein Bäumchen geschossen, um den schmalen Kopf das schwarze Haar — und wie sie den Nacken neigte —: nur Anne war in ihr zum Leben erwacht.

Als das Licht der Sonne schon schräg zu fallen begann, als der Nachmittagswind sanfter in der großen Harfe des Busches wühlte, wurde ich des Spähens müde. Ich ließ meinen Feldstecher sinken und streckte mich in das weiche Gras des Hügels. Ich war den beiden geliebten Wesen ganz nahe, wenn sie auch nichts von mir ahnten. Denn auch Cora liebte ich; wie hätte ich sie nicht lieben müssen, da Anne sie liebte.

Ich schlief sehr tief und ohne Traum.

Die Kühle des Abends erst weckte mich. Ich hörte das Puffen zweier starker Traktoren vom Farmhof her. Dan und einer seiner Leute waren wohl von einem entfernten Felde heimgekehrt oder aus der Stadt. Ein Hund bellte vergnügt, begrüßte den Herrn. Die Motoren verstummten, auch der Hund beruhigte sich. Der Spiegel des Sees bot sich unberührt und makellos glatt wie aus geschliffenem, massivem Silber dem Himmel.

Ich sammelte mich langsam auf und stolperte am Rande des Busches der Hauptstraße zu, um mein Auto zu finden. Nun saßen sie alle da drinnen beim Abendbrot: Anne und Dan und Cora, um den langen Tisch in der großen Küche, und Jack und Roy und Dick, oder wie die Männer, die auf der Farm arbeiteten, sonst heißen mochten.

So saßen sie alle beim Abendbrot, das Anne bereitet hatte, unter dem Frieden ihres Daches und besprachen die Arbeit des vergangenen oder die Aufgaben des kommenden Tages — und spürten Heimat und Gemeinsamkeit.

Ich schlich abseits durch den dunkelnden Busch davon, ein Ausgestoßener, der nicht gesehen werden durfte.

4. VI. 1948.

Ich machte mich gewöhnlich nach frühem Mittagessen auf den Weg, um in weitem Bogen meinen einsamen Hügel zu gewinnen. Hier tauchte ich gegen zwei Uhr auf, wenn es am heißesten war. Noch waren Anne und Cora nicht im Garten erschienen. Ich hielt eine erste Umschau und streckte mich ins Gras an den schon gewohnten Platz.

Sonderbar: stets erwachte ich zur rechten Zeit aus meinem Hindämmern in der heißen Sonne. Wenn unter mir jenseits der flüsternden Baumwipfel, wohl gut zweihundertfünfzig Schritt entfernt, die Tür sich öffnete und Anne ins Freie trat, klopfte ein leises Hämmerchen an meine Schläfe: »Auf! Sie ist es!« Ich setzte das Glas ans Auge: da, sie hatte die Tür noch in der Hand.

Ich bin überzeugt davon, daß ein geheimes Einverständnis zwischen uns bestanden hat, denn stets blickte sie zu mir herüber, als sähe sie mich.

Lange, sehr lange stand sie manchmal auf dem schmalen Vorbau vor der Hintertür des Hauses, die schwarzen Brauen leicht zusammengezogen, als dächte sie angestrengt nach, und ihre Augen brannten unverwandt in den meinen, von denen sie nichts ahnte.

Der sanfte Glanz von bestandenem Schicksal, der leicht ihre Züge verschleierte, entzündete mein Herz mit Macht. Ich war es ja, der diese Spuren ihrem Antlitz eingegraben. Ich zweifelte keinen Augenblick daran. Seit ich sie leibhaftig vor mir sah, war auch der blasseste Schatten eines Vorwurfs vergangen. Jemand, der so aussah wie sie, hatte vielleicht tun müssen, was sein Herz nicht gewollt; aber niemals hatte sie Verrat geübt, niemals absichtlich ein Wort gebrochen.

Bei aller Verlassenheit sagte ich's mir hundertmal: sie haben es nicht gewollt, daß ich danebenstehe. Niemand ist schuld; von uns dreien niemand!

Mit der Zeit wurde ich meiner Verborgenheit sehr sicher. Eines Nachmittags, als Anne und Cora gerade wieder im Garten arbeiteten, steckte ich mein Glas ins Futteral und bahnte mir vorsichtig einen Weg hinunter zum Garten. Mit einem Male genügte es mir nicht mehr, die beiden nur mit dem Glas zu betrachten; ich wollte sie mit bloßem Auge sehen. In kurzer Zeit stand ich hinter dem locker gefügten, hohen Bretterzaun, der das Wild von den gepflegten Beeten fernhielt.

Da waren sie beide, nichtsahnend über ein Zwiebelbeet gebeugt, aus dem sie das Unkraut rupften. Ein leiser Ruf schon hätte sie erreicht. »Anne!« schrie mein Herz, aber mein Mund blieb stumm. Die kleine Cora schwatzte munter aus der Schule (der Schulbus nahm sie jeden Morgen an der Hauptstraße auf und setzte sie mittags wieder ab); Anne gab ihr nur einsilbig Bescheid; sie war ganz in ihre Arbeit vertieft. Es fuhr mir ins Herz wie ein jähes Geschoß: die verhaltene Trauer, die ich von ferne nur geahnt, schwebte ihr wirklich wie eine Wolke in der klaren Stirn. Sie war doch verändert —! Älter, ja sie war älter geworden, war kein junges Mädchen mehr wie damals.

Unvermutet richtete sich die kleine Cora auf und blickte herüber. Hatte sie etwas bemerkt? Sie ließ die Arbeit ruhen.

Auch Anne wurde aufmerksam. Zu meinem Glück kam gerade in diesem Augenblick ein Mann um die Hausecke und rief:

»Mrs. Halvorsen —?«

»Yes!« Sie richtete sich auf. Beide blickten zu dem Rufer hinüber.

»Somebody calling you over the phone!«

Ich glitt davon. Der Telefonanruf des Somebody hatte mich gerettet. Ich flüchtete mich auf meinen gewohnten Hügelplatz.

Ich warf mich ins Gras. »Um alles in der Welt nicht!« stöhnte ich. »Um alles in der Welt, sie soll mich nicht sehen!«

Wie nach übermächtiger Anstrengung schlief ich ein; ich wurde von bedrückenden Träumen geplagt, sie blieben gestaltlos und ließen sich nicht fassen. Ob ich lange schlief oder nur kurze Zeit — ich weiß es nicht mehr. Ich erwachte mit einem Schlage und spürte gleich, daß sich die Umstände irgendwie wesentlich verändert hatten. Ich hockte mich auf die Knie und hob den Fernstecher ans Auge — erstarrte im gleichen Augenblick: denn da hinten auf der schmalen Hinterveranda des Hauses stand Anne, Cora neben ihr, und hob in eben diesem Augenblick gleichfalls ein Doppelglas vor die Augen; haarscharf erkannte ich die beiden schwarzen Öffnungen. Gut, daß ich nicht voll aufgestanden war; so verdeckten und verbargen mich die im Winde wehenden Zweige, ließen meine Gestalt, wenn überhaupt, nur ganz ungewiß erkennen, so daß die Späherin da unten eher an eine Täuschung der Augen glauben mochte. Jetzt nicht sich regen! Zwei Linsenpaare blieben aufeinander gerichtet! Ich zuckte mit keinem Muskel. Je ruhiger ich mich hielt, desto leichter mochte Anne den eigenen Augen mißtrauen. Sie setzte das Glas schließlich ab. Ich atmete erleichtert auf und ließ mich langsam in Deckung gleiten.

Mein Herz schlug hörbar. Vermutete sie einen Fremden hier? Hatte sie mich am Zaune erkannt?

Wie dem auch sei. Ein paar Tage hatte mir das Schicksal

gewährt, in denen ich Augen und Herz noch einmal an ihren Anblick tränkte. Nun war meine Zeit abgelaufen.

Ach, noch war es so früh am Nachmittag! Sollte ich wieder nach Heron zurückfahren? Ich fühlte mich unsagbar müde. Vergeblich, vergeblich, vergeblich — dröhnte es in meinen Ohren.

Ich ließ mich irgendwo zu Boden gleiten und schlief sofort tief ein.

Und dann vollzog sich jener Zauber, der jetzt noch in mir nachbebt, als hätt' er sich gestern erst ereignet.

War ich schon wach?

Meine Augen blieben fest geschlossen. Doch aus der Tiefe des bildlosen Schlafes schwebte ich jähe bis dicht unter die Schwelle des Wachseins empor; so stößt ein Taucher, dem die Lungen zu springen drohen, aus dem Flutenabgrund zur Oberfläche des Wassers hoch. Ich schlief nicht mehr — und wagte doch nicht, wach zu werden.

Als wenn mir jemand zuflüsterte: liege ganz still! Wenn du dich bewegst, erwachst du! Rühre dich nicht!

Auf meinen Augenlidern spürte ich ein feines Brennen, als rührte sie die Spitze eines Haares an.

Plötzlich wußte ich es; warm rann es mir durch jede Fiber meines Leibes, zärtlich warm, eine milde Welle; sie sieht dich an; sie neigt sich über dich; ihre Blicke streicheln dein Antlitz; ihre Hände recken sich nach dir aus, doch berühren dich nicht.

Es war ein unendlich holdes, unendlich seliges Gefühl, das mich urplötzlich wie eine schwingende Welle den Schwimmer in seine starken Arme genommen hatte.

Oh, rühre dich nicht, sonst vergeht es —.

Schlafe weiter, sonst vergeht er, der zärtliche Traum!

Und ich hielt still. Gebadet in sanftem Wind und warmer Meeresflut.

Sachte, während langsam der Schmerz aufschwoll, verebbte die geheimnisvolle Empfindung.

Ich sah mich um. Eine Sinnestäuschung, nichts weiter! Ein trostreicher Traum, nichts weiter!

Ich war allein.

Der Busch rauschte um mich her wie seit je, grün, unabsehbar, voll göttlichen Gleichmuts.

Über mir zuckten stahlblaue Fliegen durch die abendliche Luft.

Hoch oben schwebte ein Fischadlerpaar im tiefen, strahlenden — milder schon strahlenden — Blau. Unweit klopfte geschäftig ein Specht.

Verwirrt noch taumelte ich auf.

Leb wohl, du verzauberter Ort!

Und ihr dahinten unter den Dächern am See, lebt alle wohl!

Ich trollte mich hügelabwärts, von tiefem Mißmut überschattet. Endlos weit erschien mir diesmal der Weg zu meinem Auto. Ich ließ den Wagen die holprige Straße nordwärts rollen; doch der Weg versickerte nach einer weiteren Stunde, nur noch ein fußhoch verwachsener Engpaß zwischen den Wänden des unberührten Busches — ins Leere — in die Wildnis — in die unermeßliche Einöde. Die Farmen und Äcker, die rechts und links vielleicht schon vermessen waren, bestanden vorläufig nur auf der blanken Leere der Meßtischblätter. Ich kämpfte mich verbissen vorwärts, als gälte es, ein Ziel zu erreichen. Bis ich festsaß —! War es das, was ich gewollt hatte? Ich stieg aus und besah mir den Schaden. Zeige, was du kannst! Nach zwanzig Minuten hatte ich die Karre aus dem Morast herausgewuchtet, in den sie geraten war. Ein Haufen Jungholz hatte dran glauben müssen. Das Auto steckte die Nase südwärts. Ich war in Schweiß gebadet, mein Anzug verdreckt; aber die schlimmste Not des Herzens war verwunden.

Ich hoppelte heim. Als sich die Straße besserte, fuhr ich allmählich schneller. Bald mußte die Stelle auftauchen, wo auf starkem Pfosten der große Briefkasten aus Weißblech mit den schwarzen Buchstaben »Windermere-Stock-Farm.

D. Halvorsen« die Abfahrt von der Hauptstraße zu Annes Farm bezeichnete. Ich wollte schnell vorüber, bemerkte aber schon von weitem, daß eine Frau und ein Kind am Wege standen. Ehe ich in der Dämmerung begriffen hatte, daß nur Anne und Cora dort warten konnten, war ich schon nahe heran. Ich stampfte auf den Gashebel, daß der starke Wagen wie von der Sehne geschnellt losschoß, beugte mich tief aufs Steuerrad und jagte vorüber, ohne einen Blick zur Seite zu wagen. Im Rückspiegel erkannte ich die mächtige Staubwolke, die mich sofort verschluckt haben mußte. Ob Anne mich erkannt hatte? Ich sagte es ganz laut: »Sie muß mich erkannt haben und wird von jetzt ab an Gespenster glauben!«

Bald mußte ich einem großen Dodge-Lastwagen ausweichen, in dessen Führersitz Dan zu vermuten war. Die beiden Frauen waren ihm bis zur Hauptstraße entgegengegangen. Wahrscheinlich fuhr die kleine Cora für ihr Leben gern neben dem Vater im Führersitz —!

Als ich schließlich im Bette lag, zweifelte ich nicht mehr: die letzte Gnadenfrist war um. »Fort mit dir! Du störst! Pack' dich davon!«

So stand ich nur auf, mitten in der Nacht, kramte das Buch hervor, das ich aus der Hütte über dem singenden Shaggy mitgehen geheißen, und las: »Mein ist vergessen im Herzen wie eines Toten; ich bin geworden wie ein zerbrochenes Gefäß.«

7. VI. 1948.

Als ich am nächsten Morgen spät in meinem knarrenden Hotelbett erwachte, blieb ich gegen meine sonstige Gewohnheit noch eine Weile liegen. Es war Zeit, daß ich den Staub Amerikas von meinen Schuhen schüttelte und mich nach Afrika zu einem bescheidenen Leben aufmachte. Es kam dabei auf eine Stunde länger im Bett nicht an; der Verzicht war besiegelt.

Ich benutzte den Rest des Vormittags, um noch ein paar

Abschiedszeilen an Jordan und Marguerite zu schreiben. Sie würden traurig sein, daß ich, ohne sie nochmals aufzusuchen, verschwunden war.

Ich war überall überflüssig; einzig und allein auf jener Farm vor dem heißen Gebirge — dort wartete man vielleicht noch auf mich. Ich folgte dem natürlichen Gefälle des Schicksals, wenn ich schließlich dorthin strebte.

Ich bezahlte mein Hotel, packte die Koffer und machte mich zur Abfahrt bereit.

Am frühen Nachmittag hatte ich alles bestellt, was ich mir vorgenommen, und rollte nach Süden. Spät in der Nacht erreichte ich Winnipeg.

Am nächsten Tag fuhr ich mit dem Zuge nach Chicago weiter. —

In der nächsten Woche erreichte ich New Orleans. —

Und im nächsten Monat Kapstadt. —

FÜNFTER TEIL

8. VI. 1948.
Seit zwei Tagen hat endlich der hohe Sommer leuchtend und glühend über den wogenden Feldern seine tiefblau wallenden Fahnen entfaltet, über den Mooren, die des Morgens silbern dampfen, ein Flammenwunder! Noch ist mir also ein neuer Sommer bestimmt. Noch lebe ich mit den duftenden, flüsternden Birken über meinem Haus, lausche den melodischen Glöckchen, mit denen der große Brachvogel unermüdlich des Abends und des Morgens die Gefährtin ruft. Dicht vor meinem Hause äst jeden Abend bei Sonnenuntergang ein schwacher Bock; er nimmt mich kaum noch ernst; manchmal hebt er den zierlichen Kopf und äugt zu mir herüber; er sichert hierhin und dorthin, wirft verächtlich die Muffel hoch, als verlachte er mich, und steckt von neuem die Nase genießerisch ins süße Erbsenfeld, das in einem schmalen Streifen einen Steinwurf weit hinter meinem Hause endet, eine vorgeschobene Bastion beackerten Landes weit in die Heidewildnis hinein. Im Blau schweben unzählige Lerchen — ein Chor von selbstvergessenen Panflöten. Die Ginsterbüsche moorwärts, als sie blühten: wie lauter Kugeln und Freudenwedel aus schaumigem Gold —! Die Silberhäuptlein des Wollgrases flimmern so dicht nebeneinander in unbegehbaren Senken des großen Moores, das sich zu meinen Füßen den Wäldern am Rande der hohen azurenen Glocke des Himmels entgegendehnt — Wolkenbäusche schmücken sie zierlich —, als spiegelte sich die Sonne gleißend in einem verschwiegenen See dort unten. Und stets von neuem gedenke ich dann der Luftspiegelungen in den Einöden Afrikas, die in der Ferne flimmernde Seen vortäuschen, Bänder aus gleißendem Silber, wo dich doch

nichts weiter erwartet als die gleiche glutende Einsamkeit, die du gerade durchschreitest. — Ja, ich lebe noch mit den Birken und mit dem scheuen Wild, mit den langgeschnäbelten, sichelgeflügelten Vögeln, mit ihrem Glockenruf; ich lebe — —.

Ich erinnere mich: der lodernden Mittage des Sommers der Südhalbkugel — Feuersbrünste entfesselter Geisterwelten —, im Januar also und Februar; die Luft flirrt und sengt die Haut. Ich lag dann oft, fast zu Tode erschlafft, auf der weiträumigen, tief beschatteten Veranda des Herrenhauses von Okarukuju. Gespensterstill verharrte angehaltenen Atems die schwelende Dornbuschsteppe; unerträglich spannten sich die Nerven. An solchen Mittagen gerieten die Schwarzen zuweilen um Nichtigkeiten in Streit. Hörte ich Geschrei von den Pontoks, dann mußte ich trotz aller bleiernen Müdigkeit mich eilig aufraffen und durch den peitschenden Sonnenbrand hinüberstiefeln, um mehr oder weniger gewaltsam Frieden zu stiften, sonst setzte es blutige Köpfe, und die ohnehin selten abreißende Kette der Rache und Aberrache vermehrte sich um ein weiteres verhängnisvolles Glied. Ich indessen war in keine Kette, weder in eine solche des Hasses noch eine solche der Liebe oder nur des Wohlwollens, mehr geknüpft. Ich war allein — ewig allein mit meiner geheimen Trauer.

Ich erinnere mich: daß einen Winter lang eine stolze, schöne Herero über den Hof ging. Sie hatte sich angeboten von irgendwoher, und da ich um gute Melkerinnen immer verlegen war, hatte ich sie gern eingestellt. Ihre hellbraune Haut schimmerte wie Samt, man war versucht, sie zu berühren. Sie war von königlichem Wuchs! Wenn sie vorüberschritt, nicht ging, mußte ich jedesmal stehenbleiben, um ihr nachzusehen. Piet, der alte Herero, verriet mir, daß das hellbraune Mädchen jener Häuptlingssippe entstammte, der in vergangenen Zeiten die wilden Weiten um Okarukuju zu eigen gehört hatte. Ihr Geschlecht war mit allen seinen

Hintersassen und Unfreien in der wasserlosen Omaheke umgekommen. Die weiten, üppig gefältelten Röcke wogten um ihre Hüften, in denen sie stets, als wanderte sie zu feierlichem Tanz, sich träumerisch wiegte — und ging sie auch nur mit den Eimern zum Melken in den Kraal. In ihren dunklen Augen lockte der wilde Busch unergründlich. Vergiß dich, Herr! Trauer ist sinnlos. Das Leben ist wild und voller Nächte ohne Zahl! Wem bist du Rechenschaft schuldig? Es braucht keiner allein zu sein, kein Tier der wilden, verschwiegenen Steppe. Lasse dich fallen, Herr! Falle mir zu, mir gehört dies Land, meiner Sippe! Du auch! Du wirst es nicht bereuen! Die Nächte sind jetzt lang und kühl, und ich bin leise, sehr leise und verschwiegen; und mein Geschlecht ist sehr alt und mit aller trunkenen Weisheit des Leibes von je vertraut. Deshalb bin ich so hoch gewachsen, so samten von Haut, so lässig in allen Gliedern. — Eine böse Nacht lang, nach einem schwelenden Tage, mußte ich mich mit Gewalt halten, sonst wäre ich fortgerissen worden. Am nächsten Morgen, ehe sie noch zur Arbeit ging, winkte ich sie heran. Ich sagte zu ihr: »Du kannst gehen, Rebekka; ich brauche dich nicht mehr. Lohn und Deputat liegen für dich bei Mister Tröckel bereit.« Wir standen ein paar Herzschläge lang unbeweglich voreinander und blickten uns mit heimlicher Drohung an. Dann flog ein verächtliches Lächeln um ihre Lippen. Ihre Nasenflügel blähten sich; ihre makellosen Zähne schimmerten auf, als ihre Lippen sich teilten. Ihre Lider sanken halb herab. Sie wandte sich langsam um und schritt wortlos davon; ich war entlassen, nicht sie! Am Abend allein auf der großen Veranda unter dem ungeheuren schwarztulpenen Himmel wußte ich's wieder, brannte mich abermals die gallenbittere Qual: allein bist du, Wilhelm Barkholtz, ganz allein, mit deiner Trauer und deiner Schuld, allein wie ein einzelgängerischer Büffel, den die Herde verstoßen hat — und ebenso bösartig, Wilhelm Barkholtz!

Ich erinnere mich: meiner Nachbarn, die viele Meilen entfernt jenseits der Berge saßen. Ihre Besitzungen waren bescheidener als die Thunausche Farm. Sie hatten aus dem Nichts angefangen. Da gelangt erst die zweite Generation zu Wohlstand und großem Stil; die erste plagt sich noch und spart und rechnet mit dem Pfennig. Dirk van Roer allerdings, der Nachbar im Osten, sparte und rechnete auch jetzt nicht. Nach rechter Burenart — er war mit seiner Familie aus dem Westen Transvaals nach Südwest übergesiedelt — ließ der brave Dirk fünf gerade sein, stakte am liebsten mit der Flinte unter dem Arm durch den graugrünen Dornbusch und spürte den Kudus nach. Was an Arbeit auf seiner Farm verrichtet wurde, kam auf das Konto seiner dicken Madame. Die bewegte sich auch nicht gerade mit Leidenschaft, besaß aber auch ohne Zuchtkontrolle eine glückliche Hand darin, eine schöne kleine Karakulherde aufzubauen; auch verstand sie es vorzüglich, die Neger auf den Schwung zu bringen; so hielt sie ihren langweiligen van Roer, die vielen blonden, leicht verschlafenen Kinder und mit einiger Anstrengung sich selbst über Wasser, auch während der schlechten Jahre. Dann trug man eben das alte Zeug weiter, bis es in Fetzen vom Leibe fiel, brach die Brücken zur Welt ab, lebte von dem, was Garten und Busch hergaben — nach der Weise der Väter, die sich langsam, aber zähe vom Kap bis zum Limpopo und Kunene, von der Namib bis zu den Drakensbergen und der Küste von Natal ausgebreitet haben. Ging man van Roer in irgendeiner Sache an, die den Busch, die Steppe und ihre tausend geheimen Künste betraf, so tat man nie eine Fehlbitte; dafür scheute auch er sich nicht, mit den verschiedensten Anliegen auf meiner Veranda aufzukreuzen, sich endlose Stunden lang im Liegestuhl zu flegeln und zu versuchen, mich anzupumpen. Auf Rückzahlungen zu rechnen, hätte übertriebenen Optimismus bedeutet; aber da er nach anfänglichen Fehlschlägen nur noch um kleine und kleinste Summen antichambrierte, so ließ ich mich meistens erweichen, um ihn loszuwerden — bis ich im dritten Jahre entdeckte, daß es regelmäßig der Tabakmangel war, der ihn zu mir trieb. Ich bot ihm danach lieber gleich ein paar Pakete Pfeifentabak an — Bezahlung bei Gelegenheit, wenn er gerade kein passendes Geld einstecken hatte. Doch um der vollen Wahrheit die Ehre zu geben: wenn ich ihn bat, Raubzeug aufzuspüren und unschädlich zu machen oder meinen Negern einen Haufen Fleisch zusammenzuschießen, oder Pferde einzufangen, die auf den Weg des Verwilderns in der wilden Dornbuschöde geraten waren und sich mit der Gerissenheit von Schakalen jedem Zugriff zu entziehen wußten, dann war Dirk van Roer auf dem Plan, dann ruhte er nicht eher, bis er sich als Herr und Meister der Einöden und ihrer Geheimnisse erwiesen hatte. So gewannen wir uns auf eine distanzierte Weise mit den Jahren gern. Ich schätzte ihn, weil er niemals private Fragen stellte. Er hat mit keiner Silbe jemals angedeutet, daß er überhaupt die Umstände kannte, die mich nach Okarukuju geführt hatten und dort festhielten. Ein anständiger und erträglicher Zustand unter Männern.

Mit dem Nachbarn im Westen, einem Deutschen, und im Norden, einem Schweden, stand ich mich weniger gut. Sie stammten beide nicht aus der Wildnis, wo man den andern in all seinen Schwächen, Fehlern und auch Übeltaten gewähren läßt, solange er niemand damit belästigt, denn die Steppe ist groß und leer. Ich nahm die beiden nur pflichtgemäß zur Kenntnis; verlangten sie Hilfe, so gewährte ich sie, wo irgend angängig; ich beanspruchte sie so wenig wie möglich. Ich verwaltete ein wildes Königreich als unbestrittener Herr; war niemand verantwortlich als mir selbst. Aber ich war auch allein, unbeschreiblich allein, von Trauer und Schuld umgeistert.

Ich erinnere mich: der furchtbaren Sommer, als der alte Mann Dürre seinen trockenen Stecken ins Land setzte und langsam und gebückt die lodernden Weiten durchschlich, den Schrecken, die Not und den Tod hinter sich herschleifend als stinkenden Lumpensack — zu schwer schon zum Tragen. Wenn die Wochen und Monate, in denen überhaupt die Regen fallen können, geduckt zwischen den reglosen Büschen davonkriechen; wenn die bleiernen Himmel

Bergeslasten auf die stöhnende, lechzende Erde wälzen; wenn die Sonne so stechend herniedersengt, daß der Boden zu tiefen Rissen zerklafft; wenn das Gras und alles Kraut zu mürbem Staub verdorrt; wenn in den Betten der Riviere kein Tropfen Naß mehr sich sammeln will, so tief man auch graben mag, und nur noch die hohen Windmotore aus größerer Tiefe Wasser fördern; wenn das Vieh an den verstaubten, kraftlosen Grasbüscheln keinen Geschmack mehr findet und die Skelette der Rinder grotesk unter glanzlosen Fellen sich abzeichnen; wenn selbst die Schafe verzagen;

wenn das ewige tiefe Blau der glühenden Himmel nicht mehr zu ertragen ist, und Tropfen ohnmächtigen Hasses langsam und böse als giftiger Tau aus dem niemals sich trübenden Firmament in die Seele dringen —:

dann erfährst du die bejammernswerte Ohnmacht des Menschen wie nirgendwo sonst. Der Zorn schwingt seine Geißel über die verdorrende Erde, und alles verhungert und verschmachtet. Komm, Regen! Steigt doch, ihr Wolken, von Osten auf, daß es regne!

Ich erinnere mich, daß ich mich mit dem Auto nach Norden aufmachte, um nach neuer Weide Ausschau zu halten. Da oben hoch bei Outjo und über Tsumeb zum Okawango hin fiel eher Regen auch in schlechten Jahren. Mein Vieh war am Verhungern; wenn ich wenigstens einen Teil der Herde retten wollte, mußte ich nordwärts trecken in feuchtere Gefilde.

9. VI. 48.

Ich fand in den dichter überbuschten Gebieten östlich Outjo einen Farmer, dem nach einigen bescheidenen Regenfällen frisches Gras gewachsen war und der selbst nur eine kleine Herde besaß. Er erklärte sich gegen geringes Entgelt und unter der üblichen Bedingung, daß die Hälfte der auf seinem Grund und Boden geborenen Kälber sein eigen würde, bereit, mein verhungerndes Vieh »in Pension« zu nehmen.

Auf schnellstem Wege fuhr ich wieder in die Mitte des Landes nach Okarukuju zurück, und der große Treck begann.

Ich erinnere mich: daß ich glücklich war. Jeden Abend schlugen wir das Lager zehn Meilen weiter nördlich auf; schneller und weiter durften wir anfänglich die geschwächte Herde am Tag nicht treiben. Ich hatte die Farm Okarukuju der immer noch tätigen Frau Klemke und die Schafherden insbesondere dem jungen Tröckel, der sich bewährte, und dem alten Piet ans Herz gelegt. Für die Schafe war ja seit Jahren vorgesorgt; die kostbaren Herden hatte ich den unberechenbaren Zufällen des Regens entzogen. Auf den vom Stausee bewässerten Feldern war Luzerne gewachsen; sie war getrocknet worden und sicher gestapelt. Nun mochten die Schafe tagsüber in der verbrannten Steppe sich an Nahrung suchen, soviel für ihre bescheidenen Ansprüche noch zu finden war; abends, wenn Piet und die anderen Hirten eingetrieben hatten, fanden sie in großen niedrigen Raufen genug duftendes Luzerneheu. Meine Herden blieben imstande; andere Züchter erlebten schwere Verluste. Die Preise der Pelze stiegen. Meine Fellchen fielen schöner denn je aus; ich brauchte keine Einbußen zu fürchten, ja ich verdiente mehr als zuvor; das war auch nötig, denn die Rinder auf den fremden Farmen erforderten Zuschüsse. Ich und Jakob, Klaas und eine paar jüngere Kaffern, wir machten uns mit dem Vieh auf den Weg; auch den Obersten der Rinderleute, den Rehobother Bastard Paul Decock, nahm ich mit auf die weite, beschwerliche Reise, er als einziger beritten wie ich auch. Ich habe Paul nie so unzuverlässig gefunden, wie man es den Bastards sonst nachsagt. Ich konnte mich darauf verlassen, daß er den Kaffern scharf auf die Finger sah; er ging viel weniger sanft mit ihnen um als ich.

Paul führte die Herde an; ich ritt gewöhnlich einen Tagemarsch voraus, um uns den Durchzug durch die fremden Farmen zu erwirken, um die Tränken vorzubereiten, die brauchbarsten Weidegelegenheiten zu erkunden und den geradesten Weg nach Norden abzustecken. Des Abends trabte ich dann zur Herde zurück, um Paul für den folgenden Tag die nötigen Anweisungen zu geben, aß allein für mich mein einsames Mahl; Brot, Ströme von schwarzem Kaffee oder Tee und zähes, frisches, fettloses Rindfleisch, über offenem Feuer angebraten, oder angekohlt, pfundweise vertilgend. Danach rauchte ich eine Pfeife oder zwei, wikkelte mich in meine Decken, streckte mich abseits unter einen dichten dornigen Busch, in den der gute Jakob mein Moskitonetz gehängt hatte, sah noch eine Weile den tanzenden Sternen zu und durchschlief die funkelnd schweigenden Nächte, in denen der Mondenkahn anschwoll zur vollen Silberscheibe und wieder abschwoll zum Nachen und schließlich zur zierlichsten Sichel, als die Tage vorrückten und zu Monden wuchsen. Beim ersten Morgengrauen nach schnellem Frühstück aus süßem Kaffee, Brot und Rindfleisch saß ich schon im Sattel und verließ die mählich sich sammelnde Herde. Anfangs kamen wir nur langsam voran; die Tiere waren das Marschieren nicht gewohnt und drängten zur Heimat zurück. Ich verlor ein Drittel der Herde auf diesem langen Treck über einige hundert Meilen. Je weiter wir nordwärts gelangten, desto besser gewöhnten sich die Rinder an die weiten Märsche, desto weitere Tagesstrecken durften wir ihnen zumuten; mit jeder Meile weiter nordwärts besserte sich der Graswuchs.

Ach, wie ich mich der endlosen, einsamen Ritte erinnere, der schweigend funkelnden Nächte, in denen kein Laut verriet, daß weit um mich her die große Herde der Rinder ruhte. Die Feuer verglühten langsam zu dunkelroten Untieraugen; der Nachtwind rührte kaum merklich in den matten Büschen. Und noch immer, trotz aller Dürre, duftete die ewige Steppe herbe und süß.

Ich erinnere mich: wie das gute Pferd unter mir, und das Packpferd an kurzer Leitleine hinterdrein, Stunde für Stunde durch die grausilbernen Büsche zog, zumeist in ausgreifendem, gut förderndem Schritt. Ausgestorben scheint die ungeheure Einöde; kein Vogel huscht durchs Gezweig, aus dem die langen elfenbeinenen Dornen leuchten. Im glühenden Zenit des weißblauen Himmels ziehen die Geier — nur als winzige Schattenrisse erkennbar — ihre weiten, ihre furchtbaren Kreise. Sie warten auf die Stücke meiner Herde, die sich nach der letzten Nacht nicht mehr erheben. Ich bin froh, daß die schweifenden Aasvögel im Morgenhimmel immer seltener werden, je höher hinauf wir nordwärts vordringen. Ich bringe die Masse meiner besten und kräftigsten Rinder schließlich doch noch auf grünere Weide.

Meine Herden waren zu Ende der bösen Trockenjahre zwar zusammengeschrumpft, setzten sich aber aus gesünderen, zäheren Tieren zusammen.

Ich erinnere mich: wie ich im Sattel unermeßliche Stunden mein Schicksal bedachte. Bald hatte ich nun ein halbes Jahrhundert hinter mich gebracht — was hatte es mir gewährt: ein Leben tief in der schwermütig stolzen Wildnis, deren Herr ich geworden von einem Gebirg' bis zum nächsten, das sichtbar war.

Die Wildnis, die große, wilde Mutter, sie zog mich Verzagenden an ihre ruhig atmende Brust. Sie tröstete mich mit wundersamen Düften, mit ihren Sternen, ihren lodernden Mittagen, ihren seligen Morgen, ihren purpurgoldenen Abenden; sie sänftigte mein Herz mit dem blauenden Dunst über dem Grenzenlosen, mit dem gläsernen Glast der fernen Gebirge — mit dem königlichen Gleichmaß ihrer Tage, dem majestätischen Wogengang ihrer sonnenkühlen Winter, ihrer sonnenschwülen Sommer. Wahrlich, ich lebte nicht mehr, hätte nicht sie mich schützend umfangen. Längs meines Weges klagten mich viele Versäumnisse an, manch Irrtum haderte da mit mir; enttäuschte Hoffnungen dienten als Meilensteine; und dann als Denkmal all meiner Schuld, aller Verlorenheit: ein Grab!

Anne umwob mich in solchen einsamen Stunden. Doch immer stand Christa stumm im Wege und blickte mich ewig aus großen Augen an, ohne Vorwurf, reglos und niemals lächelnd; stand jeden Morgen wieder da, wie weit und wohin ich auch am Tag zuvor gegangen oder geritten sein mochte. Ich zog vor diesen stillen Augen gesenkten Hauptes vorbei; noch lange brannten sie mir im Rücken, noch lange, bis endlich der Erde Rund mich ihnen entzog; dann erst atmete ich freier — bis zum nächsten Morgen.

Ich erinnere mich: der seltenen Tage, wenn ich mir Urlaub von meinen vielen Pflichten nahm. Ich holte mir den grauköpfigen Piet von seinen Schafen fort, hängte mir das Gewehr über die Schulter, Frau Klemke mußte einen gehörigen Knappsack packen, den Piet sich aufhalste, die beiden neuen Eleven hatten sich mit einem Anpfiff abzufinden, Tröckel wurde mit Anweisungen vollgepackt — dann zogen wir querbuschein, Piet und ich, wie in alten Tagen. Wehe dem Kudu, dessen Fährte wir kreuzten. Nie verloren wir die Spur, bis wir schließlich, vielleicht erst nach Tagen, des Tieres ansichtig wurden.

Piet, der vor mir hergeht, weil er schneller und sicherer anspricht als ich, bleibt lautlos stehen und hebt die schwarze Hand; ich erstarre zu Stein. Da, frische Losung, sie dampft noch; wir müssen der mächtigen Antilope ganz nahe sein. Ich hebe das Glas ans Auge und suche die leicht im Winde rauschenden Büsche ab, verharre plötzlich: über jenem Waggebietje-Busch stechen gewunden zwei mächtige Stangen ins Freie, Oberteil des schweren, gut zweieinhalb Fuß langen Gehörns. Das Tier selbst ist unsichtbar, ein Schuß nicht anzubringen. Piet hat die Stangen auch ohne Glas im gleichen Augenblick wie ich gesichtet. Wenn der riesige Bulle uns entdeckt, bevor ich zum Schuß komme, vielleicht noch merkt, daß wir uns an seine Fersen heften, so trabt er an und legt Meile für Meile zwischen sich und den verdächtigen Ort; die federnden Gelenke, der mit zähen Muskeln und Sehnen bepackte Leib, die großen, runden, schwarzen, vorgewölbten Augen, die leicht spielenden Muscheln der Ohren, die bebend witternde, feuchte, tiefschwarze Muffel der Nase, die mit jedem Atem aus leisestem Luftzug alles Verdächtige enträtselt, seine stählernen Hufe — sie alle versagen nie! Die Glut der Mittage, die frostige Kühle der Nächte, wenn der Morgen sich anzeigt im zarten Erblassen der Sterne, schroffste Gebirge mit grobem, mühselig wüstem Gewirr von kantigen Blöcken und Felsentrümmern, der heiße Mahlsand in den trockenen Rivieren, die sich zu bösartigen Wildströmen entzaubern, wenn in den schwülen, von Myriaden Fliegen durchsirrten Sommern endlich die Regen brechen und sie alle »abkommen«, die dicht verfilzten, schreckenden Dickichte der dornigen Büsche — dies alles hält sie nicht auf, die wunderbare Antilope.

Dann hieß es, die Spur beim ersten Morgengrauen aufzunehmen und ihr mit Zähigkeit zu folgen, bis tief in die sinkende Nacht, solange Piet die manchmal nur sehr blassen Zeichen noch eben wahrnehmen konnte. Wir sprachen den ganzen Tag über kaum ein Wort, rasteten nicht einmal während der heißen Stunden zwischen zwölf und drei, sondern zogen über Täler und Gebirge, durch Dickicht und lichtere Haine, in sandigen Rivieren, über felsige, kaum zu bewältigende Hänge dem fliehenden Tiere nach. Wollte es das Jagdglück nicht, daß ich gleich bei der ersten Begegnung die große Antilope auf die Decke legte, so war nichts unsicherer geworden als der endliche Erfolg. Nach Tagen bittersten Marsches führte die Kuduspur vielleicht doch über die vagen Grenzen der Farm nach Süden hinaus.

Mehr als einmal geschah mir auch dies: Wenn wir uns schließlich aller Schläue, Ausdauer und Vorsicht des verfolgten Tieres gewachsen zeigten, wenn der Kudu, ahnungslos auf fünfzig Schritte vor uns stand, breitlings, sein Blatt darbietend, in eine ganz andere Richtung sichernd und witternd, wenn ich das Gewehr schon im Anschlag hatte und Kimme und Korn auf jene Stelle des Vorderleibes gerichtet waren, wo unter dem graubraunen Fell das mächtige Herz sich nie ermüdend regte — dann setzte ich wieder ab: mochte sie weiterleben, die wunderbare Antilope! An

Trophäen lag mir nichts. Und das Fleisch für meine Neger, das sie schon gierig erwarteten —? Ich würde ihnen eine alte Kuh spendieren, die ihre dumpfen Pflichten schon mehr als erfüllt hatte, oder auch zwei, ihre Enttäuschung zu sänftigen! — — Noch einmal umfaßte ich dann das schöne Tier mit einem langen Blick und trat in den Schutz der Büsche leise zurück. Piet kannte das schon; er wußte, daß Bitten mich nicht erweichten. Leise machten wir uns davon; er wagte keinen Einwand. Ohne weitere Umschweife wanderten wir zur Farm. Abends steckte ich tief in der liegengebliebenen Arbeit; doch heimlich standen die Linien des begnadigten Geschöpfes vor meinen Augen, und ging ich endlich zu Bett, so geisterten sie durch meine Träume — als ein Glück, das kaum in Worte zu fassen ist. — An solchen Tagen, wenn ich mit Piet den Fährten der Wildnis folgte, schwiegen die Stimmen des Vorwurfs in meinem Herzen; an solchen Tagen und Nächten war alle Verantwortung fortgeweht; ich war für eine Zeitlang beurlaubt; in einem unabsehbaren Meer des Friedens schwamm mein Herz dahin, gleich einer Kokosnuß in lauen Ozeanen, die fernen, sanften Küsten zutreibt, darinnen Wurzel zu schlagen. —

Ich erinnere mich: der späteren Jahre, in denen der große Krieg als dumpfes Gewitter schon am Horizonte drohte. Es war, als verbliche meine Schuld; ich hatte Jahre der Buße verbracht, trotz aller äußeren Geschäftigkeit und nie abreißender Arbeit wie ein Einsiedler in die Klause meines Gewissens vermauert. Doch langsam zerbröckelten die Wände des Gehäuses; ich empfing den Freispruch nicht von heute auf morgen; in kleinsten Spannen wuchs er mir aus dem Füllhorn des gütigen Gottes zu. Ich erinnere mich eines Tages, an dem wir draußen bei den Klippen arbeiteten, jenen Roten Klippen, in deren Schatten sich Christas und mein Schicksal gleich einer überkämmenden Sturmwoge in den Zusammenbruch hineingebäumt hatte. In den ersten Jahren kreisten meine Gedanken unablässig um jenes verborgene Wasserloch unter den Felsen, wo wir dem pochenden Herzen der Wildnis so nahe gewesen waren. Ich folgte einem geheimen Befehl, als ich beschloß, dies Wasserloch zu einer Viehtränke auszubauen. Wollte mein Vieh, das ich ständig veredelte, das besonders üppige Gras am Rande der Farm abweiden, so kam es, selbst wenn es sich morgens am Stausee vollgesoffen, nach langem Marsche durstig dort an; bis zum Abend hielt es nicht aus und kehrte vor der Zeit um. Konnten die Tiere aber hier draußen um die Mittagszeit ein Maul voll Wasser zu sich nehmen, so machten sie sich erst spät auf den Rückmarsch, wenn die Milch in den Eutern zu drücken begann. Und dann: mich quälte der geheime Wunsch, jene verschwiegenen Stätten der Wildnis zu entreißen; Christa und ich sollten die letzten Menschen gewesen sein, die hier noch der unberührten Einöde, dem eintönigen, verzaubernden Lockruf des großen Pan anheimgefallen waren. Um den wunderbaren Ort nicht zu verderben, bauten wir abseits davon, doch noch im Schatten der Felsen, aus Zement eine lange Tränkerinne, die durch ein Rohr aus der Wanne gespeist wurde. Ich freute mich, daß die verschwiegene Schönheit der uralten Wasserstelle überhaupt nicht verletzt war; die wilden Tiere der Klüfte und Steppen, die Paviane, die Antilopen, die Felsentauben, die Perlhühner und die vielen anderen würden bald vergessen, daß sich hier ein paar Wochen lang immer wieder Menschen umhergetrieben, laut geschwatzt, gehämmert, geschaufelt und gestampft hatten; das Vieh, das ohnehin nur mittags auftauchen würde, störte sie nicht. —

Ich schickte die letzten schwarzen Arbeiter, die alle Spuren unserer Tätigkeit zum Schluß noch abgeräumt hatten, voraus auf die Farm; mein Pferd hatte ich neben der Tränke mit festem Strick und Halfter an einen Baum gebunden, damit es nicht auf eigene Faust den heimatlichen Ställen zustrebte. Ich erstieg noch einmal jene Schicksalsklippe, an deren steilen Rand Christa und ich damals Abschied voneinander genommen, als alle glühende Leidenschaft nicht vermocht hatte, die gläserne Wand zu zerklirren, die uns voneinander trennte. Auf dieser Klippe wird sie lange gesessen haben, ehe sie den Schritt ins Leere tat, der nicht mehr zurückgetan werden kann. Ich saß an die gleiche warme Felsenbank gelehnt wie damals. Vor mir dehnte sich weit nach Süden, von der untergehenden Sonne in rötliches Licht getaucht, die wie immer am Abend sich mählich entdunstende Steppe. In vollen Wogen umströmten mich mit südwestlichem Winde die Düfte der Wildnis. Erste Kühle umfächelte mich. Kein Laut verletzte die große Ruhe des Abends; makellos wölbte sich über mir die ungeheure Kuppel des Himmels, vom vergehenden Sonnenlicht zum Bersten noch gefüllt.

Ach, da geschah es: unendlicher Friede wölkte zu mir empor aus der zum Schlummer sich rüstenden Wildnis; ich wußte jetzt, daß meine geheimen Tränen alle gezählt waren, daß meine Schuld nun endlich beglichen war.

In der feierlichen Stille des milden Abends flog mir zum ersten Male nie gespürter Trost zu wie Tau auf mein Herz —!

Der Abend sank.

Christa, jenseits der Nacht! Da harrtest du nicht mehr weitaufgerissenen Auges an jedem Weg; da spielte ein erstes versöhntes Lächeln um deinen Mund. Du wandtest dich ab; langsam sah ich dich zwischen den flüsternden Büschen davonschreiten, zwischen denen du mir zuerst begegnet warst. Keine Bitterkeit blieb zurück. —

21. VI. 1948.

Wenn ich nach manchen Jahren fruchtloser Reue und Qual meinen Freispruch spürte gleich einem seligen Hauch der keuschen Wildnis, wenn mein Herz wieder freier schlagen durfte, als hätte die Tote die Augen aufgeschlagen und geflüstert: ›Ich war nicht tot — ich schlief!‹ dann geschah mir dies nicht aus eigenem Verdienst.

Die Narbe blieb und bleibt bis an mein Lebensende. Deshalb vergesse ich auch den Wortlaut jenes Briefes nicht, den Christa mir am Ort unseres Schicksals hinterlassen hat.

Erst jenseits der großen Nacht dieses Lebens, wenn verklärte Leiber uns umgeben werden, wird auch dieser Brief vergessen sein.

*

Wenn ich den letzten Akt meines Lebens, den afrikanischen, beschrieben habe, dann bin ich zu Ende; die Jahre seit 1939, als mich während meiner nur auf drei Monate berechneten Europareise der Krieg überraschte, zähle ich nicht als letzten Akt; es war nicht mehr mein Geschick, das ich durchlebte; ich war nur ein Stückchen Treibholz im ungeheuren Strudel, das gleich Millionen anderer hätte verschlungen werden können, das statt dessen von einem Zufall — oder besser einem Wunder — an den Strand gespült wurde. Die Hoffnung auf einen allerletzten Akt habe ich aufgegeben:

es kommt kein Brief mehr von weither aus dem flüsternden Busch am Heron Lake!

So ist dieser Berg beschriebenen Papiers der Schlußpunkt; wenn ich die afrikanischen Jahre beschrieben habe, dann fällt der Vorhang. Dann bleibt mir nur noch der Wunsch, es möge sich der Faden meines verblassenden Daseins endgültig aufdröseln und abgeschnitten werden. Erreicht doch selbst die Stimme Clars, des lieben, schönen Mädchens, mich nur noch ganz leise — als ein letzter Gruß, der mich nicht mehr zurückzuhalten vermag.

Ich erinnere mich: des Tages, an dem der Zug von Windhuk als einzigen Passagier mich auf jener Station entließ, auf welcher ich mehr als zwei Jahre zuvor als Seemann aus der entgegengesetzten Richtung eingelaufen war.

23. VI. 1948.
Der Stationsvorsteher blickte mir verwundert nach, als ich mit kurzem Gruß an ihm vorüberging. Ich verspürte keine Lust, ihn des langen und breiten zu begrüßen, wie es dort

bei solchen Gelegenheiten üblich ist. Mochte er denken, was er wollte.

Ich mußte mit mir allein sein, ehe ich das Haus der Thunaus wieder betrat. Auf der weiten Reise von Heron Lake im kanadischen Staate Manitoba durch Nordamerika über den Südatlantik, und dann von Kapstadt in ermüdender Bahnfahrt über Upington und Windhuk in den südwestafrikanischen Dornbusch hatte ich kaum Gelegenheit gefunden, allein zu sein. Auf langen Schiffs- und Eisenbahnreisen wird man in das ewig plätschernde Gespräch der übrigen hineingezogen, ob man will oder nicht. Ich war von einer sich ständig steigernden Unrast und Ungeduld verzehrt worden.

Viele Monate lang hatte ich keinen einzigen Gedanken an das einsame große Haus über dem Stausee vor dem fahlen Gebirg verschwendet; seine einsame Herrin, das Profil ihres stolzen Kopfes, waren mir ganz und gar entfallen gewesen, als hätte ich sie nie gekannt. Als aber das Schiff auf Flut wartete, um die Mississippi-Mündung und das freie Wasser des amerikanischen Golfs zu gewinnen, in jener Nacht des Abschieds vom nordamerikanischen Kontinent stieg mir plötzlich wie eine schnell sich hochsaugende Überschwemmung die Angst an die Kehle —: Wenn ich das ersehnte Land nicht gewonnen und das verlassene inzwischen verloren hatte? In dieser Nacht begriff ich zum ersten Male das Entsetzen, mit dem Marguerite meinen Bericht von Christa aufgenommen hatte! Christa — jetzt erst erblickte ich sie wirklich, wie sie in der letzten Stunde vor mir gestanden hatte, jetzt erst sah ich ihr vor Gram entstelltes Antlitz, sah es nicht nur mit den Augen, sondern mit dem Herzen — und empfand, aufs heftigste erschreckend, daß sie sich damals auf Leben und Tod zum Pfande gesetzt hatte, auf Leben — oder Tod.

Mit rasender Ungeduld im Herzen drückte ich die zähen Tage der Schiffsreise hinter mich, durchmaß die vielen staubigen Meilen der Bahnfahrt und war nun endlich an die Gestade des Dornbuschs gespült, Treibholz von weit her —.

Wie gehetzt wanderte ich die vertraute Pad dahin, die von der Bahn nach Okarukuju führte; es würde mich Stunden kosten, die Farm zu erreichen. Die grünen Büsche glitten, bald lichter, bald dichter zu rauschenden Fronten zusammentretend, sanft und friedlich an mir vorbei, über alles verschwiegen. O ihr wilden Steppen Afrikas, flammend und ohne Grenze, von duftenden Wogen kristallener Luft überweht wie von großen Seufzern — die ewige Schwermut alles Geschaffenen, die ewige Klage der stummen Kreatur verströmend.

War hier es gewesen, auf dieser schmalen Lichtung, wo Christa sich mir zum ersten Male gezeigt hatte? Oder hier, zwischen den hohen Weißdornbüschen mit dem alten Kameldorn im Hintergrund? Die Büsche narrten mich. Überall und nirgends schien sie sich mir zu verbergen. In einer verrückten Hoffnung erwartete ich, sie würde mir wie damals begegnen. Aber der Busch blieb ziemlich leer und tot.

Die hartgefahrene Straße entlang zogen Gespenster zu meiner Seite rechts und links, Gespenster am hohen Mittag, den die Sonne mit ihren starken, prunkenden Speeren durchstach, Gespenster, die meinem Herzen Furcht einflößten, denn ich wurde mir nicht klar darüber, ob es gute oder böse Geister waren, die mir zum Empfang das Geleite gaben.

Am späten Nachmittag erreichte ich die Grenze des eingezäunten Gebietes rings um das Farmhaus. Endlich grüßte der schöne Hain von Kasuarinen und Eukalypten zu mir herüber; zwischen den Stämmen schimmerten hier und da weiß die Wände des Hauses. Nichts regte sich: Garten, Haus und Hof lagen ausgestorben. Nur rechts abseits verriet lotrecht kräuselnder Rauch menschliches Leben; dort lag die Werft der Kaffern; dort kochte vielleicht die rundliche, junge Frau des alten Herero Piet das Abendbrot.

Mir fiel ein, daß kein Mensch mich erwartete, denn außer jener Nachricht, seit der schon viele Wochen vergangen waren, hatte ich kein Wort weiter vorausgesandt.

Ein ganz und gar havariertes Schiff, das einen abseitigen Hafen anläuft, das war ich.

Und ich war mir widerlich! Von weither fiel mir ein Vers ein; ich schlug ihn mir höhnisch ins Gesicht: still auf gerettetem Kahn treibt in den Hafen der Greis — oder so ähnlich. Ich war namenlos erschöpft von dem vielstündigen Gewaltmarsch durch die Sonne, verschwitzt, verstaubt, von Durst gepeinigt. Ich konnte mit einem Male nicht mehr weiter und ließ mich neben dem Pfosten des Zauntores ins dürre Gras sinken. Ob ich geschlafen habe und wie lange, weiß ich nicht. Ich lag wie einer, den schmerzendes Heimweh aus der Ferne hergetrieben und den unmittelbar vorm Ziel die Kraft im Stiche läßt, weil alles ihm ebenso fremd und kahl entgegentritt, wie ihm die Fremde selber war — und ebenso abweisend.

Tröckel fand mich. Er kam mit dem Lastwagen von Omaruru, wo er einen Karakul-Zuchtbock eingehandelt hatte. Er erzählte es mir gleich. Der nüchterne Bursche, für den Leben und Welt nur aus Gegenständen bestand, regte sich nicht auf, als er mich am Eingang der Farm schlafend fand. Wenn man müde ist, schläft man — und im Gras nicht schlecht; so war es eben. Aber ich hätte doch von der Station aus auf der Farm anrufen sollen! Ob ich nicht mit dem Stationsvorsteher gesprochen hätte? Der hätte mir sagen können, daß er, Tröckel, abends von Omaruru anrollen würde; ich hätte dann den weiten Weg nicht zu laufen brauchen; und man hätte mein Gepäck gleich mitbringen können — und so weiter eine ganze Weile. Tröckel war so. Ich fragte in die erste Redepause:

»Hat die Farm jetzt Telefonanschluß?«

»Ja, Fräulein Christa Thunau hat noch im Dezember vorigen Jahres die Leitung bauen lassen. Sie sagte, wenn einer mal unvermutet mit der Bahn ankommt und nach Okarukuju will, dann ist er so gut wie aufgeschmissen. Recht hat sie schon gehabt.«

Er ließ den schwerfälligen Wagen wieder anrollen; wir fuhren die große Schleife nach rechts um die Werft herum;

so weit mußte die Fahrstraße ausholen, um die Höhe der Farm am Berge über dem Stausee zu gewinnen. Die Straße war gut gepflegt. Christa hatte also Telefon legen lassen, damit, wenn einer unvermutet — —.

»Ist Fräulein Thunau zu Hause?«

Die Frage gab Tröckel einen solchen Stoß, daß er einen Augenblick vom schmalen Wege abkam und mit einem Fluch bremsen mußte. Er hielt an. Die Hände sanken ihm vom Steuerrad. Er drehte sich breit zu mir um, ganz blaß in dem sonst so unbeweglichen Bauerngesicht. Er sagte:

»Ja, aber, Herr Barkholtz, wissen Sie nicht? Ich habe es Ihnen geschrieben, als ich aus dem Absender Ihres Briefes aus Amerika endlich ersah, wo Sie zu erreichen waren, habe Ihnen doch alles geschrieben, und daß Sie möglichst bald kommen sollten.«

Ich spürte einen unvernünftigen Zorn in mir aufwallen. Das Blut schoß mir ins Gesicht. Ich fuhr ihn wirklich böse an:

»Was, zum Teufel, wollen Sie mir geschrieben haben? Ich habe nichts bekommen. Was ist denn los?«

Er brachte stockend und schwerfällig heraus:

»Herr Barkholtz, Fräulein Thunau ist in den ersten Tagen vom letzten April tödlich verunglückt. Das hatte ich Ihnen nach Amerika geschrieben, und auch, daß Ihnen die Farm noch in diesem Jahr übergeben werden muß.«

Ich blickte den jungen Mann an, als hätte ich einen Irrsinnigen vor mir. Christa war tot? Unmöglich: das glühende Leben selbst kann doch nicht einfach aufhören —! Tödlich verunglückt — sie, die so sicher sich bewegte wie die wilden, leichtfüßigen Tiere der grenzenlosen Einöde? Unmöglich! — Ich hatte den armen Tröckel mit meiner Heftigkeit arg erschreckt; ich war immer für ihn eine Respektsperson gewesen. Er rührte sich nicht; sein hölzernes Gesicht spiegelte solche Verzweiflung wider, daß ich selbst noch in meiner schaurigen Verwirrung merkte, wie nahe ihm ging, was er mir mitzuteilen hatte. Der Schmerz kroch mir schneidend durch den Leib. Er preßte mir eine halb verrückte Frage ab, die nichts weiter wollte, als mich zitternd davon abzulenken:

»Sie haben sie wohl sehr gern gehabt, Tröckel, wie?«

Seine Augen wurden groß; es zuckte in dem ausdruckskargen Gesicht. Sicher hatte ihn bisher kein Mensch danach gefragt, vielleicht er selbst nicht einmal. Seine Lippen zuckten, und seine Mundwinkel senkten sich leise abwärts. Plötzlich stand Wasser in seinen hellblauen Augen; zwei Tropfen lösten sich und rollten langsam über das lederzähe Gesicht, fielen auf sein grünliches Tropenhemd. Er merkte es nicht. Er brachte keine Silbe hervor; der verhaltene Schmerz in dem nüchternen Männergesicht verriet genug. Ich sagte auf sein stummes Bekenntnis nur zwei Worte:

»Ich auch, Tröckel!«

Er seufzte tief, und blickte mich unverwandt an. In diesen stillen Augenblicken schlossen wir eine Freundschaft miteinander, über die nie gesprochen wurde, die aber bis zu diesem Tage, dessen bin ich gewiß, unverändert gilt. Er besann sich schließlich; es widerstand ihm, sich Gefühlen zu überlassen. Er wollte das Auto wieder in Gang bringen. Als ihm das zum Bewußtsein kam, daß er mich fortwährend angstarrt hatte, fiel ihn seine gewohnte Verlegenheit an; er beschäftigte sich ingrimmig mit Anlasser, Kupplung, Handbremse, Schaltung.

»Tröckel, halten Sie noch ein wenig. Bevor ich auf die Farm komme, möchte ich erst wissen, was wirklich geschehen ist.«

Der Motor verstummte von neuem. Die Stille des Abends drang durch die offenen Fenster. Es roch ein wenig nach Benzin. Verrückt, verrückt! Es roch nach Benzin —! Er begann auf seine hölzerne, sonderbar männlich wirkende Art:

»Ende März, als die größte Hitze schon vorbei war, gingen wir einige Male in den Busch, um Fleisch zu schießen; die Kaffern hatten lange keines gehabt. Sie war seit Wochen schon schlechter Stimmung, wenn sie sich auch nichts merken ließ; aber ich merkte es doch, daß sie nicht so war wie früher. Sie hatte Pech und schoß zweimal vorbei. Dabei hatte sie sonst eine sichere Hand. Sie ärgerte sich sehr, sagte aber kein Wort. Wir waren vom ersten Morgengrauen an unterwegs gewesen; der heiße Tag und der lange Marsch quer übers Gebirge nach Südwesten hatten sie sehr erschöpft. Der Mißerfolg kam hinzu. Am Nachmittag als wir zum ersten Male rasteten, sagte sie: ›Ich bin todmüde, Tröckel! Ich glaube, ich bleibe hier. Tun Sie mir den Gefallen: gehen Sie allein zur Farm zurück, nehmen Sie den alten Lastwagen, den Dodge, und holen Sie mich hier ab. Ich fühle mich dem Rückmarsch nicht mehr gewachsen.‹ Ich bekam einen großen Schreck, denn noch niemals hatte ich sie schwach gesehen; sie übertraf uns im Busch sonst alle an Zähigkeit. Ich marschierte los und holte den Lastwagen; ich mußte einen weiten Umweg fahren, konnte ja mit der Karre nicht übers Gebirge; immer querbusch, Sie kennen das ja; der alte Dodge macht das wie eine Dampfwalze. Trotzdem war ich erst nach Sonnenuntergang wieder an Ort und Stelle. Ob Sie mir glauben oder nicht, Herr Barkholtz: sie saß noch auf dem gleichen Felsen, in der gleichen Haltung, wie ich sie vor Stunden verlassen hatte; sie schien die ganze lange Zeit nichts weiter als nachgedacht zu haben. Sie stieg so selbstverständlich neben mich, als hätte ich das Auto nur eben nebenan aus der Garage geholt und mich nicht stundenlang damit durch den wüsten Busch gequält. Sie sagte nicht ein einziges Wort auf der Rückfahrt, ließ mich mit der Karre im Zickzack durch den Busch toben, in die Riviere runterfallen und drüben wieder rausklettern, daß es nur so rauchte. Als wir endlich, vor Mitternacht noch, auf den Hof rollten, sagte sie, als ob ich sie nur ein bißchen von der Bahn abgeholt hätte: ›Vielen Dank, Tröckel!‹

Ehe sie ins Haus trat, fragte sie mich noch, ob ich schon Abendbrot gegessen hätte. Ich sagte: ›Frau Klemke hat mir sicher was auf mein Zimmer gestellt‹ und wollte den Wagen in den Schuppen fahren. Aber sie rief mich noch einmal zurück: ›Ach, Tröckel!‹ — ›Ja?‹ antwortete ich. ›Auf Sie kann ich mich verlassen, nicht wahr?‹ Ich sagte: ›Das können Sie wohl, gnädiges Fräulein!‹ Das waren die letzten Worte, die ich mit ihr gesprochen habe. Am nächsten Tage bekam ich sie nicht zu Gesicht. Sie säße über den Wirtschaftsbüchern, sagte Frau Klemke, als ich sie nebenbei nach ihr fragte. Am Tage drauf hörte ich, als ich frühmorgens das Melken überwachte, daß sie noch vor Tagesanbruch allein losgegangen wäre, um Fleisch zu schießen. Sie blieb den ganzen Tag fort, kehrte auch am Abend nicht wieder; das regte uns weiter nicht auf. Doch mochte ich nicht zu Bett gehen. Ich setzte mich abseits vor meinem Zimmer auf die Veranda; da hörte ich es gleich, wenn sie kam, und konnte ungesehen verschwinden. Mitternacht ging vorbei; es wurde ein Uhr und zwei Uhr. Ich hörte etwas rumoren. ›Frau Klemke —?‹ rief ich leise. Sie hatte nicht schlafen können vor Unruhe. ›Christa hat weder Proviant mit noch Decken; hat nichts weiter mitgenommen als das Gewehr und eine Feldflasche mit Kaffee. Wenn ihr nur nichts passiert ist, Herr Tröckel!‹ Plötzlich weiß ich gewiß, daß ihr etwas geschehen ist. Ich hole meine Büchse und gehe zur Werft hinüber, wecke Piet und Paul. Die beiden sind gleich bei der Sache. Das junge Weib vom Piet guckt aus dem Pontok und sagt Piet was auf herero; sie ist nicht dumm. Piet erklärt, daß die junge Gnäfrau am Rivier aufwärts gegangen wäre. Wir ziehen los; sie muß also über die Paßhöhe gewollt haben. Bis dahin wird sie kaum nach rechts oder links abgewichen sein. Im ersten Grau des Morgens sind wir oben. Piet findet gleich den deutlichen Abdruck der Sohlen ihrer Jagdstiefel, aus Rohgummi, wissen Sie, Herr Barkholtz, mit so einer unverkennbaren Quer-Riffelung. Die Spur steht manchmal ganz deutlich da, wenn sie über sandige oder lehmige Stellen geschritten ist — als hätte sie uns die Verfolgung leicht machen wollen. Schon nach einer Viertelstunde sagt Piet: ›Sie ist zum Wasserloch in den Felsen gegangen.‹ So war es. Die Spur wies genau in die Richtung des Wasserloches und der Roten Klippen, wo Sie beide damals den Leoparden zur Strecke brachten. Wir erreichten den Ort; sie hat auf dem Wege nicht einmal gezögert, ist nicht einmal von der Richtung abgewichen. Auf dem freien Platz unterhalb der Klippen, wo wir noch die letzten Reste der beiden Feuer fanden, die Sie damals unterhalten haben, muß sie einige Male auf und ab gegangen sein. Dann hat sie die hohe, spitze Kuppe erstiegen, von der man den weiten Blick nach Süden hat; dort bricht das Gebirge gut hundert Meter tief senkrecht ab. Auf der Höhe liegt da eine große Klippe quer wie eine Bank. Neben dieser Bank fanden wir ihren großen Doppelfilz und das Gewehr. Das Gewehr hing mit dem Kolben abwärts halb über die Felsenkante hinaus; der Riemen hatte sich zwischen zwei Steinbrocken geklemmt und die Waffe festgehalten. Von den wenigen Grasbülten am Felsenrand war einer halb ausgerissen und hing über die Kante. Wir standen da oben und blickten in die Tiefe. Wir mußten einen weiten Bogen schlagen, um die Stelle unterhalb des Platzes, wo wir Hut und Gewehr gefunden hatten, zu erreichen. Nach einer Stunde endlich waren wir da, schweißtriefend und mit zerschundenen Händen und Knien. Wir brauchten nicht lange zu suchen. Sie war unter einen Busch gerollt, so daß wir sie von oben nicht hatten sehen können. Sie war kaum entstellt; ihr Rückgrat gebrochen; ein dünner Faden getrockneten Blutes zog von ihrem rechten Mundwinkel zum Ohr. Sie lag flach auf dem Rücken, die Arme über dem Kopf verschränkt; die Augen waren fest geschlossen. Das Gesicht verriet nichts von Schmerz. Sie war tot; das war alles.«

Er schwieg. Es war sehr still ringsum. Die Sonne regierte nicht mehr. Die Nacht war da. Wir schwiegen lange. Ich flüsterte: »Habt ihr sie dann hierhergetragen?«

»Nicht gleich! Ich hielt bei ihr Wache den ganzen Tag und auch noch die nächste Nacht. Die beiden Schwarzen schickte ich zur Farm zurück, um die Polizei zu benachrichtigen. Das hatte einige Schwierigkeiten. Der Beamte erschien erst am nächsten Morgen. Der Sachverhalt lag ja klar: sie war infolge eines Fehltritts oder eines plötzlichen Schwindelanfalles ausgeglitten und abgestürzt. Sie muß beim Aufschlag gleich tot gewesen sein. Unfall also!

Wir dachten nicht daran, sie mit dem Auto abzuholen. Wir flochten aus Zweigen eine Tragbahre und trugen sie heim. Alle Schwarzen waren dabei. Wir haben sie noch am gleichen Tage neben ihren Eltern begraben. Den Sarg hatte Filzmann schön gefügt und gehobelt.«

»Filzmann —? Ist er noch da?«

»Nein, er ging bald danach fort; er konnte sich nicht mit mir vertragen. Ich glaube, er war mir böse, weil ihn Fräulein Thunau nie beachtet hat, während sie mich immer freundlich, fast kameradschaftlich behandelte.«

»Dann haben Sie also die Farm in den vergangenen drei Monaten verwaltet, Tröckel? Sind keine Erben da? Was wird nun aus dem Besitz?«

»Ja, das habe ich Ihnen alles in dem Brief geschrieben, den Sie nicht bekommen haben, Herr Barkholtz. Es ist alles sehr merkwürdig. In dem Brief stand es genau drin.«

Er wand sich vor Verlegenheit. Meiner bemächtigte sich eine quälende Erregung. Der Hals war mir zugeschnürt. Ich mochte nicht weiter fragen.

»Also, Herr Barkholtz, das war so: nachdem der Todesfall bekannt geworden war, meldete sich ein Notar aus Windhuk, Fräulein Thunau hätte noch vor Weihnachten vorigen Jahres bei ihm ein Testament für den Fall ihres Todes hinterlegt. Darin hieß es, daß Ihnen, Herr Barkholtz, der Nießbrauch der Farm bis an Ihr Lebensende zustehe, falls Sie innerhalb eines Jahres nach dem Tode der Erblasserin noch auf der Farm wären oder dahin zurückgekehrt seien. Sei das nicht der Fall, so fiele der Besitz der Seemanns-Mission zu. Erbberechtigte Verwandte der Thunaus sind nicht vorhanden, hieß es. Als dann Ihre Adresse, Herr Barkholtz, hier bekannt wurde, habe ich Ihnen gleich geschrieben. Ehe sich die Gerichte in Bewegung setzen, vergehen ja doch immer Wochen.«

Ich blickte starr geradeaus. Ich konnte den jungen Mann neben mir nicht mehr ansehen.

»Fahren wir also! Es ist ja schon ganz dunkel!«

Auf der Farm bat ich die fassungslose Frau Klemke, mir mein altes Zimmer einzurichten. Ich fiel in dumpfen Schlaf: zerrüttet und zerfallen mit Gott und der Welt! Und so viele, viele weitere Nächte!

25. VI. 1948.

Es machte sich alles wie von selbst: ich nahm die Zügel der Verwaltung des großen Besitzes in die Hand, als hätte alle Welt nur auf mich gewartet. Niemand schien auch nur zu erwägen, ich könnte das mir vererbte Recht des Nießbrauchs ausschlagen. Ich blieb also auf Okarukuju, wo mir die Aufgabe vorgezeichnet schien, wo mich die Menschen schon kannten und die meisten wohl auch schätzten, wo ich irgendwie zu der Schicksalsgemeinschaft gehörte; das Mandat, sie zusammenzuhalten, ging unmerklich auf mich über.

Lange Zeit verstand ich nicht, warum mich die anderen Angehörigen des großen Betriebes der Farm von Anfang wie selbstverständlich respektierten und als ihren Vorgesetzten anerkannten. Es war nichts als Liebe und Verehrung für die Frühvollendete, die sie ihren letzten Wünschen gehorsam sein ließen. Die Menschen der Farm, Schwarze wie Weiße, wollten mir von Anfang an wohl.

Bis zum heutigen Tage ist mir nicht klar, ob irgendeiner die wahren Zusammenhänge durchschaut hat. Den Weißen erschien der Abstand zwischen der reichen Christa Thunau und mir, dem zugelaufenen Seemann, wohl viel zu weit, als daß sie an eine enge persönliche Beziehung glauben mochten. Die Schwarzen blickten tiefer; sie ließen sich nicht durch gesellschaftliche oder ähnliche Vorurteile täuschen, die ihnen ohnehin kaum geläufig waren. Die große Menge der Kaffern fand allerdings nie Gelegenheit, ihre Vermutungen laut werden zu lassen, zumindest nicht vor weißen Ohren. Paul Decock, der Bastard, war zu gleichgültig und zu mürrisch, um irgendeine Anteilnahme für Dinge zu bekunden, die außerhalb seiner Arbeit und Aufgaben lagen.

Aber Piet, der alte, kluge Herero, dieser zähe, unverwüstliche Mann, im geheimen stolz und seinen uralten Überlieferungen treu, dabei mir als dem Nachfolger seines ursprünglichen Herrn aus freien Stücken untertan und ehrlich ergeben, verschwiegen und zuverlässig, ein steter Zeuge für die natürliche Klugheit, die große Menschlichkeit seiner Rasse, wo sie am besten ist — Piet, mit dem ich im Laufe der Jahre auf mancher einsamen Jagdfahrt, bei manchem langen Gespräch im Busch bei den Karakul-Herden trotz aller niemals weichenden, naturgesetzten Fremdheit allmählich so etwas wie Freundschaft schloß — Piet sagte mir eines Tages, Jahre nach Christas Tod, als wir gemeinsam in der Nähe der Schicksalsklippen die Gelegenheiten für den Bau jener Behelfstränke erkundeten und nach dem Mittagessen im Schatten eines dichten Busches ein wenig ausruhten, Piet sagte: »Wenn da oben zwei gewesen wären, hätte einer nicht abstürzen können. Dann hätte einer den anderen gehalten.«

Er sagte es auf herero, das ich mir im Laufe der Jahre angeeignet hatte. Ich gab ihm keine Antwort; er erwartete wohl auch keine. Er hatte mir, wie es die Schwarzen manchmal tun, nur andeuten wollen, daß er mein Geheimnis kannte, daß er aber auch verschwiegen wäre und bleiben würde.

Niemand sonst von den alten Mitarbeitern auf der Farm, die Christa noch gekannt hatten, ließ je verlauten, daß er nicht an einen Unfall glaubte. Die Späterkommenden wußten ohnehin nichts anderes, als daß die Vorbesitzerin durch Unfall geendet und ich nun Herr auf der Farm wäre. Daß sie mir nicht gehörte, mir nur der Nießbrauch zustand und sie schon dann in die Verfügung der Seemanns-Mission überging, wenn ich länger als ein Jahr aus freien Stücken von ihr abwesend blieb, das wußte nur der Testamentsverwalter, der Notar in Windhuk, ein Südafrikaner.

Ich habe nicht eine Sekunde an den Unfall geglaubt!

Die Indizien an der Felsenkante, die als Beweise des Unfalls gedeutet wurden, hatte sie nur vorgetäuscht, wenn überhaupt irgendeine Absicht mit ihnen verknüpft gewesen ist. Sie hat sich freiwillig in die Tiefe gleiten lassen.

Ihr stolzes Herz, das sie nur einmal verschenken konnte, hatte es nicht ertragen, vergessen zu sein. Sie hatte sich an die Grenze der Selbstaufgabe vorgewagt. Ihr Opfer war gering geachtet, das hatte sie erwürgt. Sie war schon gestorben, vor Scham und Gram, als sie sich ins Leere fallen ließ.

Manche Nacht, wenn alles schon schlief, saß ich unter dem Funkelhimmel, den das Kreuz des Südens durchwandelte, allein auf der Veranda vor meinem Zimmer und versuchte mir die Tage, Wochen und Monate zu vergegenwärtigen, die ihrem Sprung in den Abrund vorausgegangen waren. Schon vor dem Weihnachtsfest des Jahres meiner Abreise hatte sie beim Notar ihr Testament hinterlegt, Wochen also vor dem letzten Termin, zudem ich ihr eine Nachricht versprochen hatte — oder meine Rückkehr! Sie muß sehr fest an mich und die zwingende Kraft ihrer Zuneigung geglaubt haben. Sonst hätte sie wohl kaum ein Testament gemacht, das eigentlich nur Sinn hatte, wenn es eine Eheschließung vorbereitete.

Andererseits werden Zweifel und Verzweiflung sie immer wieder angefallen haben. Noch vor dem Neujahrs-Termin, den wir als äußersten vereinbart, muß ihr das brennende Herz zugeflüstert haben, daß sie für diese Welt verloren wäre. Wie wäre sie sonst auf die Klausel verfallen, daß mir der Nießbrauch nur zustände, wenn ich spätestens im Laufe des Jahres 1928 nach Okarukuju zurückkehrte? Auch hätte sie mir sonst wohl die Farm zu eigen vermacht; sie wäre ja mein eigen geworden, wenn ich Christa geheiratet hätte. An den Nießbrauch konnte sie nur denken, wenn sie damit rechnete, daß ich nicht zu erträglicher Zeit zurückkehrte.

Zu erträglicher Zeit —! Ja, nach dem ersten Januar hatte sie, eigentlich schon zum Tode verurteilt, sich noch eine Gnadenfrist zugebilligt. Es konnte sich vieles in der Ferne ereignet haben, dessen ich nicht Herr geworden war. Vielleicht quälte es mich wie sie, daß ich nicht zur vereinbarten

Zeit wiederkehren konnte. Doch Briefe —? Briefe freilich finden den Weg nach Okarukuju von überall her; und Telegramme auch. Für ein Vierteljahr erlaubte sie sich Hoffnung. In drei Monaten aber mußten alle Briefe ihr Ziel erreicht haben, auch verspätete — aus welchem entlegenen Winkel der Erde immer sie abgeschickt waren.

So verging der einunddreißigste März neunzehnhundertachtundzwanzig, und das Schweigen der Ferne umdröhnte die Einsame furchtbarer von Tag zu Tag. Ach, es konnte nicht sein; es durfte sich die äußerste Hingabe nicht als Irrtum entlarven! Noch einmal vierzehn Tage Frist, vierzehn jämmerliche Tage! Sie tropften unaufhaltsam in den Strom der ewig rinnenden Zeit.

Die letzten vierzehn Tage vergehen; noch einer; ach, noch ein zweiter. Noch einmal in die geliebte Wildnis. Zweimal vorbeigeschossen — ja, vorbeigeschossen!

Vom Berge, auf dem wir glücklich und unglücklich gewesen waren, hat sie den Blick noch einmal in die grenzenlose Ferne schweifen lassen, wo die heiße Luft über den Einöden flirrte, wo die Geier, wie Punkte klein, im glühenden Blau die majestätischen Kreise zogen, wo die Düfte in unsichtbaren Wolken aus der Tiefe emporwallten. Die lange Nacht, in der Tröckel ruhelos auf sie gewartet hatte, zog über ihren Scheitel, durchkältete sie bis ins Mark.

Als dann die Sonne sich ankündete, als die Sterne erblaßten, als die Luft kühl aus der Tiefe heraufwehte, ist sie über die Kante des Berges geschritten, ohne Schrei, mit geschlossenen Augen, mit streng zusammengepreßten Lippen, eine Verurteilte —! Eine mich Verurteilende!

Wenige Stunden später, ehe sie noch erkaltet war, standen Tröckel, Piet und Paul vor dem Leichnam, dessen Züge sich bereits verklärten.

Die getreuen Knechte trugen sie heimwärts und begruben sie an der Seite der Eltern.

Das Gleichmaß der täglichen Arbeit bewahrte mich nach meiner Ankunft einigermaßen vor den Stürmen und Wirbeln meines Gewissens. Es war manches nachzuholen, denn Tröckel pflegte nach der Art jüngerer Leute zwar schnell, aber nicht sehr gründlich zu arbeiten. Die Zimmer, in denen die alten Thunaus, in denen Christa gewohnt hatte, ließ ich säubern und verschließen. Frau Klemke hatte sie ständig gut zu pflegen; aber benutzt werden sollten sie nicht. Ich betrachtete mich selbst nur als Gast. Ich war nur der Platzhalter und Stellvertreter Christas. Die Veranda und die große Halle genügten uns als Wohnraum. Im übrigen verfügte jeder über sein eigenes geräumiges Zimmer, jeder von uns vier oder fünf Weißen, mehr waren wir nie. Wir lebten auf Okarakuju wie auf einer großen Insel. Was man im Lande über mich oder die Farm erzählte, interessierte mich nicht. Ich erfuhr es also auch nicht. Ich reiste nur in den dringlichsten Fällen in die Bezirksstadt oder gar in die Hauptstadt; das gehörte zu Tröckels Obliegenheiten. So kannten mich im ganzen Lande nur wenige, und ich lernte außer meinem wackeren, verschlafenen Nachbar Dirk van Roer eigentlich keine Menschenseele näher kennen. Anderes wollte ich auch gar nicht.

Im Laufe der Jahre erwachte ich langsam aus der Betäubung. Allmählich reimte sich mir dies und jenes zusammen. Sicher war, daß Christa unablässig an mich gedacht hatte, seit ich von Okarukuju fortgegangen war.

An Anne konnte ich mich in diesen ersten Jahren nur in großer Verwirrung erinnern. War sie schuld? Manchmal wünschte ich mir verzweifelt, es wäre so. Dann hätte ich die Last nicht allein zu schleppen gehabt.

Ich trug mich wochen- und monatelang mit einer Frage, die ich nur dunkel fühlte. Irgend etwas an den traurigen Geschehnissen wollte sich nicht begreifen lassen.

Bis eines Tages die gute Frau Klemke mir das Stichwort gab. Ich belauschte eines Abends auf der dunklen Veranda eine Unterhaltung zwischen ihr und Tröckel; die beiden wußten nicht, daß ich in einem Lehnstuhl lag, den ich sonst kaum benutzte. Tröckel war in Windhuk gewesen, um wegen zu viel bezahlter Steuern zu verhandeln, und dort offenbar von jemand gefragt worden, ob beim Tode Christas nicht doch vielleicht an Selbstmord zu denken wäre; ob er, Tröckel, nicht vielleicht Gründe oder Anlässe zu solchem Selbstmord vermutete. Tröckel berichtete, daß er solchen Verdacht mit aller Entschiedenheit zurückgewiesen hätte. Ich kann mir noch heute gut vorstellen, wie zornig er geworden ist. Auch Frau Klemke konnte sich an jenem späten Abend gar nicht genug darin tun, die Bösartigkeit der Leute zu verurteilen, die selbst den längst in ihren Gräbern Schlafenden keine Ruhe ließen.

»Sie hat ja nicht einmal einen Abschiedsbrief hinterlassen — und das tun sonst alle Selbstmörder.«

Tröckel brummte zustimmend. Das Thema schien ihm wohl erschöpft. Die beiden gingen schlafen.

Zunächst hatte ich im Dunkeln diese für die brave Frau Klemke bezeichnende Bemerkung belächelt. In ihrem Verstand war alles naiv und wohl geordnet; Dinge und Menschen befanden sich am vorbestimmten Platz, und Selbstmörder hatten Abschiedsbriefe zu hinterlassen oder sich die Folgen selber zuzuschreiben.

Doch der Satz blieb in mir haften. War nicht etwas Wahres daran? Lag nicht wirklich nahe, anzunehmen, daß Christa mir irgendeine letzte Zeile geschrieben hatte, wenn sie in der Absicht fortgegangen war, sich das Leben zu nehmen? Doch nein, so war es nicht. Den Brief würde ich nur finden, so mochte sie überlegt haben, wenn ich wiederkehrte; wiederkehren aber würde ich nur, wenn noch ein Rest von Anstand oder Sehnsucht mich dazu trieb. Sie konnte mir also in ihrem letzten Briefe auch Freundliches geschrieben haben, Oder waren das nur Hirngespinste? Ich wußte mir keinen Rat.

26. VI. 1948.

Der Gedanke, es sei vielleicht doch ein Unfall gewesen, der ihrem Leben ein Ziel gesetzt, trat gleich einem Versucher an mich heran. Ich wehrte mich gegen ihn; aber er hätte, wäre er wahr gewesen, mein Herz erleichtert. Unter der anfänglich hohen und ungewohnten Arbeitslast sickerte wie ein Grundwasserfluß in der Tiefe der immerwährende Streit mit meinem Gewissen dahin. Ich habe sie damals in aller ihrer Grausamkeit und Qual erlebt, die Schrecken des Gewissens; dabei mußte ich vor den andern die Maske des selbstgewissen Herrn tragen, denn von mir erwartete man Anweisungen und Antworten auf viele Fragen der Wirtschaft.

Unsinn! Wer so sicher und gesammelt dahinschritt und traumhaft genau seine Glieder regte wie Christa, der tat am Abbruch eines Felsens keinen Fehltritt! —

Die hohen Klippen über dem Leopardenlager von einst (die Schwarzen nannten den Platz mit diesem Namen, seit wir den Leoparden dort erlegt hatten) lockten mich mit steigender Gewalt. Bald schon war es mir zur Gewohnheit geworden, die Sonntage früh zu ihnen hinauszuwandern. Ich hinterließ nie, wohin ich ging. Piet wird es wohl bald gemerkt haben. Die Sinne meiner weißen Gefährten waren nicht mehr scharf genug. Ihnen fehlte schon die ewig wache Neugier an allen, auch den scheinbar harmlosen Begebnissen, ohne die man in der Wildnis das Leben nicht besteht.

Ich stieg dann langsam — ehe noch die Glut des sommerlichen Mittags die Luft in flüssiges Metall verwandelte — zu der ragenden Warte empor, die weithin die wabernden Steppen beherrschte. Dort verbrachte ich oft den ganzen Tag, jedes Wort nachkostend, das zwischen mir und Christa gewechselt worden war.

Manchmal tauchte über dem fernsten südlichen Horizont als eine blasse Erscheinung das Antlitz Annes auf, von jenem stillen Ernst beschattet, den ich aus meinem Versteck am Heron-See wahrgenommen. Sie lebte immer in mir in einem tief verborgenen Schrein, der sich nur selten für Augenblicke öffnete.

Es kam ein Tag, an dem ich endlich Antwort erhielt. Gewöhnlich streckte ich mich in der größten Mittagshitze in den Schatten eines Weißdornbusches, der zehn Schritt bergab von der Felsenbank wuchs. An diesem Sonntag, der übrigens der letzte war, ehe die Regen dieses Sommers brachen, hatte ich es vorgezogen, mich ganz eng vor die Felsenbank zu legen, um eine Stunde zu ruhen, bevor ich mich wieder auf den Heimweg machte. Der Stein schien mir noch ein wenig Kühlung zu atmen. Überall sonst drückte die lodernde Luft, die der weißglühende Himmel in zähen Bächen verschüttete, mit Bleigewichten auf Hirn und Brust.

Ich lag im dürren Gras; meine linke Seite preßte ich dicht der Länge nach an die über mir leicht vorragende Steinschwelle, um den Schatten ganz auszunutzen; den Kopf hatte ich auf die unter ihm verschränkten Arme gelegt, das Gesicht dem Felsen zugekehrt, damit die Augen vor der Überfülle des Lichtes geschützt waren. So lag ich und wartete auf den Schlaf; über mir sang der schmelzend heiße Mittagswind das Lied der ewigen Einöde.

Meine Augen tasteten über den Stein, der sich moos- und flechtenbedeckt dicht vor ihnen hochwölbte. Schläfrig schon glitten sie über die vielfach verschlungenen Linien hin, die dort von bescheidenem Leben eingezeichnet standen. Eine ganze Weile schon hatte ich einen weißen Fleck betrachtet, ehe mir ins schon verschleierte Bewußtsein drang, daß dies kein Farbtupfen einer Pflanze oder eines Felsbrockens sein konnte. Dort, wo der Felsen, auf dem wir gesessen hatten, in den Untergrund verlief, ganz flach in schmalem und schmalstem Spalt, lag Papier!

Ich faßte mit der Hand hin, ahnungslos noch immer, bekam das Weiße in die vorsichtigen Finger: ein eng zusammengelegter, etwas vergilbter Umschlag entfaltete sich; darauf war mit Bleistift geschrieben:

An Wilhelm Barkholtz!

Christas Hand! Kälte durchschauerte mich bis ins Mark. Ich war aufgesprungen, den Brief in der Hand.

Ein Brief an mich! Von Christa! Die Klemke hat recht! Ich reiße den Umschlag auf. Ich kann nicht gleich lesen, was da geschrieben steht in blassen Bleistiftstrichen.

Komm, setz dich her, wo du damals mit ihr gesessen!

Die grenzenlosen Steppen lodern, flammen, flirren, wogen in die ungewiß umdunsteten Horizonte. Aus dem Scheitel der ungeheuren Kuppel des Himmels speert die Sonne die dürstende Wildnis.

Ich halte das Blatt in meiner Hand, kraftlos ganz vor Erregung.

Allmählich entwirren sich die tanzenden Buchstaben.

»Lieber Bill!

Wo anders soll ich einen letzten Brief an Dich verbergen als hier, wo wir zuletzt gesessen haben. Ich weiß ja nicht einmal, wo auf der weiten Welt ich Dich in Gedanken suchen soll; viel weniger weiß ich Deine Adresse.

Und hierher zu dieser Bank wirst Du wiederkehren — wenn Du überhaupt wiederkehrst. Hier wird Dir schon irgendein Zufall diese Zeilen in die Hand spielen; vielleicht suchst Du hier sogar danach.

Du hast Dein Versprechen nicht gehalten: Du hast mir weder innerhalb der versprochenen Frist die versprochene Nachricht gegeben noch bist Du selbst zurückgekehrt.

Du hast mich verlassen, wie man ein Kleid ablegt, das man zur Probe eine halbe Stunde getragen und nicht passend gefunden hat.

Bei mir war es anders. Ich habe alles auf eine einzige Karte gesetzt. Die Karte hat nicht gestochen. Das Spiel ist aus.

Ich schäme mich, daß ich mich so aus der Hand verloren habe, wie es geschehen ist. Der verschenkte Stolz hat mir nicht das gebracht, wonach ich mich sehnte. Ich kann mit der ewigen Scham im Nacken vor mir selber nicht weiterleben. Ich will es auch nicht.

Drei Monate lang habe ich mir die Frist verlängert, und dann noch einmal. Nun ist auch das vorbei. Wenn ich nicht außer dem Überdruß an mir selbst mich auch noch vor mir lächerlich machen will, muß ich endlich den Schlußstrich ziehen. Ich bin am Ende.

Jeder wird an einen Unfall glauben, nur Du nicht — wenn

Du wiederkehrst. Wie dem auch sei, Du kämst ohnehin zu spät.

Wenn ich wenigstens wüßte, daß es kein Trugbild war, dem Du nachjagst, das Dich mir entzogen hat. Selbst das hast Du mich nicht wissen lassen. Vielleicht gehst Du an Deinem Trugbild zugrunde wie ich an dem meinen.

Solltest Du jetzt noch zurückkehren, so kommst Du mit gebrochenen Flügeln. Für diesen Fall habe ich Dir die Farm als letzten Hafen bereitet. Der Gedanke, daß Du unter meinem Dache wohnst, ist mir lieb. Ich bitte Dich, gehe gut mit allem um, was mir gehörte, was uns beiden gehören sollte.

Denn, Lieber, wenn Dich als den Älteren und Erfahreneren auch die Schuld trifft, mir Hoffnung gemacht zu haben, obgleich Du Dir gar nicht mehr gehörtest — es reut mich nichts! Ich habe mich selbst zum Pfand gesetzt und den Einsatz verspielt. Ich fürchte mich nicht. Nichts hat sich seit jenen Nächten geändert: ich liebe Dich! Einmal und immer, unwandelbar.

Die Sonne ist nahe. Ich will sie nicht mehr sehen. Eines weiß ich: wer liebt, ist unsterblich. So werden wir uns am andern Ufer der großen Dunkelheit, die mich nun empfangen wird, wiederfinden.

Leb wohl!

Deine Christina Thunau.«

Leb wohl! Deine Christina — — ich merkte erst an den Tropfen, die auf das gelblich verfärbte insektenzerfressene Blatt in meiner Hand herniederfielen, daß ich weinte.

Da hielt ich vor mich hin, was sie mir zum Abschied geschrieben: mein Urteil!

Ich hatte sie einfach verlassen. Ich hatte mir nicht gesagt, daß sie empfindlicher und zerbrechlicher war als hunderttausend andere, daß ich vielleicht hätte fortgehn, sie aber niemals hätte verletzen dürfen, wie ich es getan; sie hatte sich an dem tiefen Riß verblutet. Ich hatte mein Wort gebrochen. Erst als es längst zu spät war, merkte ich, daß ich mich ihr nicht weniger eng verbunden hatte als einstmals Anne; Christa hatte nicht weniger eingesetzt, hatte ebenso innig sich hingegeben wie Anne. Doch ihr hatte niemand geholfen, als sie allein gelassen war. Allein, grauenhaft allein, war sie zurückgeblieben. Wie mag sie in geheimen Stunden nach mir gerufen haben. Aber ich hörte nichts; ich jagte unwiederbringlichen Träumen nach. Ich schwieg; ich war weit fort; sie wußte nicht einmal, wo ich war.

Die Wildnis nahm sie schließlich in ihre Arme.

Die Wildnis, die ihre Heimat war, ihre einzige Heimat.

Ich hatte getötet. Ich war schuldig gesprochen, da, am Orte der Tat, wo ich das Versprechen gegeben, das ich verraten hatte.

Die Glut des ungeheuren Tages umfloß mich flammend. Die Einsamkeit dröhnte in meinen Ohren. Die Last der Schuld sank auf meine Schultern. Ich wußte, woran ich war. Die Gewißheit, wie ihr Leben geendet hatte, band mich und machte mich frei zugleich wie jede Gewißheit, auch die furchtbarste.

Ich habe meine Strafe abgedient, in die Ketten der Selbstvorwürfe geschmiedet. Viel später erst, seit sie nicht mehr meine Nächte mit leiser Klage durchirrte — wurde ich dessen inne, daß sie eingeschlafen war, der großen, fernen Morgenröte entgegen. —

*

Der Brief Christas ist mir in Schlesien verbrannt, als das Gut der Zimmermeisters in Flammen aufging. In meinem Herzen bleibt er für immer bewahrt.

SECHSTER TEIL

28. VI. 1948.
Das Gesumse der Fliegen — kein anderer Laut ringsum. Das Moor unterhalb meiner Heidehütte dampft. Im Nordosten die Sonne ist aus purpurnen, goldgefleckten Wolkensträußen aufgestiegen, ein schimmernder Schmetterling. Es ist noch sehr früh. Wunderbar kühle Luft umfächelt mich leise. An allen Blättern, in allen Gräsern glitzert das Tropfengeschmeide, das der nächtliche Regen über alle Büsche und Bäume rieseln ließ.

Ich habe im kalten Moorbach gebadet. Das bräunlichkristallene Wasser war eiskalt; es tat mir gut und nahm die Schwere der verwachten Nacht aus meinen Gliedern.

Denn ich habe die ganze Nacht verwacht.

Am Samstag schrieb ich den Brief nieder, den Christa mir als letztes Wort hinterließ.

Und gestern nahm ich den Brief in Empfang, den Anne mir geschrieben hat — nach neunundzwanzig Jahren die erste unmittelbare Nachricht! Längst hatte sich in meinem Herzen die müde Hoffnung schlafen gelegt. Ich hatte mich damit abgefunden, daß mir kein neuer Anfang mehr bestimmt war. Nun halte ich den Brief in der Hand. Ich kann mich nicht freuen. Ich saß zu lange im Gefängnis der Einsamkeit, als daß dies plötzlich einbrechende Licht mich nicht blenden und schmerzen sollte.

Annes Brief hätte mich schon Samstag erreichen können. Er traf mit der Post am Samstagnachmittag ein. Aber Clar war nicht daheim; sie war nach Bremen gefahren. Und da ich für den gestrigen Sonntag aufs Gut zum Mittagessen, Kaffee und Abendbrot eingeladen war, ein passender Bote sich nicht gleich finden ließ, so dachte die gute Frau R., der

Brief würde mich auch am Sonntag noch zur rechten Zeit erreichen.

Als ich gestern also gegen halb eins meine Gastgeber begrüßte, sagt Frau R.: »Da ist auch Ihre Post, Herr Barkholtz«, und gibt mir zwei Zeitungen, einen Brief aus Hahnewald und einen weiteren mit einer kanadischen Luftpostmarke. Ich drehe ihn um und lese als Absender: Mrs. Anne Halvorsen, Heron Lake, Manitoba, Canada. Ich begreife nicht gleich. Frau R. erzählt mir irgend etwas mit gewohntem Eifer. Ich höre nicht hin, starre auf das Kuvert in meiner Hand. Sie sagt: »Aber Sie wollen gewiß erst Ihre Briefe lesen —!« und redet sofort weiter; wenn sie einmal im Gange ist, hält sie so leicht nichts auf. Ich antworte: »Nein, das hat keine Eile!« und schiebe die ganze Post in meine Rocktasche.

Vom Mittag bis zum Abend habe ich dann die Zeit im großen Kreise verbracht und mich wohlerzogen am allgemeinen Gespräch beteiligt; die Geldreform bietet unerschöpflichen Stoff.

Abends brachte mich Clar auf den Weg; sie war am Nachmittag zurückgekehrt. Wie wir über den Höhenrücken gingen und das Moor bis zu den fernen Wälderstreifen vor uns ausgebreitet lag, sage ich:

»Clar, es ist ein Brief aus Canada gekommen, gestern, als du nicht da warst.« Sie erschrickt und sagt kein Wort. Ich weiß, welche Frage ihr auf der Seele brennt, wieviel hundert Fragen. Ich will sie nicht warten lassen.

»Ich bin noch nicht dazu gekommen, den Brief zu lesen; es waren zu viele Leute da, ich will allein sein.«

Clar geht noch eine Weile stumm neben mir her und sagt dann leise: »Darf ich morgen über Tag schnell bei dir vorbeikommen, um zu erfahren — —?« Sie stockte. Ich empfinde plötzlich, wie eng wir zusammengehören und wie sehr ihr Schicksal in meines verflochten ist. »Gewiß, du kannst jederzeit kommen; wann deine Arbeit es erlaubt.«

»Vielleicht über Mittag; dann geht es am ehesten; oder schon morgens, bevor der Tag richtig beginnt.«

»Dann mußt du ja eine Stunde früher aufstehen —!«

»Ach, Ohm, ich werde doch kaum schlafen. Laß mich morgens kommen!«

»Gut, morgen früh also!«

»Gute Nacht, Ohm!« — »Gute Nacht, Clar!« Wir sagten es beide bedeutungsvoller als sonst. Sie eilte den Weg zurück, schnell durch die sinkende Dämmerung, die den Regen schon erwarten ließ. Sie blickte sich nicht nach mir um, wie ich mich nach ihr.

Ich erreichte meine Hütte, zündete die Lampe an, schloß die Türe hinter mir und war allein. Es hatte zu regnen begonnen. Die leise Trommelmusik der Tropfen auf dem Dach hüllte mich ein, schied mich von aller Welt.

Der Brief lag lange vor mir auf dem Tisch. Ihre Hand hatte meinen Namen auf den Umschlag geschrieben; leicht, sicher und klar standen die Zeichen auf dem weißen Untergrund.

Endlich hatte ich mich wieder in der Gewalt. Ich schnitt das längliche Kuvert auf, nahm die dreifach gefalteten Bogen heraus, schlug sie auf, rückte die Lampe näher und las.

»20. Juni 1948.

Mein lieber Bill!

Gestern vor einem Jahr ist Dan gestorben. Eine bösartige Kopfgrippe, von der niemand angeben konnte, woher sie kam, hat ihn in kurzer Zeit hingerafft. Ich habe das Jahr der Trauer eingehalten, so wie er bis zum letzten alles gehalten hat, was er übernommen hatte. Doch jetzt darf ich Dir endlich schreiben. Laß mich das Wichtigste zuerst aussprechen: komm hierher, damit ich nicht mehr allein bin. Die große Farm allein zu verwalten, fällt mir schwer, wenn mir auch Cora fast wie ein Mann beisteht.

Ja, komm endlich Bill! Das Leben hat uns weite Wege geführt. Aber noch ist es Zeit, daß sie sich wieder vereinen. Wir sind alt geworden, und unser Haar wurde grau. Aber noch stehen uns vielleicht einige Jahre bevor, die wir gemeinsam verbringen sollten — später Nachklang dessen, was eigentlich hätte sein sollen.

Komm, lieber Bill! Mein Leben lang habe ich Dich nicht eine Stunde lang vergessen. Noch in seinen letzten Tagen sagte mir Dan:

›Wenn ich jetzt sterben sollte, Anne, sieh zu, daß du Bill findest und hole ihn hierher. Hier ist ja auch sein Altenteil, hier auf Coras Farm.‹ — Wir haben die Farm Cora schon überschrieben, als sie großjährig wurde.

Komm, mein lieber Bill, damit wir endlich beieinander sind, Cora, Du und ich, Vater, Mutter und Tochter.

Denn jetzt, da Dan zum großen Frieden und zur ewigen Freude eingegangen ist, jetzt darf ich es sagen, Dir ganz allein — Cora weiß es schon, seit sie großjährig wurde. Dan hat es ihr damals selber gesagt, daß sie Deine und nicht seine Tochter ist — und ich werde niemals vergessen, welch unbeschreibliche Freude sein hageres Gesicht überwallte, als Cora ihm in ihrer schnellen Art die Arme um den Hals warf, ihn küßte und sagte: ›Du bleibst doch mein Vater, lieber Vater!‹ Und sie hatte ihn noch lieber seitdem, wenn das überhaupt möglich war. Aber von jenem Tage an machte Dan es sich zur Gewohnheit, dem Kinde in seiner kargen Art dies und jenes von Dir zu erzählen; wie ihr zusammen zur See gefahren seid, was für ein guter Seemann Du gewesen, wie Du dann da unten in Texas und später auf meines Vaters Besitz ein guter Reiter geworden wärst; wie Ihr beide mich kennengelernt; und dann von Tom — und unsere wilde Heimlichkeit über dem Shaggy, über dem Yelling Yellow — und die Gefahr, wie sie immer drohender sich aufreckte gleich einer bösen Gewitterwand und schließlich ihre Blitze aussandte, die Dich von mir sprengten und mich von Dir. Er schilderte ihr viel in mancher Winternacht, wenn die heulenden Eisstürme uns ins Haus bannten, oder wenn die tiefe Kälte uns um den glühenden Ofen versammelte, während draußen der See ungeheuerlich donnerte, klaffende Risse ins Eis sprengend; dann erörterte er mit Cora — wie Du wohl Tom damals verfolgt hast, wie Du verunglücktest und monatelang auf den Tod daniederlagst, bis John Jordan und Jimmy, der Indianer, Dich schließlich wieder auf die Füße stellten. So lernte Cora dich kennen wie wohl selten ein Kind seinen Vater. Es ist Dans Werk. Ihm hast Du's zu verdanken; er hat seine Freundschaft zu Dir nie einen Augenblick verraten. So rufen wir Dir alle gemeinsam zu:

›Zögere nicht länger! Komm doch endlich!‹

Aber ich setze viel zuviel voraus, was Du nicht wissen kannst. Du hast vielleicht nicht einmal geahnt, daß Cora unser Kind ist, als Jordan vor zwanzig Jahren Dir zum ersten Male von ihr berichtete, als Du sie von Deinem sonderbaren Ausguck auf dem Hügel bei unserer Farm zum ersten Male selbst erblicktest. Alle diese Einzelheiten sind mir bekannt; Jordans haben mich unterrichtet; vieles habe ich mir selbst zusammengereimt. Davon gleich noch mehr!

Weißt Du noch Bill — unsere letzte Nacht in Toms versteckter Hütte auf der andern Seite des Yelling Yellow? Ich brauche Dich nicht zu fragen: Du weißt es bis in jedes heimliche liebe Wort, jeden Nachtvogel-Ruf. Damals, lieber Bill, ich habe es nie bezweifelt, damals empfing ich unser Kind.

Du machtest Dich dann auf, Tom zu helfen, fandest ihn nicht mehr, folgtest ihm und gingst beinahe zugrunde; für Monate warst Du wie vom Erdboden verschluckt, schließlich für Jahre. Erst viel später erfuhr ich von Jordan, daß Du damals gar nicht schreiben konntest.

Mein Vater starb mir unter den Händen, dann lasen wir von Toms Untergang in der Zeitung, kamen nicht einmal mehr zu seinem Begräbnis zurecht, von Dir kein Sterbenswort.

Und in mir wuchs das Kind.

Ich konnte es meiner Mutter nicht länger verheimlichen. Sie trug ohnehin schwer am Verlust ihres Mannes und ihres Sohnes — und nun noch dies. Sie meinte, daß alle mit Fingern auf uns wiesen. Sie redete nur davon, wo man Dich finden könnte; man müßte Dich finden! Dan ist noch einmal am Shaggy und Yelling Yellow gewesen, ohne auch nur eine Spur zu entdecken, die uns Dein weiteres Schicksal verraten hätte. Als er zurückkehrte, bot er zum ersten Male mir und meiner Mutter an, mich zu heiraten, für immer bei uns zu bleiben, wie er uns in dieser schweren Zeit nie verlassen hatte, und sich irgendwo neu mit uns anzusiedeln, wo uns niemand kannte. Ich gestehe es Dir, Bill, daß ich früher als meine Mutter die Bereitschaft fühlte, auf seinen Vorschlag einzugehen. Ich wurde von Schmerzen und ungewohnten Beschwerden geplagt, ich klagte Dich in meinem Innern aufs bitterste an; in manchen Stunden der Verzweiflung glaubte ich sogar, Du hättest mich böswillig verlassen; ich kannte mich manchmal selbst nicht mehr, wenn ich meine Mutter vor mir sah, die von all dem Leid fast erdrückt wurde. Dan war immer da, er drängte sich mit keinem Worte, keiner Gebärde auf; aber im Hintergrund stand er bereit, einzuspringen, wenn er gerufen würde.

Mutter mahnte mich: ›Du bist vor Gott schon verheiratet Anne! Du kannst nicht zum zweitenmal heiraten!,

Eines Tages sagte ich es Dan. Er antwortete: ›Ich war euer Trauzeuge, ich weiß es! Ich will auch nichts für mich. Es ist nur, daß das Kind einen Vater hat, und du nicht vor den Leuten —; und damit deine Mutter — —!«

Er konnte nicht aussprechen. Er wandte sich ab und ging beiseite. Am nächsten Tage sagte er noch: ›Ich kenne Bill. Wenn er noch lebte, wäre er hier; er ließe dich nicht allein. Es muß ihm etwas zugestoßen sein.‹

Die Monate gingen hin. Wir verkauften die Farm, wo wir so viel Unglück erlebt hatten, und zogen nach Chicago in ein kleines Hotel. Dort kannte uns niemand, und keiner fragte nach uns. Noch immer wartete ich auf Dich.

Das Kind wurde in Chicago geboren, aber wir meldeten die Geburt nicht an. Wer kümmerte sich damals im großen Babel Chicago um ein kleines Kind. Dan reiste nach Norden ins Canadische und fand die Farm, auf der wir heute noch leben. Im Frühjahr 1920 zogen wir hier herauf. Kurz zuvor ließen wir uns ins Eheregister eintragen; ich hatte ständig noch auf Dich gehofft. Aber wir konnten nicht für immer in der Großstadt bleiben; wären zugrunde gegangen. Wir haben uns niemals kirchlich trauen lassen, Dan und ich —. In den allerletzten Tagen erst, ehe wir von Chicago endgültig Abschied nahmen, ließ Dan, als Vater, Coras Geburt registrieren; er brauchte sie selbst nicht vorzuweisen, wir ließen sie auch erst damals taufen. So ist Cora in Wahrheit sieben Monate älter, als ihr Geburtsschein ausweist; ihr richtiger Geburtstag ist der 15. August 1919.

All diese Heimlichkeiten wären nicht nötig gewesen; denn es hat nie ein Mensch von uns Rechenschaft verlangt. Ich bereue sie nicht, denn als Mutter starb, schloß sie ihre Augen in Frieden; sie wußte, daß ihre Kinder auf den richtigen Weg gekommen waren — denn von Dir fehlte nach wie vor jede Spur.

Niemals habe ich daran gedacht, rückgängig zu machen, was geschehen war. Ich war vor der Welt mit Dan verheiratet, Cora war sein Kind. Wir machten die entlegene Farm zum Musterbetrieb; unser Leben wuchs eng zusammen. Er kannte all mein Unglück; vor ihm hatte ich nichts zu verschweigen. Und ich wußte, daß man nur eine Ehe führen kann — und die hatte Dan mit mir geschlossen, sein ganzes Leben gegeben und nicht gefragt, was ihm wiedervergolten würde. Du hättest kein Wort mehr von mir gehört, Bill, wenn Dan mich überlebt hätte.

Aber nun hat das Schicksal es anders beschlossen. Dan ist still beiseite gegangen in die große Dunkelheit oder in das große Licht, das ihm als Heimat gebührt. Es ist mir erlaubt, und Cora bittet mich darum, und mein Herz verlangt danach, und das Jahr des Wartens ist vergangen —.

Zu berichten habe ich noch dies: als Du hierhergereist kamst, erfuhr ich schon zwei Tage nach Deiner Ankunft, daß Du da warst. Ich suchte im Hotelregister nach dem Namen eines Saatguthändlers, der uns besucht hatte, und fand statt dessen den Deinen. Ein Irrtum war nicht möglich. Ich ahnte Dich mehr, als daß ich Dich sah, da oben an Deinem Ausguck auf dem Hügel. Unruhe erfaßte mich.

Sollte ich Dan alles sagen — gestehen, hätte ich beinahe geschrieben? Meine Nächte zwischen Freude, Schuld und Verzweiflung kann ich nicht schildern. Ich sagte Dan nichts.

Endlich, als Du nicht zu uns kamst, sah ich klarer: Du wolltest uns nicht stören. Du wolltest mich nur noch einmal sehen.

So hielt ich Deinen Blicken stand, ließ Cora bei mir sein, damit Du uns ganz in Dein Herz prägen könntest. Du solltest uns nicht vergessen!

Bis Dir und uns die Gefahr drohte, von einem unserer Männer entdeckt zu werden; er hatte Dein Auto im Gebüsch stehen sehen und war Deinen Spuren bis auf den Hügel gefolgt. Da erst nahm ich den Feldstecher und blickte zu Dir hinüber. Mir standen die Augen voll Tränen; ich wußte, daß ich Dich vertrieb.

Du tauchtest ins Gras. Ich konnte der Versuchung nicht widerstehen, am Fluß entlang zum Hügel hinaufzusteigen; ich fand noch die Stelle im Grase, wo Du gelegen hattest; ich wanderte weiter — und plötzlich stand ich vor Dir. Du schliefst. Ich habe Dich lange angesehen; Du regtest Dich nicht. Dein entspanntes Gesicht verriet mir Dein Herz; die Trauer auf Deinen Zügen; ich sah das alles wie in einem tiefen Brunnen gespiegelt. Ich wußte, wie sehr Du mir gehörtest; und als sich ein leises Stöhnen Deiner Brust entrang und Deine Augenlider zu flattern begannen, da floh ich und weinte bitterlich. So fand mich Cora. Sie wollte mich trösten und sagte: ›Komm, wir wollen Vater entgegengehen; dann freut er sich, und wir fahren alle zusammen auf den Hof!‹

Du hast uns dann beide an der Straße stehen sehen. Mir schwebte auf der Zunge, Cora zu sagen: dein Vater war das. Ich tat es nicht. —

Wochen danach erhielt ich einen Brief von Marguerite Jordan. Sie fragte, ob Du Dich gemeldet hättest. Sie wollte noch weiteres wissen. Aber ich kannte sie ja nicht und antwortete vorsichtig. Später hörte ich von Marguerite, daß Du nach Afrika gegangen wärst; ein Meer lag zwischen uns.

Ich habe dann noch manchen Brief mit den Jordans gewechselt. Marguerite hat viel dazu beigetragen, daß ich die Ruhe meines Herzens und auch die Freude an Cora, an der Farm und an Dan wiederfand. Sie war eine gütige und verständige Frau — und sehr liebenswert.

Dies ist alles, was ich Dir zu sagen habe, Bill. Zwanzig Jahre sind vergangen. Zwischen Dan und mir gab es nie ein böses Wort. Später, als er Cora von Dir erzählen konnte, hat er viel von Dir gesprochen. Du warst uns immer gegenwärtig. Ich wußte und weiß nicht, wie es in Afrika aussieht; aber ich habe manches Buch darüber gelesen.

Und dann kam der Krieg; Du warst in Deutschland und mit einem Male wieder so weit fort wie auf einem anderen Stern. Ende 1946 erfuhr ich von Jordan, daß Du noch lebtest, und Deine Schicksale von Deiner Nichte Clarissa. Bringe sie mit, Bill; wir werden eine Tochter brauchen, denn Cora wird uns bald verlassen. Sie will den Sohn eines Nachbarn heiraten, einen guten Mann, der im Kriege Offizier gewesen ist und eine Hand verloren hat. Die Familie kennt sich nur als canadische und stammt aus Nova Scotia; aber der Name Brinkman verrät, daß sie ursprünglich deutscher Herkunft sein muß. Allan ist zwei Jahre älter als Cora; er gefällt mir gut; er wird auch Dir gefallen. Cora will zunächst zu ihm auf die Brinkmansche Farm ziehen, denn seine Mutter ist im Kriege gestorben, sein Vater hält nicht mehr recht mit, und ihn behindert die fehlende Hand. Also bringe Deine Clarissa mit.

Du bist ja Schweizer, wenn es nötig ist. Ich erwarte weiter keinen großen Brief von Dir. Schicke nur ein paar Zeilen oder ein Telegramm, wenn es so weit ist. Auf alle Fälle will ich auch von hier aus, besonders für Clarissa, das Nötige an Papieren zur Einreise vorbereiten lassen.

Bill, wir haben noch ein paar Jahre vor uns, ich warte auf Dich. Bill, ich liebe Dich, so alt ich bin.

Deine Anne Halvorsen/Barkholtz/O'Flaherty.«

Alles ist mit einem Schlage entschieden: wir fahren. Am besten wird es sein, zuerst nach der Schweiz zu gehen, mit Clar natürlich, und von dort aus die Einreise nach Canada zu betreiben.

Der Himmel trübt sich ein. Aber meinem Himmel sind alle Wolken fern.

Ich sehe Clar über die Höhe tauchen. Sie schreitet eilig aus. Ich werde sie mit den Worten empfangen:

»Clar, wir gehen zusammen nach drüben!«

30. VI. 1948.

Es ist manches anders gekommen, als ich erwartete. Heute sitze ich zum letztenmal vor diesen Seiten. Ich bin ihnen, oder der dunklen Macht, die mich vor sie geführt hat, dankbar; sie mit Worten und Sätzen, Blatt für Blatt, zu füllen, hat mir über leere, auf Strand sitzende Zeit hinweggeholfen. Sie haben mir unter Beistand der ein wenig vorwitzigen Clar sogar die Brücken in die Vergangenheit — in die Zukunft geschlagen.

Schon hebt starke Flut mein Schiff von den Bänken, auf denen es festsaß. Ich spüre die saugende Strömung am lange verschlammten Kiel; die Segel sind gesetzt, es steigt der Leib des Schiffes langsam. Gleich bin ich frei, dann gehorcht mein Fahrzeug dem Ruder! Und dann, hart am Winde, hinaus auf die unendliche See.

Diesmal kehr' ich nicht wieder!

Diesmal soll mich die Wildnis für immer in ihre starken Arme nehmen, bis ich vergehe!

Anne wird bei mir sein. Wir werden noch tausendmal die Sonne über den grenzenlosen Nordlandbusch, über dem strahlenden, blitzenden See auf- und untergehen sehen, werden auf den weiten Feldern der Rodung, umwallt von den Wänden des seit Ewigkeit raunenden, rauschenden Busches, den Weizen und Hafer reifen lassen, werden die Schneestürme des Winters ums Haus heulen hören wie hundert Meuten hungriger Waldwölfe. Wir werden allein sein, Anne und ich, wie in vergangenen Zeiten über dem singenden Shaggy. Cora wird ihr eigenes Leben leben, so wie wir das unsere gelebt haben. Wir beide aber, Anne und ich, wie wir es träumten, werden allein in den königlichen Einöden wohnen, ihnen verbrüdert; allein in kristallen reiner Luft, umweht von den Düften der Schöpfung. Um uns aber, immer wieder, Tag und Nacht, die ewige, atmende, lobsingende Wildnis, die ewige Heimat, die mich niemals genarrt, mich niemals betrogen, mich stets besänftigt, getröstet, gewärmt hat. –

Ja, Clar stand vor mir mit hängenden Armen, als ich ihr sagte, daß wir nach drüben gehen wollten. Und dann gestand sie es unter Tränen: sie hätte es mir längst schon sagen wollen, aber ich sei so verschlossen gewesen während der letzten Zeit, sie habe es nicht gewagt. Da wäre ein junger Mann, der hieße Jürgen, der wäre bei den R.s zu Gast gewesen, der studierte irgendwo Landwirtschaft und hätte einen Hof zu erwarten, wohl einen größeren Bauernhof, wie sie hier in der Heide seit Urzeiten bestehen, und sein Vater wäre alt, seine älteren Brüder alle gefallen, und sie wollten schon in einem Jahre heiraten, wenn er sein Examen bestanden hätte, und das würde ihm bestimmt glücken. Der Hof sei vernachlässigt, das hätte ihr Jürgen gestanden, sie würden also beide alle Hände voll zu tun haben, ihn wieder hoch zu bringen; und es gefiele ihr so gut in der Heide, die Leute wären alle so ernsthaft und hielten, was sie sagten; und ich sollte ihr ja nicht böse sein; sie wäre so liebend gern mitgekommen; aber nun wäre Jürgen da, und sie hätte auch Angst, daß sie vielleicht auf der Farm in Canada überflüssig wäre; und dann, ja, das wollte sie mir auch sagen; sie und Jürgen hätten sich darüber geeinigt: wenn alle jungen Leute, die etwas verstünden und noch Mut besäßen, aus Deutschland fortgingen, was sollte dann aus Deutschland werden?

Nun, wenn mir auch das Herz sehr schwer war, ich hätte sie gern mitgenommen, den einzigen Schatz, den mir mein

Leben eingetragen, ich ließ mir nichts anmerken. Ich schloß sie in meine Arme und wischte ihr die Tränen fort.

Nach einer knappen Stunde war der Abschied vorbei; denn den Abschied, den haben wir in diesen Augenblicken schon begangen. Von Basel aus oder von Canada werde ich den beiden kräftig unter die Arme greifen; dann bleibt meiner Eltern Geld in der Familie, und ich brauche ja nichts außer einer Summe, die mich unabhängig macht. Aber den Jürgen — warum die Burschen neuerdings nur alle Jürgen, Heinz oder Peter heißen? —, den sehe ich mir noch sehr gründlich an, bevor ich abreise.

Die Formalitäten für meine Abreise nach Basel habe ich gestern in der Kreisstadt erfüllt. Ein Schweizer Paß gleicht einem Zauberschlüssel in dieser verbockten und vernagelten Welt.

So werde ich bald nach Süden abreisen, doch nur, um so schnell wie möglich die Schweizer Berge mit der hohen See, mit den unendlichen Wäldern und Seen Canadas zu vertauschen. Ich reise mit leichtem Gepäck.

In diesen letzten wenigen Tagen des Wartens aber will ich vor meiner Heidehütte sitzen, dem Zug der Wolken nachsinnen, die von der hohen See herüberwehen, und die kühle, herbe Luft einatmen. Der Pirol ruft, die Lerchen singen ihr nie endendes Lied, vom Moor her ertönt die reine Stimme des Brachvogels: eine helle Flöte!

Wie ich von ihr fortgegangen, so kehre ich nun zu ihr zurück, allein, nirgendwo daheim, ein Wanderer.

Doch da drüben auf der Rodung am Reihersee, die ich vor zwanzig Jahren als ein Ausgestoßener heimlich umschlich, dort werde ich endlich Frieden finden und das Ende meiner Wanderschaft.

Die der Himmel füreinander bestimmt hat, die werden endlich ungefährdet beisammen sein.

Dies Buch aber brauche ich nicht mitzunehmen; denn was darinnen steht, werde ich Anne an langen Abenden selbst erzählen. Ich will es Clar hinterlassen, versiegelt, nach der Hochzeit erst zu öffnen. Mögen die beiden so viel an Weisheit herauslesen, als sich darin finden läßt.

Denn unsere Trübsal, die vergänglich und leicht ist, schafft eine ewige und über alle Maßen wichtige Herrlichkeit uns, die wir nicht sehen auf das Sichtbare, sondern auf das Unsichtbare. Denn was sichtbar ist, das vergeht; was aber unsichtbar ist, das ist ewig.